衡阳县乡镇简志

衡阳县地方志编纂委员会办公室　编

方志出版社
Publishing House of Local Records

图书在版编目（CIP）数据

衡阳县乡镇简志/衡阳县市地方志编纂委员会办公室编．—北京：方志出版社，2017.12

ISBN 978-7-5144-2624-3

Ⅰ.①衡… Ⅱ.①衡… Ⅲ.①乡镇—地方志—衡阳县 Ⅳ.①K296.45

中国版本图书馆 CIP 数据核字（2017）第 265956 号

衡阳县乡镇简志

编　　者：衡阳县地方志编纂委员会办公室
责任编辑：顾　洁

出 版 人：冀祥德
出 版 者：方志出版社
地址　北京市朝阳区潘家园东里 9 号（国家方志馆 4 层）
邮编　100021
网址　http://www.fzph.org
发　　行：方志出版社发行中心
电话（010）67110500
经　　销：各地新华书店
印　　刷：衡阳顺地印务有限公司

开　　本：889×1194　1/16
印　　张：24.625
字　　数：552 千字
版　　次：2017 年 12 月第 1 版　2017 年 12 月第 1 次印刷
印　　数：0001～2000 册

ISBN 978-7-5144-2624-3　定价：360.00 元

《衡阳县乡镇简志》初稿撰写人员名单

西渡镇	龙 虎	周荫来
集兵镇	尹先阳	
杉桥镇	姚少红	李逢达
岘山镇	刘 英	颜学辉
井头镇	肖立华	谭邦俊
关市镇	刘 艳	陈烨春
演陂镇	刘新奇	刘亮楚
库宗桥镇	王汉荣	李小华
金兰镇	陈积玉	何年春
曲兰镇	邹成桂	伍 芳
洪市镇	邹国辉	
金溪镇	李兴隆	王湘衡
界牌镇	陈咏涛	
石市镇	王 勇	易桂芳
渣江镇	王三清	陈艳丽
三湖镇	廖晓军	周少初
台源镇	唐东北	肖方学
樟木乡	彭寒青	
岣嵝乡	钟向阳	
潮江乡	范河清	甘典彪
板市乡	李 凯	
樟树乡	吴向阳	
栏垅乡	李 明	屈良娟
大安乡	欧春华	刘永林
溪江乡	魏振华	唐智才
长安乡	汤广军	

序

衡阳县历史悠久，地域广袤，人文璀璨，物华天宝。嫘祖大禹，肇始文明，源远流长；桓伊先哲，文治武功，千古扬名；船山圣灯，光耀寰宇，长明不熄；欧阳魏瀛，抗倭御英，功勋卓著；玉麟风骨，激浊扬清，官民齐仰；明翰精神，立国铸魂，英名流芳；曾熙王祺，崇文尚教，翰墨飘香。况有岣嵝峰之秀，万源湖之滟，丹霞山之奇，伊山寺之幽，皆名闻遐迩。抑或界牌陶瓷之琳琅，西渡湖之酒之香醇，石市竹木雕之精粹，文明卫生县城之创建，更享誉华夏。凡此种种，无一不起源于村落，植根于乡镇。

衡阳县乡级政区的建置，历代多有分合更易。据史料记载：明朝全县设8个乡；清康熙年间废乡置都，全县设25个都，同治时期复置9个镇和4个乡；民国末期，设20个乡；1952年衡阳、衡南分县后，乡级政区亦有多次调整；1953年全县置251个乡2个镇；1956年合并为50个乡2个镇；1958年建立政社合一的人民公社至1961年，设83个公社；1984年为70个乡12个镇；1995年至2014年底为9个乡17个镇。这些乡镇在历史上曾起过不同的作用。

新中国诞生后的60多年来，作为地方基层行政单位的乡镇，在推进乡镇经济社会持续发展，不断提升人民生活水准，确保一方平安福祉诸方面，发挥了不可替代的作用。基于此初衷，县地方志编纂委员会决定编修《衡阳县乡镇简志》，以利于承先启后，继往开来。唯有如此，才能留住乡愁，不忘乡里，铭记乡贤，弘扬乡土传统文化；唯有如此，才能扬个性之光，展共性之美，彰显乡域特色；亦唯有如此，才会为县志起到集腋成裘，拾遗补缺之功效。简志虽简，但精华尽取，效益无穷，既可资治垂训，又可催人奋进。

编修《衡阳县乡镇简志》，是一项综合性的文化建设工程，亦是建设文化强县的重大举措。全县各乡镇及县直相关单位密切协同，通力合作；社会各界鼎力相助，雪中送炭；近60位编纂人员广征博采，辛勤耕耘。历时两个寒暑，使简志圆满告成。在此，谨代表本志编纂领导小组向全体修志人员表示衷心的感谢！

适值《衡阳县乡镇简志》付梓之际，欣贺之余，谨以为序。

中共衡阳县委书记　曾　秀

衡阳县人民政府县长　孙鹏伟

2017年10月

凡 例

一、《衡阳县乡镇简志》（简称《简志》）以毛泽东思想、邓小平理论和“三个代表”重要思想为指导，运用历史唯物主义和辩证法的观点和方法，简明扼要准确地记述新中国成立以来各乡镇的自然、经济、文化、社会诸方面的历史和现状，并将中共十一届三中全会以来的新变化、新成就作为记述的重点。

二、《简志》不设篇章，按照事以类从的原则设置部类和条目。全志分设区域概况、经济发展、基础设施、社会事业、特色地情、历任乡镇（公社）党政主要负责人名录6个部类，下设位置面积、建置沿革、行政区划、自然环境、人口民族、农业、工业、商贸服务、财政金融、教育科技、文化体育、医疗卫生、社会保障、人民生活、水利建设、交通运输、邮政电信、供电饮水、乡村建设、历史人文、名优特产、名胜古迹、民俗风情23个条目，以条目记述为主。

三、《简志》采用记、志、表、录诸体并用，以志为主；并在相关条目中插配图片，力求图文并茂。

四、《简志》记述的时间断限，上溯至有文字记载以来，下限除“行政区划”和“历任乡镇（公社）党政主要负责人名录”2目截至2015年年末以外，其余各目时间皆止于2014年。

五、《简志》记述的活动，按照属地的原则，不受隶属关系限制，凡坐落在乡镇辖区内的县以上事业、企业单位，统一归所在乡镇入志。

六、志文中“公社”，系“人民公社”的简称；“一大二公”，系“大跃进、公共食堂”的简称；“一平二调”，系“平均分配、无偿调用生产资料和劳动力”的简称；“新农合”，系“新型农村合作医疗”的简称；“低保”，系“居民最低生活保障”的简称；“五保”，系“保衣、食、住、治病、丧葬”的简称；“两基”，系“基本实现九年义务教育，基本扫除青壮年文盲”的简称。对中华人民共和国成立前的纪年，仍用旧制，并加注公元纪年。记述新中国成立后的活动，一律使用公元纪年。

七、志文中使用的各项数据，主要出自统计部门，部分数据由相关职能部门提供。计量单位的名称，以国务院公布的法定计量单位为准，沿用旧的计量单位，一般换算成法定计量单位。

八、志中人物的收录范围，为历代衡阳县籍（今县境）的省、部、道、州以上政界官员，军事将领，革命英烈，著名专家学者和民间艺人，全国劳动模范，个别大善大恶者亦酌情选录。人物以简介为主，分别载入所属乡镇简志的“历史人文”条目。

九、志中“历任乡镇（公社）党政主要负责人名录”，系指1956年6月至2015年12月曾担任过乡镇（公社）的中共党委书记，乡镇长（公社社长、主任），乡镇人大主席团主席及政协联工委主任，并按机构名称及先后任职时间排列。为保持乡镇政区分合变更的连续性和资料的完整性，特将1995年5月并乡以前原乡镇（公社）的历任党政主要负责人一并附录于合并后的所属乡镇。由于衡阳县曾经两次设区，作为县的派出机构，下辖所属乡镇（公社），故对历任区级党政主要负责人名录也单独成辑附录于后。为遵循历史和客观事实，名录对个别党政主要负责人因“文化大革命”中机构一度瘫痪的影响，或虽到本志截止的下限时间仍继续担任原职的，均未注明其任职终止时间；个别主要负责人在同一单位任同一职务的时间未间断而出现姓名重复的，系换届后连任；主要负责人同时在一个单位担任党政两个职务的为兼职。

十、本志资料来源于县志、年鉴、部门专业志、档案资料及有关图书资料。所载资料均经考证鉴别，使用时一般不注明出处。

衡阳县行政区划图

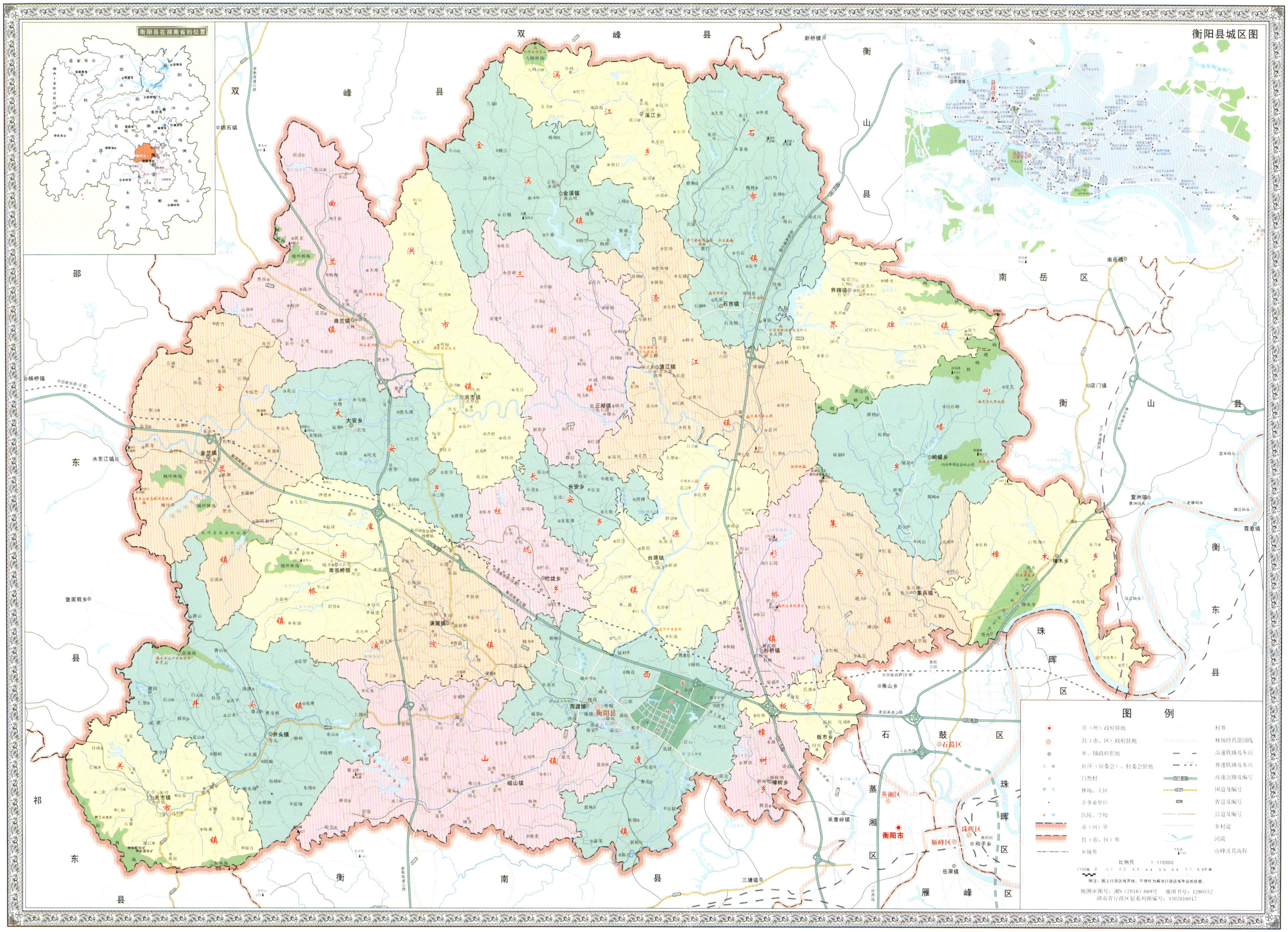

衡阳县行政区划图（2016年版）

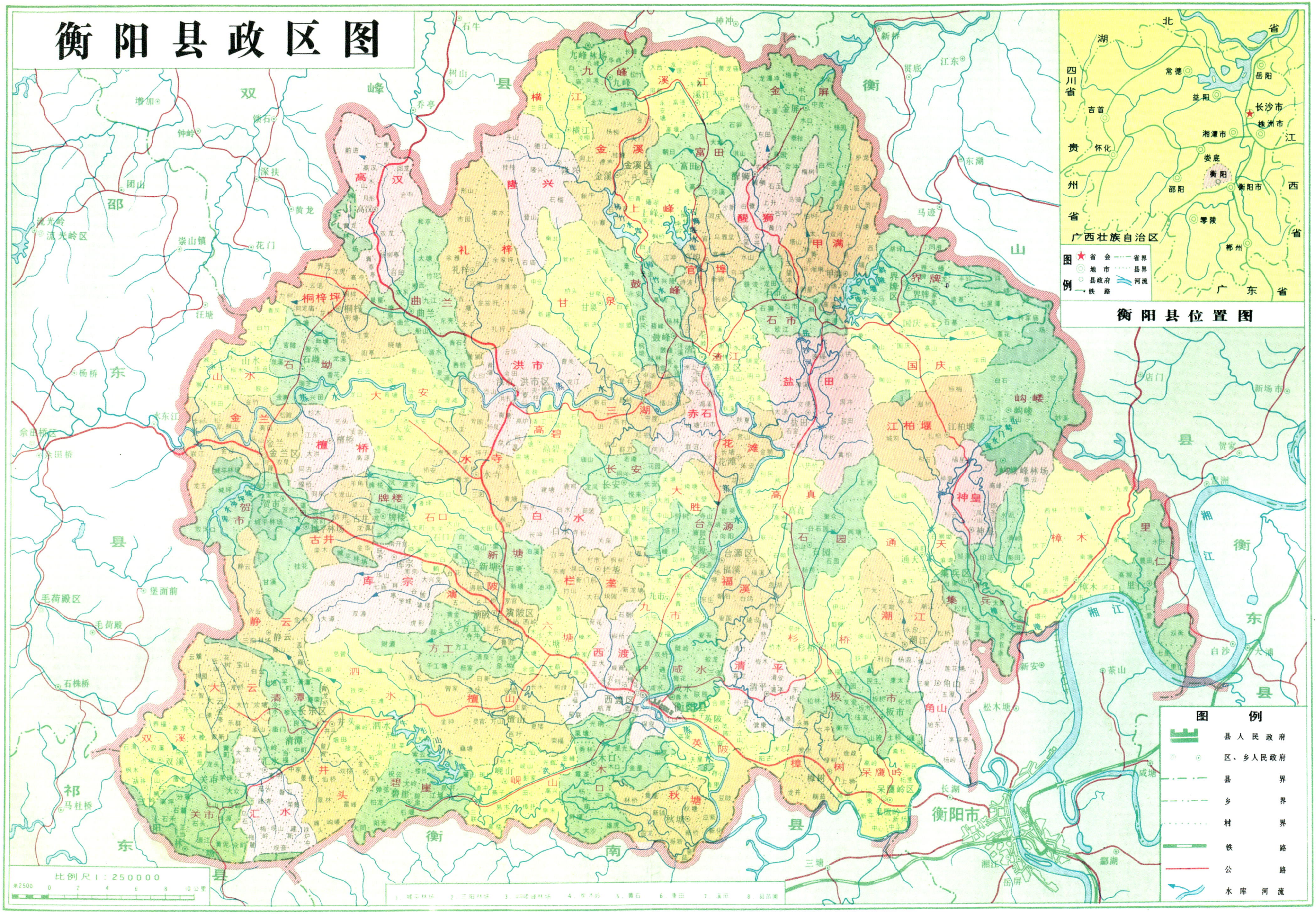

衡阳县政区图（撤区并乡前82个乡镇图）

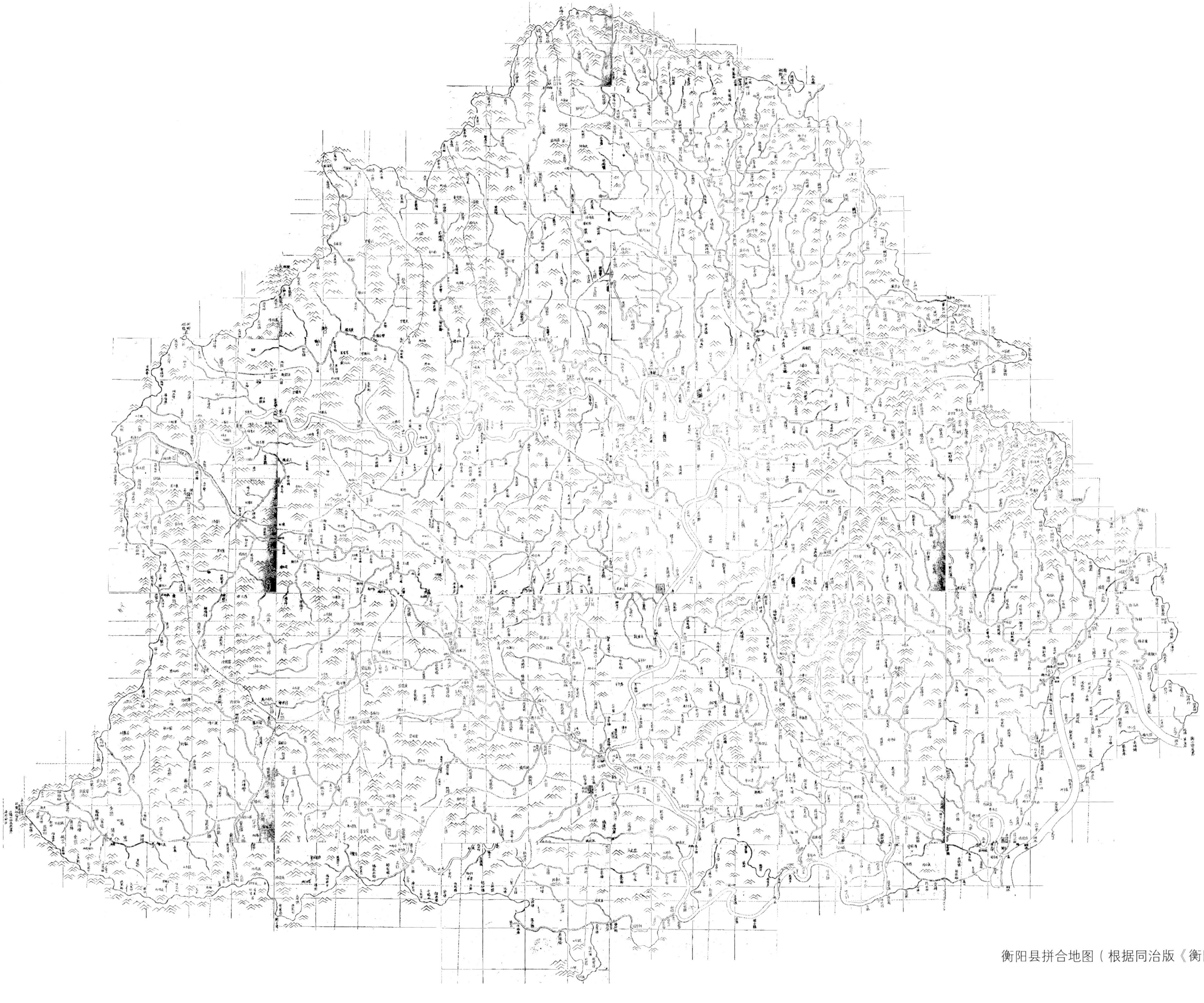

衡阳县拼合地图（根据同治版《衡阳县志》刊图拼合而成）

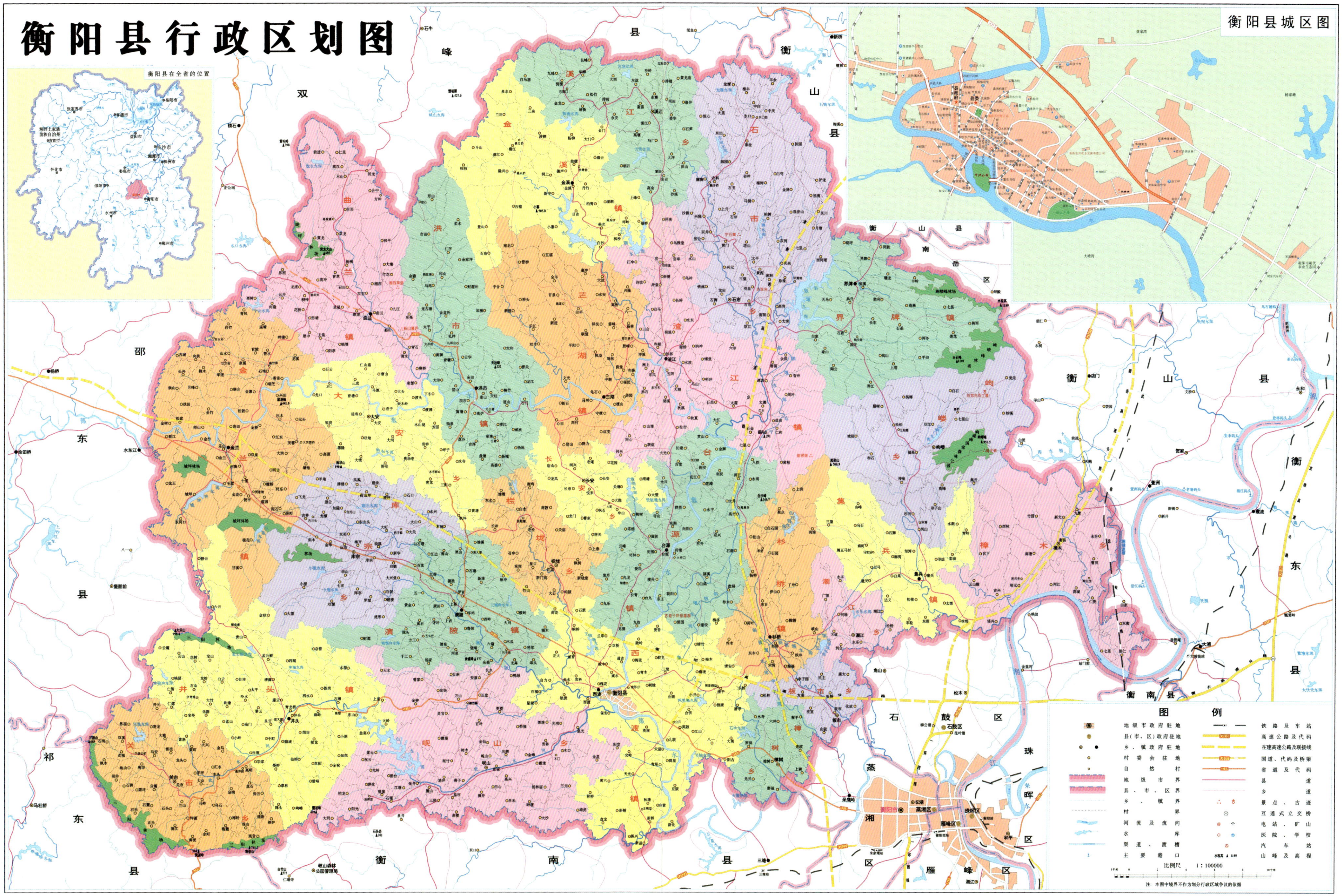

衡阳县行政区划图（2008年版）

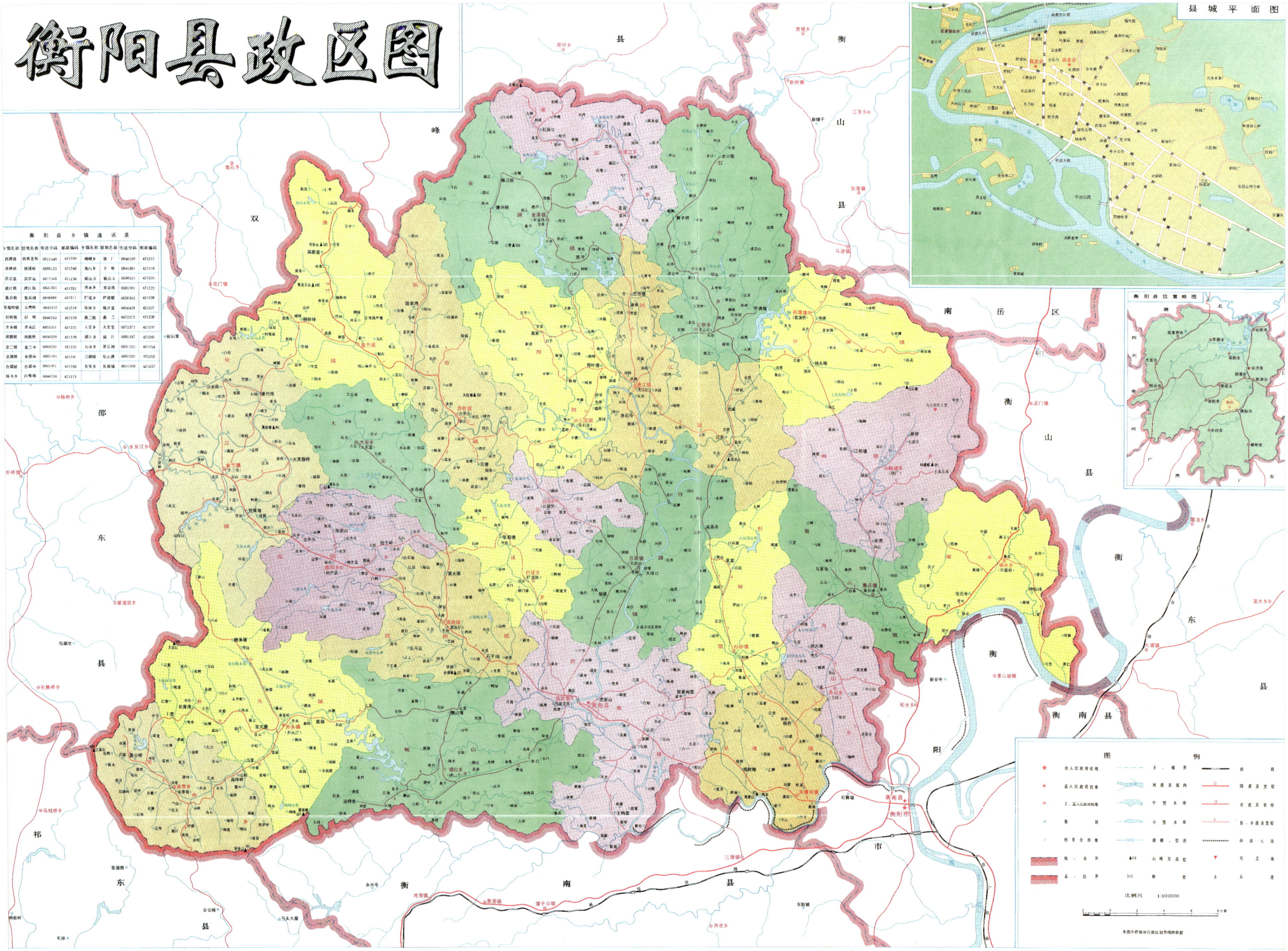

衡阳县乡镇通讯录

乡镇名称	驻地名称	电话号码	邮政编码	乡镇名称	驻地名称	电话号码	邮政编码
西渡镇	西渡老街	6811546	421200	岣嵝乡	铁丁	6846520	421212
界牌镇	檀溪桥	6885133	421246	角山乡	下岭	6845381	421219
洪市镇	洪罗庙	6872348	421236	岘山乡	岘山寺	6896024	421205
渣江镇	渣江街	6891001	421251	关市乡	关帝庙	6561001	421222
集兵镇	集兵滩	6846489	421211	栏垅乡	栏垅铺	6856302	421228
呆鹰岭镇	呆鹰岭	6845310	421216	库宗乡	梅开堂	6856428	421227
杉桥镇	杉桥	6846769	421218	曲兰镇	曲兰	6872273	421238
井头镇	井头江	6855301	421221	大安乡	大安堂	6872370	421237
演陂镇	演陂桥	6856338	421226	溪江乡	溪江	6881337	421241
金兰镇	金兰寺	6864320	421231	石市乡	景公祠	6891022	421254
金溪镇	金溪庙	6881001	421241	三湖镇	龟石渡	6891220	421252
台源镇	台源寺	6801001	421256	长安乡	长坡铺	6801008	421257
樟木乡	白鹭塘	6846708	421213				

衡阳县政区图（1995撤区并乡后）

乡镇简志评议会合影（2016年4月）

目　　录

衡阳县

区域概况

地域名片 衡阳县是中国古代著名思想家王船山（王夫之），“为新中国建立作出突出贡献的全国一百位英雄模范人物”之一夏明翰烈士（2009年由中共中央宣传部牵头评选），晚清“四大名臣”之一彭玉麟的故里。且精神文明和物质文明建设成果斐然，20世纪90年代以来，曾先后荣获全国“科技进步县”（中华人民共和国科技部于2004年、2009年和2013年授予），全国“科普示范县”（中国科协于1998年、2005年和2010年授予），全国“文化先进县”（中华人民共和国文化部于2005年、2009年和2014年授予）和全国“文明县城”（中央文明委员会于2009年授予），全国粮食生产“百强县”，全 肉类生产“百强县”（均为中华人民共和国统计局于1990年和2004年公布）和全国“粮食生产标兵县”（中华人民共和国农业部2012年授予）称号。

位置面积 衡阳县因地处南岳衡山之南得名。位于北纬26°52′~27°23′，东经111°52′~112°45′。地处衡阳市西北部。县境东、西、北三面以山峰为周边邻县分界线。东以岣嵝峰、白石峰、雷钵岭（石廪峰）与衡山县、南岳区为界，东南接衡阳市石鼓区、蒸湘区、珠晖区，南抵衡南县，西南以正当山、观音山、三阳山与祁东县分野，西以大云山同邵阳市邵东县接壤，北以黄龙山、九峰山与娄底市双峰县毗邻。县人民政府驻西渡镇，距衡阳市城区18公里。

2014年，辖区东西最大直线距离74公里，南北最大直线距离55公里，总面积2558平方公里。其中：陆地面积2372平方公里，占2.7%；水域面积186平方公里，占7.3%。

建置沿革 西汉高祖五年（前202），于蒸水之南建县，始名承阳县，属长沙王国。武帝元封六年（前105），置钟武县，属零陵郡。宣帝元康元年（前65），钟武县改称钟武侯国。平帝元始元年（1），承阳县改称承阳侯国。新王莽始建国元年（9），承阳、钟武合并，称钟武，后改名钟桓。东汉光武帝建武二年（26），改承阳为蒸阳，与钟武并称侯国，属零陵郡。顺帝永建三年（128），钟武更名为重安侯国。献帝建安初，析蒸阳县、酃县的部分属地置临蒸县，属零陵郡。

三国时，吴孙亮太平二年（257），分长沙西部置衡阳郡，蒸阳、重安、临蒸属衡阳郡。

东晋孝武帝太元二十年（395），酃县并入临蒸县，属湘东郡；蒸阳县并入重安县，属衡阳郡。

南朝宋文帝元嘉元年（424），重安县改称重安侯国，临蒸县改称临蒸伯国。明帝泰始元年（465），改重安侯国为子国，属衡阳王国。齐高帝建元元年（479），临蒸复称县，属湘东郡。陈文帝天嘉初，钟武并入临蒸，析临蒸县西部置衡山县。宣帝太建元年（569），析临蒸县东乡置新城县。

隋文帝开皇九年（589），省衡阳、湘东二郡始置衡州；并临蒸、重安、新城三县始置衡阳县；州、县治同城。大业三年（607），改衡州为衡山郡，仍以衡阳县为倚郭。恭帝义宁元年（617），隋在湖广的政权被萧铣的梁朝所取代。梁凤鸣元年（617），衡阳县属梁国衡州。

唐高祖武德四年（621），改衡山郡为衡州，分衡阳县复置重安、临蒸、新城三县。七年（624），并新城、重安两县入临蒸县。玄宗开元二十一年（732），临蒸县复名衡阳县。天宝元年（742），州郡并称，衡阳县属衡州衡阳郡。肃宗至德二年（757），衡州防御使治所设衡阳县城，领辖衡、岳、潭、郴、邵、永、道、涪八州军事。代宗广德二年（764），置湖南观察使治所于衡阳县城，领辖衡、潭、邵、永、道五州军事。

五代十国时，后梁太祖开平元年（907），马殷割据湖广地区称楚王，辖28州1监，衡阳县隶属楚国衡州。

宋，隶属荆湖南路衡州衡阳郡。

元世祖至元十三年（1276），衡州改称衡州路，衡阳县隶属衡州路。顺帝至顺一年（1333），析衡阳县东南乡复置新城县（今分属衡南县、耒阳市）。至正二十四年（1364），吴王朱元璋改元朝衡州路为衡州府，衡阳县属衡州府。

明太祖洪武十年（1377），并新城县入衡阳县。

清圣祖康熙十七年（1678）三月初二日，吴三桂在衡阳称帝，国号周，改衡州府为定天府，衡阳县属定天府。高宗乾隆二十一年（1756）5月22日，吏部移文析衡阳县东南乡置清泉县（今衡南县）。

民国元年（1912）2月，并衡阳、清泉二县为衡州府。是年2月9日，裁府置县，衡州府复称衡阳县。27年（1938）1月，湖南省实行行政督察区制，衡阳县属第五督察区管辖。29年（1940）5月，改第五督察区为第二区，衡阳县属第二督察区管辖。31年（1942）1月，析衡阳县城区及城郊3个乡置衡阳市；县、市治同城。

中华人民共和国成立后，1952年4月，根据政务院决定，析衡阳县东南境一、二、四、九区置衡南县，衡阳县治迁至西渡镇。此后，县域先后隶属于湘南行署、衡阳专员公署、衡阳地区和衡阳市。至2015年，衡阳县名及隶属关系无变更。

政区界限 据史料记载，西汉初的承阳县境，南抵酃县（今衡南县），东北界湘南（今衡山县、南岳区、双峰县），西界泉陵（今邵阳市邵东县）。

明嘉靖时，县府（今衡阳市城区）东至安仁县界55公里，南至常宁县界35公里，西至邵阳县（今邵东县，下同）界60公里，北至衡山县界25公里。

清乾隆二十一年（1756），分县境东南部置清泉县（今衡南县），衡阳县辖西北部。县府东至清泉县治0.5公里，东南至清泉县界35公里，南至祁阳县（今祁东县，下同）界50公里，西至邵阳县界60公里，北至湘乡县（今娄底市双峰县，下同）界50公里。

民国时，衡阳、清泉并为衡阳县，其境域东南界衡山、安仁县，南抵耒阳、常宁县，西临祁阳、邵阳县，北毗湘乡县。

1952年7月，析出县域东南境置衡南县。其时衡阳县境东临衡山县，南抵衡阳市、衡南县，西连祁东县、邵东县，北接双峰县。总面积2647平方公里。

1975年4月，县境东南部的松木公社划归衡阳市郊区管辖，面积约21平方公里。

1981年11月，县境东南部的新安公社划归衡阳市城北区（今石鼓区），面积25平方公里。

2001年5月，将县境南部的呆鹰岭镇及其所辖14个村（社区）划归衡阳市蒸湘区；将角山乡及其所辖10个村和集兵镇的灵官庙村划归衡阳市石鼓区，共划出面积43平方公里。

自然环境 *地形地貌* 地处衡阳盆地北沿。东、西、北三面环山，南部低平，中部丘陵与平町相间。最高峰石廪峰（又名雷钵岭）位于东部边境，海拔1189米；最低点位于樟树乡樟树村樟树组，海拔57.48米。

气候水文 境域属大陆型中亚热带季风温润气候区。气候四季分明：春秋气候温和，夏季炎热且多南风，雨水集中；冬季干燥较寒，多偏北风。1970—2014年平均气温为18.0℃。极端最低气温-8℃（1972年2月9日），极端最高气温40.8℃（2010年8月5日）。年平均降水量1267毫米，年平均降水日数为151天，最多达187天（1970），最少为92天（1963）。极端年最大降水量1801毫米（1970），极端年最少降水量953.1毫米（1963）。降雨集中在每年的4—9月，5、6月最多。

境内河道属湘江水系。主要河道有一级河流蒸水、横江铺河、樟木寺河、白鹭港河4条，共长280公里；二级河流有武水、演水、岳沙河、杉旭河、清化河等22条，共长517.2公里；三级河流29条，共长373.4公里；四级河流5条，共长66.4公里。河流总长度1237公里，河网密度为每平方公里0.49公里；径流总量12.64亿立方米。境内最大的河流为蒸水，从金兰镇金树村入境，流经大安乡、曲兰镇、洪市镇、三湖镇、渣江镇、台源镇、西渡镇，从樟树乡群益村出境，境内流程113公里，流域面积2021平方公里。

矿藏资源 境内已发现的地下矿藏有38种，其中非金属矿产资源14种，金属矿产资源23种，能源矿产资源1种。主要矿产有高岭土（瓷泥）、铁、钒、铅、锌、金、铜、钠长石、钾长石、绿柱石（铍）、重晶石、饰面花岗岩、水泥用石灰岩等。已探明储量的有9种。其中，高岭土集中分布在界牌至岣嵝乡的江柏堰一带，保有资源储量3470万吨；铁矿藏主要分布在关市镇对家冲一带；铅锌矿藏主要分布在关市镇的双溪一带；饰面花岗岩主要分布在井头镇和关市镇一带，储量约3000万立方米；水泥用石灰岩主要分布在演陂镇、库宗桥镇一带。

县治变迁 西汉时，承阳县治在今衡阳县三湖镇福民村。钟武县治有二处：一处在今县境岘山镇的曾步。清同治《衡阳县图志》载："武水又东流，稍北经岘山寺，东北十里而至曾步（今岘山镇光明村），钟武侯国故城当在此矣。"另一处在今县境三湖镇荫塘村，其故城遗址依稀可辨。

东汉时，蒸阳侯国治所在今县境金兰镇毛家村。重安侯国治所在今三湖镇福民村福城寺。

三国时，重安、临蒸县治在今衡阳市城区。

隋时，衡阳县治在今衡阳市城区湘江西岸。

民国31年（1942），析衡阳县城区置衡阳市，衡阳县治所在衡阳市城北区（今石鼓区）。

1952年7月，衡阳县县治从衡阳市城区迁址西渡镇迄今。

区划设置 唐朝开元时，据唐代李吉甫《元和郡县图志》记载，衡阳县（以下简称县境）划为44个乡。

宋朝时，据宋代王存《元丰九域志》第六卷记载，县境划为15个乡和寒溪、西渡、泉溪、白竹4个镇。

明朝时，据明嘉靖《衡州府志》记载，全县置19个乡，辖45里。城内设东厢、西厢、雍和坊（今衡阳市城区），城外设长乐、金兰、永福、光政、重江、清化、政义、慕化（以上属今衡阳县境）、政平、太平、长平、怀节、东阳、建兴、新城、衡阳、慕道、零泉、慕政（以上属今衡南县境）9个乡。

清康熙三十年（1691），废里甲，设都区。全县划为42个都，都下设区。西乡1~22都和北乡40~42都为今衡阳县境，南乡23~30都和东乡31~39都为今衡南县境。

乾隆二十一年（1756），析23~39都置清泉县。

同治十年（1871），废都区，设乡（镇）、保、甲制。属今衡阳县的有金华、福政、重安、紫霞、乾安、钟武、永康、岣嵝、义化9个镇和永福、永靖、仁义、成德4个乡。

民国2年（1913）9月，全县划为36个乡镇，其中24个镇、12个乡。属今衡阳县的有金华、福政、重安、紫霞、乾安、船山、钟武、永康、岣嵝、义化10个镇和永福、永靖、仁义、成德4个乡。

民国21年（1932），设区辖乡镇，全县设9个区、下辖80个乡镇。

民国28年（1939），全县设45乡（镇）、724保、83058甲。属今衡阳县的有金华、金兰、福政、重安、雪梅、乾安、两湖、湘西、船山、永靖、永福、钟武、永康、仁义、长乐、成德、义化、岣嵝、礼义、仁信20个乡。

民国30年（1941），县下设47乡7镇、713保、10796甲。至民国38年（1949）夏，全县设4个辖区、40个乡镇、656个保、7136个甲。属今衡阳县的有2个辖区、21个乡镇、364个保、4135个甲。

1949年10月8日，衡阳解放。13日，成立衡阳县人民政府。14日，建立9个区，区以下暂袭民国时的乡（镇）、保、甲旧制。属今衡阳县的有第三、五、六、七、八区21个乡镇。

1950年5—6月，废除旧保甲制，建立乡村政权。全县建立404个乡，属今衡阳县的有210个乡。

1952年7月，衡阳县分为衡阳、衡南二县，原衡阳县第三、五、六、七、八区属今衡阳县。12月20日，全面调整区、乡行政区划。全县设17个区（以数字冠名）、225个乡。

1953年3月20日，设立西渡镇、渣江镇、界牌镇。同年7月11日，渣江镇并入渣江乡。

1955年6月，以地名冠区名。第一至十七区依次改称城关、钟武、永康、长乐、台源、演陂、金华、金兰、洪市、船山、三湖、渣江、金溪、银溪、集兵、角山、板桥区。

1956年1月3日，合济乡并入英陂乡。是年5月撤区并乡，将原251个乡2个镇并为西渡、英陂、新桥、碧崖、檀山、岘山、井头、东山、汇水、青山、大云、关市、演陂、方工、栏垅、库宗、石口、金兰、侯山、古井、山水、水寺、曲兰、高汉、礼梓、大安、洪市、桐梓、隆兴、上峰、金溪、溪江、三湖、甘泉、唐福、官埠、渣江、白象、灵川、甲满、醒狮、板桥、角山、集福、神皇、集市、樟木、花滩、台源、长安50个乡和城关、界牌2个镇，共52个乡镇。

1958年9月，实行“政社合一”体制，将全县52个乡镇合并建立25个人民公社，即：火箭、卫星、红星、上游、太阳升、胜利、先锋、超英、五星、星际、宏伟、火炬、星星、燎原、和平、群峰、万里、鹏程、超美、前进、红旗、东风、跃进、东方红、光明人民公社。下设241个大队、1971个生产队。

1959年1月，将原25个人民公社调整为17个农村人民公社和1个城镇人民公社，均以地名命名，分别为：新城（城镇）、胜利、檀山、井头、关市、演陂、库宗、金兰、洪市、曲兰、金溪、界牌、渣江、三湖、樟木、板桥、角山、台源人民公社。下设323个大队、1989个生产队、7915个作业组。

1961年4月7日，将全县18个人民公社，调整为44个人民公社，分别是：集兵、神皇、樟木、呆鹰岭、板桥、新城、西渡、英陂、新桥、金星、易市、檀山、东山、井头、大云、关市、库宗、栏垅、方工、演陂、古井、山水、金兰、杉桥、角山、洪市、大安、高汉、桐梓、礼梓、曲兰、溪江、隆兴、金溪、太平、界牌、渣江、唐福、官埠、三湖、甘泉、台源、花滩、长安公社。下辖878个大队、8735个生产队。

1961年，恢复区级建制，成立区公所，作为县的派出机构；缩小公社规模。全县设11个区、83个人民公社（见表），下设936个大队、9853个生产队。

表1　　衡阳县1961年12月设区划社情况表

区　名	区公所驻地	所辖人民公社
西　渡	西　渡	西渡、咸水、英陂、清平、新桥、金星、檀山、岘山、碧崖
长　乐	井头江	井头、清潭、东山、青山、关市、双溪、大云、汇水
演　陂	演陂桥	库宗、石口、栏垅、白水、演陂、新塘、方工、六塘
金　兰	金兰寺	檀桥、山水、石坳、古井、贺市、牌楼、金兰
洪　市	洪罗庙	洪市、高碧、大安、水寺、曲兰、礼梓、桐梓、高汉
金　溪	金溪庙	金溪、九峰、上峰、溪江、富田、隆兴、横江
界　牌	界　牌	界牌、国庆、醒狮、甲满、金屏
渣　江	渣　江	渣江、赤石、官埠、唐福、石市、三湖、鼓峰、甘泉
集　兵	集兵滩	神皇、松柏、岣嵝、集兵、通天、樟木、新安、里仁
板　桥	呆鹰岭	角山、潮江、杉桥、石园、板桥、樟树、呆鹰岭、松木+
台　源	台源寺	台源、福溪、九市、长安、花滩、高真、大胜

1963年3月，划西渡、英陂公社各一小部分重置城关镇。

1964年5月，划界牌公社一小部分重置界牌镇。

1966年11月，划渣江公社一小部分重置渣江镇。

1981年9月，划洪市公社一小部分置洪市镇（后改称洪罗庙镇）。

1984年4月，撤销人民公社体制，恢复乡镇建制，改大队为行政村，改生产队为村（居）民小组。全县辖11个区、4个区级镇，70个乡、8个乡级镇。下设911个村、43个社区，10341个村民小组、138个居民小组。

1995年5月，撤区并乡，撤销11个区公所，将原82个乡镇合并为25个乡镇，即：集兵、杉桥、呆鹰岭、西渡、井头、演陂、金兰、洪市、金溪、界牌、渣江、台源12个镇，樟木、岣嵝、角山、岘山、关市、库宗、栏垅、曲兰、大安、溪江、石市、三湖、长安13个乡。

1998年2月，乡（镇）下设82个责任区（按撤区并乡前的82个乡镇区划设置）。

2001年5月，调整部分乡镇行政区划，将1995年并乡前的角山乡、呆鹰岭镇分别划入衡阳市石鼓区、蒸湘区，新设立潮江乡、板市乡、樟树乡，全县共设26个乡镇。

2003年12月，撤销82个责任区。

2015年，调整辖区内乡、村区划，将全县891个村、44个社区调整为443个村、48个社区。是年11月，撤销潮江乡，其原所辖的4个村并入集兵镇。至2015年年末，全县有西渡、集兵、杉桥、井头、演陂、金兰、曲兰、洪市、金溪、界牌、渣江、三湖、台源、关市、库宗桥、石市、岘山17个镇，樟木、岣嵝、栏垅、大安、溪江、长安、板市、樟树8个乡，共25个乡镇；下辖443个建制村、48个社区，设9835个村民小组、489个居民小组。

人口民族 1952年，衡阳县（分县后）总人口为65.1万人。1960年为66.66万人。此后，每隔10年全县人口总数分别为：1970年83.49万人、1980年97.7万人、1990年108.55万人、2000年115.93万人、2010年120.96万人。2014年年末，全县总人口122.25万人，其中男性63.79万人，占52.18%；女性58.46万人，占47.82%。总人口中，0~14岁25.1万人，占20.46%；15~59岁79.83万人，占65.29%；60岁以上17.42万人，占14.25%。2014年，全县人口出生率12.39‰，死亡率6.30‰，自然增长率6.9‰。

人口以汉族为主，其他民族有苗族、壮族、土家族、彝族、瑶族、布依族、哈尼族、维吾尔族、侗族、回族、仡佬族、藏族、满族、黎族、土族、蒙古族、傣族、拉祜族、水族、仫佬族、毛南族、傈僳族、哈萨克族、布朗族等24个少数民族共687人。

经济发展

地区生产总值 新中国成立初，衡阳县县域经济处于恢复发展时期。1952年，全县地区生产总值（以下简称生产总值）0.95亿元（按当年价，下同）。1958年成立人民公社，搞“一大二公”“一平二调”造成经济停滞不前。1960年，生产总值下降到0.9亿元，比1952年减少500万元。1961年后，贯彻中共中央关于“调整、巩固、充实、提高”的方针，国民经济稳步发展。1970年，生产总值达到1.78亿元，比1960年将近翻一番。1978年中共十一届三中全会后，实行改革开放，县域经济持续快速发展。1980年，地区生产总值3.43亿元、1990年达到8.9亿元、2000年上升至43.64亿元、2010年增加到154.93亿元。2014年年末，全县地区生产总值为263.23亿元，比上年增长9.3%；分别是1980年的76倍、1990年的28.6倍、2000年的5倍、2010年0.71倍。

农业 衡阳县系农业大县。2014年，全县耕地面积5.88万公顷，人均（农业人口）0.83亩；可养殖水面1.41万公顷，林地面积10.13万公顷。

种植业 农作物以种植水稻、油菜、薯类、豆类、棉花等为主。民国时期，由于作物品种落后，耕作粗放，加之抗御自然灾害能力弱，故粮食产量低，平均亩产约150公斤。中华人民共和国成立后，随着水利设施的不断增加，双季稻面积逐渐扩大。1955年，全县种植水稻6.99万公顷，总产量20.7万吨，平均亩产（以下简称亩产）近200公斤。1959—1961年，由于工作上的严重失误，放松粮食生产，造成粮食歉收。1961年，全县粮食总产量下降到13.24万吨。此后，在总结经验教训的基础上，不断完善农业生产的管理体制和机制，粮食生产稳步发展。1970年，全县水稻种植面积9.18万公顷，1975年达到9.85万公顷，总产量38.44万吨，亩产260公斤。1976年，试种杂交晚稻5510公顷，亩产325公斤，比常规稻亩产高115公斤。至1983年，杂交晚稻面积扩大到4.73万公顷，占全县水田总面积的91%；总产量30.3万吨，亩产427公斤。1990—2003年，全县水稻年播种面积稳定在9万公顷左右。从2005年起，大面积种植双季杂交稻。2014年年末，全县水稻面积7万公顷，总产量62.56万吨；油菜3.37万公顷，总产量7.75万吨；瓜菜0.85万公顷，总产量1.2万吨。

养殖业 县内历来有饲养猪、牛、鸡、鸭、鱼等畜禽水产习惯。民国时期，饲养的生猪多为当地品种，且用煮熟的饲料喂养，俗称“潲”，故生长期较长，一般8~10个月才能出栏。养牛仅供耕田所用，山区为黄牛，平町多系水牛。鸡鸭则用谷物喂养，因此饲养数量极少，年户均一般10羽左右。故民间有“羊牛为种田，养猪过好年，养鸡养鸭生蛋换油盐”之说。养鱼不投放饵料，故产量低，每亩水面约10公斤。中华人民共和国成立初，养殖业有所发展。1957年，全县生猪饲养量30.59万头，家禽126万羽，产鲜鱼450吨。20世纪60年代至70年代，养殖业实行“公私并举”，并逐步对品种进行改良，先后引进苏白猪、巴克夏、大约克夏、兰特瑞斯等国外良种种猪，繁育二元、三元杂交瘦肉型猪；引进的良种鸡有罗斯鸡、白洛克、新波罗等。1979年，全县生猪饲养量增加到65.2万头，出笼家禽250万羽，出塘水产品5034吨。20世纪80年代，农村实行改革开放，养殖业快速发展，并逐渐趋向规模化、专业化、市场化，且多用配合饲料替代煮潲。1990年，全县生猪饲养量100.2万头，家禽657万羽，产鲜鱼1.45万吨，蜂蜜393吨。20世纪90年代，养殖业开始向集约化经营发展，形成“一村一品”“一乡几品”和产、供、销“一条龙”的新格局。2000年后，随着现代化、专业化养殖水平的不断提高，一批市场竞争乏力的零星养殖户逐渐淡出市场。2014年年末，全县出栏生猪189.29万头，家禽2098万羽；养殖水面7890公顷，水产品总产量6.17万吨。

林业 县境树木主要有松、杉、南竹、油茶、油桐、樟、梓等。清代，境内林木茂盛。民国时期逐渐衰落。据资料记载：民国34年（1945），县境内森林蓄积量3767.5万余株。中华人民共和国成立后，1957年，开展森林普查，全县宜林山地16.75万公顷，其中有林地5.78万公顷，活木蓄积量301.33万立方米，森林覆盖率48%。1958年后，由于大办钢铁和公共食堂，林木严重受损。至1961年，活木蓄积量减少到78.3万立方米，森林覆盖率下降到25%。此后，采取植树造林和封山育林等措施，林地面积逐年增加。至1975年，全县有林地9.4万公顷；累计造林4.77万公顷。与此同时，全县创办县级林场4个，公社林场83个，队办林场855个。1982年，林地由农户承包经营。2014年年末，全县林地面积10.13万公顷，森林覆盖率46.1%。

1990—2014年，衡阳县先后获全国粮食生产百强县、全国油料生产百强县、全国肉类生产百强县、全国蜂业十强县、全国粮食生产先进县、全国商品粮生产基地县、全国生猪调出大县、全国粮食生产标兵县。

工业 明、清至民国时期，县内工业有陶瓷、造纸、淘金、采煤、冶炼、铸造、酿酒、梳篦、砖瓦烧制、竹（木）器生产、纺纱织布等手工业作坊，尤以陶瓷、造纸、梳篦和纺织粗具规模。据史料记载：民国年间，界牌水架桥有瓷器生产作坊190余个，窑48座，从业工人7000余人。新塘（今属演陂镇）有陶器龙窑3座，窑工100余人，年产粗陶1万余件。长塘铺（今长安乡）、栏垅铺（今栏垅乡）一带有木梳作坊400余户，从业者1200余人，年产梳篦约25万件。县内南竹产地有土纸作坊100余个，土纸产量列居湖南省第6位。渣江及三湖町一带的农户有纺车和织布机6000余台，年产白布和印花布19万匹。

中华人民共和国成立初，1950年，全县有私营手工业938家，从业人员5540人，产值（当年价，下同）394万元。1956年，完成对私营手工业的社会主义改造，引导其走合作化道路。是年，全县组建手工业合作社136个，社员3866人。1958年，搞“大跃进”，掀起“全民办工业”群众运动，举全县10万之众，相继创办神皇山、弯头、唐福、牧云峰、洪市、关市、隆兴等7个冶炼厂，因未炼出铁，于次年2月全部停办。此后，陆续创办23个县属国营工业企业，有职工11473人。至1962年，除印刷厂、农业机械厂、西渡电站3个县属工厂继续生产外，其余20个厂矿全部停办，职工精简回乡务农。20世纪60年代至70年代，先后创办县氮肥厂、造纸厂、水泥厂、煤矿、瓷泥矿、湘衡药厂、合成药厂等10个国营工业。与此同时，县轻工业局亦相继建成人民瓷厂、皮件厂、五金厂、木器厂、刀剪厂等一批集体工业企业。至1976年，全县有工业企业46家（其中国营企业17家，集体企业29家），职工4326人（其中国营2940人，集体1386人），共实现工业产值2193.77万元。中共十一届三中全会后，在继续办好国营和集体工业的同时，大力发展社队（乡镇）企业。1990年，全县乡镇工业企业809个，涉及建筑、建材、陶瓷、化工、运输、竹木器制造、农产品加工等行业，实现工业产值0.94亿元，占当年全县工业总产值2.34亿元的40%。20世纪90年代后，随着市场经济的建立，民营工业异军突起，国营和集体工业因竞争乏力而逐渐淡出市场。1992年，建立西渡经济技术开发区（后更名西渡高新技术产业园），成为发展民营工业的集聚区。2000年，全县工业企业3419个，从业人员16325人，实现工业增加值11.12亿元。2001年后，国营和集体工业企业相继完成改革，全部改制为民营企业，职工置换企业身份。其间，县内先后建立界牌（石市）陶瓷、关市铁矿2个工业园和井头石材、演陂建材、库宗木器3个基地（简称“二园三基地”）。2010年，全县工业增加值达到55.9亿元。2014年年末，县境有工业企业6940个（其中规模以上工业111个），实现工业增加值97.67亿元（其中规模以上工业71.79亿元），分别是1990年的103倍、2000年的7倍、2010年的0.8倍。

商贸服务 民国时期，县境内商贸服务业主要是小商小贩及餐饮旅店。据《中国实业志》记载，民国24年（1935），衡阳县洪罗庙、渣江、台源寺、樟木寺、集兵滩和西渡共有私营商业、饮食服务业等920家，从业人员5900人。1944年，日军侵入衡阳后，商业凋敝。1949年，全县有私营商业2565户（含今衡南县）。

中华人民共和国成立后，政府扶持个体私营商业，并逐步加以改造。1953年，全县有个体私营商业7367户，从业人员8464人。与此同时，着手建立国营商业和供销合作社（简称供销社）商业。1956年，全县有国营商业、供销社商业和合作商店642个，社会消费品零售总额2258万元（当年价，下同）。1960—1976年，对粮、棉、油、布、猪肉、煤油、肥皂等生活必需品实行凭票定量供应。1977年，全县社会消费品零售总额为8942万元。1978年中共十一届三中全会后，逐步放开商贸流通市场，实行国营、集体、个体商贸一齐上，商贸服务业渐趋繁荣。1980年，全县有个体商贸户1782户、5346人。是年，全县社会消费品总额1.25亿元。1990年达到3.4亿元，为1977年的2.8倍。1991年后，国营和集体商贸实行改革改制，逐渐退出商品流通市场，民营商贸成为市场的主体。2000年和2010年，全县民营商贸服务业分别为5063户、19675户，年实现社会消费品零售总额分别为9.98亿元和42.39亿元。2014年年末，达到68.56亿元。

民国时期，县境有农村墟场56个，其中规模较大的有洪罗庙、渣江、集兵滩、樟木寺、台源寺、西渡。交易的物品主要是米、豆、薯类、猪、鸡、蛋、鱼以及竹木器、南竹、木材等农产品。中华人民共和国成立后，在加强集贸市场管理的同时，不断改善市场的基础设施建设。至2014年年末，全县有集贸市场61个。其中，每旬（下同）一、六日为集日的有樟木寺、杉桥、溪江；一、四、七日的有檀山嘴、英陂、石头桥、驼背树、高真寺、碧崖、火安塘、龟石渡、古井头；二、七日的有集兵滩、醒狮桥、山水、巷子口；二、五、八日的有台源寺、岘山、库宗桥、金溪庙、枫坳；三、六、九日的有演陂桥、金兰寺、易市、长塘铺、花江滩；三、八日的有白鹭坳、井头江、银溪桥、盐田桥、木山、曲兰；三、七日的有塘头上；四、九日的有板桥、桐梓坪、灵川寺、石洞口、水口、官埠塘、关市、铁厂、九里渡；四、七、十日的有栏垅铺；五、十日的洪罗庙、黄门桥。此外，还有县城的城东、城西和渣江3个市场为常集；水架桥、新桥、唐坳、樟树坳、木口、方大屋、孟公桥、唐公桥、六塘、贺市、九市、甘溪桥、汇水等处为每天的早市。

财政金融　1952—1978年的27年间，县内地方公共财政总收入（以下简称财政总收入）累计为2.539亿元。其中，1952年417.3万元，1960年1029.2万元，1970年818.3万元，1978年1260万元。1978年中共十一届三中全会后，实行改革开放，经济的快速发展带来了财政收入的高速增长。1980年，全县财政总收入1740万元，1990年达到6262万元，增幅为1978年的3.97倍。2000年财政总收入1.384亿元，在1990年的基础上翻了一番多。2010年财政总收入5.32亿元。2014年增加到8.6亿元，为改革开放前27年全县财政收入总和的2.17倍。

1952年，成立中国人民银行衡阳县支行，下辖9个营业所。1955年12月，设立中国农业银行衡阳县支行。1952—1956年，全县成立51个农村信用合作社。1974年6月，建立中国人民建设银行衡阳县支行。1985年1月，成立中国工商银行衡阳县支行，下设12个办事处。1988年11月，设立中国银行西渡支行，下辖1个分理处（2000年撤销西渡支行）。1996年，建立中国农业发展银行衡阳县支行。2008年，中国邮政储蓄银行衡阳县支行开业，下设26个营业点。2012年，华融湘江银行、沪农商村镇银行先后入驻西渡。此外，县内还分别设有中国人民财产保险公司、中国人寿保险公司衡阳县支公司。2014年年末，县内共有9家金融机构和4家保险机构，下设服务网点139个。

全县金融机构存、贷款余额逐年递增。1952年，年末存款余额（以下简称存款余额）41万元，年末贷款余额（以下简称贷款余额）21.3万元。1960年，存款余额58万元，贷款余额3074万元。1970年，存款余额1020万元，贷款余额2692万元。1980年，存款余额3870万元，贷款余额6571万元。20世纪80年代后期，由于经济的快速发展，存、贷数量亦相应增加。1990至2000年，存款余额17.95亿元，贷款余额17.2亿元，存贷余额基本持平。此后，存款节节上升，贷款余额相对减少。2010年，存款余额120.4亿元，贷款余额41.8亿元。2014年年末，存款余额239.82亿元（其中城乡居民储蓄余额201.51亿元），贷款余额75.27亿元。

基础设施

水利建设 衡阳县地处衡邵干旱走廊，水资源严重缺乏。1949年，全县有山平塘80600余口，小堰坝近4000处，总蓄引提水量约1.41立方米，单季旱涝保收面积4660公顷，约占全县耕地总面积的8%。

中华人民共和国成立后，1952年，中共衡阳县委、县人民政府广泛发动群众大力兴修水利，不断增加蓄水量和扩大农田灌溉面积。1952—1956年，全县共兴建小（2）型水库2座，改造和新建山平塘、堰坝近2万处；总蓄引提水量增加到2.18亿立方米，有效灌溉面积3.74万公顷。1957—1964年，举全县之力，先后兴建了牛形山、斜陂堰、柿竹、石狮堰4座中型水库、14座小一型 和49座小二型水库。至1964年，全县总蓄引提水量增加到4.63亿立方米，有效灌溉面积4.43万公顷，其中旱涝保收面积2.77万公顷。1965—1978年，新建城坪冲、山峙门2座中型水库、22座小一型 和119座小二型水库。20世纪80年代后至2013年，着力完善以渠系配套防渗、山平塘清淤扩容和中小型水库除险加固为重点的水利基础设施建设。其间，先后共改造硬化灌溉渠道487条、长2755千米，整修山平塘4.85万口，完成对6座中型水库、215座小型水库的除险加固。2014年年末，全县共有山平塘10.97万口，蓄水量1.9亿立方米；小二型水库182座，库容量0.45亿立方米；小一型水库39座，库容量0.82亿立方米；中型水库6座，正常库容量1.36亿立方米；与水库配套的渠道492条，长3128千米；中小河坝、堰坝3353座；电灌站529处，电力排灌机埠1732处，农用水泵1.67万台。全县总蓄引提水量5.93亿立方米。1989年、2006年、2009年，衡阳县先后获“全国水利建设先进县”、湖南省“水利建设十强县”“湖南省小农水建设示范县”称号。

交通运输 民国时期，县内交通运输主要有湘江、蒸水和武水3条航道，通航里程163公里。陆路有长衡（今107国道）、衡宝2条公路，境内长61.1公里。另有14条石板道路可通行车马。

中华人民共和国成立后，交通运输快速发展。1957—1959年，分别修通西界（西渡至界牌）、衡祁（六塘至祁东双凤亭）、魏关（魏家祠至关帝庙）、呆方（呆鹰岭至石市方大屋）、渣九（渣江至九峰）、渣排（渣江至溪江排前）、渣洪（渣江至洪罗庙）、曲界（曲兰至界溪）、李腊（李家坳至腊树蔸）、怀鼓（怀先堂至鼓峰）、水大（水寺至大安）11条县内干线公路，共长277公里。1968—1989年，先后修通西杉（西渡至杉桥）、杉集（杉桥至集兵滩）、台雷（台源寺至雷祖岭）、石金（石头桥至金屏）、西荷（西渡至荷叶塘）、西碧（西渡至碧崖）、金桐（金兰寺至桐梓坪）、太岩（太平桥至岩石）、井静（井头江至静云）、余演（余盛至演陂桥）、玩牌（玩市至牌楼）、陈邓（陈町至邓冲）、金石（金兰寺至石坳）、金隆（金溪庙至隆兴）、英新（英陂至新桥）、白七（白鹭坳至七里村）、土大（土冲至大云）、国腊（国庆至腊树蔸）18条乡际公路，共长260.2公里。20世纪80年代至90年代，重点建设通村公路。2000—2013年，交通设施建设的重点是实施县、乡、村道提质改造和水泥硬化工程。在此期间，潭衡西高速（境内长40.85公里，设有石市出口）、衡邵高速（境内长55.67公里，分别设有西渡、演陂桥、金兰寺3个出口）和南岳高速公路（境内长11公里）先后建成通车。与此同时，完成了省道315线（境内长41.47公里）和210线（境内长73.5公里）的扩建和改造。2013年11月，启动娄衡高速公路建设。2014年年末，县境内有国道1条，长11.3公里；省道2条，长114.5公里；高速公路3条，长107.5公里；县道11条，长277公里；乡道18条，长260.2公里；全县891个村有887个村实现水泥硬化，总长2416公里。至此，全县村以上公路通车总里程2986.5公里。除此之外，全县10338个村（居）民小组有35%的组通水泥公路，形成了县乡村组四级公路网络。

2014年年末，全县集体和个体运输业拥有货运汽车6348辆、34900吨位，货运量1327万吨；客运汽车（含出租车）324辆、7680座位，客运量585万人次。

邮政电信 民国时期，县境内分别设有渣江邮局和樟木寺、洪罗高、台源寺、金兰寺、库宗桥、英陂、板桥、新桥、西渡、石头桥、界牌、醒狮桥、集兵滩、桐梓坪14个邮政代办所，有花滩、碧崖、银溪桥、驼背村、金溪庙、溪江、岘山、唐福、阳古坳、檀山嘴、高真寺、九里渡、白鹭坳、杉桥、火安塘、樟树坳、盐田桥、曲兰、栏垅铺、长塘铺20处信柜。中华人民共和国成立后，1952年，设立县邮电局。1956—1957年，先后设立渣江、呆鹰岭、金兰寺、演陂桥、井头江、洪罗庙、界牌、金溪庙、台源寺、集兵滩10个邮电支局，下辖8个邮电所、22处邮政代办所。至1963年，全县有邮路38条，单程总长1399公里。1990年，全县有邮电支局10个、邮电所18个、代办所3个，下设农村信报投递站626个，邮路254条，邮路单程2149公里。2000年、2010年，邮路单程分别为2637公里和3162.7公里。2014年年末，全县有邮政支局（所）18个，村级代办站272个，便民服务站55个，“三农”代办点457个，投递邮件总量254.37万件。2013年，衡阳县邮政局被评为“全国物流配送示范局”。

1952年，县城机关单位开始安装电话，电话交换机容量60门。1956年，全县52个乡镇全部开通电话。至1963年，固定电话延伸到11个区、83个公社和区属企事业单位。1978年起，逐步将手摇电话机改为自动拨号，号码3位数。1980年，全县有交换机容量2465门，电话用户1221户。1990年，电话交换机容量增加到5234门，用户2587户，线路长4378千米。1994年，启用程控电话，号码升至7位数。2002年，固定电话用户发展到69628户。

2010年达到78646户。2014年年末，全县有电信企业2家，电话交换机总容量8.9万门，固定电话用户8.45万户，电话用户普及率38.1%。

1994年起，县境开通移动电话，当年有“大哥大”用户94户。此后逐年增加。1999年，移动电话为3740户。是年，联通公司开通移动通信业务。至2003年，县内电信、移动、联通3家移动通信企业共有移动用户5.4万余户，2010年激增至46.55万户。2014年年末，全县有移动通信企业3家，服务网点53个，移动用户61.78万户，移动电话普及率79%；有移动基站688个，信号覆盖面99%；光缆线路总长1900千米，其中主干线700对千米；互联网端口总数3.8万个，其中已占用端口总数3.15万个，宽带接入用户2.96万户。

供电供气供水 1953—1964年，县机关和一些厂矿企业单位使用柴油机发电。自1965年始，逐步架设国家电网供电线路，当年架通南岳至界牌（南界线）35千伏输电线路，长21千米，主要供界牌陶瓷生产用电。1971年，架通衡阳市马家山至西渡（西马线）35千伏输电线路，长32.2千米，主要供县城和工厂生产生活用电。1979年，架设衡阳市七里井至杉桥（杉七线）35千伏输电线路，长27千米。1981—1989年，先后架设界牌至渣江、衡阳市三角塘至西渡、祁东洪桥至关市、七里井至李家坳、西渡至渣江、西渡至金兰、演陂至洪市、渣江至富田8条35千伏（其中三西线为110千伏）输电线路，共长162千米。至1990年，全县有110千伏输电线路1条，35千伏输电线路16条，有110千伏变电站16座；35千伏变电站15座。共有主变压器23台，总容量35080千伏安，供电量6830万千瓦时。全县有45个乡镇、244个村（社区）供电，分别占乡、村总数的54.9%和25.6%。1999年，架设西渡至演陂110千伏输电线路。是年，县内有110千伏输电线路4条，35千伏输电线路16条，10千伏输电线路43条；有配电变压器1327台，总容量96325千伏安；供电量1.82亿千瓦时，全县实现村村供电。2000年起，实施农村电网改造工程。至2010年，共完成对771个村的农网改造。是年，全县供电量增加到6.2亿千瓦时。2014年年末，全县有供电所10个，下辖110千伏输电线路7条，长127.53千米；35千伏输电线路18条，长192.23千米；有110千伏变电站5座、变压器8台，35千伏变电站8座、变压器17台。全年供电量7.81亿千瓦时，全县10338个村（居）民小组全部通电，供电率100%。

2005年9月，西纳天然气有限公司投资1.1亿元，启动县城西渡天然气管网工程建设。当年至2006年，完成从石鼓区经蒸湘区至西渡蒸阳大道23.7千米的主管道铺设。此后，陆续铺设城区支管网。至2014年年末，城区共有天然气管道7条，总长102.6千米，其中主管道1条长23.7千米，中压管道6条长29.91千米，低压管道48.45千米。已开通供气用户5487户。

民国时期，县境农村居民饮水多用塘或河水。中华人民共和国成立后至1980年，除机关、厂矿企事业单位打井抽水饮用外，农村居民仍饮用地表水。1983年，县城建成自来水厂，日供水5000立方米，后历经3次扩容，日供水量增加到4万立方米。20世纪80年代至90年代末，农村普遍实施饮水安全工程，采取农户自筹与国家扶助相结合的办法，支持农户建封闭式机压水井。至2003年，全县97%的农户饮上了清洁水。2005年后，继续加大“改水”工程力度，全县乡镇相继建成自来水厂。

2014年年末，辖区内有自来水厂31个，日供水能力25万立方米，能满足约50万居民饮用水需求。

县城建设 1952年，衡阳县治从衡阳市城区迁至西渡。此后陆续建成机关单位办公楼及商贸、教育、文化、医疗卫生、交通、通信、水电等基础设施。1954—1977年，先后在县城兴建了8个工厂、10个商贸公司、4所学校、4家医院、4处文化活动场所和一批住宅，并初步建成新正街、红旗路、向阳北路、建设北路等10条街道。城区面积3.5平方公里。

1980年后，县城建设提速。新建了夏明翰文化宫、电影院、中洲公园、城西大市场等一批公共设施和民用建筑物。同时，修建了向阳南路、建设南路、春风中路、春风西路等9条道路。至1990年，城区道路增加到19条，城区面积4.7平方公里。

1991年后，随着西渡高新技术产业园区（前西渡经济技术开发区）的建立和城市人口的激增，陆续兴建了一批工厂和民宅。同时建设蒸阳大道、滨江路、江口路、油城路、清江南路等18条路街巷和向阳大桥、西渡大桥（扩建）、船山桥、玉带桥4座桥梁。与此同时，在市民中广泛深入地开展“学张家港创文明卫生县城”活动和实施“净化、美化、绿化、亮化”工程，市容市貌焕然一新。至2000年，城区道路增至37条，面积扩大到10.5平方公里。

2001年后，着力实施“扩城、秀城、融城”战略，县城建设高速发展。其间，除新建大批商品住宅外，还先后修建了船山广场、明翰广场（扩建）、南方公园（扩建）、滨江花园（改建）和洪山大桥、海英大道、英南大道、蒸西大道、清江北路、联胜路、洪山路、培源路、开福路、槐花路等49条城区道路。至2014年年末，县城建成面积21.5平方公里；共有大道4条，路街巷82条，总长36.7公里；有桥梁7座；广场2个，公园（花园）3个，总面积21公顷；城区绿地覆盖率37.65%；有市级以上园林单位38个。2009年，县城获中央文明委授予“全国文明县城”称号。

社会事业

教育科技 民国37年（1948），县内共有小学946所（含今衡南县）。其中，中心国民学校50所，保国民学校584所，私立完小31所，私立初小291所，在校学生79990人；中学5所，教职员133人，在校学生1740人。

中华人民共和国成立后，1952年分县时，衡阳县有小学582所，在校学生30941人；中学2所，在校学生483人。1958年，搞教育“大跃进”，全县小学激增至1462所。1962年，压缩办学规模，撤销、合并一批学校。其时，全县小学减少至862所，在校学生94254人。1963年后，在巩固发展小学教育的同时，大力发展中学教育。至1970年，全县有初中77所，在校学生19256人；高中6所，在校学生1786人；共有中学教师1026人。1974年，在“读初中不出大队，读高中不出公社”的口号影响下，全县有66所公社中学附设高中班，部分大队小学附设初中班。至1977年，全县有初中107所，高中82所。1979年，按照一个公社办1所初中、一个区办1所高中的要求调整学校布局。至1980年，全县有小学863所，在校学生16.3875人，专任教师5223人；初中93所，在校学生41043人；高中17所，在校学生6618人；全县共有初、高中教师2429人。自1986年开始，制定和实施普及九年制义务教育规划（简称“普九”），并致力发展幼儿教育。1990年，全县有幼儿园22所，学前班449个，入园幼儿17724人，幼儿教师437人；小学717所，在校学生11.4205万人，教师4299人。1995年撤区并乡后，对中小学布局相应进行调整。与此同时，致力建设合格学校。1998年，全县各乡镇全部通过省“两基”（基本普及九年义务教育，基本扫除青壮年文盲）验收。2000年，全县小学417所、教学点138个，在校学生10.2375万人；初中73所，在校学生47878人；高中6所，在校学生8402人；职业中专1所，在校学生2417人。2001年后，为整合教育资源，提高教育质量，进一步调整中小学布局。2014年年末，全县有学前教育机构204所（其中公办86所，民办118所），在园幼儿27527人，专任教师649人；小学295所，在校学生77176人，专任教师3557人；初中63所，在校学生43811人，专任教师2659人；高中8所，在校学生21159人，专任教师959人；职业中专1所，在校学生3120人，专任教师227人。全县小学学龄儿童入学率100%，小学升初中升学率99.5%。

清朝同治年间（1862—1875），县境石坳（今属金兰镇）人曾阮卿发明“计里车”，能准确记录路途里程。民国27年（1938）县内始建农业改进所，从事水稻等农作物品种的引进、试验和推广工作。民国38年（1949），中医肖恪公创立“衡阳县中医学研究会”。

中华人民共和国成立后，1956年，成立县科学技术普及协会（后更名为县科学技术委员会）。此后，相继建立县农业科学研究所、水产科学研究所、畜牧良种繁殖场、农业机械研究所、农业技术推广中心等农业科技机构，从事农业科技研究、推广工作。与此同时，全县区、乡镇（公社）建立农业技术推广站和农业技术服务站。至1978年，全县有各种农业技术人员1100余人，1989年达到4816人。1990年后，注重加强对科学技术的推广和普及。其间，采取科普宣传、科技培训和科普示范等方式，向农民传授科技知识，年培训达2.2万人次。1998年，衡阳县被中国科协批准为“科普示范县”。2009年，被评为全国“科技进步县”。2012年，被国家知识产权局确定为“国家知识产权强县工程”县。至2014年年末，全县有各类科技示范户2.96万户；各种科技示范基地65个；拥有国家发明专利425项；获得市级以上科技成果奖91项。

文化体育 东晋时，著名音乐家桓伊寓居云绵庵（今杉桥镇伊山寺），创作出中国十大古典名曲之一《梅花三弄》。明末清初，中国古代思想家、文学家王夫之（人称船山先生），隐居湘西草堂，潜心著述，一生有著作400余卷，近800万字。晚清名臣彭玉麟，善诗联，喜画梅，创作诗联500余首（副），画梅上万幅，其《墨梅图》冠绝当时。民国时期，著名书画家、教育家曾熙，书、画皆精，其一幅墨梅曾参加德国柏林“中国名画展”；民间舞龙耍灯、唱花鼓戏、木偶戏、皮影戏等遍布城乡。

中华人民共和国成立初，在继承传统文化习俗的同时，不断推陈出新。20世纪50年代中期，先后组建县文化馆、县祁剧团（后更名县花鼓剧团）；农村成立俱乐部，开展文艺创作、演出、宣传活动。20世纪60年代后期，建立公社文化站和大队文化室。“文化大革命”期间，掀起破“四旧”（即旧思想、旧文化、旧风俗、旧习惯）活动，农村文化为“样板戏”“语录歌”“忠”字舞所替代。1980年后，文化渐趋繁荣，并形成多样化格局。20世纪末至2008年，县内陆续成立各种文化艺术团体，其中有：县文学艺术界联合会、县作家协会、县书法家协会、县诗词楹联协会、县舞蹈家协会、县音乐家协会、县摄影家协会、县美术家协会、县戏剧家协会、县京剧票友协会、县民间文艺协会等13个文艺团体，共有会员2000余人；部分乡镇亦相继成立诗词协会或书画协会等文艺组织，广泛开展文化活动。至2014年年末，全县共有文化艺术团体45个。其中，文艺创作团体14个，主办文艺刊物9种、出刊50余期，发表个人文学创作专著（集）170余部；民间职业表演团体31个，从业人员260余人，年演出450余场次。文化馆1个，乡镇综合文化站26个，建筑面积9980平方米；公共图书馆7个，农家书屋891个，共有图书95万余册。2004年，衡阳县荣获“全国文化工作先进县”称号。

1956年，建立县有线广播站，线路开通至县直机关单位和区乡。1969—1972年，相继建立公社广播放大站，线路延伸至大队、生产队。至1976年，全县生产队通广播率99%，喇叭入户率25%。1989年，建立县广播电视台。次年，开通调频台。1995年，无线广播取代有线广播。1997年后，相继建立乡镇有线电视站。2007年，开通无线数字电视。至2014年年末，全县有线电视用户6.15万户，其中数字电视用户4.96万户，电视综合覆盖率99.5%。全县有电影公司1个，电影放映队34个，年放映电影0.85万场次。2004年，衡阳县广播电视局被国家广电总局授予“千县工程先进单位”称号。

清光绪二十七年（1901），学校始设体育课。民国14年（1925），湖南省第八届运动会在衡阳县举行，新民中学派篮球、铅球队参赛。民国19年（1930），国民政府颁布《各级学校体育实施方案》，小学体育课增设军事项目，初中设童子军课。中华人民共和国成立后，1954年，中小学普遍推行第一套少年儿童广播体操。1956年，在县新民中学举行全县首届中学生田径运动会。1966—1976年“文化大革命”期间，学校体育课为“学工、学农”所替代。1979年开始，执行《中小学体育工作暂行规定（试行）》，推行“两课”（每周2节体育课）、“两操”（早操和课间操）制度。1980年后，体育比赛从学校发展到机关单位和农村，比赛项目有篮球、乒乓球、羽毛球、武术、拔河、划船等。20世纪90年代中期至2000年后，在城乡居民中广泛开展“全民健身活动”，广场舞、健身操、门球、太极拳（剑）等成为中老年人的爱好。至2014年年末，全县共有市级体育后备人才基地3个，体育社团4个，各级社会体育指导员388人；在全县115个行政村实施了农民体育健身工程，经常参加体育锻炼的人数占总人口的30%；有体育场地389个，其中学校254个；参加历届省级运动会获得单项比赛前三名的73人次。

医疗卫生 民国时期，农村缺医少药。1949年，全县有中医174人，西医25人。

中华人民共和国成立后，1952年，全县有医疗卫生机构18个，医卫人员239人，病床47张。1962年后，相继建立区卫生院和公社联合诊所。至1966年，全县医疗卫生机构达到96个，医卫人员940人，病床196张。1968年，实行农村合作医疗制度，大队（村）建立卫生室，并配有1名“赤脚医生”。1978年年末，全县96个医疗卫生机构共有医卫人员1519人，病床485张。1980年后，医疗卫生事业快速发展。至1990年，全县医卫人员2640人，病床1073张。1995年撤区并乡后，调整医疗卫生机构布局，合并一批卫生院。至2000年，全县医疗卫生机构减少到32个。2006年1月，启动新型农村合作医疗，当年全县参合人数66.78万人，参合率70.3%。2014年年末，全县医疗卫生机构34个，其中县直属6个，乡镇卫生院26个，民营医院2个（湘中医院、县精神病医院）；村卫生室842个，个体诊所6个；共开设病床3337张，平均每千人拥有床位2.78张；共有医卫专业技术人员2753人，平均每千人拥有医卫人员2.29人。2014年，全县参加新农合人数94.13万人，参合率99.8%；全年共补偿兑付27.47万人次，补偿金额2.9547亿元。

社会保障　五保供养　20世纪60年代起，对孤寡老人和无劳动能力的残疾人实行“五保”，其供养费和口粮由所在生产队统筹。1980年后，供养费纳入乡镇（公社）统筹。2005年起，“五保”对象供养费由县财政统筹拨付，当年年人均标准600元。此后标准逐年提高。至2010年，全县“五保”供应对象7723人，其中集中供养916人，分散供养6807人；供养费标准：集中供养的3300元/人年，分散供养的1200元/人年。2014年年末，全县“五保”供养对象7550人，供养费标准分别为5000元/人年和2640元/人年，共拨付总金额2727万元。

大病医疗救助口　2006年，启动城乡居民大病医疗救助。救助对象主要为罹患恶性肿瘤、白血病、尿毒症等城乡低保户、困难户。当年共救助1536人次，救助总金额139万元。2014年，全县共救助30024人（含低保户参加新农合代缴纳保费人数），救助总金额1516.88万元。

城乡低保　2007年7月，启动农村居民最低生活保障（简称农村低保），并对低保对象实行动态管理。2014年，全县农村低保户23783户、47567人，年人均补助1476元，总金额7020.83万元。

养老保险　2011年7月，启动城乡居民社会养老保险。当年，全县登记参保人数34.71万人，征缴养老基金3792.58万元，为15.4万名到龄居民发放7—12月份养老金5058.9万元。2014年年末，参保人数35.265万人，征缴养老基金3879.15万元，为17.9万名到龄居民发放养老金11963.23万元。

人民生活　民国时期，县内人民绝大多数缺衣少食，居住简陋。新中国成立后，人民政府使“耕者有其田，居者有其屋”，组织人民群众兴修水利，增强抵御自然灾害能力，人民生活逐步改善。至1957年，“吃饭”问题初步解决，部分少房户盖起新房。1959—1961年，由于自然灾害和工作上的严重失误，导致粮食短缺甚至饥荒。1962—1977年，居民生活逐渐向好，但整体较低，1977年全县农业人口人均纯收入仅为85元。青年人结婚购置自行车、手表、缝纫机、收音机（俗称“三机一转”）属奢侈消费品。改革开放以后，经济快速发展，人民生活有如芝麻开花——节节高。1984年，全县居民人均纯收入379元，1990年达到657元，2000年提高到2568元。部分家庭购置电视机、洗衣机、摩托车，大部分农家由土砖茅屋换成红砖瓦房。2001—2013年，县内居民生活显著提高。年人均可支配收入由2694元提高到10933元。农村家庭多建有2~3层砖混结构小楼房，固定电话、移动电话、电脑、空调、汽车等进入寻常百姓家。2014年，全县农村居民人均可支配收入12306元。人民生活质量全面提升。

特色地情

著名人物

辖区内著名政治人物有：

刘　巴　三国时蜀汉尚书令（渣江镇人）；

常大淳　清代巡抚（金兰镇人）；

夏时济　清代两江营务总理（洪市镇人）；

程和祥　清末盐道（樟木乡人）；

王　祺　民主革命先驱、民国元老（石市镇人）；

陈墨西　民主革命先驱、爱国人士（三湖镇人）；

夏明翰　无产阶级革命家、为新中国的建立做出突出贡献的英雄模范人物（洪市镇人）；

朱少连　无产阶级革命家、中国工人运动早期领导人（曲兰镇人）；

唐振楚　国民党政要（金溪镇人）；

刘兆玄　台湾地区“行政院”院长（金兰镇人）。

著名军事人物有：

桓　伊　东晋名将、“淝水之战”的决策和指挥者之一（杉桥镇人）；

彭玉麟　清兵部尚书、四大名臣之一（渣江镇人）；

谭上连　清末爱国名将、新疆提督（石市镇人）；

谢文炳　民国中将（台源镇人）；

刘国运　国民党上将、副参谋总长（金兰镇人）；

王永浚　新中国开国少将、军事情报专家（西渡镇人）；

王云霖　新中国开国少将、军事医学专家（樟树乡人）；

刘国裕　中国人民解放军将领（金兰镇人）；

周乐群　中国人民解放军将领（栏垅乡人）；

罗学平　中国人民解放军将领（樟木乡人）；

常丁求　中国人民解放军将领（金兰镇人）。

著名专家学者有：

王夫之　著名思想家（曲兰镇人）；

王介之　学者（关市镇人）；

谭靖夷　中国工程院院士、水利工程专家（石市镇人）；

方智远　中国工程院院士、蔬菜遗传专家（界牌镇人）；

聂建国　中国工程院院士、桥梁建筑专家（金兰镇人）；

谢　彬　中国近代文史专家（金兰镇人）；

马宗霍　文字学家、教育家（集兵镇人）；

马积高　教育家、文史专家（库宗桥镇人）；

曾　熙　教育家、书画家（石市镇人）；

唐浩明　当代历史小说家、编辑家（金溪镇人）；

琼　瑶　当代言情小说家、影视剧作家（三湖镇人）；

邹济勋　医学专家（曲兰镇人）；

梁丰助　民间工艺美术（雕刻）大师（石市镇人）。

风景名胜

辖区内主要风景名胜有：

岣嵝峰国家级森林公园（岣嵝乡境内）；

王船山故居湘西草堂（曲兰镇境内）；

夏明翰故居合家堂（洪市镇境内）；

万源湖国家级水利风景区（石市镇境内）；

宇石寨黄门寨丹霞地貌风景区（石市镇境内）；

九峰山省级森林公园（溪江乡境内）；

织女湖国家级水利风景区（岘山镇境内）；

大云山风景区（井头镇境内）；

龙王峡风景区（金兰镇境内）；

千年名刹伊山寺（杉桥镇境内）。

文物古迹

春秋青铜提梁卣　国家一级文物。1988 年 9 月出土于赤石乡（今渣江镇）赤石村西冲组。

东汉铜马　国家一级文物。1976 年 11 月出土于福溪公（今台源镇）爱国村道子坪。

春秋青铜编钟　1962 年出土于贺市公社（今金兰镇）毛家村新屋组八斗坵。

春秋青铜甬钟　1979 年 4 月出土于栏垅公社（今栏垅乡）泉口村。

唐宋元代古铜币　1994 年 5 月出土于碧崖乡（今岘山镇）弹弦村，重 250 公斤。

新石器时代遗址　位于台源镇东庄村金山岭。

商代文化遗址　位于岘山镇彭家村龙塘组。

西周文化遗址　位于西渡镇新化村释迦寺。

东周文化遗址　位于台源镇花江村水斗冲。

东汉钟武侯国故城遗址　位于三湖镇梅树村。

宋元陶窑址　位于演陂镇窑街下坪塘、朱官岭、墟头牌、油溪、陈公岭一带的山坡山坳。

明清窑址　位于界牌水架桥同发岭。

明清窑址　位于洪市镇龙江村文星组附近。

春秋古墓群　位于渣江镇赤石、东风、洲上村一带。

春秋至汉代古墓群　位于金兰镇高田村亚塘岭一带。

汉代古墓群　位于三湖镇鼓峰村。

五代十国时楚王马殷墓　位于樟木乡白鹭坳。

清末彭玉麟墓　位于樟木乡南塘村彭祖山。

革命纪念地

钟家花园旧址　位于集兵镇集兵村。

神皇山农民协会旧址　位于岣嵝乡神皇村。

中共清潭支部旧址　位于井头镇清潭村。

历史事件

王甲火烧渣江县丞署　在今渣江镇。

妙溪边防暴动　在今岣嵝乡觉先村。

名优特产

界牌陶瓷　素以“白如玉、声如磬”而享誉国内外。

西渡湖之酒　获国家地理标志保护产品。

“天天见”梳篦　获中国驰名商标，产品畅销国内外。

“角山牌”硒米　湖南省名牌产品，其产品畅销国内。

寺门前土猪　被列为地方保护品种。

渣江假羊肉和土头碗　均系地方传统特色美食。

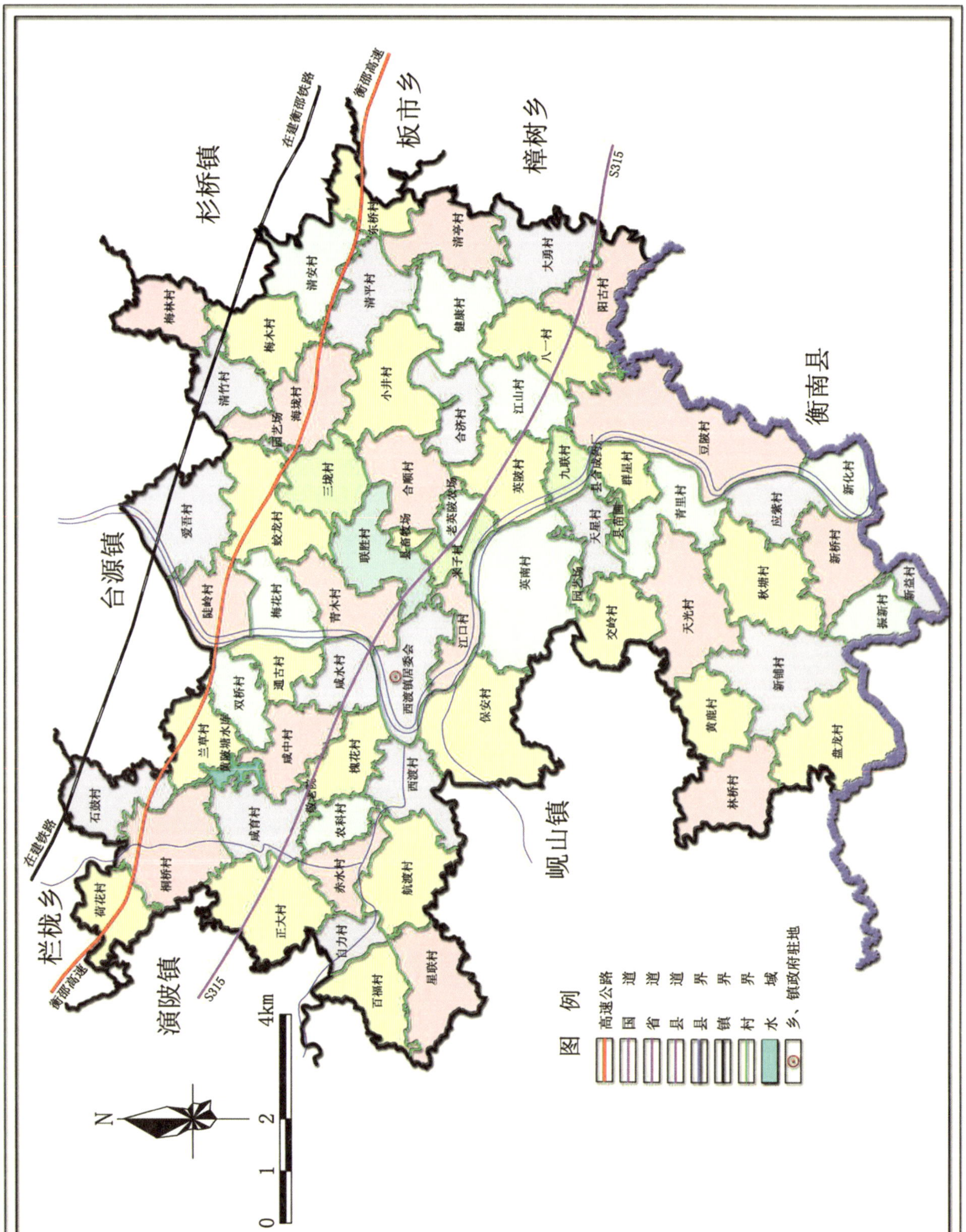
杉桥镇
板市乡
樟树乡
衡南县
台源镇
栏垅乡
演陂镇
岘山镇
衡邵高速
在建衡邵铁路
S315
4km
N
图 例
高速公路
国 道
省 道
县 道
县 界
镇 界
村 界
水 域
乡、镇政府驻地

西渡镇行政区划图

西渡镇

区域概况

地域名片 2005年，西渡镇获中央文明委授予全国“文明村镇”称号。

位置面积 旧时衡州西去宝庆经此渡蒸水，遂名西渡，镇因此而得名。位于北纬26°52′32″~27°6′1″，东经112°17′38″~112°28′19″。地处县境南部，系县城所在地。东与樟树乡、板市乡、杉桥镇接壤，南以衡南县为邻，西临演陂镇、岘山镇，西北抵栏垅乡，北毗台源镇。是全县政治、经济、文化、商贸、交通中心。湖南省西渡高新技术产业园区（前西渡经济开发区）坐落在辖区内。镇人民政府驻槐花南路8号。距衡阳市18公里。

辖区东西最大直线距离17.7公里，南北最大直线距离17.9公里，总面积152.74平方公里。

建置沿革 宋置西渡镇。明洪武三年（1370），西渡属长乐乡。清同治十年（1871），分置乾安镇、成德乡。民国32年（1943），乾安镇、成德乡属衡阳县第五区。中华人民共和国成立初，仍沿袭民国旧制。1950年3月，撤销乾安镇，分置贞一、桐桥、咸水、西渡、草塘、江口、周埠、赤石、杨林、英陂、英南、平阳、合济、阳古、清平、东木、梅木、箭楼乡；撤销成德乡，分置新桥、三合、大沙、广济、木潭、豆陂、秋塘、天光、青里、荷花乡；同属第五区。1952年7月，对区乡政区进行适

县城新貌

当调整。是年，境内设赤石、西渡、周埠、阳古、咸水、桐桥、天光、新桥、杨林、草塘、英陂、豆陂、英南、合济、箭楼、荷花、清平、梅木、大沙、青里20个乡，同属第一区（后更名为西渡区）。1953年3月，设立西渡镇。1956年5月，撤区并乡，前述20个乡分别合并为西渡乡、英陂乡、新桥乡。是年，西渡镇改名城关镇。1958年9月，建立人民公社，城关镇及西渡、英陂、新桥乡分属火箭、胜利公社。1961年8月，析社设区，置西渡、咸水、英陂、清平、新桥（后更名秋塘）公社。同属西渡区。1963年3月，划西渡、英陂公社各一小部分复置城关镇。1981年，城关镇更名为西渡镇。1984年5月，改公社为乡镇。1995年5月，再次撤区并乡，西渡、咸水、英陂、清平、秋塘5个乡并入西渡镇。至2014年年末，政区无变更。

行政区划 2014年，政区辖槐花、江口、米子、保安、壕塘、滨江、春风、蒸阳、明翰9个社区，西渡、槐花、保安、航渡、星联、百福、自力、正大、赤水、农科、兰草、双桥、咸水、咸中、通古、蛟龙、梅花、陡岭、爱吾、咸育、桐桥、石鼓、荷花、英陂、群星、江山、八一、阳古、合济、合顺、豆陂、大勇、青木、联胜、三垅、九联、英南、天星、交岭、青里、秋塘、新塘、应紫、天光、林桥、新铺、振兴、黄六、新化、新益、盘龙、清平、小井、海垅、清竹、梅林、清安、东桥、清亭、健康、梅木61个村。下设53个居民小组、654个村民小组。

2015年，调整辖区内村级行政区划，将61个村合并为22个村4个社区。至是年末，全镇辖槐花、江口、米子、保安、壕塘、滨江、春风、蒸阳、明翰、英陂、江山、阳古、三联13个社区和西渡、保安、赤水、福星、咸中亭、桐桥、咸水、梅花、陡岭、清平、梅竹、清江、小海、英南、天星、青里、豆陂、新桥、振兴、盘龙、秋塘、黄林22个建制村，下设178个居民小组、529个村民小组。

自然环境 境内属平町与丘陵相间，蒸水流域为小平原，其余为丘陵。镇域处亚热带季风气候区，气温四季分明。年平均气温18.1℃，极端最低气温-8.3℃（1972年2月9日），极端最高气温40.8℃（2010年8月5日），年平均降水量1212.4毫米，降水日数153.3天，最多年份达198天（1970），最少年份122天（1986），降水量集中在每年的4～9月，5、6月最多。常年主导风为北风，夏季为东南风，并有雷电气象。境内土壤分为水稻土、紫色土、红壤土三大类。全境属蒸水水系，演水、武水、清花河3条河流皆系蒸水一级支流，境内总长16.8公里。

人口民族 1982年第三次全国人口普查，辖区总人口为77282人。1990年第四次全国人口普查总人口95735人。2010年第六次全国人口普查总人口170571人（内含2001年和2004年接收重庆市忠县移民32户132人）。2014年年末，辖区总人口178000人，其中常住人口167100人；城镇化率68.6%。总人口中，男性94340人，占53%；女性83660人，占47%；0～14岁37380人，占21%；15～59岁113540人，占63.8%；60岁以上27080人，占15.2%。2014年年末，人口出生率11.3‰，死亡率6.2‰，人口自然增长率5.1‰。

境内有蒙、回、维吾尔、苗、壮、瑶、土家、满、侗少数民族187人，余为汉族。

经济发展

农业 种植业 2014年年末，全镇耕地面积5066公顷。主要种植水稻、油菜、蔬菜、红薯、棉花等作物。民国时期，农业生产水平低下，加之缺乏抗御旱涝病虫灾害能力，粮食亩产不足200公斤。

中华人民共和国成立后，1950年农村实行土地改革。1953年，组织农业生产合作社，粮食连年增产丰收，平均亩产250公斤。1958年，成立人民公社，搞“一平二调”，后又连遇三年自然灾害，粮食减产歉收。1962年，实行以生产队为核算单位和按劳分配原则，改进耕作技术，扩大双季稻复种面积，粮食生产持续发展。1969年亩产提高到350公斤。1976年，开始试种杂交晚稻。至1984年，镇域普遍种植杂交晚稻，平均亩产420公斤，实现晚稻总产超过1969年全年粮食总产量。2014年，全镇粮食作物复种面积9000公顷，总产6.75万吨；油菜3066公顷，产菜籽3320吨。农业总产值2.35亿元。

航渡油菜基地

养殖业 镇内历来有养殖生猪、耕牛、鸡鸭等禽畜和鱼类习惯。民国时期，农户养猪数量极少，年户均约为1头；鸡鸭多为自繁自养，以换取油盐为主；养牛则供役用；养鱼产量很低，每亩水面产鲜鱼不足10公斤。中华人民共和国成立至1956年，政府鼓励农民发展养殖业，禽畜鱼产量不断增加。1958年成立人民公社后，限制农户饲养家禽家畜，水面养鱼由集体经营。1961年、1970年、1978年，亩产鲜鱼分别为21.5公斤、27.5公斤、38公斤。20世纪80年代后，随着家庭承包经营责任制和市场经济的建立，养殖业逐渐向专业化、规模化发展，先后形成了保安、赤水、联胜、天星、群星、咸育等8个规模养殖小区。2014年年末，出栏生猪18.5万头，存栏7.5万头；出笼家禽500万羽，存笼100万羽；起水鲜鱼20吨，亩产49.5公斤。

林业 镇内有山地4466公顷，多为紫色页岩地貌。民国时期，全镇多荒山秃岭。新中国成立后，政府倡导开山造林，绿化荒山。20世纪70年代，境内61个大队先后创办集体林场，并建立开山造林专业队，共营造刺槐、乌桕、黄荆、松等66公顷。20世纪80年代至90年代，在继续化荒山的同时，实施封山育林。至

2014年年末，全镇森林覆盖率31.5%。

工业 清代、民国时期，境内有铁器、木器、砖瓦、酿酒、食品加工等作坊百余家。中华人民共和国成立后，1953—1957年，完成对私营工商业的社会主义改造，全镇有缝纫、皮革、铁器、木器、食品、建材等手工业生产合作社8家，从业人员200余人。同时，先后创办了县人民印刷厂（后更名湘衡彩印厂）、农业机械厂（后更名柴油机厂）、玻璃厂、纺织厂、农药厂等5个地方国营工业和集体工业企业，共有职工180多人。20世纪60年代至80年代，新增一批国营、集体工业企业，先后在镇内建立县氮肥厂、汽车水泵厂、化工厂（后更名合成药厂）、制药厂（后更名湘衡药厂）、无线电厂、西渡造纸厂、湘南酒厂、人造金刚石厂、人民瓷厂、通用机械厂、皮件厂、刀剪厂、木器厂、塑料厂、五金厂、纸箱厂等21家工业企业，涉及造纸、印刷、机械、化工、电子、陶瓷、五金、纺织、医药、食品等行业，从业人员4500余人。20世纪90年代末至2008年，国营、集体工业相继完成体制改革，全部改制为民营企业。与此同时，民营工业迅速发展，先后有“天天见”梳篦、荣阳鞋业、得阳鞋业、金鲲米业、三和食品、恒生制药、衡利丰陶瓷、飞翔电子、新雁矿业、衡泰机械、蒸城建材等一批民营规模企业在镇内落户。2014年年末，全镇工业总产值24.87亿元，工业增加值8亿元，实现利润1.67亿元，上缴税金2903万元，工业企业固定资产投资额11200万元。

恒生制药有限公司

衡泰机械科技有限公司

商贸服务 清代和民国时期，境内西渡老街、英陂老街、新桥老街均设有店铺和集贸市场。中华人民共和国成立后，随着县治入驻西渡，商贸服务业不断发展。20世纪50年代初至60年代初，先后成立县粮食购销公司、食品公司、油脂公司、百货公司、糖果副食公司、饮食服务公司以及县供销社所辖的农业生产资料、日用杂品等12个商贸服务公司，从业人员330人。

至1978年，境内有国营和集体商业门市部、代购代销店等商业服务网点98个，从业人员730人，社会消费品零售总额2800万元。1980年后，实行改革开放，在发挥国营、集体商业主渠道作用的同时，发展私营商业。20世纪90年代中期以后，国营、集体商业渐趋“疲软”，民营商业成为市场主体。2002—2011年，国营和集体商业相继改制为民营商业。其间，先后涌现富森、生源、泰阳、太平洋、大昌隆、东方宾馆、神龙大酒店等一大批个体商贸服务企业。2014年年末，全镇有各类商贸门店4218个，集贸市场4个，从业人员18866人，实现社会消费品零售总额9.56亿元。

财政金融　中华人民共和国成立至1984年，乡镇（公社）财政由财粮委员或秘书兼管，其经费开支由区拨付。1985年，设立镇财政所。2004年，实行农村税费改革，国家取消农业税、农业特产税及各种涉农税费，共计税金524万元，农民人均80元。2014年，镇财政总收入552万元，总支出545万元。

民国初，西渡老街有毛盛希开设的恒丰当铺。中华人民共和国成立后，1952年6月，成立英陂乡信用合作社，有社员376人，股金832元（折新版人民币）。同年，中国人民银行衡阳县支行设立西渡营业所。1955年12月，成立中国农业银行衡阳县支行，总部驻西渡。1963年5月，设立中国建设银行西渡办事处。1979年7月，成立中国建设银行衡阳县支行。1981年6月，中国人民保险公司（简称中保公司）衡阳县支公司正式开业。1981年10月，建立衡阳县信用联社。1985年1月，中国工商银行衡阳县支行落户西渡，镇内设3个办事处。1988年11月，成立中国银行西渡支行。1992年7月，设立中国人民银行衡阳县支行，负责协调县内各个金融机构关系和加强金融创安、服务、监管等工作。1996年，中国农业发展银行衡阳县支行在西渡落户。2008年4月，中国邮政储蓄银行衡阳县支行成立，在西渡设有2个营业处。2012年，华融湘江银行和沪农商村镇银行先后入驻西渡。2014年年末，镇内有金融机构10个，保险机构4个，其他非银行金融机构2个，营业网点35个，年末各类存款余额177亿元，比上年增长28%；各项贷款余额12.34亿元，比上年增长26%。

基础设施

水利建设　1949年，境内有水塘3560余口，蓄水总量约1400万立方米。中华人民共和国成立后，人民政府把兴修水利作为发展农业、改善民生的大事来抓。1953—1957年，共新修扩建水塘1186口。1957年10月至1960年12月，分别建成两里塘、豆陂、秋陂塘、英木塘、清水塘、通古塘、角陂塘、王陂塘、坚固塘9座小型水库，库容量357万立方米，改善灌溉面积585公顷。此外，先后修通牛形山水库灌区南干渠、斜陂堰水库灌区右干渠，境内总长55千米。1971年，改造加固豆陂、新化两处防洪堤，总长7公里。2001—2012年，完成陡岭、梅花、梅木等24个村、85口山平塘清淤防渗工程；同时实施梅林、航渡、振兴3个村“五小”水利工程项目建设。2014年年末，境内有小一型水库2座、小二型水库10座，库容595万立方米；骨干塘249口、山平塘4746口，蓄水量1826万立方米；另有2座中型水库引水渠道长55千米，河湖泵站38处，农业灌溉机电井303口，总蓄引提水量4500万立方米。

交通运输 清代，境内蒸水河道可通舟筏，西渡、洪山庙设有码头和渡口。陆路有衡宝（衡阳至邵阳）驿道过境。民国28年（1939），修建衡宝公路，境内长14公里。

中华人民共和国成立后，1958年5月，西界（西渡至界牌）公路竣工。1968年，畅通西荷（西渡至荷叶塘）公路。1979年，分别建成西渡至杉桥（西杉线）、西渡至碧崖（西碧线）、英陂至秋塘（英秋线）3条公路。20世纪90年代，重点实施通村公路建设工程。至1999年，先后完成镇内61个村的村道建设，总里程185公里。2000年后，对镇内乡村道路全面进行提质改造和水泥硬化。2002年4月，省道315线竣工，境内长13公里。2011年12月，衡邵高速公路交付运行，境内长11公里，并设有西渡服务区和出口。同年12月，衡邵高速公路连接线海英（海龙至英陂）大道竣工通车，全长3.68公里，为双向八车道。至2014年年末，镇内有高速公路1条，县道4条，共长49公里；乡道2条、村道61条，共长219公里。

1950年1月，衡阳至邵阳开行长途客车，在西渡设停靠站。1955年6月，建立西渡汽车站。1958—1959年，先后开通西渡至界牌、西渡至洪罗庙客班车。1963年，相继开通西渡至金兰、渣江、井头江各线客班车。至此，西渡汽车站日发送客班车30多个班次。1981年12月，西渡至衡阳市公交车正式运营，日发车36个班次。1990年停运。20世纪80年代，先后开通西渡至关市、集兵滩、杉桥、库宗桥、曲兰、金溪庙等线路客班车，形成西渡覆盖全县各乡镇的客运交通网络。与此同时，县城陆续开通出租车，有“面的”80余辆。2000年后，在城区分别建立蒸阳、城东2个汽车站，并开通城区5条公交车线路。至2014年年末，辖区内共有客运车辆（含公交车）72台，载客出租车150台，日客运量1.68万人次；有货运车辆735台，年货运量134.14万吨。

蒸阳大道

邮政电信 隋开皇元年（581），境内赤水铺、灵瑞寺、仓库町设有3处驿铺。清康熙四十一年（1713），驿铺改称递铺。清，建邮局取代递铺。民国28年（1939）5月，设西渡、英陂、新桥3个邮政代办所和阳古坳信柜。

中华人民共和国成立后，1952年7月，设西渡邮电局。1957年，分别设立英陂邮电所和新桥邮政代办所。1985年，设西渡邮电支局。1989年，撤销西渡支局。尔后，在县城分设城西（县邮电局旧址）、城东邮政所。2014年年末，镇内有邮政企业2家。

1952年7月起，驻西渡的县直机关单位陆续架设电话线路。是年底，西渡区安装电话。

1956年撤区并乡后，西渡镇及西渡、英陂、新桥3个乡架设电话线路。1961年底，电话线路延伸到公社。至此，全镇电话杆线27千米。1980年后，镇内部分村利用有线广播线路接通电话。1994年，开通数字程控电话后，江口村成为全县首个电话村，电话入户率50%。是年，县电信局建立移动通信系统，辖区内有“大哥大”电话用户94户。2000年后，县电信公司、移动公司、联通公司先后在镇内建立移动基站网络设施。至2014年年末，镇内有电信企业4家，光缆线路总长76千米，拥有固定电话用户8648户；有移动通信基站35个，移动电话用户8.5万户。

供电供气饮水　1958年，建立人民电厂，年发电量3万千瓦，主要供机关单位照明用电。1962年12月，西渡河坝电站建成供电，年发电量10万千瓦。是年，人民电厂停止发电。1969年8月，从衡阳市马家山变电站架设35千伏高压输电线路至西渡，全长32.2千米。1971年初，西渡35千伏变电站建成投入运行，从此开始由电网供电。至1999年，全镇有10千伏变压器98台，总容量9800千伏安；10千伏低压配电线路4条，总长76千米。村及村民小组通电率100%。2000年后，分期分批对农村电网进行改造，先后完成61个村的线改和户改，共改造和新增10千伏低压线路262千米；更新和新增10千伏变压器212台，总容量57775千伏安。2014年年末，全镇共有10千伏低压配电线路8条，总长367千米；10千伏变压器303台，总容量67575千伏安。9个社区、61个村，53个居民小组、654个村民小组全部供电。

2005年9月，西纳天然气有限公司投资1.1亿元在县城西渡启动天然气管网工程建设。是年，完成从石鼓区经蒸湘区至蒸阳大道东段约23.7千米主干管道铺设。此后相继完成蒸阳大道西段、新正街、向阳南路、建设路、中心路、春风路、清江北路、滨江路、洪山路等城区街道沿线的主管道铺设。至2014年年末，城区共有天然气管道7条，总长102.6千米，其中主干管道1条，长23.7千米；中压管道6条，长29.91千米；低压管道长48.45千米。已开通供气用户5487户。

20世纪70年代前，辖区内农村居民饮水多为塘水或河水，城镇居民采用打井取水。1981年，城区有抽水深井139口。1983年，在花果山建设自来水厂，日供水量5000立方米。1991年，水厂扩能，日供水量增至2万立方米。随着城镇居民人口剧增，供水量亦显不足。2008年，水厂再次扩能，在原有2万立方米基础上增加至日供水量4万立方米。同时，不断加强供水管网建设，先后铺设水厂至新正街、向阳南路、保安、县一中、电器厂、清江北路、英陂牌坊至衡利丰陶瓷等8条输水主管线。至2014年，共铺设主管网8条，长29千米；次主管网25条，长53千米；支管网300条，长50千米；共有供水管网333条，总长130余千米。有供水用户37313户，供水覆盖面达20平方公里。与此同时，加大对农村居民户的改水力度。2000—2014年，累计投入资金6.8万元，支持农户建设封闭式机压水井12256口，人力井5875口，确保农村居民饮水安全。

城乡建设　1952年6月，县治从衡阳市迁址西渡，在位于江口村的衡邵公路沿线建立新县城。20世纪60年代，衡邵公路江口段改道，原路段遂成为街道，冠名新正街。70年代，红旗路、杨冲路、文明巷、麻岭路、向阳北路、建设北路等相继成型。80年代，城区面积扩大，建设南路、向阳南路、中心南路、中心北路、壕塘路、新建路、春风中路、春风西路等

船山广场

17条道路成为拓展城区的骨架。20世纪90年代，为适应县城扩容提质，在改造原有街道的同时，先后新建了蒸阳大道、城西大道、滨江路、公园路、创业路、德庆路、船山路、聚庆路、江口路、商城路、油城路、保安路、蒸武路、临武路、利民巷、新屋巷等38条路巷。其中蒸阳大道建成于1994年，为纵贯县城的主干道，东起英陂牌坊S315线，西接西渡大桥，全长7.25公里，路幅宽50米，双向4车道。2000—2014年，在改造油化蒸阳大道、新正街、城西大道、向阳南路、建设南路、春风中路、春风西路、红旗路、滨江路、江口路、中心南路等街道的同时，先后畅通了清江南路、清江北路、联胜路、英南大道、光明路、洪山路、培源北路、培源南路、开福北路、开福南路、财源路、开源路、思源路、清风路、槐花南路、槐花北路、蒸西大道等31条道路。其中，清江北路建成于2008年3月，长1.17公里，宽50米，双向4车道；英南大道竣工于2010年6月，长1.42公里，路幅宽55米，双向6车道；蒸西大道于2014年11月竣工通车，长1.55公里，路幅宽55米，双向6车道，为沥青路面。2014年年末，县城共有路街巷86条，其中大道5条，路60条，巷21条，总长36.7公里，城区建成面积21.5平方公里。

1949年前，西渡仅有一座简易木桥。1959年2月，建成连接衡邵公路的西渡大桥。1994年12月，横跨蒸水（下同）的向阳大桥竣工，该桥北接向阳南路，南连保安路，长400米。2008年11月，建成洪山大桥，北连洪山路，南接英南大道，长360米，双向4车道。此外，城区还建有S315线公路桥，连通中洲公园的船山桥、玉带桥以及英陂大桥。至2014年，城区共有大小桥梁7座。

20世纪80年代初，启动城区公园、广场、防洪、排污、绿化等基础设施建设。1981年，开辟占地7.8公顷的中洲公园。1995年10月，滨江花园竣工。1998年，南方公园向市民开放。2001年1月，明朝广场建成投入使用。次年10月，占地10.4公顷的船山广场建成。2009年12月，建成污水处理厂，日处理污水2万吨。与此同时，先后建设蒸水和武水防洪堤8段、长4.52千米；建设地下排污主管道36条、总长31.5千米；大型垃圾填埋场2个；城区绿化面积131万平方米，覆盖率39.6%；建成有市级以上园林单位38个。2005年和2009年，西渡镇和县城先后被中央文明委授予“全国文明村镇”“全国文明县城”称号。

2006年起，启动社会主义新农村建设，以天星、英南、赤水、盘龙等村为试点，重点改造农村水利、电力、道路和人居环境等基础设施，大力整治村容村貌。至2014年，全镇乡村道路硬化率、电网改造率、饮水安全率均为100%，环境卫生综合达标率87%。建制村都有办公用房。2014年，陡岭村被认定为湖南省新农村建设示范村。

社会事业

教育科技 民国时期，境内教育落后，文盲和半文盲约占总人口的85%。民国32年（1943）在境内咸水通古创办私立青华中学。民国33年（1944）日军入侵衡阳城，城内广德私立中学迁入境内秋塘冯氏宗祠，抗战胜利后（1945）仍迁回衡阳市。中华人民共和国成立后，在致力发展小学教育的同时，开展扫除青壮年文盲教育。1952年，境内有完全小学3所，初小15所。1953年5月，创办衡阳县初级中学（校址咸水石壁岭）。1958年，县立中学改为衡阳县第一中学，并开始招收高中班。是年，英陂完小附设初中班。次年，撤销初中班。1969年，分别设立西渡区办高中和西渡、英陂、咸水、清平、新桥5所公社中学。1981年10月，创办县技工学校。是年，建立县机关幼儿园。1984年，江口村王西寅创办全县第一所民办幼儿园——博爱幼儿园。是年，开设县卫生职业中等专业学校；西渡区办高中改为县第一职业中学（地址在咸水陡岭）。1986年，西渡镇二校（后更名蒸阳中学）招收高中班。1993年，撤销高中仍改为初中。是年秋，县聋哑儿童学校招生。1995年秋，县三中迁址西渡米子社区。1997年8月，县一中新校址（位于槐花村边山组）建成搬迁，原校舍移交给第一职业中学（后更名为县职业中专）。2005—2007年，光华中学、江山中英文学校、英华学校、船山小学4所民办学校先后建成招生。2014年年末，全镇有幼儿园65所，在园幼儿7380人，专任教师578人；小学26所（含民办），在校学生14711人，专任教师585人；初中10所，在校学生9809人，专任教师479人；高中2所，在校学生8387人，专任教师636人；职业中专1所，在校学生2243人，专任教师206人。有蒸阳、西渡、清平、英陂、秋塘、江山、光华7所县级合格学校。

衡阳县第一中学

1952年，县农业局在境内英陂乡建立农场（后更名县原种场），有水田360亩，职工431人，从事水稻良种试验、示范、推广。1964年，在英陂公社米子村建立县水产科学研究所，有水田25亩，职工5人，主要繁殖推广良

西渡镇陡岭小学

种鱼苗。1973年，在境内释迦寺创建县畜牧良种繁殖场，占地98亩，职工22人，主要为引进繁殖良种牛和为全县耕牛配种。1974年，建立县农业机械研究所，从事新式农机具的研究、试验和推广，先后取得16项科研成果。1979年2月，成立县农业科学研究所，共完成农业科研试验161项，其中承接中国农科院农作物研究21项。1981年，在英陂村建立县农业技术推广中心，至1995年，完成引进、试验、示范和推广课题198项，其中41项获奖。20世纪90年代起，建立科技示范户。2006年，赤水村何建国研究的米糠营养液制作方法和用途获国家发明专利。2010—2012年，咸水村杨福林、天星村李华剑被评为衡阳市"优秀星火科技示范户"。2014年年末，全镇有各类科技示范户115户。

文化体育 清代至民国，境内有龙灯、狮灯数坛。中华人民共和国成立初，以农村俱乐部为活动阵地。1964年后，分别设公社文化站、大队文化室。1966—1976年"文化大革命"期间，毛泽东思想文艺宣传队成为农村文化活动的主体。中共十一届三中全会后，文化活动渐趋活跃。1986年起，民间艺人张紫映（艺名蔡老娘，赤水村人）共创作、表演曲艺作品200余件。其中《蔡老娘进城遇十怪》《气砣子回乡》《瞎子道情》《新说理》等作品分别获中国曲艺家协会举办的第一届和第二届中部六省曲艺大赛一等奖；《两亲家》《破镜缘》分别获第六、七届中国曲艺大赛"牡丹奖"入围奖。1989年秋，组织各乡文艺演出队赴西渡区公所举行文艺会演，评选了特级演员和先进演出队。1995年，颜国强（天光村人）的美术作品《春访》《启蒙曲》《春暖》《渔翁醉酒》先后在瑞士、德国及中国香港和中国台湾展出。1997年，席贤璨（合顺村人）的书法作品先后赴日本、韩国、新加坡参展。2000年，席志强（合济村人）的书法作品先后两次参加中日文化交流，3次入选"国际艺术家作品联展"。2002年，谭青峰（振兴村人）的长篇小说《大海作证》由中国文联出版社出版，该书手稿为中国现代文学馆收藏。2004年，欧伯达（英陂村人）的一件书法作品由国家邮政总局选为中国名家书法邮票发行。2005年，将原英陂乡政府办公楼改作镇文化站，面积350平方米。2008年，英陂小学学生钟慧敏表演的渔鼓《小妞过生日》获第三届全国少儿曲艺大赛一等奖。2010年，张紫映代表中国曲艺家协会赴法国巴黎执行中法文化交流。2014年年末，全镇有文体站1个，工作人员11人；村级文化活动中心61处，农家书屋61个，共有藏书96000册；音乐、美术、摄影及业余文艺创作队伍86人。

1972年，建立区、公社广播站，配备工作人员7人。是年，61个大队654个生产队实现队队通广播；线路总长150千米，喇叭入户率

48%。1994年，开通有线电视，有线电视用户780户。2014年年末，全镇有无线数字电视3500户，有线电视用户34758户；有线电视网络18.5千米，信号覆盖率达99.9%。

1996年，镇内航渡村曾文英获湖南省首届农民运动会女子10公里自行车载重赛第三名。1997年，西渡镇获湖南省“亿万农民健身活动先进单位”称号。是年，境内中小学开始按《国家体育锻炼标准》教学，当年达标率35%。至2000年，达标率提高到93%。2014年年末，镇内有运动场所51个，总面积2.55万平方米。

医疗卫生 清代、民国时期，境内缺医少药，治疗疾病除少数富裕户请中医看病用药外，大多数贫苦百姓患病素以中草药为主。中华人民共和国成立后，医疗事业不断发展。1952年，建立县人民医院。1953年，分别在西渡、英陂、新桥成立联合诊所，有中医15名。1956年，成立县妇幼保健站（后改称妇幼保健院）。1958—1959年，先后建立西渡公社卫生院、县中医医院。1962年后，分别建立西渡区卫生院和咸水、英陂、秋塘、清平4个公社卫生院。1968年，实行农村合作医疗制度，同时建立大队卫生室，配“赤脚医生”和妇幼保健员各1名。2006年1月，启动新型农村合作医疗，当年全镇参合率85%。2012年，县卫校附属医院与西渡镇卫生院合并为西渡镇中心卫生院。2014年年末，镇内有县属医疗机构4所，共有执业医护人员1135人，医疗用房面积5.2万平方米，病床825张；镇属医疗机构（含门诊部）10个，村卫生室61个，病床95张，有执业医护人员413人。新型农村合作医疗参合率100%。

人民医院

社会保障 灾害救助 1949年6月，境内发生百年未遇洪灾，蒸水沿岸一片汪洋，房屋倒塌，田园摧毁，人民流离失所。及至次年，人民政府帮助灾民重建家园。1982年6月，又遭受洪涝灾害，英陂、秋塘平町区浸淹稻田2000余亩，倒塌房屋18间，死亡1人，县、乡共拨付救灾款18万元，帮助灾民恢复生产、修建房屋，安葬亡者。2008年1月，镇内遭受冰雪灾害，县、镇共拨付救灾款25万元，帮助村民重建新居。

五保供养 20世纪60年代起，对孤寡老人和无劳动能力的残疾人实行“五保”，其生活费由所在生产队统筹。1980年后，“五保”供养纳入乡统筹。2005年起，城乡“五保”对象享受城乡最低生活保障待遇，其供养经费由县财政拨付。2014年年末，全镇有“五保”对象535人，年人均标准2564元，共拨供养金137.17万元。

大病救助 2006年起，实施城乡居民大病医疗救助，救助对象主要为罹患恶性肿瘤、白血病、尿毒症等城乡低保户、五保户。2014年，全镇共救助4704人，救助总金额298.54万元。

农村低保　2007年7月，启动农村居民最低生活保障，对低保对象实行动态管理。2009年，全镇低保对象980户、2042人，年人均补助标准为1080元，共发放低保金220.54万元。2014年年末，有低保对象1014户、1923人，人均年补差1476元，共发放低保金283.87万元。

盘龙小区

养老保险　2011年7月，启动城乡居民社会养老保险。当年，全镇登记参保23071人，征缴养老基金276.9万元，为9853名到龄居民发放7—12月份养老金355万元。2014年年末，登记参保人数36795人，参保率76%；征缴养老保险基金415.37万元；为11984名到龄居民发放养老金862.85万元。

人民生活　民国时期，境内居民绝大多数缺衣少食，居住简陋。中华人民共和国成立后，人民政府使“耕者有其田，居者有其屋”，组织人民群众兴修水利，鼓励开荒造田，镇内人民生活逐步改善。至1957年，“吃饭”问题初步解决，部分少房户盖起新房。1959—1961年，由于“天灾人祸”等因素，造成粮食短缺和饥荒。1964—1977年，居民生活水平整体较低，青年人结婚购置自行车、手表、缝纫机、收音机（俗称“三机一转”）属奢侈消费品。改革开放以后，农村实行土地承包经营责任制，生产潜能充分释放，经济不断发展，人民生活水平不断提高。1984年，全镇农村居民人均收入375元，1990年达到628元，至2000年提高到2605元。部分家庭购置电视机、洗衣机、摩托车、冰箱，大部分农家由土砖茅屋换成红砖瓦房。2001—2014年，镇内居民，年人均可支配收入由2678元提高到12325元，分别是1984年的33倍、1990年的19.6倍、2000年的4.7倍。农村家庭多建有2~3层砖混结构小楼房，固定电话、移动电话、电脑、空调、汽车等进入寻常百姓家，人民生活质量全面提升。

特色地情

历史人文

王永浚（1908—2003），西渡镇秋塘村人。中华人民共和国开国少将，著名军事情报专家。1933年参加中国工农红军，1936年加入中国共产党。先后任湘赣军区司令部无线电教员、中共湘赣省委二局研究员、红二方面军司令部研究员、军委二局代理科长。参加了二万五千里长征。1939年后，任中央军委二局科长、处长，因及时准确破译敌军事情报，曾获毛泽东题词嘉勉。1946年后的解放战争中，因及时获取国民党的大量军事情报信息，曾多次受到中央军委通令嘉奖。1950年后，先后任中央军委情报部一局局长、中央军委技术部副部长兼研究室主任、总参谋部三部副部长、顾问等职。1955年获少将军衔。曾是中国人民政治协商会议第五届全国委员会委员。

颜伯刚（1892—1952），字仁毅，西渡镇群星村人。国民党军事将领。1916年毕业于河北保定陆军学校，旋任湘军排长、连长。1919—1924年，任粤军营长、团长。1925年为衡阳警察局教官。次年北伐开始，入国民革命军第36军，由营长递升至师长。1929年，跟随唐生智讨伐冯玉祥。1930—1936年，参与桂系军阀李宗仁、广东军阀陈济棠反对蒋介石。1937年，抗日战争爆发，国民党内派系斗争暂时缓和。1939—1941年，任安徽抗日游击司令、第五战区少将参议；其间，颜伯刚执行蒋介石“攘外必先安内”政策，率部围剿华中新四军。后因不受蒋介石的信任辞职回乡赋闲。1949年5月，时任湖南省主席程潜为起义暗作准备，委任其为衡郴警备司令。其时，与颜伯刚在保定军校同学的白崇禧亦极力拉拢，委任其为新七军军长，继续与人民解放军为敌。11月4日，副军长曹茂琮率所辖3个师在道县起义，颜伯刚拒绝投诚，携眷属及随从20余人逃往桂林。12月7日，颜伯刚在广西小董被俘，于次年2月被遣送回籍。

名胜古迹

中洲公园　位于县城西渡蒸水与武水汇合处，面积7.8公顷，由大小二洲组成，因其环洲皆水，故名“中洲”。1981年，辟为“中洲公园”，种植樟、松、杨、槐等乔木15000余株。1993年，建成连接二洲石拱桥，修筑环洲护坡石栏、观景亭台。2008—2009年，实施净化、美化、亮化工程，铺设环洲花岗石地板砖人行道，栽种各种名贵观赏花木。而今，公园已成为市民游览赏景的胜地。

释迦寺遗址　商代至西周文化遗址。位于西渡镇新化村。该遗址呈长方形，分布面积约4000平方米，文化堆积厚度约0.7米。采集石器有釜、刀、锛，陶片有夹砂红褐陶、夹砂灰陶，其纹饰有方格纹、绳纹，器形有鼎、缸、釜等。

箭塘遗址　西周至春秋遗址。位于西渡镇梅木村，分布面积约7万平方米。文化堆积厚度约0.4米，采集石器有釜、锛、刀；陶片有夹砂红陶、夹砂灰陶，其纹饰有云雷纹、方格纹；器形有鼎、豆、罐等。

新化七拱古石桥　位于西渡镇新化村蒸水河上，为七孔半圆形石砌拱桥。建于清代光绪年间，桥长108米，宽8米，两侧有石护栏，拱桥正中刻有修桥碑记。现基本完好。

新化古石桥

应紫蔡氏古祠　位于境内应紫村蔡祠组，为一处典型的清代风格建筑。祠堂坐南朝北，始建于清乾隆年间，光绪34年（1908）扩建。砖木结构，梁木用料硕大，硬山顶，盖青灰色瓦。主体结构稳定，保存完整。

名优特产

西渡湖之酒　中国黄酒名品之一，因源于“酃湖之酒”而得名，迄今已有近3000年历史。西渡湖之酒具有“备味滋和，体色醇清”的“酃湖”风格，故又有“醽醁”之美称，古代曾为皇家贡品。20世纪50年代，衡阳县建立湘南酒厂，专营湖之酒酿造，在继承传统酿酒技艺的同时加以创新，使之成为色泽清亮，醇香味美，无醋变、酸变，口感绵润，保质期长的湖之酒。2014年7月，西渡湖之酒被定为“中华人民共和国地理标志保护产品”。

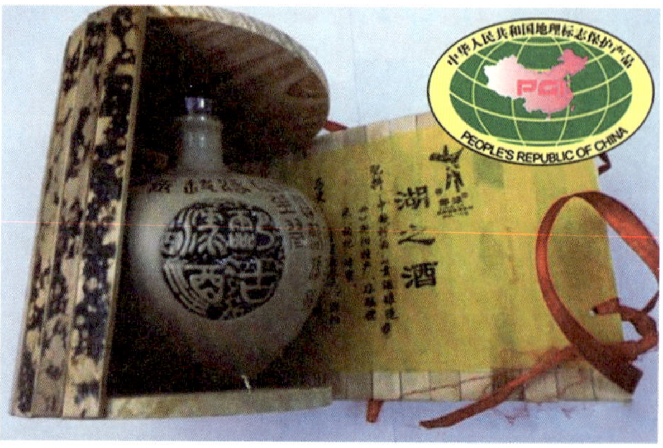

西渡湖之酒

历任乡镇（公社）党政主要负责人名录

西　渡　镇

（1955.6—2015.12）

中共西渡镇委员会

第一书记	刘才汗	1957.4—1958.4

中共城关公社委员会

书　记	胡南山	1960.5—1961.4

中共新城公社委员会

书　记	（缺）	

中共城关镇委员会

书　记	曾济美	1970.9—1971.4
	廖洪照	1971.4—1971.11
	李友楚	1977.11—1981.3

中共西渡镇委员会

书　记	李友楚	1981.3—1982.2
	汪仕刚	1982.2—1984.2
	李孝敬	1984.2—1988.2
	王芳发	1988.2—1990.4
	汪仕正	1990.4—1993.4
	杨雪城	1993.4—1995.5

中共西渡镇工委

书　记	洪元芳	1995.5—1995.9

中共西渡镇委员会

书　记	洪元芳	1995.9—1996.1
	傅湖北	1996.1—1998.1
	李忠定	1998.1—2000.12
	颜桥生	2001.1—2006.11
	肖正才	2006.11—2012.4
	徐拥军	2012.4—

西渡镇人民政府

镇　长	刘朴献	1956.6—1958.9

城关人民公社

社　长	胡南山（兼）	1960.5—1961.4

新城人民公社

社　长	赵清河	1961.4—1961.8

城关镇人民政府

镇　　长	谭家泰	1963.10—1964.12
	曾济美(兼)	1964.12—

城关镇革委会

主　　任	廖洪照	1970.8—1971.10
	刘义金	1971.10—1975.2
	李友楚	1975.2—1981.3

西渡镇管委会

主　　任	李作顺	1981.3—1984.2

西渡镇人民政府

镇　　长	汪仕刚	1984.2—1986.1
	许响亚	1986.1—1989.1
	汪仕正	1989.1—1990.4
	刘爱国	1990.4—1993.4
	任子健	1993.4—1995.5

西渡镇行政管委会

	杨雪城	1995.5—1995.9

西渡镇人民政府

镇　　长	杨雪城	1995.9—1996.1
	李忠定	1996.1—1998.1
	颜桥生	1998.1—2001.1
	肖正才	2001.1—2006.11
	徐拥军	2006.11—2012.4
	张永灵	2012.4—2015.2
	温松柏	2015.2—

西渡镇人大主席团

主　　席	汪仕正	1987.10—1989.1
	王芳发	1989.2—1989.11
	高友寿	1989.11—1995.5
	黄柏生	1995.9—1998.5
	杨柞生	1998.6—2006.4
	徐拥军	2006.4—2006.11
	龙平芳	2007.10—2011.3
	廖建新	2011.3—2012.10
	温松柏	2012.10—2015.2
	戴湘衡	2015.2—

西渡镇政协联工委

主　　任	黄永志	1995.12—1998.2
	徐拥军	1998.2—2006.4
	龙平芳	2006.4—2007.10
	廖建新	2008.12—2011.3
	温松柏	2011.3—2012.10
	肖　杰	2012.10—

西　渡　乡

(1956.6—1995.5)

中共西渡乡委员会

第一书记	何世贤	1956.6—1958.9

中共火箭公社委员会

第一书记	何世贤	1958.9—1959.1
书　　记	傅宜仕	1961.4—1961.8
	易宏谦	1961.8—1961.11
	熊厚谱	1961.11—1971.12
	颜学运	1971.12—1974.11
	刘绍康	1974.11—1978.8

中共西渡公社委员会

书　　记	汪仕刚	1978.8—1982.1
	万忠学	1982.1—1984.2

中共西渡乡委员会

书　　记	谢树华	1984.2—1986.12
	廖爱扬	1986.12—1991.3
	庾仲春(兼)	1991.8—1995.5

西渡乡人民政府

乡　　长	冯时高	1956.6—1958.9

火箭人民公社

社　　长	谭春桂(兼)	1958.9—1959.1

西渡人民公社

社　　长	王永忠	1961.8—1962.5
	刘才友	1962.5—1963.2
	洪吉友	1963.2—1963.11
	唐贵富	1963.11—1966.2

刘敏忠 1966.2—

西渡公社革委会

主　任 熊厚谱 1968.3—1969.4

罗　杰 1969.4—1971.10

颜学运 1971.10—1974.10

刘绍康 1974.11—1978.8

汪仕刚 1978.8—1981.3

西渡公社管理委员会

主　任 吴永楚 1981.3—1982.10

谭邦才 1982.10—1984.2

西渡乡人民政府

乡　长 黄昌告 1984.2—1990.4

邹高帆 1991.8—1992.2

刘美英(女) 1992.7—1995.5

西渡乡人大主席团

主　席 刘和平 1987.10—1991.1

王芳国 1991.1—1993.2

欧阳惠 1993.2—1995.5

英 陂 乡

(1956.6—1995.5)

中共英陂乡委员会

第一书记 彭章华 1956.6—1958.9

中共胜利公社委员会

第一书记 曾俊诚 1958.9—1960.9

谢湘衡 1960.9—1961.4

中共英陂公社委员会

书　记 吴瑞丰 1961.4—1962.5

王汉云 1962.5—

唐芝生 1971.2—1977.10

王东成 1977.10—1980.2

邱德生 1980.2—1982.1

刘德坚 1982.1—1984.2

中共英陂乡委员会

书　记 屈孝解 1984.2—1986.9

刘爱国 1986.10—1990.4

梁祚华 1991.1—1993.4

刘康新 1993.4—1995.5

英陂乡人民政府

乡　长 席贤睦 1956.6—1958.9

胜利人民公社

社　长 罗正德(兼) 1958.9—1961.4

英陂人民公社

社　长 罗仕汉 1961.4—1961.8

蒋宏柱 1961.8—1962.5

杨翰申 1962.5—

英陂公社革委会

主　任 王汉云 1968.3—1970.6

唐芝生 1970.6—1977.10

王东成 1977.10—1980.2

邱德生 1980.2—1981.3

英陂公社管委会

主　任 陶积武 1981.3—1982.4

刘洪盛 1982.4—1984.4

英陂乡人民政府

乡　长 刘洪盛 1984.4—1985.3

金　晖 1985.3—1985.12

刘国文 1986.1—1989.11

谭善宇 1989.11—1991.1

陈连龙 1991.1—1992.2

刘康新 1992.2—1993.5

王腊生 1993.5—1995.5

英陂乡人大主席团

主　席 刘爱国(兼) 1987.10—1988.3

谭善宇 1988.3—1989.11

范召初 1989.11—1995.5

新桥（秋塘）乡

(1956.6—1995.5)

中共新桥乡委员会

第一书记　罗正德　1956.6—1958.9

中共新桥公社委员会

书　记　肖高德　1961.8—1963.9
何志明　1963.9—
邓斯能　1971.5—1975.9
谭春桂　1975.9—1980.9

中共新桥公社委员会

书　记　曾垂成　1980.9—1983.7
刘庆柏　1983.7—1983.9

中共秋塘公社委员会

书　记　常春田　1983.9—1985.3
廖爱扬　1985.3—1986.12
肖绍展　1987.1—1990.4
万孝水　1991.1—1992.2
王国平　1992.2—1995.5

新桥乡人民政府

乡　长　颜家声　1956.6—1957.4
冯志固　1957.4—1958.9

新桥人民公社

社　长　张大林　1961.8—1964.1
刘吉利　1964.1—

新桥公社革委会

主　任　唐贵富　1969.1—1971.4
邓斯能　1971.4—1975.9
谭春桂　1975.9—1981.3

秋塘公社管委会

主　任　刘庆柏　1981.3—1983.9
蒋定局　1983.9—1984.4

秋塘乡人民政府

乡　长　蒋定局　1984.4—1985.12
万松柏　1986.1—1987.7
颜柏林　1987.10—1991.1
王国平　1991.1—1992.2
魏启祚　1992.3—1995.5

秋塘乡人大主席团

主　席　颜家本　1987.10—1995.5

清　平　乡

（1961.8—1995.5）

中共清平公社委员会

书　记　李英瑞　1961.8—1962.8
许纯宣　1962.8—1963.6
凌柏春　1963.6—
唐代宣　1969.12—1972.10
谭邦才　1972.10—1973.10
邱德生　1973.10—1980.2
莫景国　1980.2—1982.1
王继元　1982.1—1984.2

中共清平乡委员会

书　记　陈俊国　1984.2—1985.9
唐昭福　1985.9—1987.1
彭石林　1987.1—1989.9
胡伟平　1989.11—1995.2

清平人民公社

社　长　罗仕汉　1961.8—1962.12
罗　杰　1962.12—1968.3

清平公社革委会

主　任　罗　杰　1968.3—1969.4
唐代宣　1969.4—1972.10
谭邦才　1972.10—1973.10
邱德生　1973.10—1980.2
莫景国　1980.2—1981.3

清平公社管委会

主　任　王继元　1981.3—1982.4
蒋叶青　1982.1—1984.2
万正和　1984.2—1984.4

清平乡人民政府

乡　长　万正和　1984.4—1985.12
肖绍展　1986.1—1986.12
刘志初　1987.2—1989.1

	尹定扬	1989.1—1989.11
	肖绍能	1989.11—1992.2
	唐衡生	1992.2—1993.2
	颜桥生	1993.2—1995.5

清平乡人大主席团

主　席	张元梓	1987.10—1993.2
	陈菊生	1993.2—1995.5

咸　水　乡

（1961.8—1995.5）

中共咸水公社委员会

书　记	凌受厚	1961.8—1962.9
	黄鹤松	1962.9—1964.1
	刘贤才	1964.1—
	刘芳富	1971.7—1976.10
	刘贤才	1976.11—1980.9
	何耀生	1980.9—1982.10

中共咸水乡（公社）委员会

书　记	吴集彬	1982.10—1985.3

中共咸水乡委员会

书　记	范长庚	1985.3—1987.12
	易承桂	1987.12—1989.11
	华　焱	1989.11—1991.11
	王友良	1991.11—1992.2
	杨雪城	1992.2—1993.4
	万潜平	1993.4—1995.5

咸水人民公社

社　长	欧伟生	1961.8—1962.12
	刘才享	1963.9—1966.1
	张德顺	1966.2—

咸水公社革委会

主　任	欧伟生	1969.8—1971.5
	刘芳富	1971.5—1976.10
	刘贤才	1976.11—1981.3

咸水公社管委会

主　任	刘运禄	1981.3—1981.10
	肖珍云	1981.10—1984.2
	万孝联	1984.2—1984.4

咸水乡人民政府

乡　长	万孝联	1984.4—1985.12
	易承桂	1986.1—1987.12
	蒋扬卫	1987.12—1989.11
	刘汉懿	1989.11—1991.1
	万潜平	1991.1—1993.4
	周德应	1993.4—1995.5

咸水乡人大主席团

主　席	彭国阳	1987.10—1989.11
	欧阳惠	1989.11—1993.2
	王芳国	1993.2—1995.5

表 2　西渡镇村级行政区划调整概况表

新村（社区）名	人口数	合并的原村（社区）名
赤水村	3465	正大村、赤水村、自力村、农科村
福星村	3775	航渡村、星联村、百福村
咸中亭村	3436	咸中村、咸育村、兰草村、双桥村
桐桥村	3402	桐桥村、荷花村、石鼓村
咸水村	1946	咸水村、通古村
梅花村	2535	蛟龙村、梅花村
陡岭村	2209	陡岭村、爱吾村
清平村	2307	清平村、清安村、东桥村
梅竹村	2422	梅林村、梅木村、清竹村
清江村	2457	健康村、清亭村
小海村	2901	海垅村、小井村
天星村	2098	天星村、交岭村
青里村	2064	青里村、群星村
豆陂村	3934	豆陂村、新化村
新桥村	3101	新桥村、应紫村
振兴村	1441	振兴村、新益村
盘龙村	2652	新铺村、盘龙村
秋塘村	2452	秋塘村、天光村
黄林村	1855	黄六村、林桥村
保安村	3148	保安村
英南村	3760	英南村
西渡村	2210	西渡村
三联社区	4193	青木村、联胜村、三垅村
江山社区	8766	合济村、合顺村、江山村
英陂社区	9820	英陂村、九联村
阳古社区	7454	八一村、阳古村、大勇村
槐花社区	11265	槐花社区、槐花村
春风社区	10590	春风社区
米子社区	14390	米子社区
保安社区	7850	保安社区
滨江社区	14780	滨江社区
江口社区	12410	江口社区
明翰社区	7040	明翰社区
蒸阳社区	11090	蒸阳社区
壕塘社区	13360	壕塘社区

说明：原有 61 个村 9 个社区，2015 年调整合并为 22 个村 13 个社区

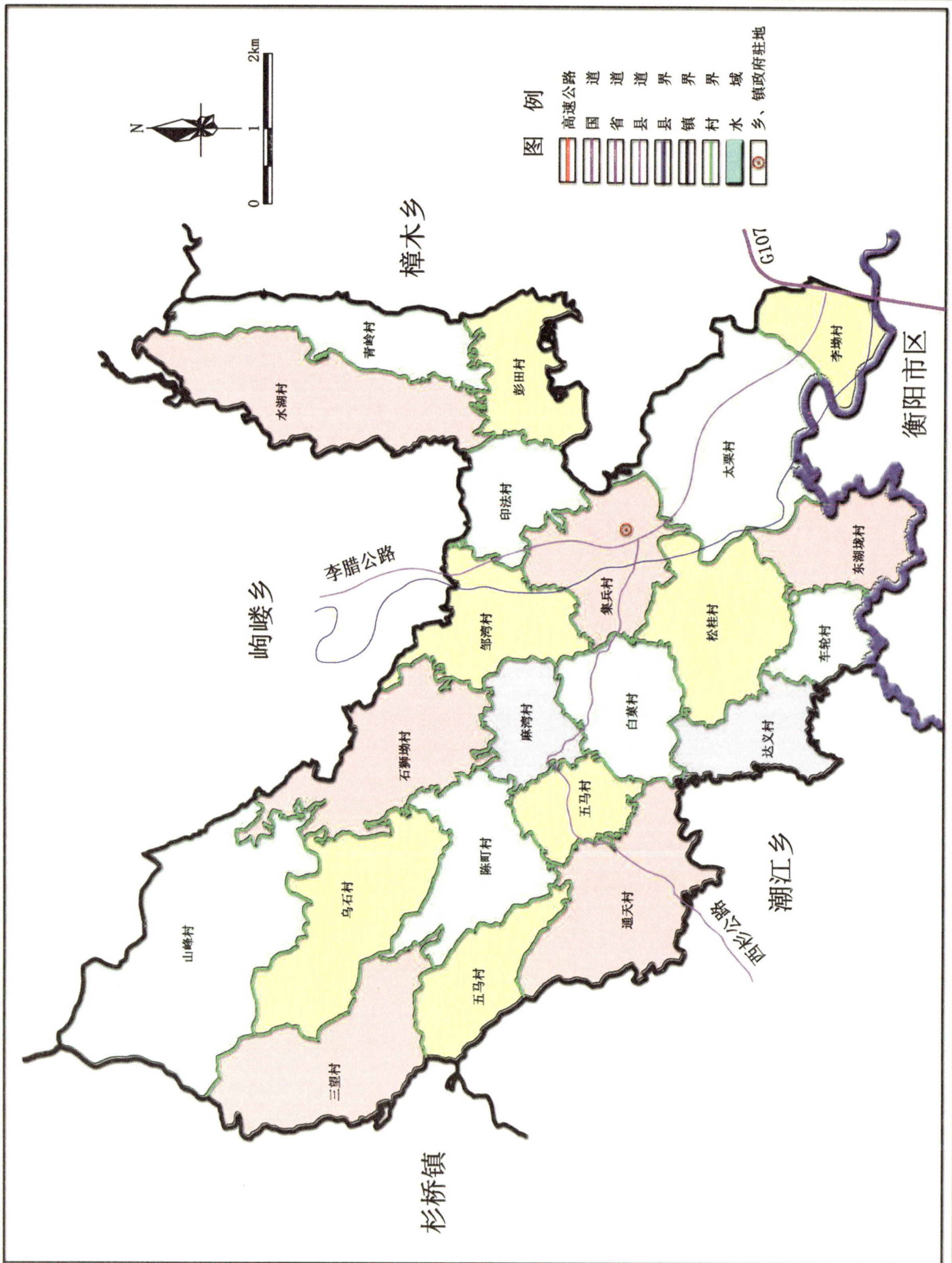
樟木乡
岣嵝乡
杉桥镇
潮江乡
衡阳市区
李腊公路
西杉公路
G107
N
0 1 2km
图例
高速公路
国道
省道
县道
县界
镇界
村界
水域
乡、镇政府驻地
青岭村
水湖村
彭田村
印法村
集兵村
太栗村
李坳村
东湖坡村
松桂村
车轮村
达义村
白莱村
麻湾村
邹湾村
石狮坳村
五马村
陈町村
乌石村
通天村
五马村
山峰村
三望村

集兵镇行政区划图

集兵镇

区域概况

位置面积 集兵镇因驻地“集兵滩”得名。位于北纬26°59′5″~27°6′44″，东经112°30′25″~112°37′31″。地处县境东部，东邻樟木乡，南抵衡阳市石鼓区松木乡、角山乡，西靠潮江乡、杉桥镇，北接岣嵝乡。镇人民政府驻集峰路1号，距县城西渡28.5公里。

辖区东西最大直线距离8.5公里，南北最大直线距离10.2公里，总面积66.8平方公里。

建置沿革 明洪武三年（1370），集兵属衡阳县正义乡。清康熙三十年（1691），去乡、里，置都、区，属第四十都。同治十年（1871），置岣嵝镇。民国32年（1943），属礼义乡。中华人民共和国成立初，仍沿袭民国旧制。1950年3月，撤销礼义乡，分别设置太平、栗坪、集市、白果、通天、三望、马鞍、杉木、印法9个乡；属衡阳县第三区。1952年7月，衡阳、衡南分县后，重新设置行政区划，设立太栗、集市、石狮、通天、三望、松桂、杉木、棠湖8个乡；属衡阳县第十五区（后更名为集兵区）。1956年5月，撤区并乡，前述8个乡合并为集市乡。1958年9月，撤乡设立人民公社，集市乡并入红旗公社。1961年8月，分社设区，置集兵、通天公社；隶属集兵区。1984年5月，去公社复称乡镇，改称集兵滩

集兵滩

镇。1995年5月，再次撤区并乡，集兵滩镇与通天乡合并为集兵镇。2000年12月，镇内灵官庙村划归衡阳市石鼓区松木乡。至2014年年末，政区无变更。

行政区划 2014年，镇辖集兵滩1个社区和集兵、太栗、李坳、东湖、车轮、达义、松桂、白果、邹湾、印发、水湖、青岭、彭田、通天、五马、麻町、三望、乌石、石狮、山峰、麻湾21个村，下设6个居民小组、235个村民小组。

2015年9月，调整村级行政区划，将21个村合并为11个村。11月，潮江乡及其所辖4个村并入集兵镇。至是年末，辖集兵滩1个社区和集兵、麻町、红星、同心、水映、法官庙、松桂、太栗、山峰、白果、通天、永乐、潮江、白马、大利15个村，下设3个居民小组、323个村民小组。

自然环境 境内以丘陵与平町相间为主，中部为平原，西北部边沿多为山地。镇域处亚热带气候区，四季分明，年平均气温17℃左右，极端最低气温-8.3℃（1972年2月9日），极端最高气温40.8℃（2010年8月5日）。无霜期年平均305天，最长达345天，最短为283天。降水日数约153天，最多年份达185天（1970），最少年份92天（1963）；降水集中在每年4—9月，5、6月最多。常年主导风为北风，夏季为东南风，并有雷电气象。境内土壤分为水稻土、红壤土、紫色土、潮土四大类。全境属湘江水系，龙泉河系湘江一级支流，境内长7.5公里。

人口民族 1982年第三次全国人口普查，辖区户籍总人口（以下称总人口）23645人；1990年第四次全国人口普查，总人口27419人。2010年第六次全国人口普查，总人口29806人。2014年年末，辖区总人口31081人，其中常住人口30235人。城镇化率43.8%。总人口中，男性16244人，占52.26%；女性14837人，占47.74%；0～14岁6726人，占21.64%；15～59岁20335人，占65.43%；60岁以上4020人，占12.93%。2014年年末，人口出生率13.91‰，死亡率6.90‰，自然增长率7.1‰。

辖区内有壮、苗、瑶、土家、回等民族69人，其余为汉族。

经济发展

农业 种植业 2014年年末，全镇有耕地1646公顷。主要农作物有水稻、红薯、豆类、蔬菜等。民国时期，农业生产水平低下，粮食亩产一般在200公斤左右。中华人民共和国成立后，1950年，实行土地改革，绝大多数农民分得了土地。1952年后，人民政府组织兴修水利，改善生产条件，粮食连年增产丰收，平均亩产提高到265公斤。1958年，成立人民公社，搞“一大二公”，后又连遇三年自然灾害，粮食减产歉收。1962年，实行生产队为核算单位的农业经营管理制度；同时改进耕作技术，贯彻农业“八字宪法”，扩大双季稻种植面积，农业生产得到恢复和发展。1969年，全镇双季稻种植面积达1400公顷，占水田面积的85%，平均亩产粮食400公斤，总产量8400吨。1976年，开始试种杂交晚稻，后逐年扩大种植面积。至1983年，全镇种植杂交晚稻1466公顷，亩产410公斤，总产9000吨。2005年，普遍推广种植双季杂交稻。2014年，全镇水稻播种面积2400公顷，总产量1.6万吨，种植油菜1000公顷，产菜籽1689吨；种植蔬菜瓜果340公顷，总产量2040吨；实现农业总产值0.8亿元。

水稻生产

养殖业 镇内历来有养殖猪、牛、鸡、鸭、鱼等习惯。民国时期，农户养猪数量极少，年户均约1头；鸡鸭多为自繁自养，以换油盐为主；养牛仅供耕作役用；鱼凭自生自长，不投放饵料，因而产量极低，每亩养殖水面产鲜鱼不足10公斤。中华人民共和国成立后，政府鼓励农民发展养殖业，畜牧业有较快发展。1958年成立人民公社后，限制农户饲养家禽家畜，养鱼则由生产队集体经营。1961年、1970年、1978年，亩产鲜鱼分别为21.5公斤、27.5公斤、35公斤。20世纪80年代后，随着家庭承包经营责任制和市场经济的建立，养殖业逐渐向专业化、规模化、商品化发展。1986年，镇内邹湾村村民杨昌德，饲养蛋鸭400余只、鸡1500余只，成为村内有名的专业养殖户。此后，一批规模养殖户相继出现。2014年，全镇有规模养猪、养鸡、养鸭、养鱼专业户共54户，年出栏生猪3万头，年末存栏1.5万头；出笼家禽22万羽，年末存笼17万羽；起水鲜鱼132吨。

林业 境内有宜林山地3400公顷。主要树种有松、杉、油茶、樟、南竹等。1949年以前，林地为私人所有。1958年，山林归集体所有。由于“大办钢铁”和“公共食堂”，大量砍伐林木，致使山林受毁。1974年后，镇内有18个村相继创办大队林场，并采取集体造林、封山育林和禁止乱砍滥伐等育林护林措施，森林覆盖率不断提高。1982年，山林经营权落实到农户。2000—2006年，实施退耕还林工程，共完成造林面积668公顷。2014年，全镇有林地面积3400公顷，森林覆盖率65%。

工业 民国时期，境内民间有铁器、木器、竹器、酿酒、缝纫等手工作坊数十家，从业人员30余人。中华人民共和国成立后，1953—1956年，对私营工商业实行社会主义改造，镇内有手工业联社1家，主要为缝纫、铁器等，从业人员7人。20世纪80年代后，先后兴办砖厂、瓷厂、建筑工程队等一批乡镇企业，有员工200余人，乡镇企业年总产值约500万元。2004年后，镇办企业改制为民营企业。2014年，镇内有民营工业企业29家，主要为建筑、建材、粮油加工和竹木加工等企业，从业人员580人，工业总产值1.8亿元。

商贸服务 民国时期，集兵滩老街有店铺20余家；设有集贸市场1个，为农产品集散地。中华人民共和国成立后，历为区、镇（公社）驻地，分别设有区供销合作社、肉食水产站、粮油购销站及粮食储运库等，供应生产、生活资料和收购农副产品。1955年，镇内有私营商业户35户，从业人员80余人。1958年，取消集市贸易和私营商贩，商贸服务统一由供销社、合作商店经营。1962年后，恢复集贸市场，但对上市商品仍有所限制。1970年，镇内有国营、集体商业网点28个，职工近300人。1978年后，实行改革开放，逐步放开市场，个体商业快速发展。1995年，全镇个体商户发展到120户、200余人。2000年后，国营和集体商业相继改制为民营商业。2014年，镇内有各类商贸服务个体户410家，从业人员800人，涉及服装、餐饮、金融、通信、医疗、药品、文化、保险等行业；有集贸市场1个，超市5个，年社会消费品零售总额1.5亿元。

财政金融 从中华人民共和国成立至1984年，乡镇（公社）财政收支由财粮委员或秘书兼管，按月向区公所报账付款。1985年，建立镇财政所。2004年，实行农村税费改革，取消向农户征收农业税、农业特产税及各项涉农税费，总金额170.85万元，农民人均得实惠82元。2014年年末，镇财政总收入1174.35万元，总支出1174.30万元。

1954年，成立集市乡信用合作社。1959年1月，设立中国人民银行集兵营业所，管理货币流通业务。1962年，分别建立集兵、通天信用社。1985年1月，营业所由中国农业银行接管。1995年撤区并乡后，通天信用社并入集兵信用社。2008年，设立中国邮政储蓄银行集兵营业处。至2014年，镇内有金融机构3家，年末存款余额6000万元，贷款余额1500万元。

基础设施

水利建设 民国时期，境内水利设施主要是山塘、河坝。1949年，境内有山平塘550余口，大型河坝2座，总蓄水量约300万立方米。中华人民共和国成立后，人民政府动员和组织群众兴修水利，增强抗御干旱能力。1954—1957年，全镇共新修扩建山平塘480余口，兴建对塘冲（小一型）、石冲（小二型）水库2座，共新增蓄水量约280万立方米。20世纪60年代至70年代，先后修建斜陂堰水库灌区、山峙门水库灌区3条引水主干渠道，境内总长25千米。1980年代至90年代，水利建设的重点主要是塘坝清淤防渗和渠系除险加固。2014年，全镇有山平塘945口，小型水库6座，堰坝3处，渠道8条、长115千米，总蓄引提水量1300万立方米；全镇农田旱涝保收面积98%。

交通运输 清代和民国时期，境内有衡州至界牌的石板大道途经集兵滩。1958年，建成

通村公路

集兵客运站

李家坳至神皇山铁厂公路（李腊线），境内长6公里。1987年，集兵滩至杉桥（杉集线）公路竣工通车，境内长6公里。20世纪80年代至90年代，先后畅通境内21个村的村道。2002年起，对辖区内村道分批进行改造和水泥硬化。至2014年年末，镇内有县道2条、长12公里；乡道3条、长11公里；村道19条、共长41公里，实现村村通公路。

1965年，集兵滩开通至衡阳市客运班车。1988年，开通集兵至西渡客运班车。2000年起，衡阳市至集兵滩公交车投入营运，日开24个班次。2009年，建成集兵客运站。2002—2013年，先后开通集兵至界牌（经过）、集兵至渣江镇际客班车。2014年年末，镇内有客车线路4条，日开行64个班次，日发送乘客6000人次。

邮政电信 民国32年（1943），设集兵滩邮政代办所。新中国成立后，1957年设立集兵邮电支局。20世纪60年代起，分别在公社（乡镇）设邮件投递点。2014年，镇内有邮政所1个。

1953年，集兵区公所架通电话。1956年，集市乡通电话线路。1962年，电话线路延伸至公社。20世纪70年代至90年代，集兵、通天公社（乡镇）开设自办农村电话网络，利用有线广播线路开通部分大队（村）电话。1995年起，建设程控电话网络。1998年后，县电信、移动、联通公司分别在镇内建设移动电话基站。至2014年年末，镇内有电信企业1家，固定电话用户948户；移动通信企业5个，共建立移动基站12个，有移动电话用户8298户。

供电饮水 1966年，在集兵滩河坝下游建设水轮泵发电站，装机容量100千瓦，供区、社机关照明用电。1984年10月，建成李家坳35千伏变电站。此后，陆续架设辖区内机关单位和农村村组供电网络。至1998年，全镇所有建制村和村（居）民小组全部实现供电。2000年起，分批次对农村电网进行改造。至2013年，先后完成对21个村的线改和户改，新增和更新10千伏变压器50台，完成户改8000户。2014年年末，全镇有35千伏变电站1座，10千伏变压器80台，总容量800千伏安；镇内21个村、1个社区、238个村（居）民小组全部通电，供电率100%。

2014年，建成自来水厂，可满足集镇居民用水需求。

镇村建设 集兵滩系千年古镇。民国以前，建有一条长约200米的石板街道，并在河滩旁设有简易集贸市场。中华人民共和国成立后，集镇面积不断拓展。1980年后，小城镇建设提速。至2014年，先后建成集峰路、西集路等2条街道，城镇面积由1978年的0.3平方公里扩大到1.5平方公里，形成集商贸服务、教育文化、医疗卫生、交通通信于

小城镇一隅

一体的小城镇。

2006年起，启动社会主义新农村建设，重点改造农村水利、电力、道路、饮水、环境卫生等基础设施。至2014年，通村公路硬化率、电网改造率、农村居民饮水安全率均为100%，环境卫生达标率80%。各行政村都有办公用房。

社会事业

教育科技　1949年，镇内有乡中心国民小学（集兵完小前身）1所，族校10所。中华人民共和国成立后，在接收旧学校的同时，兴办一批农村小学，并大力开展扫除青壮年文盲教育。至1956年，镇内有完全小学2所，初级小学14所。1958年，集兵完小附设初中班（后初中部迁址李家坳）。同年，创办集兵民办中学（后改为农业中学）。1970年，分别建立集兵、通天2所中学，原集兵中学改为区办高中。1974年，按照“一个大队有一所小学”的要求，是年境内有小学21所。1983年，撤销集兵区高中，改为衡阳县第二职业中学（2001年停办）。1992年，集兵滩镇经湖南省教育行政部门考核验收，被认定为全省首批“基础教育合格乡镇”。1995年撤区并乡后，对农村中小学布局进行适当调整。至2003年，全镇有小学8所、中学1所。2004年后，致力于加强合格学校建设。2014年年末，全镇有幼儿园2所，在园幼儿700人，专任教师29人；小学9所，在校学生2200人，专任教师78人；初中1所，在校学生1200人，专任教师78人。有集兵中心小学、集兵中学、太栗小学、李坳小学、白果小学、石狮小学、水湖完小、麻町小学、松桂小学、通天小学等10所县级合格学校。

集兵镇中学

1981年，建立公社农科站（后更名为镇农技服务站），培训农民技术员18名。1983年起，开办农民文化技术学校2所，向农民传授农业科技知识，每年培训400余人次。1989年，集兵滩镇中学学生姚连宝、姚利民分别获全国中学生生物科技竞赛一等奖、二等奖。20世纪90年代起，建立农民科技示范户。2012年，彭田村钟名柱被评为衡阳市“星火科技示范户”。2014年年末，全镇有各类科技示范户125户。

文化体育　清末民国时期，境内民间有狮灯、龙灯数坛，多在春节期间表演。中华人民共和国成立后，1954年，成立业余剧团，利用农闲时间演出，1958年后剧团解散。1959年，刘贵茂（乌石村人）的散文《灿烂的里程》《在和平的大道上》编入《湖南散文选》出版发行。1978年，通天中学教师肖荣昌创作的大型古装剧《山亭命案》，获衡阳地区文艺创作一等奖，并录制成舞台戏剧片先后在湖南电视台和中央电视台播出。1988年，麻安田（麻町村人）的诗作《题诗》《天涯何处》获湖南省“丁玲杯”优秀奖。2014年年末，全镇有文体站1个，专职工作人员2人；村文化活动中心21个，共有图书68000册；各类文化专业户4个，从业人员18人；业余文艺创作人员2人。

1972年，建立公社广播站。是年，境内21个大队、238个生产队先后通广播，喇叭入户率25%。1975年，建立公社电影放映队。1985年，镇广播站更名为广播电视站。20世纪90年代末，有线广播为无线广播所替代。1994年，广播电视站易名为有线电视站。当年，有数字电视用户380户。2014年年末，全镇有线电视网线10千米，用户1300户。

1979年，境内中小学开始按《国家体育锻炼标准》教学，当年达标率35%，此后提高到100%。1991年，刘功香（灵官庙村人）获湖南省少年柔道赛女子44公斤级第一名。1992年，刘功香获湖南省第二届青少年运动会柔道赛女子48公斤级第一名。1993年，刘功香获全国青少年柔道赛女子44公斤级第一名。1997年，集兵镇获全国“群众体育工作先进单位”称号。2014年年末，镇内学校共有体育运动场4个，总面积达1万平方米。

医疗卫生 民国时期，境内仅有4名中医和2家私营中药店，绝大多数穷苦百姓患病素以中草药治疗为主。中华人民共和国成立后，医疗卫生事业不断发展。1953年，建立集兵区中心卫生所，有卫生工作人员4名。1956年，将私营中医和药店组成联合诊所。1959年，建立公社卫生院。是年，推行新法接生。1968年后，相继建立大队卫生室，分别配有“赤脚医生”和妇幼保健员。是年，建立集兵地区医院。1995年撤区并乡后，整合医疗资源，将集兵地区医院、原集兵镇卫生院、通天乡卫生院合并为集兵镇医院。2006年，启动新型农村合作医疗，当年全镇参合人数18025人，参合率80%。2014年年末，镇内有医院1所，病床152张，执业医护人员87人；村卫生室21个，卫生人员24人；参加新农合23906人，参合率99.5%；共补偿医疗费6074人次，补偿总金额719万元。

集兵镇中心医院

社会保障 五保供养 20世纪60年代起，对孤寡鳏独老人和无劳动能力的残疾人实行“五保”，其供养费由生产队或大队统筹。1980年后改由镇统筹。2005年起，“五保”对象享受城乡最低生活保障待遇，其供养经费由县财政统筹。2013年，建成镇敬老院。2014年，全镇有“五保”对象149人，其中集中供养27人，分散供养122人；年人均供养费3070元，总金额45.74万元。

大病救助 2006年起，实施城乡居民大病医疗救助，救助对象主要为罹患恶性肿瘤、白血病、尿毒症等大病和城乡五保户、最低生活保障户。2014年，救助729人，救助总金额22.85万元。

农村低保口 2007年7月起，启动农村居民最低生活保障，对低保对象实行动态管

集兵镇敬老院

理。2009年，全镇低保对象329户、834人，月人均补差90元，总金额45.36万元。2014年年末，低保对象增加至599户、1198人，月人均补差提高到123元，全年补助总金额176.82万元。

养老保险　2011年7月，启动城乡居民社会养老保险。是年，镇内城乡居民登记参保人数8490人，参保率64.5%；征缴养老基金96.72万元；为3082名到龄居民发放7—12月份养老金112.8万元。至2014年年末，全镇城乡居民登记参保人数8490人，参保率64.5%；征缴养老基金96.72万元；为3963名到龄居民发放养老金278.69万元。

人民生活　民国时期，境内人民绝大多数生活贫困。中华人民共和国成立后，人民政府实行土地改革，组织人民群众兴修水利，增强抵御自然灾害能力，镇内人民生活逐步改善。1959—1961年，由于天灾人祸等因素，造成粮食短缺和饥荒。1964—1977年，“吃饭”问题初步解决。改革开放以后，农村实行土地承包经营责任制，生产潜力充分释放，经济不断发展，彻底解决了广大农民的“温饱”问题。1984年，全镇农民年人均纯收入385元，1990年达到660元。至2000年，人均纯收入提高到2580元。部分家庭购置电视机、洗衣机、摩托车，大部分农家由土砖茅屋换成红砖瓦房。2001—2013年，镇内居民生活水平显著提高。年人均可支配收入由2668元提高到11830元，分别是1990年的18倍、2000年的4.6倍。农村家庭多建有2~3层砖混结构小楼房，固定电话、移动电话、电脑、空调、汽车等进入寻常百姓家。2014年，农民人均可支配收入12315元。人民生活质量全面提升。

新农村农民住宅

特色地情

历史人文

祝松云（1834—1893），字陶牖，号澹溪，集兵镇太栗村人。清末进士，国学教育家。出身书香门第，从祖父就读私塾，10岁时读完“十三经”，20岁中秀才，29岁考中举人。同治七年（1868）会试落榜后，在家设馆授徒。光绪六年（1880），再次赴京应试，得中进士，以归班知县选用。回乡后，受衡州知府周肖仙聘请，主讲石鼓书院。三年后，聘为长沙府教授，一时名噪省城。之后又应衡州郡守翁筱珊的邀请再次主讲石鼓书院，直至病故。祝松云执教石鼓书院数年，桃李甚丰，常自谓“平生无憾”。遗著有《青书屋诗文集》（2卷）、《潄丹丛草》（6卷）。

马宗霍（1897—1976），又名马承堃，集兵镇青岭村欧家湾人，著名文字学家、经学家、书法家。毕业于湖南优质师范学堂。1919—1925年，任南京暨南大学、金陵女子大学教授。1926—1937年，先后任教于上海中国公学、同济大学、交通大学和南京国立中央大学。1939—1949年，任湖南国立师范学院和湖南大学教授、文学院院长。中华人民共和国成立后，任教于湖南师范学院。1960年，聘为中央文史馆研究员。次年，受聘中华书局主持二十四史点校工作。出版的主要著作有：《国学摭谭》《音韵学通论》《文字学发凡》《说文解字引群经考》《说文解字引群书考》《说文解字引通人说考》《说文解字引方言考》《文学概论》《中国经学史》等数十种。尤以“说文四考”为世所推崇。其所著《书林藻鉴》《书林记事》二书，见解精到，曾多次重版。所著《中国经学史》亦在海内外重版。曾是政协湖南省第一届委员会委员，湖南省第一、二届人民代表大会代表。

革命纪念地

钟家花园旧址　又名钟氏祠堂，位于集兵村钟花园组。1926年年初，毛泽建在集兵滩从事中共地下工作时曾在此居住，与县农协执行委员戴今吾在此创办农民运动讲习班，培训农运骨干。该祠堂建于清代光绪年间，晚清名臣曾国藩曾题赠“恢弘光绪”匾额。1979年改建为集兵中学。

名优特产

印粑

印粑　产于集兵滩一带。因其用木刻印模塑制而成，故名“印粑”，在当地已有数百年制作历史。旧时，每到农历春节期间，当地民间常将其作为送礼或待客的佳肴。印粑有白米粑和高粱粑之分，二者除在原料上有别外，其制作方法与工艺流程相同。今市场上销售的印粑多属高粱粑，且都产自集兵滩一带。其制作方法是：选用优质糯米或高粱米，经淘洗滤干水后磨成粉末，然后将粉加少量水搅拌搓挪成面团，放入印模内塑成扁圆形粑子；再将粑子置于蒸笼内蒸熟后取出，经冷却后用清凉井水浸泡储存，并定期换水。食用时，将粑子匀放锅内用小火烤软后，再加入适量食油、糖和芝麻拌和出锅，吃起来柔软可口，绵香沁甜。

油豆腐

油豆腐　集兵滩豆腐为传统豆制食品，素以其圆润、柔软、色鲜、味美而闻名于世，故当地人常将其列为席上佳肴。油豆腐的制作原料为优质大豆和食用植物油。将制成的豆腐块划成四边相等的小方块（厚度与四边一样)，待油温升至90度即可入炸，投放的豆腐块数量多少视锅内油面宽窄而定，以不相互拥挤为宜；油余豆腐时要适当控制火候，并用漏瓢在油锅内的豆腐上轻轻拌动，使其不停地翻滚。这样，炸出的油豆腐才会色鲜味美。

历任乡镇(公社)党政主要负责人名录

集兵镇

(1956.6—2015.12)

中共集市乡委员会

第一书记	许先富	1956.6—1958.9

中共红旗公社委员会

第一书记	刘才凡	1958.9—1959.1

中共集兵公社委员会

书　记	何顺香	1961.4—1961.8
	严先瑜	1961.8—1961.10
	王大宣	1961.10—1963.11
	万友生	1963.11—1966.2
	陈顺成	1966.2—
	杨臣林	1971.3—1978.2
	董爱群	1978.2—1979.12
	王三多	1979.12—1983.3
	刘秋元	1983.3—1984.2

中共集兵滩镇委员会

书　记	叶建华	1984.2—1987.12
	陈儒国	1987.12—1988.2
	樊谷生	1988.2—1988.8
	胡书庚	1988.8—1993.4
	刘端生	1993.6—1995.5

中共集兵镇工作委员会

书　记	刘康文	1995.9—1996.8

中共集兵镇委员会

书　记	刘康文	1995.9—1996.8
	冯晓华	1996.8—1997.2
	赵伟民	1997.2—1998.1
	易承发	1998.1—1998.10
	凌成国	1998.10—2001.1
	陈福生	2001.1—2003.1
	刘端生	2003.1—2008.12
	吕荫湘	2008.12—

集市乡人民政府

乡　长	黄道镇	1956.6—1958.9

红旗人民公社

社　长	洪善守(兼)	1958.9—1959.1

集兵人民公社

社　长	陈兴芝	1961.4—1961.8
	祝平楚	1963.9—1966.2
	刘国治	1966.2—

集兵公社革委会

主　任	陈顺成	1968.3—1969.4
	杨臣林	1971.2—1978.2
	董爱群	1978.2—1979.12
	王三多	1979.12—1981.3

集兵公社管委会

主　任	刘秋元	1981.3—1983.10
	叶建华	1983.10—1984.2
	蒋传禹	1984.2—1984.4

集兵滩镇人民政府

镇　长	蒋传禹	1984.4—1991.1
	刘端生	1991.1—1993.6
	陈秋生	1993.6—1995.5

集兵镇行政管委会

主　任　叶建华　1995.5—1995.10

集兵镇人民政府

镇　长　叶建华　1995.10—1996.4
冯晓华　1996.4—1997.2
易承发　1997.2—1998.1
肖启仕　1998.1—2001.1
刘小平　2001.1—2003.1
陈秋生　2003.1—2006.4
吕荫湘　2006.4—2008.12
刘耀华　2008.12—

集兵滩镇人大主席团

主　席　樊谷生　1987.10—1989.3
杨德纯　1989.3—1989.9
夏兰初　1989.11—1992.2
莫尚林　1992.2—1995.5

集兵镇人大主席团

主　席　蒋传禹　1995.10—2001.1
杨德纯　2001.1—2001.10
陈卫宏　2001.10—2003.1
麻平和　2003.1—2006.4
刘耀华　2006.4—2008.12
庾仲伟　2008.12—2013.9
王红梅　2013.9—

集兵镇政协联工委

主　任　王德元　1995.12—1998.2
唐世成　1998.2—2003.1
王志红　2003.1—2006.4
张元龙　2006.4—2012.10
王红梅　2012.10—2013.9
廖伟雄　2013.9—

通　天　乡

（1961.8—1995.5）

中共通天公社委员会

书　记　唐代铸　1961.8—1962.5
邱承调　1962.5—1966.2
宁东豪　1966.2—
宁东豪　1970.9—1976.10
高友寿　1976.11—1981.8

中共通天乡（公社）委员会

书　记　陶国朝　1981.8—1986.1

中共通天乡委员会

书　记　胡书庚　1986.1—1988.8
陈儒国　1988.8—1991.2
钟家洋　1991.2—1995.5

通天人民公社

社　长　丁清平　1961.8—1966.2
尹国清　1966.2—

通天公社革委会

主　任　宁东豪（兼）1968.3—1976.10
高友寿　1976.11—1981.3

通天公社管委会

主　任　欧解放　1981.3—1984.2
杨淑意　1984.2—1984.4

通天乡人民政府

乡　长　杨淑意　1984.4—1985.2
何友忠　1985.3—1992.2
陈秋生　1992.2—1993.6
欧解放　1993.6—1995.5

通天乡人大主席团

主　席　邱怀斌　1987.10—1989.12
陈秋生　1989.12—1992.2
刘健康　1992.2—1995.5

表 3　　集兵镇村级行政区划调整概况表

新村（社区）名	人口数	合并的原村（社区）名
太栗村	4319	李坳村、太栗村
法官庙村	1246	东湖村、车轮村
集兵村	3161	集兵村、邹湾村
同心村	2091	青岭村、彭田村
水映村	2204	水湖村、印法村
麻町村	3396	三望村、乌石村、麻町村
白菓村	1680	白菓村
山峰村	1050	山峰村
红星村	2651	石狮村、麻湾村
通天村	3055	通天村、五马村
松桂村	2788	松桂村、达义村
集兵滩社区	2447	集兵滩社区

说明：原有 21 个村 1 个社区，2015 年调整合并为 11 个村 1 个社区。

杉桥镇行政区划图

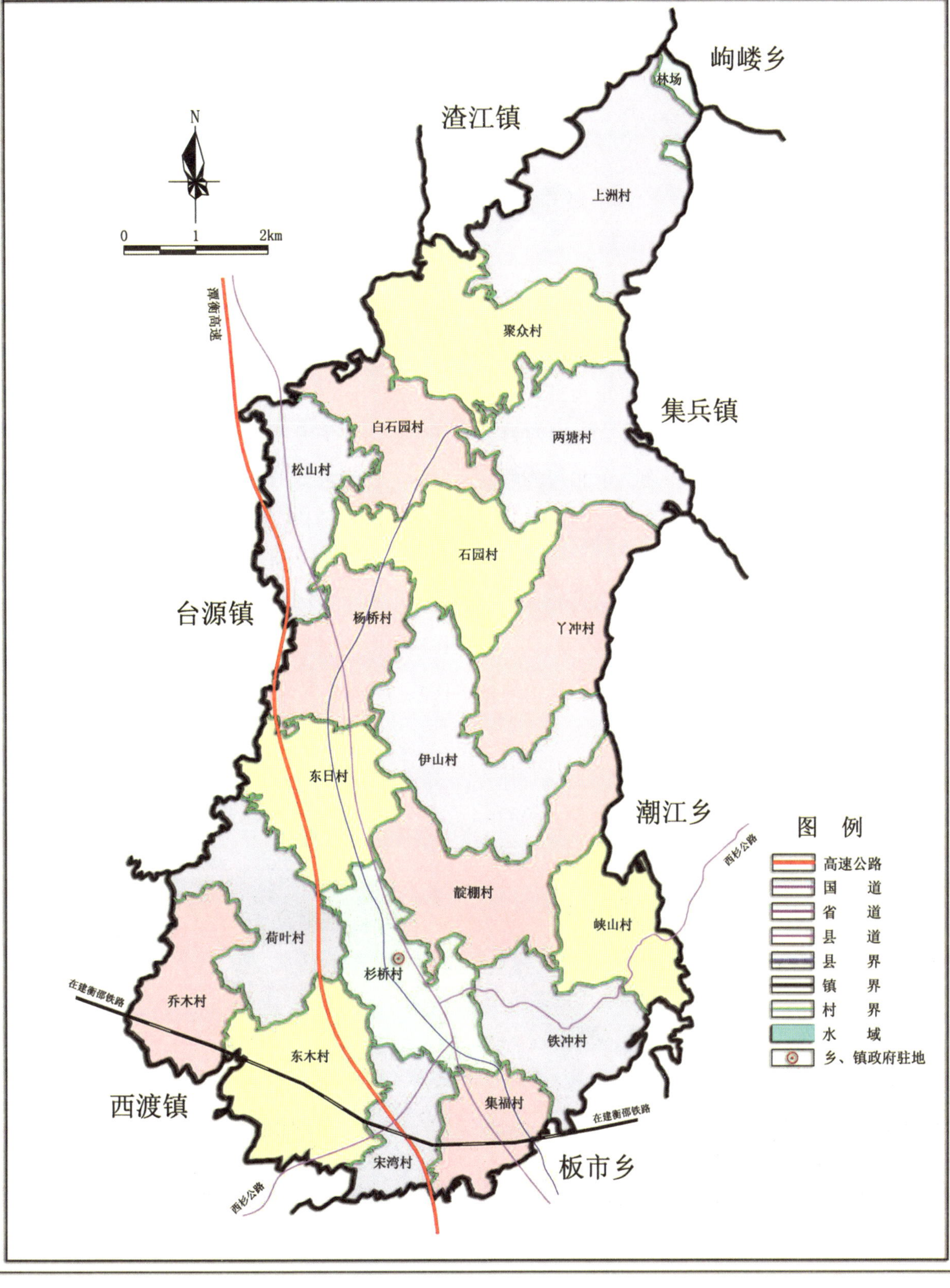
响嵝乡
林场
渣江镇
N
0 1 2km
上洲村
潭衡高速
聚众村
集兵镇
白石园村
两塘村
松山村
石园村
台源镇
杨桥村
丫冲村
伊山村
东日村
潮江乡
图 例
高速公路
国 道
省 道
县 道
县 界
镇 界
村 界
水 域
乡、镇政府驻地
西杉公路
靛棚村
峡山村
荷叶村
杉桥村
在建衡邵铁路
乔木村
铁冲村
东木村
集福村
西渡镇
在建衡邵铁路
宋湾村
板市乡
西杉公路

杉 桥 镇

SHA QIAO ZHEN

区域概况

位置面积　杉桥镇因其驻地古称“杉桥”得名。位于北纬 26°58′44″~27°7′13″，东经 112°26′25″~112°31′23″。地处县境东南部，东接潮江乡、集兵镇，南毗板市乡，西临西渡镇，西北与渣江镇、台源镇相连，东北与岣嵝乡接界。镇政府驻杉桥村。距县城西渡 14 公里。

辖区东西最大直线距离 8 公里，南北最大直线距离 12 公里，总面积 71.1 平方公里。

建置沿革　明洪武三年（1370）杉桥属慕化乡。清康熙三十年（1691）设都区，杉桥属第四十二都。清同治十年（1871）属义化镇。民国 32 年（1943）设区、乡，为第三区义化乡。中华人民共和国成立初，仍沿袭民国旧制。1950 年 3 月，撤义化乡，分置杉桥、关王、石园、杨桥、伊山、集福 6 个乡，同属第三区。1952 年 7 月，衡阳、衡南分县，重新设置区、乡，撤杉桥乡设东木乡，其余 5 个乡未作调整，同属衡阳县第十七区（后更名为板桥区）。1956 年 5 月，撤区并乡，前述 6 个乡合

杉桥鸟瞰图

并为集福乡，1958年9月，建立人民公社，集福乡并入东风人民公社。1961年8月，分社建区，置杉桥、石园公社，同属板桥区（后更名为呆鹰岭区）。1984年5月，公社改为乡镇，设杉桥镇、石园乡。1995年5月，再次撤区并乡，石园乡并入杉桥镇。至2014年年末，政区无变更。

行政区划 2014年，政区辖杉桥、黄泥塘2个社区和上洲、聚众、两塘、白石、石园、杨桥、松山、东日、荷叶、乔木、东木、宋湾、集福、铁冲、峡山、靛棚、伊山、丫冲、杉桥19个村，下设4个居民小组、195个村民小组。

2015年2月，调整辖区内村级行政区划，将19个村合并为10个村。至是年末，辖关王、白石园、和睦、集福、云山、伊山、松山、东日、东木、杉桥10个村和黄泥塘、杉桥2个社区，下设4个居民小组，195个村民小组。

自然环境 境内属山地、丘陵结合地区。东北部高山群立，西南部平町相间，地势由东北向南倾斜。最高山笔架山，主峰海拔503.2米。全镇处亚热带季风气候区，气温四季分明，年平均气温17℃～18℃，极端最低气温-8.3℃（1972年2月9日），极端最高气温40.8℃（2010年8月5日）。年平均降水量1225毫米，降水日约151天，最多年份达187天（1970），最少年份121天（1986）。降水集中在4—9月，5、6月最多。常年主导风为北风，夏季为东南风，并有雷电气象。境内土壤分为水稻土、紫色土、潮土、沙土四大类。全境属蒸水水系，杉旭河发源于上洲村，自北向南经集福村出境，境内长15公里。

人口民族 1982年第三次全国人口普查，辖区内户籍总人口（以下称总人口）20178人。1990年全国第四次人口普查总人口21433人。2010年第六次全国人口普查总人口20049人。“六普”人口，分别比“三普”“四普”下降129人、1384人。2014年年末，辖区户籍总人口24106人，其中常住人口20750人。城镇化率30.6%。总人口中，男性12644人，占52.45%；女性11462人，占47.55%。0～14岁4881人，占20.25%；15～59岁15631人，占64.85%；60岁以上3594人，占14.9%。2014年，全镇人口出生率12.8‰，死亡率8.26‰，自然增长率3.82‰。

辖区内有苗、瑶、回等民族共8人，其余为汉族。

经济发展

农业 种植业 2014年年末，全镇有耕地1219公顷，其中水田1176公顷，主要农作物有水稻、油菜、棉花、蔬菜、湘莲、瓜类水果等。民国时期，由于农业生产落后，生产水平低，抗御自然灾害能力弱等原因，粮食亩产仅150公斤左右。

中华人民共和国成立后，致力于改变生产条件，粮食产量逐年增加。1957年平均亩产达到270公斤。1958年成立人民公社，搞“一大二公”，刮“共产风”，后又遭遇三年自然灾害，粮食减产歉收。1961年，调整公社规模和经营管理体制，实行以生产队为核算单位。与此同时，扩大双季稻种植面积，改进耕作技术，农业生产持续发展。1969年，种植双季稻1066公顷，占水田面积的90%，平均亩产粮食400公斤，总产量6400吨。1976年，试种杂交

油菜生产基地

晚稻5公顷，平均亩产320公斤，比常规晚稻亩产高90公斤。1983年，杂交晚稻占水田总面积的95%，平均亩产达到410公斤。1990—2005年，水稻年种植（复种，下同）面积稳定在2260公顷左右，亩均产量约420公斤，年总产量1.42万吨。2014年，全镇水稻种植面积2265公顷，总产量1.45万吨；油菜460公顷，产菜籽8.4万吨；蔬菜瓜果133公顷，产量4600吨。农业总产值0.62亿元。

养殖业　镇内历来有养殖猪、牛、鸡、鸭、鱼等禽畜水产习惯。民国时期，由于粮食紧缺，禽畜饲养量极少，饲养耕牛皆为役用，养猪则多为宰杀卖钱，所养鸡、鸭除少量自食外，其余皆出售兑换油盐。故民间有“养猪为过年，养鸡兑油盐”之说。中华人民共和国成立初，养殖业发展较快，禽畜逐渐增多。1958年成立人民公社后，曾一度禁止农户饲养家禽家畜。1962年后，准许农户饲养少量鸡鸭。1982年后，实行改革开放、搞活农村经济，养殖业快速发展，并逐步向规模化、专业化经营发展。1990年，全镇有各类规模养殖户8户。1991—2012年，先后有立军、润宇、飞跃、逢付等16个专业养殖场建成投产。2014年年末，全镇有各类规模养殖户60户，出栏生猪0.65万头，出笼家禽52.5万羽，出水鲜鱼15吨，牛60头，羊1200头，养殖业总产值0.46亿元。

杉桥古樟

林业　镇内林地主要树种有松、杉、柏、南竹、油茶、樟、梓等。2014年，全镇测定林地面积为4460公顷，森林覆盖率40%。

工业　清宣统元年（1909），永兴煤矿公司来杉桥开矿采煤，不久因运输和销售困难停办。1958年2月，建立县杉桥煤矿，1961年7月停办。1973年7月复办杉桥煤矿，探测储量为850万吨。至1990年，年产工业用煤5至7万吨。2005年，杉桥煤矿改制为民营企业。2014年年末，镇内有民营工业企业5家，涉及矿产、建筑材料、运输等行业，从业人员2500人，工业总产值0.58亿万元，实现税收830万元。

商贸服务　民国时期，杉桥老街有商铺十多家，经营日杂、百货、酿酒、餐饮等行业，从业者30余人。

中华人民共和国成立后至1956年，商贸服务由个体经营。1957年，成立杉桥供销社和合作商店。1958年成立人民公社后，曾一度取消集市贸易，生产生活资料由供销社统一经营。1964年，恢复集贸市场。1978年，境内有供销社、代购代销店、门市部、集贸市场等商业网点11个，从业人员40余人。1982年，实行改革开放，搞活商品流通，一批个体商贩进入流通市场。1990年，有集体商业11家，个体商业10家，从业人员60余人。1995—2013年，随着小城镇建设的快速发展，商贸服务亦与时俱进。2014年年末，全镇有各类商贸门店网点213个，集贸市场2个，从业人员630余人，实现社会消费品零售总额0.32亿元。

财政金融 自中华人民共和国成立至1984年，乡镇（公社）未建立财政机构，由财粮委员或秘书兼管，按月向区公所报账。1985年，成立镇财政所，统管财政收支。2000年，镇财政总收入210万元。主要为农业税、农业特产税收及工商营业税收；财政总支出236万元，主要为支持“三农”、行政管理和上解县财政。2004年，实行农村税费改革，国家取消农业税及农业特产税，当年两项税金总额140.33万元，农民人均70元。2014年年末，全镇完成财政总收入766.3万元，财政总支出765万元。

1956年，成立集福乡信用合作社。1961年，分别设立杉桥、石园公社信用社。1995年，撤区并乡后，石园信用社并入杉桥信用社。2014年年末，镇内有金融机构1家，年末各项存款余额1.18亿元，贷款余额0.94亿元。

基础设施

水利建设 民国时期，境内有山平塘800余口，蓄水总量约75万立方米。中华人民共和国成立后，人民政府组织群众兴修水利，战胜干旱。1953—1956年，境内共扩建山平塘450余口，蓄水总量增加到90万立方米。1957年11月，动工修建白石园水库（小一型），次年4月竣工，库容量555万立方米，灌溉面积800公顷。1958—1959年，相继建成鸡公塘水库、伊山红旗水库、雅柴水库等3座小二型水库，总蓄水量120万平方米。1962—1963年，修通斜陂堰水库灌区引水干渠2条，长15.4千米；支渠14条，长38.4千米。20世纪90年代至2010年，水利建设的重点主要是塘坝硬化，水库大坝除险加固和渠道清淤硬化。2014年年末，全镇有小一型水库1座，小二型水库4座，干（支）渠16条、长53.84千米，山平塘890

白石园水库一角

口，蓄引水总量850万立方米。

交通运输 1959年，建成杉桥至呆鹰岭、方家大屋公路（呆方线），境内长12公里。1979年，杉桥至西渡（西杉线）公路竣工通车。1987年，杉桥至集兵滩（杉集线）公路全线贯通。20世纪80年代至90年代，重点建设通村公路，先后建成上洲、聚众、两塘、伊山、丫冲、铁冲、峡山等19个村的村道。2001—2012年，实施村道改造硬化工程。至2012年底，全镇19条村道全部实现水泥硬化。2014年年末，镇内有潭衡西高速公路过境，有县道2条，境内长15.8公里；乡道2条，长7.2公里；村道19条，长48.5公里。

1988年，杉桥设立长途客车停靠站。2001年，杉桥客运站建成投入运营，日发客运班车39个班次，日发送乘客700余人。

境内呆方线路段

邮政电信 民国32年（1943），设立杉桥信柜。1957年，设杉桥、集福寺2个邮政代办所。是年，架设通乡电话线路长11对千米。1962年，开通公社电话，境内线路长8.5对千米。1980年后，公社（乡镇）自办通村（大队）电话网络，部分村利用有线广播线路通电话。1996年，开通程控电话。1997年，设立移动通信基站。2014年年末，镇内有邮政所1家，电信、移动营业厅各1家，程控网络15千米，固定电话用户320户；有移动通信基站2个，移动用户1.6万户。

供电供水 1979年5月，架设衡阳市七里井至杉桥煤矿35千伏高压输电线路，长16.7千米。同年，建成35千伏变电站。1984年起，镇内居民陆续供电。1996年，全镇有10千伏配电线路2条，长40.1千米，10千伏变压器35台，总容量2650千伏安；村通电率100%，村民小组通电率100%。2000—2013年，对农村电网实行分批次改造，先后完成19个村的线改和户改，共改造10千伏线路2条，长3.8千米；更新和新增10千伏变压器23台，总容量3200千伏安，完成户改5591户。2014年年末，全镇有35千伏变电站1座，10千伏配电线路2条，长43.185千米；10千伏变压器58台，总容量5850千伏安；有低压用电线路总长232.6千米。全镇19个村2个社区，199个村（居）民小组全部供电，共有用电户5591户，供电率100%。

2013年，投资800余万元建成杉桥镇自来水厂。至2014年年末，实现日供水300吨，已解决集镇居民及杉桥、东日、集福、白石、石园、杨桥等6个村近6000人的生活用水问题。

镇村建设 20世纪90年代起，启动小城镇建设，并合理规划街道、商贸等基础设施布局。至2014年年末，累计投入380万元，先后建成杉桥农贸市场、防洪堤风光带和紫霞街；同时提质改造中心街、学府路2条街道，镇区建成面积达0.5平方公里。

2006年，启动社会主义新农村建设，重点改造农村电力、道路、水利等基础设施。与此同时，加强农村环境卫生综合整治，建设文明乡村。至2014年年末，全镇电网改造率95%；乡村道路硬化率100%；环境卫生达标率90%；居民安全饮水率100%；行政村都有办公用房。

社会事业

教育科技 1949年，境内有保国民学校6所。中华人民共和国成立初，在接收旧学校的同时，大力开办冬学，扫除青壮年文盲。1957年，境内有初小12所，完全小学1所。1974年，按照一个大队办一所小学，一个公社办一所中学的布局，是年境内有小学19所，中学2所。1983—1985年，重点做好初等教育普及工作。经过三年努力，全镇7—12周岁儿童入学率99%，年巩固率99.2%，毕业率96.4%；13~15周岁儿童初中教育普及率99%。1992—2003年，实施中小学危房改造工程，创建合格学校。全镇共改造和新建学校用房面积3170平方米，占学校总面积8950平方米的35%。与此同时，为整合教育资源，提高教育质量，将原有16所小学整合为10所联校。2014年年末，全镇有幼儿园3所，在园幼儿311人，专任教师20名；小学6所，在校学生1320人，专任教师56名，中学1所，在校学生440名，专任教师34名。有杉桥中学、杉桥中心小学、石园小学3所县级合格学校。

杉桥镇中学

1981年，建立公社农科站（后更名镇农技服务站），有农民技术员15人。1983年起，创办农民文化技术学校2所，向农民传授文化科技知识，年培训约380人次。20世纪90年代起，建立农民科技示范户。至2014年年末，全镇有各类科技示范户45户。

文化体育 民国时期，境内有耍龙灯、狮舞习俗。中华人民共和国建立初，农村有俱乐部从事文化宣传活动。1964年成立公社文化站，配文化辅导员1名，负责文化宣传活动等工作。大队设立文化室。1966—1976年，农村文化活动单一，大多为“语录歌”“样板戏”“忠”字舞所替代。中共十一届三中全会后，农村文化趋向多样化。2007年8月，乡文化站更名为文体站。2012年，投入资金40余万元建成文体站综合办公楼，建筑面积320平方米。2014年年末，有文体站1个，工作人员5名；村（社区）文化活动中心21个，共有图书2.4万册；各类文化专业户8户，从业人员150人；业余文艺创作人员6人。

1972年，建立公社广播站，配工作人员1名。是年，全社19个大队、195个生产队实现队队通广播，喇叭入户率达到25%。1975年，建立公社电影放映队，有放映机2台。1985年，镇广播站更名为广播电视站。20世纪90年代后，随着县广播电台调频广播的开通，结束了有线广播的历史。1994年，广播电视站易名为有线电视站。2014年年末，全镇有线电视网络9.5千米，用户700户，无线数字电视用户500户。

1997年，境内中小学开始按《国家体育锻炼标准》教学。当年达标率27%。至2005年，达标率提高到95%。2014年年末，镇内学校共有运动场所7个，总面积0.35万平方米。

医疗卫生　民国时期，境内缺医少药，患者治病以草药为主。中华人民共和国成立后，1956年，建立乡联合诊所，有医务人员5名。1962年，建立公社卫生院，配医生7名。1968年，建立大队卫生室，各配有“赤脚医生”和妇幼保健员各1名。是年，实行农村合作医疗制度。1980年，对0~7岁儿童作健康检查，发现有17%的儿童患病，全部实行免费治疗。2006年1月，启动新型农村合作医疗，当年参合率75%，共补偿兑付医疗费1600人，兑付金额26万元。此后，参合人数逐年增加。2007年，投入资金80余万元对镇卫生院进行改造和扩建，建筑面积800余平方米，并添置病床和医疗检测仪器。2014年年末，镇内有卫生院1所，村卫生室25所，病床40张，执业医生13人；参加新农合2.1万人，参合率99%，补偿兑付医药费3076人，兑付总额536万元。

社会保障　*五保供养*　20世纪60年代起，对孤寡老人和无劳动能力的残疾人实行“五保”，其供养费由所在生产队统筹。1980年后，供养费纳入社（乡）统筹。2005年起，“五保”对象享受城乡最低生活保障，供养费由县财政统筹。2014年年末，有“五保”对象217人（其中集中供养23人，分散供养49人），年人均供养费（不含衣被和医疗费）2890元，总金额62.72万元。

大病救助　2006年起，实行城乡居民大病医疗救助，救助对象主要为罹患恶性肿瘤、白血病、尿毒症的城乡低保户、困难户。2014年，共救助787人，救助医费26.2万元。

城乡低保　2007年7月起，实行农村居民最低生活保障，并对低保对象实行动态管理。2009年，全镇有低保对象347户、734人，年人均补差1080元，补助总金额79.27万元。2014年年末，低保对象470户、939人，年人均补差1476元，共补助138.62万元。

养老保险　2011年7月，启动城乡居民社会养老保险。当年全镇参保人数8394人，参保率45%，征缴养老基金86.59万元，为3031名到龄居民发放7—12月份养老金102.55万元。2014年年末，全镇登记参保人数11778人，参保率65%，征缴养老基金111.89万元，为3594名到龄居民发放养老金249.53万元。

人民生活　民国时期，境内人民绝大多数缺衣少食，居住简陋。中华人民共和国成立后，人民政府使“耕者有其田，居者有其屋”，并组织群众大力发展经济，镇内人民生活逐步改善。至1957年，“吃饭”问题基本解决。部分少房户盖起新房。1959—1961年，由于“大跃进”、刮“共产风”，加上自然灾害等因素，导致粮食短缺和饥荒。1964—1977年，农村居民生活水平整体较低，青年人结婚购置自行车、手表、缝纫机、收音机属奢侈消费品。改革开放以后，农村实行土地承包经营责任制，生产潜能充分释放，经济不断发展，人民生活水平不断提高。1984年，全镇农村居民人均纯收入389元。1990年达到657元，2000年提高到2568元，在1990年的基础上翻了近两番。部分家庭购置了电视机、洗衣机、摩托车，大部分农家由土砖茅屋换成红砖瓦房。2001—2014年，镇内居民生活水平显著提高，年人均可支配收入由2668元提高到12180元，分别是1990年的18.5倍，2000年的4.7倍。农村家庭多建有2~3层的砖混结构小楼房、小别墅，固定电话、移动电话、电脑、空调、小轿车等进入寻常百姓家，人民生活质量全面提升。

农村居民小别墅

特色地情

历史人文

桓伊　（生卒年份不详），字叔夏，东晋政治家、军事家、音乐家。原籍谯国龙亢（今安徽怀远西北），后移居蒸阳伊山（今衡阳县杉桥镇伊山村）。年少时好习文修武，“性谦素，善音乐”，曾创作古典名曲《梅花三弄》，轰动朝野，故享有“江左第一”之美誉。后随父参赞军务，授大司马参军。不久，擢淮南太守，因指挥防御前秦入侵有方，受命进督豫州12郡及扬州5郡军事，授豫州刺史、建威将军、中郎将。孝武帝太元八年（383）前秦国王苻坚征集百万之众，大举伐晋。时桓伊与谢玄、谢琰率八万晋兵用“疑兵计”大败秦军于淝水，创造了中国历史上以少胜多的战例。桓伊以战功封永修侯，进右将军，“赐钱百万，袍裘千端”。晚年，卒于任所，加封散骑常侍，谥“烈”。

名胜古迹

伊山寺　位于杉桥镇伊山村，山因东晋军事家、音乐家桓伊而得名。寺袭山名。《大明一统志·山川篇》载：“伊山在衡州府西三十里，晋桓伊读书处，亦名桓山。”“桓伊故居在伊山寺。”晋孝武帝太元八年（383），前秦举百万大军伐晋，时任建威将军的桓伊向孝武帝司马曜建议用“疑兵计”，结果大败秦兵于淝水，

伊山寺

创造了中国军事史上以少胜多的战例。因其有功，朝廷命在其故居建伊山寺。该寺院自唐宋至明清历经多次修建，规模不断扩大。相传，宋徽宗曾亲自为寺院题书“景德禅林”匾额。清代曾有一位皇妃在该寺修行，康熙皇帝赐建皇妃楼，称伊山寺为“六朝胜境”。20 世纪 50 年代末，部分寺宇毁坏，僧人亦往他处。90 年代后，再修禅院重开佛光。2000 年，全国佛教协会评选的 108 处名古寺院，伊山寺名列其中。

历任乡镇（公社）党政主要负责人名录

杉桥（集福）镇

（1956. 6—2015. 12）

中共集福乡委员会

第一书记	肖高惠	1956. 6—1957. 4
代理书记	周绍廉	1956. 6—1956. 8

中共杉桥公社委员会

书　　记	徐遵炫	1961. 8—1963. 9
	唐代理(兼)	1963. 9—1964. 5
	廖庆禄	1964. 5—1965. 6
	凌寿春	1965. 6—
	凌寿春	1970. 10—1975. 10
	董仕诚	1975. 10—1981. 4
	万忠学	1981. 4—1982. 1
	莫景国	1982. 1—1984. 2

中共杉桥镇委员会

书　　记	颜昌发	1984. 2—1987. 12
	刘隆选	1987. 12—1991. 1
	文孝君	1991. 1—1993. 2
	许祖海	1993. 2—1995. 5

中共杉桥镇工委

书　　记	周良光	1995. 5—1995. 9

中共杉桥镇委员会

书　　记	庾仲春	1995. 10—1998. 1
	唐丙癸	1998. 1—1999. 9
	李灿定	1999. 9—2000. 3
	颜昌发	2000. 3—2003. 1
	陈福生	2003. 1—2006. 1
	罗仕友	2006. 4—2013. 9
	胡胜利	2013. 9—

集福乡人民政府

乡　　长	伍仁义	1956. 6—1958. 9

杉桥人民公社

社　　长	熊诗寿	1961. 8—1964. 9
	顿善俊	1965. 4—

杉桥公社革委会

主　　任	凌寿春	1968. 3—1976. 1
	董仕诚	1976. 2—1981. 3

杉桥公社管委会

主　　任	万忠学	1981. 3—1982. 2
	李贤增	1982. 2—1984. 2
	胡适山	1984. 2—1984. 4

杉桥镇人民政府

镇　　长	胡适山	1984. 4—1986. 1
	凌成国	1986. 1—1989. 11
	陈菊生	1989. 11—1993. 2
	肖功保	1993. 2—1995. 5

杉桥镇行政管委会

主　　任	刘廷云	1995. 5—1995. 9

杉桥镇人民政府

镇　　长	刘廷云	1995. 9—1997. 2
	唐丙癸	1997. 2—1998. 1

	李逢丁	1998.1—1999.9
	凌生友	1999.9—2000.3
	唐德宝	2000.3—2001.1
	蒋达宏	2001.1—2003.1
	罗仕友	2003.1—2006.4
	周建军	2006.4—2013.9
	王志宏	2013.9—

杉桥镇人大主席团

主　席	陈正标	1987.10—1989.11
	黄道足	1989.11—1991.1
	许祖海	1991.1—1993.2
	尹立运	1993.2—1995.5
	肖高生	1995.11—2001.1
	肖启茂	2001.1—2003.1
	谭亚平	2003.1—2006.4
	王志宏	2006.4—2013.9
	万　瑾	2013.9—

杉桥镇政协联工委

主　任	黄才亮	1995.12—1997.3
	谭毓林	1998.2—1998.10
	颜昌发	1998.10—2001.1
	谭亚平	2001.1—2003.1
	聂朝龙	2003.1—2006.4
	李先觉	2006.4—2012.10
	刘小兵	2012.10—2013.9
	张永生	2013.9—

石　园　乡

（1961.8—1995.5）

中共石园公社委员会

书　记	刘景泰	1961.8—1965.8
	刘运生	1965.8—
	刘运来	1970.10—1976.11
	彭承尊	1976.11—1979.12
	刘康祥	1979.12—1984.2

中共石园乡委员会

书　记	肖启茂	1984.2—1985.3
	李家宣	1985.3—1986.12
	肖远礼	1986.12—1989.11
	刘庆贻	1989.11—1993.12
	凌成国	1993.12—1995.5

石园人民公社

社　长	邹春生	1961.8—1961.9
	邓克连	1961.9—1964.2
	冯时敖	1964.2—

石园公社革委会

主　任	刘运来	1968.9—1977.11
	彭承尊	1977.11—1979.12
	刘康祥	1979.12—1981.3

石园公社管委会

主　任	范长庚	1981.3—1982.12
	何忠政	1984.2—1984.4

石园乡人民政府

乡　长	何忠政	1984.4—1985.3
	阳孝告	1985.3—1987.2
	李家和	1987.2—1987.12
	华　焱	1987.12—1989.11
	凌成国	1990.1—1993.2
	李逢丁	1993.2—1995.5

石园乡人大主席团

主　席	李家发	1987.10—1989.11
	肖启仁	1989.11—1993.2
	张元梓	1993.2—1995.5

表 4　　杉桥镇村级行政区划调整概况表

新村（社区）名	人口数	合并的原村（社区）名
关王村	3078	上洲村、聚众村、两塘村
白石园村	3822	白石村、石园村、杨桥村
和睦村	2241	荷叶村、乔木村
集福村	2331	集福村、宋湾村
云山村	1812	铁冲村、峡山村
伊山村	3138	伊山村、靛棚村、丫冲村
东日村	1759	东日村
东木村	1295	东木村
松山村	1575	松山村
杉桥村	2478	杉桥村
杉桥社区	802	杉桥社区
黄泥塘社区	324	黄泥塘社区

说明：原有 19 个村 2 个社区，2015 年调整合并为 10 个村 2 个社区。

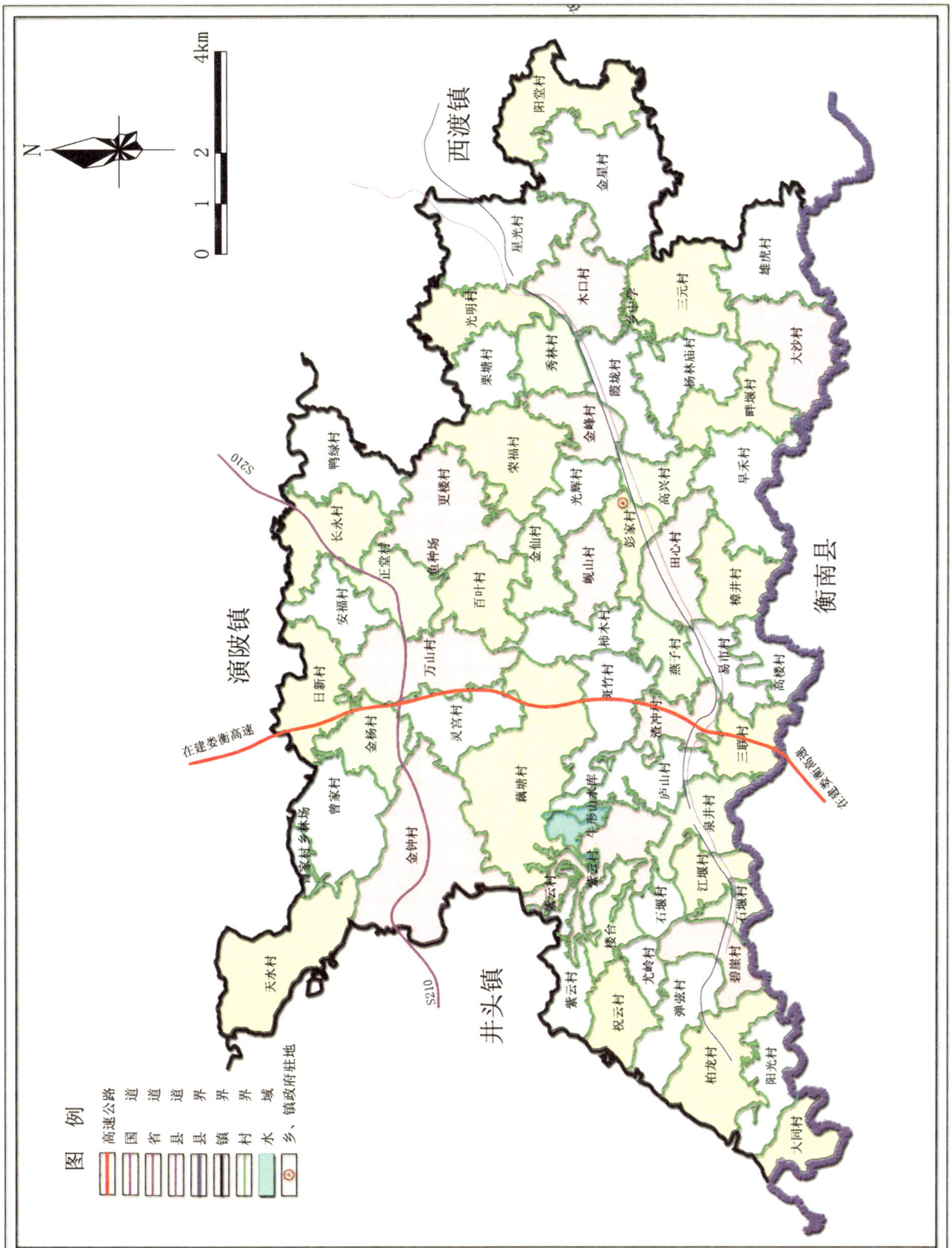
N
0 1 2 4km
西渡镇
演陂镇
井头镇
衡南县
在建娄衡高速
S210
阳堂村
金星村
星光村
木口村
三元村
雄花村
光明村
秀林村
霞坡村
杨林庙村
大沙村
栗塘村
畔塘村
金峰村
荣福村
鸭绿村
早禾村
更楼村
光辉村
高兴村
长永村
金仙村
彭家村
正堂村
良种场
田心村
岘山村
樟井村
安福村
百叶村
柏木村
万山村
燕子村
易市村
日新村
灵官村
高楼村
金杨村
渣冲村
三联村
曾家村
藕塘村
庐山村
牛形山水库
泉井村
金钟村
江堰村
紫云村
石堰村
楼台
石塘村
天水村
龙岭村
碧崖村
紫云村
弹弦村
祝三村
柏龙村
阳光村
大同村
图例
高速公路
国道
省道
县道
县界
镇界
村界
水域
乡、镇政府驻地

岘山镇行政区划图

岘 山 镇

区域概况

地域名片　2014年，岘山镇获中央文明委授予全国“文明村镇”称号。

位置面积　岘山镇因境内“岘山寺”得名。位于北纬26°53′17″~27°00′18″，东经112°9′10″~112°22′47″。地处县境西南部，东抵西渡镇，南连衡南县泉湖镇、鸡笼镇，西靠井头镇，北接演陂镇。镇政府驻岘市社区。距县城西渡9.5公里。

辖区东西最大直线距离27.5公里，南北最大直线距离17公里，总面积156.61平方公里。

建置沿革　明洪武三年（1370），岘山属长乐乡。清康熙三十年（1691），撤乡设都，属第四、第五都。清同治十年（1871），废都置乡，属钟武乡。民国32年（1943），设区辖乡，属第五区钟武乡。中华人民共和国成立初，仍沿袭民国旧制。1950年3月，撤钟武乡，分置晓晖、碧崖、紫云、易市、岘山、鸭绿、金盆、田心、金木、金钟、檀山、更楼、面湖13个乡，同属第五区。1952年7月，衡阳分为衡阳、衡南县后，属衡阳县第二区（后更名为钟武区，驻檀山嘴）。1956年5月，撤区并乡，晓晖、紫云并入碧崖乡；面湖、金钟、金盆、更楼、鸭绿并入檀山乡；田心、易市、金木并入岘山乡。1958年9月，建立人民公社（以下简称公社），檀山、岘山乡并为卫星公社；碧崖乡更名为红星公社。1961年8月，设区分社，设檀山、岘山、碧崖公社，同属西渡区。1984年5月，改公社为乡镇，称檀山、岘山、碧崖乡。1995年5月，再次撤区并乡，岘山、檀山、碧崖、木口4个乡合并为岘山乡。2012年9月，撤乡设镇。至2014年年末，政区无变更。

行政区划　2014年，政区辖岘市、檀山2个社区和木口、霞垅、杨林庙、畔堰、大沙、三元、雄虎、金星、阳塘、星光、光明、栗塘、秀林、金峰、光辉、高兴、彭家、早禾、田心、樟井、易市、燕子、高楼、三联、渣冲、斑竹、柿木、岘山、百叶、荣福、更楼、鸭绿、长永、日升、安福、正堂、万山、金杨、曾家、天水、金钟、灵官、藕塘、麓山、泉井、石堰、碧崖、祝云、楼台、紫云、弹弦、阳光、柏龙、大同、尤岭57个建制村，下设13个居民小组、638村民小组。

2015年3月，调整辖区内村级行政区划，将57个村合并为28个村。至是年末，辖岘市、檀山2个社区和光明、木口、雄虎、三星、紫云、弹弦、泉井、碧崖、阳光、金杨、万山、柏正、永绿、安福、易市、岘山、金美、金辉、樟井、城头、星阳、天水、金钟、藕塘、更荣、田心、斑竹、星光 28 个建制村，下设 22 个居民小组、629 个村民小组。

自然环境 镇域属山地、丘陵、平原结合地区。西北部偏高，东南部低。武水沿岸为平原，中部及东南部为丘陵地带。境内最高山紫云峰主峰海拔 728 米。镇域属亚热带季风气候区，气温四季分明，年平均气温 16℃～18℃，极端最低气温-8℃（1972 年 2 月 9 日），极端最高气温 40℃（2010 年 8 月 5 日）。年平均降水量 1240 毫米，降水日数约 146 天，最多年份为 178 天（1970），最少年份 89 天（1963）；降水集中在 4—9 月，5、6 月最多。常年主导风为北风，夏季为东南风。武水为蒸水一级支流，境内长 9.8 公里。

人口民族 1982 年第三次全国人口普查，辖区户籍总人口（以下简称总人口）57682 人，1990 年第四次全国人口普查总人口 60862 人，2010 年第六次全国人口普查总人口 61153 人（内含 2001 年接收重庆市忠县移民 21 户 99 人）。“六普”人口分别比“三普”增加 3471 人；比“四普”增加 291 人。2014 年年末，辖区户籍总人口 67853 人，其中常住人口 61925 人，城镇化率 27.8%。总人口中，男性 35531 人，占 52.36%，女性 32322 人，占 47.64%；0～14 岁 13330 人，占 19.64%；15～59 岁 43399 人，占 63.96%；60 岁以上 11124 人，占 16.4%。2014 年年末，人口出生率 12.27‰，死亡率 6.32‰，自然增长率 5.95‰。

辖区内有少数民族 11 个共 43 人。

经济发展

农业 种植业 2014 年，全镇有耕地 3674 公顷，其中水田 3457.6 公顷，旱地 216.4 公顷，主要农作物有水稻、棉花、油菜、蔬菜、水果、豆类等。民国时期，农业生产水平低下，抗御旱涝病虫灾害能力弱，粮食亩产不足 200 公斤。中华人民共和国成立后，1950 年实行土地改革，1953 年组织互助组、农业合作社，粮食增产丰收。至 1957 年，平均亩产提高到 260 公斤。1958 年成立人民公社，后又连遇三年自然灾害，粮食减产歉收。1962 年后，实行以生产队为核算单位和贯彻按劳计酬分配政策，不断改进耕作技术，扩大双季稻种植面积，粮食生产持续发展，1969 年平均亩产达到 400 公斤。1976 年，试种杂交晚稻 6 公顷，平均亩产 325 公斤，比常规稻亩产高 115 公斤。1978 年，境内檀山公社杂交稻制种 20 公顷，

油菜

平均亩产种子 62 公斤，获湖南省“制种先进单位”称号。1984 年，全镇种植杂交晚稻 1530 公顷，亩产 425 公斤，总产 0.98 万吨。1996—2003 年，全镇水稻年种植面积稳定在 3665 公顷左右。2005 年，镇内大面积种植双季杂交稻。2014 年，全镇水稻复种面积 4400 公顷，总产 3.7 万吨；棉花 665 公顷，总产 1530 吨；油菜 3665 公顷，总产 1.37 万吨；蔬菜 200

公顷，总产0.24万吨；水果335公顷，总产0.4万吨；农业总产值1.15亿元。

养殖业　境内历来有养殖猪、牛、羊、鸡、鸭、鱼等畜禽水产习惯。民国时期，养牛皆为役用，养猪则多为换钱，所产禽蛋，除少数自食外，余皆出售或兑换油盐等物。养鱼基本上不投放饵料，故产量甚低。1949年，平均每亩水面产鲜鱼9.2公斤。中华人民共和国成立后，政府鼓励农户饲养家禽家畜。1955年开始发展池塘养鱼，养猪、养鸡数量渐次增多。1958年成立人民公社后，限制农户私人饲养家禽家畜。20世纪60年代至70年代末，池塘、水库养鱼由生产队集体经营，平均每亩水面产鲜鱼28.5公斤。1982年，农村实行改革开放后，养殖业快速发展。1988年，长永村村民邓才能率先创办甲鱼孵化养殖场。在他的示范和带动下，全村先后有76户养殖甲鱼，年产甲鱼112吨，成为远近闻名的“甲鱼村”。1990—2008年，养殖业逐渐趋向规模化、专业化和集约化，形成一村一品或多村一品的养殖新格局；主要品种有猪、鱼、鸡、鸭、鹅、牛、羊等。2012年，创办碧野农牧养殖公司，年饲养母猪400余头、种猪20头、出栏肉猪1000余头，年产值达4000万元。2014年年末，全镇共有各类规模养殖户295户，出栏生猪7.8万头、羊950头，出笼鸡鸭16万羽，出水水产品0.4万吨，实现养殖业总产值1.24亿元。

林业　境内有山地6865公顷，其中林地4000公顷。1949年前，林地为私人所有制。主要树种有松、杉、樟、油茶、南竹等。1950年，实行土地改革，重新确定山林权属。1958年成立人民公社，林权归集体所有；由于“大办钢铁”和“公共食堂”，大量砍伐林木，山林受毁。1962年，林权固定为生产队所有，并采取集体造林、封山育林和禁止乱砍滥伐等保

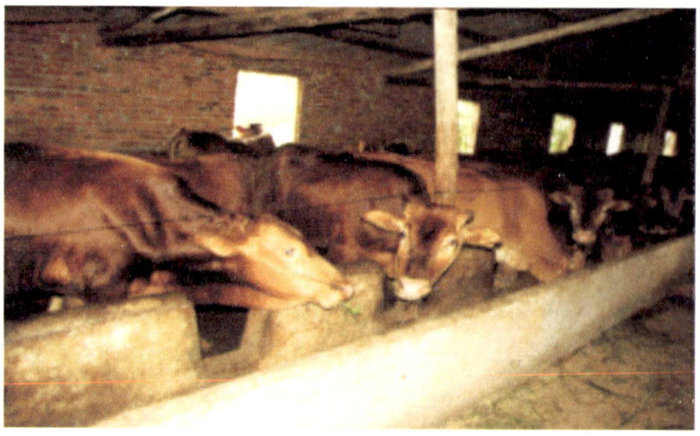
灵官村黄牛养殖

护措施，森林覆盖率逐渐提高。1973—1978年，时任金星（后改名木口）公社党委副书记颜家声组织带领农民植树造林，累计投工168万个，开发984座紫色页岩山头，营造乌桕林933公顷。1980年，时任林业部副部长杨立功、中共湖南省委书记张平化到金星公社的星光、秀林村实地视察石山造林。1981年末，境内有社办林场4个，队办林场57个，主要营造杉、松、油茶、南竹、乌桕、刺槐等林木。1982年，山林经营权确定到农户。2000—2004年，实施退耕还林工程，营造生态林373公顷。2014年，全镇有林地面积4000公顷，实现林产品总产值400万元。森林覆盖率60%。

工业　民国时期，辖区内有铁器、木器、竹器、造纸、纸伞、石灰、砖瓦等手工业作坊近百家，大都集中在檀山、岘山、碧崖、易市等小集镇。中华人民共和国成立后，1953—1956年，通过对私营工商业实行社会主义改造，全镇有手工业生产合作社13家，主要制作铁、木、竹器，从业人员60多人。1960年后，陆续兴办铁工厂、竹木加工厂等集体企业。20世纪80年代，境内有碾米厂、石灰厂、砖瓦厂、农具修理厂、印刷厂、搬运队、建筑队等。1984年，社队企业更名乡镇企业，有年产值超过50万元的木口摇臂厂，碧崖篷布厂，檀山、岘山建筑公司等。1990年，乡镇企业总产值达

600万元。1991—2012年，民营工业异军突起，乡镇企业陆续完成改制。其间，先后创办天赐米业、众精科技、协成鞋厂、盛泰矿业等一批民营企业。2014年年末，全镇有小微工业企业23家，涉及机械制造、农产品加工、建筑、建材、化工、服装等行业，实现工业总产值2.6亿元。

商贸服务 民国时期，境内岘山寺、檀山嘴、易市、碧崖等地逐步形成为街道，有商铺百余家。中华人民共和国成立后，1955年，境内有私营商贸户110户，从业人员210人。1956年，檀山、岘山、碧崖先后设有供销合作社、肉食水产站、粮油购销站、粮食储运库等，供应生产、生活资料和收购农副产品。1958年，取消集贸市场和个体商贩，商贸服务由供销社或合作商店统一经营。1962年后，逐渐恢复集贸市场，但对销售的商品种类仍有限制。1970年，镇内有国营、集体商业网点18个，从业人员70人。1980年后，实行改革开放，逐步开放商品流通市场，个体商业快速发展。1995年，个体商业户发展到78户，从业156人。此后，民营商业成为流通领域的主体。2014年年末，镇内有各类商贸服务户348家，从业人员886人，涉及餐饮、运输、通信、文化、医疗、药品、保险、日用百货等行业。有集贸市场5个，年社会消费品零售总额2.4亿元。

财政金融 从中华人民共和国成立至1984年，乡（公社）财政未设专门机构，一般由办公室秘书兼管，其行政管理经费由县财政下拨。1985年，设立乡财政所，配备所长、会计、农税员各1名，负责本辖区财政收支和税收上解。1995年撤区并乡后，原4个小乡财政所合并为岘山乡财政所，有财政干部27人。2002年，财政总收入504.32万元，主要为工商各税和农业税收；财政总支出500万元，主要为支援农业、行政管理费和上解县财政。2004年起，国家取消农业税、农业特产税和各种涉农上交提留。当年，全镇共取消税费总额409.62万元，农民人均得实惠70.6元。2014年年末，实现财政总收入1235.62万元，总支出1235.62万元。

1956年，建立岘山、檀山、碧崖、木口4个信用社。1995年，成立农村合作基金会。1997年，清理撤销农村合作基金会，其账务移交县农村合作经济管理局。2014年年末，镇内有金融机构4家，职工25人；年末储蓄存款余额6.5亿元，贷款余额1.7亿元。

基础设施

水利建设 1949年前，境内无水库，有山平塘约2400口，总蓄水量约750万立方米。中华人民共和国成立后，乡人民政府组织群众兴修水利，抗御旱涝灾害。至1957年，全乡共新修扩建山平塘1500余口，蓄水量增加到950万立方米。1958年10月至1960年2月，举全县之力，建成牛形山中型水库。库区淹没水田126公顷、旱土32公顷，拆迁房屋2425间，移民2374人；集雨面积246平方公里，有效库容3355万立方米。灌区内有总干渠1条、长3.3千米，干渠3条、长83.3千米，支渠12条、长98千米，灌溉衡阳、衡南2县的13个

牛形山水库

公社、83个大队、868个生产队的5660公顷农田。与此同时，建成神冲小二型水库。1990—1999年，重点实施山平塘清淤防渗和渠道硬化工程。其间，共整修硬化塘坝520余口，渠道6.5千米。2002—2005年，完成牛形山水库大坝除险加固。2006—2013年，先后完成了45千米田间排灌渠道的硬化和神冲水库大坝的除险加固工程。2014年年末，镇内有中型水库和小型水库各1座、山平塘2845口，总蓄水量4450万立方米。

交通运输 1959年，建成六塘至檀山公路（即今省道210线路段），境内长12.5公里。

岘山林荫公路

1979年，西碧公路竣工通车，长20公里。20世纪80年代至90年代，相继畅通境内各村的村道。2000—2013年，分批次实施乡村道路提质改造工程。其间，先后硬化西碧公路和59个行政村（社区）的通村公路，实现了“村村通”。2013年，启动娄衡高速公路建设工程，境内檀山嘴设有进出口。至2014年年末，境内有在建高速公路1条、省道1条（过境）、乡道1条、村道59条，总长194.5公里。

1984年，设立檀山汽车站。2009年，易市农村公交客运站投入运营，有客运车辆6台，日发送乘客1500人次。

邮政电信 民国32年（1943），设立檀山嘴、碧崖2处信柜。中华人民共和国成立初，1951年6月，分别在檀山嘴、碧崖设立邮政代办所。1956年，境内檀山乡、岘山乡、碧崖乡分别开通电话，线路长25千米。1962年，架通公社电话线路，总长5千米。1996年，开通数字程控电话。1998—2006年，在碧崖等地兴建移动通信基站9个，实现信号全覆盖。至2014年年末，镇内有邮政、电信、移动、联通企业各1家，固定电话用户0.18万户，移动电话用户2.34万户。

供电饮水 20世纪70年代初，在境内武水河上先后建成田心、木口、星光3座河坝发电站。70年代末，国家电网陆续向农村供电。

牛形山水厂

至1995年，全镇有10千伏配电线路130千米；10千伏变压器98台，总容量900千伏安，村组通电率100%。2000—2012年，分批次对镇内59个村（社区）实施电网改造。2014年年末，镇内有10千伏配电线路3条，线路总长220千米；10千伏变压器210台，总容量35000千伏安，低压用电线路总长600千米；全镇59个村（社区）、651个村（居）民小组全部通电，用电户19620户，供电率100%。

2011年，投入资金800万元，建设牛形山自来水厂，日供水2万吨，能满足镇内2.5万居民的饮用水。

镇村建设 1998年，建成镇政府办公楼，面积1850平方米。次年，镇财政所办公楼竣工，面积831平方米。2001年，建成镇计划生育服务所，面积984平方米。2007—2012年，先后建设司法所、文化站、动物防检站、国土所等站所的办公用房，总建筑面积1876平方米。与此同时，先后完成了岘市、檀山2个社区的市场扩容提质，改造硬化了武水北路、武水南路2条街道。

2006年，启动社会主义新农村建设，重点改造农村电力、水利、道路和环境卫生等基础设施，建设文明乡村。至2014年，全镇电网改造率、乡村道路硬化率、村（居）民饮水安全率均为100%，环境卫生达标率90%；59个行政村（社区）都有办公用房。

社会事业

教育科技 1949年，境内有乡中心国民小学1所，保国民小学15所，私立小学2所。

中华人民共和国成立后，在接收原有乡校保校的同时，大力开展扫除农村青壮年文盲教育。1956年，境内有完全小学3所，小学27所。1958年，檀山完小附设初中班。1964年，推行“两种教育制度”，实行公办与民办并举。是年，境内创办农业中学1所。1969年，农业中学并入公办中学。1974年，在“读小学不出大队”的口号影响下，境内有小学55所。1978年后，调整学校布局，撤并部分办学条件较差的小学。与此同时，加大教育投入，改善办学条

岘山中心小学

件。1989年，广州军区后勤部退休干部蒋永彰（原碧崖乡人）捐资379万元，在碧崖乡兴建一所完全中学（即爱民学校）。至1993年，境内有小学26所，中学4所。1999年春，撤销爱民中学高中班，其校舍移交岘山乡办初中。2000—2012年，在进一步整合教育资源、提高教育质量的同时，致力建设合格学校。至2014年年末，全镇有幼儿园9所，在园幼儿985人，专任教师55人；小学18所，校舍面积31550平方米，在校学生4350人，专任教师229人；初中3所，校舍面积28455平方米，在校学生1735人，专任教师141人。有檀山完小、岘山乡中心小学、岘市小学、城头小学、檀山中学5所县级合格学校。

1981年，建立公社农科站（后更名乡农技服务站），有农民技术员55人。1983年起，开办4所农民文化技术学校，向农民传授农业科技知识，每年培训600余人次。1990年，境内藕塘小学学生刘春华的科技论文《甲鱼的人工饲养》获全国青少年科普征文银牌奖。1997年，岘山乡定为科普示范乡。2008年，长永村村民张治富获湖南省第二届“袁隆平科技致富能手奖”。2011—2012年，金星村凌均明被评为衡阳市“优秀星火科技示范户”；灵官村肖仕高被评为衡阳市“星火科技示范户”。2014年年末，全镇有各类科技示范户350户。

文化体育 清代、民国时期，境内有龙灯、狮灯等群众文艺团体。中华人民共和国成立初期，农村俱乐部成为文化活动的主要阵地。1958年，星光（今星光村）俱乐部获湖南省“甲级模范俱乐部”称号。次年，该俱乐部派代表出席全国“群英大会”受到表彰。1962年后，相继建立公社文化站和大队文化室，开展文化宣传活动。1966—1976年“文化大革命”期间，农村文化由毛泽东思想文艺宣传队所替代。20世纪80年代后，文化活动趋向多样化，民间舞龙唱戏重新恢复，广播、电影、电视、歌舞等成为农村居民的精神文化生活。与此同时，文艺创作渐趋繁荣。1984年，李耘（女，曾家村人）创作的小型花鼓戏《赔衣》，在《湖南戏剧》杂志发表。1989年，张甲凤（男，碧崖村人）的散文集《青春草》由亚洲出版社出版；其长篇小说《爱之舞》于1994年由湖南文艺出版社出版。1996年后，刘万城（鸭绿村人）编著的《衡阳县当代诗词楹联选》《岣嵝峰诗词楹联选》《闲居轩吟草》《诗词曲联杂论》，先后由湖湘出版社出版。2005—2014年，王启生的短篇小说集《灯笼艳艳》《一弯星月》，散文集《凝望城市的大门》《堤外花》，分别由中国文联出版社和香港天马图书有限公司出版。2014年年末，镇内有文化站1个，村文化室57个，各类图书4.5万册；文化从业人员56人。

1970年，分别建立檀山、岘山、木口、碧崖公社广播放大站，共架设广播线路85杆程千米，安装舌簧喇叭820只，实现队队通广播。1975年，建立公社电影放映队，有放映机4台。1995年，建成广播电视站。2000年，开通有线电视。至2014年年末，全镇有有线电视用户1850户；电影放映队2个，年放映电影320余场次。

1997年起，镇内中小学开始按《国家体育锻炼标准》教学。当年达标率35%。至1999年，达标率提高到92%。2000年，镇内肖康君参加湖南省（以下简称省）第三届青少年运动会，获女子体操全能第一名；2001年，参加“李宁杯”全国少年儿童体操赛，获女子平衡木第二名；2002年，参加省第九届全运会，分别获女子平衡木第一名、高低杠第一名、跳马第二名、自由体操第三名。2014年年末，全镇

岘山卫生院

有体育健身场所 38 个，面积 2.6 万平方米。

医疗卫生　民国时期，境内缺医少药，治疗病患者以中草药为主。中华人民共和国成立后，医疗卫生事业不断发展。1952 年，檀山嘴、岘山设有个体诊所。1953 年成立钟武区联合诊所，有中医 14 人。1959 年，建立公社卫生院。是年，推行新法接生。1969 年 6 月，实行农村合作医疗制度，设立大队卫生室，分别配有“赤脚”医生和妇幼保健员。1984 年，公社卫生院改名为乡卫生院，同时出现个体诊所。1995 年，境内有乡医院 4 所，专任医师 60 人；村卫生室 57 个，乡村医生 62 人。1997 年，新建镇卫生院，面积 1660 平方米。次年，镇卫生院获衡阳市“示范乡镇医院”称号。2006 年 1 月，启动新型农村合作医疗，当年参合率 91%；全年共补偿兑付 1.2 万人次，补偿总金额 300 余万元。此后，参合人数逐年增加。2014 年年末，镇内有镇卫生院 1 所、分院 4 所，村卫生室 57 个，病床 60 张，执业医务人员 60 人；参加合作医疗人数 56789 人，参合率 98 %。共补偿 1.52 万人次，总金额 365 万元。

社会保障　民国时期，境内武水每年 6—7 月洪涝灾害频发，沿岸大部分农作物受损，民不聊生。中华人民共和国成立初期，洪涝灾害仍有发生，县乡发动群众以工代赈，修复水毁工程，下拨粮食救济灾民，恢复生产。

五保供养　20 世纪 60 年代起，对孤寡老人和无劳动能力的残疾人实行“五保”，其生活费由所在生产队统筹。1980 年后，“五保”供养纳入乡统筹。2005 年起，“五保”对象享受城乡最低生活保障待遇，其供养经费由县财政拨付。2007 年，建成乡敬老院，集中供养部分“五保”老人。2014 年年末，全镇有“五保”对象 561 人，集中供养 28 人；共拨付供养金 148 万元，年人平均 2640 元。

大病救助　2006 年起，实施城乡居民大病医疗救助。救助对象主要为罹患恶性肿瘤、白血病、尿毒症等大病的城乡低保户、五保户。是年，救助对象 100 余人次，共救助住院医疗费 30 余万元。2014 年年末，救助 908 人，救助总金额 64.23 万元。

城乡低保　2007 年 7 月起，实行农村居民最低生活保障待遇。是年，全镇有低保对象 625 人。年人均补助 360 元，总金额 22.5 万元。此后，对低保对象实行动态管理，补助标准亦逐渐提高。2014 年年末，全镇低保对象 1217 户、2433 人，年人均 1476 元，总金额 359.1 万元，实现了应保尽保。

养老保险　2011 年 7 月，启动城乡居民养老保险。是年，镇内城乡居民登记参保 23263 人，参保率 75%；征缴养老基金 237.48 万元，为 9788 名到龄居民发放 7—12 月份养老金 326.9 万元。2014 年年末，全镇参保 23320 人，参保率 75%；征缴养老基金 237.86 万元，为 11124 名到龄居民发放养老金 771.2 万元，

人民生活　民国时期，境内人民绝大多数缺衣少食，居住简陋。中华人民共和国成立后，人民政府使“耕者有其田、居者有其屋”，组织人民群众兴修水利，增强抗灾能力，人民生活逐步改善。至 1957 年，“吃饭”问题基本解决，部分农户盖起新房。1959—1961 年，遭

金钟村居民小区

村民小别墅

遇“自然灾害”，造成粮短缺和饥荒。1964—1977 年，居民生活水平整体较低。1978 年，中共十一届三中全会以后，农村实行改革开放，生产潜能充分释放，经济不断发展，人民生活水平不断提高。1984 年，全镇农村居民年人均纯收入 379 元，1990 年增至 657 元，1999 年提高到 2495 元。大部分家庭将土砖茅屋换成了红砖瓦房，购置了彩电、洗衣机、摩托车。2000—2014 年，镇内居民生活水平显著提高，年人均可支配收入由 2568 元提高到 11462 元，分别是 1984 年的 30.2 倍、1990 年的 17.4 倍、1999 年的 4.6 倍，农村家庭多建有 2~3 层砖混结构小洋房，移动电话、固定电话、电脑、空调、汽车等进入寻常百姓家，人民生活质量全面提升。

特色地情

风景名胜

织女湖　又名牛形山水库，国家级水利风景区。位于岘山、井头二镇交界处的群山环绕之中。湖区内港汊纵横，岛山棋布，鸟语花香，碧水蓝天。周围有翠竹蔽日的碧崖山，云雾缭绕的紫云峰，仿若云梯的百步磴，回音萦耳的弹弦溶洞，名传千古的金钟寨等人文景观，为览胜观光之佳境。

织女湖国家级水利风景区

名优特产

长永中华鳖　产自岘山镇长永村（今永绿村）。其产品素以肉质鲜嫩、味美滋补而成为席上珍品。长永中华鳖以野生二代鳖卵经人工孵化成鱼苗，放入阳光充足的浅水池塘中饲养，且投放的饵料不含添加剂，因而生长较为缓慢，故有“野生甲鱼”之称。经过近30年的发展，已形成“长永中华鳖”品牌和特色产业，年产量800吨，产品畅销省内外市场。

文物古迹

黄泥岭　商代遗址位于彭家村（今岘山村）龙塘组，面积7.5万平方米，文物厚度0.5~0.7米。采集陶片有砂、泥质灰陶，印纹硬陶；纹饰有方格纹、云雷纹、“S”形纹；器物有扁圆柱形、圆锥形鼎足，罐、盘；石器有斧、锛等。

何家皂宋墓　位于杨林村何家皂组。1973年10月发掘，为长方形石椁墓。石椁内置木棺，棺外包麻布，涂以红色油漆。棺内放有唐宋时期铜币，装满棕色防腐液体，尸体为男性，保存完好。此外，出土的器物有丝织品、铜币、铜器、铁器、竹木器以及未腐烂的谷物等。上述器物与尸体均保存在衡阳市博物馆。

弹弦村古钱币　1994年5月18日，碧崖乡（今岘山镇）弹弦村出土一批古钱币，总重量250公斤，共12种类型，系唐、宋、元代铜质古币。疑为吴三桂在衡州称帝时的囤积之物。

历任乡镇（公社）党政主要负责人名录

岘　山　镇

（1956.6—2015.12）

中共岘山乡委员会

第一书记	钟田俊	1956.6—1958.4
	吴仲尤	1958.4—1958.9

中共卫星公社委员会

第一书记	李业淮	1958.9—1959.1
书　记	李业淮	1959.1—9593.3
	夏年生	1959.3—1961.3

中共易市公社委员会

书　记	周祖发	1961.4—1961.8

中共岘山公社委员会

书　记	刘亚元	1961.8—1961.10
	廖凤章	1961.10—1962.5
	阳世学	1962.5—
	李桂生	1971.5—1977.10
	唐芝生	1977.10—1981.2
	范　颖	1981.2—1982.10
	肖绍展	1982.10—1983.9
	刘庆柏	1983.9—1987.12
	刘善源	1987.12—1993.2
	颜学辉	1993.2—1995.5

中共岘山乡工委

书　记	梁祚华	1995.5—1995.9

中共岘山乡委员会

书　记	梁祚华	1995.9—1998.1
	刘庆柏	1998.1—2001.1
	唐建华	2001.1—2001.10
	王　敏	2001.10—2006.6

	庾江荣	2006.11—2012.10

中共岘山镇委员会

书　记	庾江荣	2012.10—2013.9
	周新生	2013.9—

岘山乡人民政府

乡　长	汪恒广	1956.6—1958.9

卫星人民公社

社　长	罗传康（兼）	1958.9—1959.1

檀山人民公社

社　长	王大砚	1959.1—1961.4

易市人民公社

副社长	刘大吉	1961.4—1961.8

岘山人民公社

社　长	刘化愚	1961.8—1963.4
	汪恒广	1963.4—1964.1
	李作顺	1964.1—

岘山公社革委会

主　任	万成生	1968.3—1971.2
	李桂生	1971.2—1977.10
	唐芝生	1977.10—1981.3

岘山公社管委会

主　任	刘吉利	1981.3—1982.5
	刘光忠	1982.5—1982.11
	曾令文	1982.11—1984.2
	刘贤耘	1984.2—1984.4

岘山乡人民政府

乡　长	刘贤耘	1984.4—1986.1
	蒋定局	1986.1—1989.1
	颜学辉	1989.2—1993.2
	刘寒露	1993.2—1993.10
	汪衡木	1993.10—1994.3
	何立夫	1994.3—1995.5

岘山乡行政管委会

主　任	颜柏林	1995.5—1995.9

岘山乡人民政府

乡　长	颜柏林	1995.9—1997.2
	刘庆柏	1997.2—1998.1
	陈俊国	1998.1—2001.1
	王　敏	2001.1—2001.10
	方云耕	2001.10—2006.1
	肖启军	2006.4—2012.10

岘山镇人民政府

镇　长	肖启军	2012.10—2013.9
	彭文辉	2013.9—

岘山乡人大主席团

主　席	李传增	1987.10—1989.2
	王水生	1989.2—1993.2
	唐衡生	1993.2—1995.5
	刘庆柏	1995.9—1997.2
	夏良祝	1997.2—1998.2
	钟和平	1998.2—2003.1
	肖启军	2003.1—2006.4
	肖广生	2006.4—2008.12
	颜　卫	2008.12—2012.10

岘山镇人大主席团

主　席	颜　卫	2012.10—2013.9
	曾凡云	2013.9—

岘山乡政协联工委

主　任	夏良祝	1995.12—1997.2
	刘廷云	1998.10—2001.1
	方云耕	2001.1—2001.10
	姜永国	2001.1—2003.1
	肖广生	2003.1—2006.4
	蒋振兴	2006.4—2012.9

岘山镇政协联工委

主　任	蒋振兴	2012.9—2013.9
	胡品林	2013.9—

碧崖乡

（1956.6—1995.5）

中共碧崖乡委员会

第一书记　刘贤春　1956.6—1957.4
　　　　　廖凤章　1957.4—1958.9

中共红星公社委员会

第一书记　伍尚友　1958.8—1958.12
　　　　　夏年生　1958.12—1959.1

中共碧崖公社委员会

书　　记　谭良善　1961.8—1962.2
　　　　　欧名槐　1962.2—1962.11
　　　　　王炳芝　1962.11—1963.9
　　　　　李昌旺　1963.9—
　　　　　刘贤才　1970.10—1976.11
　　　　　宁东豪　1976.11—1985.3

中共碧崖乡委员会

书　　记　刘爱国　1985.3—1986.9
　　　　　肖　俊　1986.9—1986.12
　　　　　刘运国　1986.12—1990.9

中共碧崖乡委员会

书　　记　刘国文　1990.9—1991.1
　　　　　尹定扬　1991.1—1993.2
　　　　　邓光阳　1993.2—1995.5

碧崖乡人民政府

乡　　长　杨翰申　1956.6—1958.9

红星人民公社

社　　长　王大硕（兼）1958.9—1959.1

碧崖人民公社

社　　长　欧名槐　1961.8—1962.5
　　　　　刘大吉　1962.5—

碧崖公社革委会

主　　任　李昌旺　1968.3—1969.9
　　　　　刘贤才　1969.9—1976.10
　　　　　宁东豪　1976.11—1981.3

碧崖公社管委会

主　　任　刘运国　1984.2—1984.4

碧崖乡人民政府

乡　　长　刘运国　1984.4—1986.12
　　　　　刘善源　1987.1—1987.12
　　　　　杨雪城　1987.12—1989.11
　　　　　尹定扬　1989.11—1991.1
　　　　　邓光阳　1991.1—1993.2
　　　　　钟和平　1993.2—1995.5

碧崖乡人大主席团

主　　席　颜　斌　1987.10—1991.1
　　　　　刘君德　1991.1—1995.5

檀山乡

（1956.6—1995.5）

中共檀山乡委员会

第一书记　李业淮　1957.4—1958.9
书　　记　傅仲英　1961.8（未到职）
　　　　　王忠兴　1961.9—
　　　　　王忠兴　1970.9—1977.11
　　　　　罗　杰　1977.11—1982.1

中共檀山乡（公社）委员会

书　　记　吴永楚　1982.1—1986.12
书　　记　唐昭福　1986.12—1988.6
　　　　　万孝水　1989.1—1991.1
　　　　　颜柏林　1991.1—1995.5

檀山乡人民政府

乡　　长　黄裕政　1956.6—1958.9

檀山人民公社

　　　　　刘知柏　1961.8—1962.4
　　　　　谭春桂　1963.9—

檀山公社革委会

　　　　　王忠兴　1968.3—1977.11
　　　　　罗　杰　1977.11—1980.9
　　　　　黄承先　1980.9—1981.3

檀山公社管委会

	黄承先	1981.3—1982.5
	左高社	1982.5—1984.2
	金　晖	1984.2—1984.4

檀山乡人民政府

	金　晖	1984.4—1985.3
	唐昭福	1985.3—1985.9
	万孝水	1985.9—1989.1
	周厚丰	1989.1—1995.5

檀山乡人大主席团

	万孝才	1987.10—1995.5

木口（金星）乡

（1961.4—1995.5）

中共金星公社委员会

书　记	熊厚谱	1961.4—1961.8
	欧名槐	1961.8—1962.2
	廖庆辉	1962.2—
	洪善利	1970.10—1971.12
	全阳明	1971.12—1979.1
	胡友久	1979.1—1981.1

中共木口公社委员会

书　记	罗立生	1981.1—1984.2
	刘光忠	1984.2—1989.3
	李增荣	1989.3—1992.2
	陈连龙	1992.2—1995.5

金星人民公社

社　长	刘敏生	1961.4—1961.8
	刘朴献	1961.8—1962.5
	谭福田	1962.5—1963.9
	刘敏生	1963.9—1966.2
	颜家声	1966.2—

金星公社革委会

主　任	廖庆辉	1968.2—1970.3
	洪善利	1970.3—1971.12
	全阳明	1971.12—1979.1
	胡友久	1979.1—1981.3

木口公社管委会

主　任	贺兴扬	1981.3—1982.11
	刘光忠	1982.12—1984.2
	廖爱扬	1984.2—1984.4

木口乡人民政府

乡　长	廖爱扬	1984.4—1985.3
	谭家炎	1985.3—1987.5
	李增云	1987.5—1989.3
	凌亚平	1989.3—1992.2
	汪衡木	1992.2—1993.2
	邹高帆	1993.2—1993.5
	肖启仕	1993.5—1995.5

木口乡人大主席团

主　席	刘光忠（兼）	1987.10—1988.3
	常家银	1988.3—1989.11
	龙承烈	1989.11—1992.2
	万孝康	1992.2—1995.5

表 5　　岘山镇村级行政区划调整概况表

新村（社区）名	人口数	合并的原村（社区）名
光明村	2342	光明村、力塘村、秀林村
木口村	2753	霞垅村、木口村
雄虎村	2209	大沙村、雄虎村
三星村	3422	杨林庙村、畔堰村、三元村
星阳村	3129	金星村、阳堂村
紫云村	2661	楼台村、紫云村、祝云村
弹弦村	1761	弹弦村、尤岭村
泉井村	2745	泉井村、庐山村
碧崖村	2623	石堰村、碧崖村、江堰村
阳光村	2927	大同村、阳光村、柏龙村
金杨村	2228	曾家村、金阳村
万山村	2161	灵官村、万山村
柏正村	2283	柏叶村、正塘村
永绿村	2652	鸭绿村、长永村
安福村	1765	日升村、安福村
更荣村	2941	更楼村、荣福村
易市村	2295	三联村、易市村
岘山村	2233	岘山村、彭家村
金美村	2082	早禾村、高兴村
金辉村	1567	金仙村、光辉村
樟井村	1704	高楼村、樟井村
城头村	2429	渣冲村、燕子村
班竹村	2353	班竹村、柿木村
天水村	1103	天水村
金钟村	1791	金钟村
藕塘村	1919	藕塘村
星光村	2028	星光村
田心村	2038	田心村
檀山社区	855	檀山社区
岘市社区	2332	金峰村、岘市社区

说明：原有 57 个村 2 个社区，2015 年调整合并为 28 个村 2 个社区。

井头镇行政区划图

N
0 1 2 4km
图 例
高速公路
国 道
省 道
县 道
县 界
镇 界
村 界
水 域
乡、镇政府驻地
金兰镇
邵东县
库宗桥镇
演陂镇
关市镇
岘山镇
衡南县
静云村
云六村
金秋村
青山村
林场
孟公殿水库
孟公殿村
总管村
云麓村
云山殿
花树村
宝山村
西湖村
水源村
桃园村
龙桥村
白云村
自培村
太平町
清潭村
遵荣
铁干村
上里村
仁智村
石山村
大竹村
坎塘村
冷水村
泗水村
石滩村
力云村
青龙桥村
东山村
S210
仁德村
宝亭
乐群村
孟山村
庙门村
良云村
井头村
麻岭村
大岭村
紫新村
小岭村
中町村
烟田村
接龙村
小洞村
韭菜村
当福村
皇城村
知西
中家村
双扬村
金祝村
晏桥村
仙桥村
翠林村
雷锋村
排头村
峋嵝村

井头镇

区域概况

位置面积　井头镇因境内“井头江”得名。位于北纬26°53′29″~27°4′50″，东经112°1′35″~112°12′45″。地处衡阳县西部，东连岘山镇、演陂镇，南邻衡南县，西抵关市镇，北接库宗桥镇、金兰镇、邵东县。镇人民政府驻青龙桥村阳家岭。距县城西渡27公里。

辖区东西最大直线距离10.5公里，南北最大直线距离20.5公里，总面积155.18平方公里。

建置沿革　明洪武三年（1370）属长乐乡。清末、民国均为永康乡。1949年10月，属衡阳县第五区。中华人民共和国成立初，仍沿袭民国旧制。1950年3月，撤永康乡分置井头、清潭、青山、大云、太平、当福、晏桥、雷锋、麻岭、东山、泗水乡，同属第五区。1952年7月，属第三区（后更名永康区）。1956年5月撤区并乡，置井头、东山、大云、青山乡。1958年9月，撤乡建立上游人民公社（1959年1月改名为井头公社）。1961年12月，设区分社，置井头、东山（泗水）、清潭、大云、青山（静云）公社，同属长乐区。1984年4月，人民公社改为乡镇，大队、生产队改称村、组。是年6月，井头乡改名为井头江镇。1995年5月，再次撤区并乡建镇，泗水、清

井头江

潭、大云、静云乡、井头江镇合并为井头镇。至2014年年末，政区无变更。

行政区划 2014年，政区辖东山、大岭、韭菜、石滩、双阳、金祝、翠林、岣嵝、牌头、西湖、铁岗、泗水、小洞、知西、上里、水源、白云、宝山、龙桥、大竹、乐群、宝亭、紫新、青山、金秋、孟公殿、桃园、云六、花树、云山、孟山、坎塘、静云、六云、力云、冷水、良云、小岭、当福、中町、庙门、宗家、堰桥、麻岭、烟田、接龙、井头、青龙桥、仁智、石山、仁德、遵云、清潭、太平、自培、隍城、仙桥、雷锋、总管59个村和井头、青龙桥2个社区，下设11个居民小组、646个村民小组。

2015年，调整辖区内村级行政区划，将59个村合并为29个村1个社区。至是年末，全镇辖东山、东坡、翠林、龙潭、晓栖、上源、白云、群兴、紫亭、青山、麓园、大云、孟山、静云、云水、福岭、太福、响水堰、仁智、石山、仁德、遵云、清潭、太平、自培、隍城、仙桥、雷峰、总管29个村和麻岭、青龙桥、井头3个社区，下设590个村民小组、67个居民小组。

自然环境 镇域属山地、丘陵、盆地结合地貌，东北西三面峰峦环绕，中部丘陵起伏，小平原星罗棋布，南部有一块封闭性盆地。最高山大云山，主峰海拔990.4米。镇域处亚热带季风气候区，气温四季分明，年平均气温17℃~18℃，极端最低气温-8.3℃（1972年2月9日），极端最高气温40.8℃（2010年8月5日）。年平均降雨量1267毫米，降雨日数151天，最多年份达187天（1980），最少年份92天（1963），极端年最大降雨量1081毫米（1970），极端年最少降雨量953毫米（1963）。降雨集中在每年4—9月，5—6月最多。常年主导风为北风，夏季为东南风，并伴有雷电气象。武水河为蒸水一级支流，境内流程15公里。

人口民族 1982年第三次全国人口普查，辖区户籍总人口（以下简称总人口）55349人；1990年“四普”总人口60046人；2010年“六普”总人口59713人。“六普”人口分别比“三普”增加4364人，比“四普”减少333人。2014年年末，辖区总人口67580人，其中常住人口60875人。城镇化率29.5%。总人口中，男性35346人，占52.3%；女性32234人，占47.7%。0~14岁14055人，占20.7%；15~59岁43320人，占64.2%；60岁以上10205人，占15.1%。2014年年末，人口出生率12.2‰，死亡率6.46‰，自然增长率5.74‰。

辖区内有布朗族、羌族、仫佬族、水族、佤族、黎族、彝族、傣族、哈尼族、土家族、瑶族、侗族、布依族、壮族、苗族15个少数民族190人，约占0.3%。其余为汉族。

经济发展

农业 种植业 2014年，全镇耕地面积2364公顷，其中水田2190公顷。主要农作物有水稻、红薯、大豆、蔬菜、水果等。民国时期，农业生产水平低下，加之严重缺乏抗御旱涝、病虫灾害能力，粮食亩产仅200公斤。中华人民共和国成立后，1950年，实行土地改革。1953年，组织农业生产合作社，粮食增产丰收。1957年，平均亩产达到250公斤。1958

山村梯田

年，成立人民公社，搞“一大二公”，后又连遇三年自然灾害，粮食减产歉收。1962年，实行以生产队为核算单位，改进耕作技术，扩大双季稻种植面积，加强水稻病虫防治，粮食生产持续发展。1969年，种植双季稻1865公顷，占水田面积85%，平均亩产粮食400公斤，总产量1.12万吨。1976年，开始试种杂交晚稻，后逐年扩大种植面积。1984年，境内种植杂交晚稻1330公顷，亩产410公斤，总产0.82万吨。2005年起，全镇大面积种植双季杂交稻。2014年，全镇水稻种植面积2000公顷，产量1.65万吨；油菜667公顷，产量680吨；蔬菜330公顷，产量0.6万吨；水果330公顷，产量0.4万吨。农业总产值1.5亿元。

养殖业　境内素有养殖猪、牛、鸡、鸭、鱼等家畜家禽水产习惯。民国期间，农户饲养耕牛皆为役用，养猪为过年，所产禽蛋除少量自食外，余皆出售或兑换油盐钱。养鱼不投放饲料，靠其自然生长，故产量低。1949年，平均每亩水面产鲜鱼9.1公斤。中华人民共和国成立后，政府鼓励农民饲养家禽家畜。1954年，开始发展池塘养鱼，猪、鸡饲养量亦渐次增多。1958年成立人民公社后，限制农户饲养禽畜。20世纪60年代至70年末，池塘水库养鱼由生产队集体经营，平均亩产鲜鱼28.5公斤。1982年，国家大力支持和鼓励农民发展养殖业，涌现了一批养殖大户。是年，共出栏生猪3万头，家禽100万羽。1996年后，养殖业向规模化、专业化发展。接龙村杨臣良兴办养猪场，饲养母猪4头、肉猪2000头，并拥有一台饲料粉碎机加工配制饲料。2000—2010年，先后建成投产的养殖场有上里、东山、小洞、隍城、石山、青山等30个，并逐渐向生态和科学养殖发展。至2013年，镇内有生态养殖科普示范户25户，其中青龙桥村吉胜生态农牧公司年出栏生猪2万头，种植果树108亩；仁德村志宏生态农牧公司年出栏生猪1500头，种植果树、蔬菜110余亩。2014年年末，全镇有各种规模养殖户85户，出栏生猪2.5万头，年末存栏0.4万头；出笼鸡100万羽；养殖水面130公顷，产鲜鱼100吨，实现养殖业总产值1.4亿元。

林业　境内有宜林山地9060公顷。主要树种有松、杉、樟、油茶、南竹等。1949年以前，林地为私人所有制。1950年，实行土地改革，重新确定山林权属。1958年后，林权为集体所有。由于“大办钢铁”和“公共食堂”，大量砍伐林木，山林受毁。1962年后，采取集体造林，封山育林和禁止乱砍滥伐等措施，森林覆盖率逐渐提高。1973—1977年，创办公社林场5个，大队林场51个，营造杉、松、油茶、南竹等530公顷。1982年，山林权属再次确定到农户。2000—2004年，实施退耕还林工程，全镇共完成造林面积473公顷。2006—2013年，完成中幼林抚育167公顷，荒山造林180公顷，南竹垦复320公顷。2014年年末，全镇有林地面积9060公顷，森林覆盖率85%，实现林产品总值500万元。

工业 民国时期，境内有铁器、木竹器、造纸、纸伞等手工业作坊数十家。中华人民共和国成立后，1953—1956年，通过对私营手工业实行社会主义改造，境内有手工业生产合作社30余家，主要制造铁器、竹木器、造纸、梳篦、农机具等，从业人员300余人，年总产值1.8万元。1958—1960年，先后兴办农机铸造厂、竹木加工厂、造纸厂。20世纪80年代至90年代，兴办乡镇企业，境内有石材、采砂、竹木加工等工业企业100余家，从业人员1000余人。1992年后，充分利用境内的花岗岩石资源，大力发展石材开采和加工。至2003年，石材企业发展到28家，年产石料10万立方米、板材400万平方米，年产值上亿元。2004年后，乡镇企业改制为民营企业。2011年，投资8000万元的石晟石材正式投产。2014年，镇内有民营工业企业30家，工业总产值1.8亿元，实现税收800余万元。

商贸服务 清朝至民国时期，井头江逐步发展成街道，有商铺20余家，并设有集贸市场。中华人民共和国成立后，1954—1957年，先后在井头江老街设立供销合作社、肉食水产站、粮油购销站及粮食储运库等，供应生产、生活资料和收购农副产品。1958年，取消集市贸易和个体商贩，商贸服务由供销社或合作商店统一经营。1962年，逐渐恢复集贸市场，但对商品种类仍有所限制。1970年，镇内有国营、集体商业网点40个，从业人员300余人。1978年后，实行改革开放，逐步放开市场，私营商业恢复发展。1995年，个体商贸户发展到180户、900余人。此后，民营商业成为流通领域的主体。2014年年末，镇内有各类商贸服务业300余家，从业人员3000余人，涉及餐饮、宾馆、运输、金融、通信、文化、医疗、药品、保险、旅游、娱乐等行业。有集贸市场1个，酒楼宾馆5个，购物超市6个，年社会消费品零售总额1.5亿元。

财政金融 自中华人民共和国成立至1984年，乡（公社）未建立独立财政，收支由县财政局统管。1985年，成立乡镇财政所，负责辖区内的财政税收。1995年撤区并乡，当年财政总收入326.7万元，主要为工商税和农业税收；财政总支出325万元，主要为支援农业、行政管理和上解县财政。2004年，农村税费改革，国家取消农业税、农业特产税及各种涉农上交提留，当年减少税收289.64万元。2014年年末，实现财政总收入1676.8万元，财政总支出1246万元。

1956年，建立井头乡信用合作社。1959年，设立中国人民银行井头营业所。1962年，设立清潭、东山、青山、大云4个信用分社。1980年1月，中国农业银行井头营业所建立，同时接管人民银行井头营业所金融业务。1994年，成立农村合作基金会。1997年撤销合作基金会，其账务移交县农村合作经济管理局。2009年，中国邮政储蓄银行井头储蓄所正式营业。2014年年末，镇内有金融机构3家，年末存款余额12.46亿元，贷款余额5.38亿元。

基础设施

水利建设 1949年，境内有水塘约1100口，蓄水总量120万立方米。中华人民共和国成立后，人民政府把兴修水利作为发展农业，改善民生的大事来抓。1953—1957年，共整修扩建水塘1000余口，新建水塘100口，蓄水总量230万立方米。1958年8月—1959年10月，建成孟公殿水库（小一型），有效库容量236万立方米，改善灌溉面积670公顷。20世纪60年代至70年代，先后兴建龙潭口、幸福水库，总蓄水量200万立方米。1980年代至90年代，在整修扩建塘坝的同时，加固了武水河防洪堤4.5千米。2014年年末，镇内有小一型水库1座，小二型水库7座，山平塘1200口，渠道、渡槽50条，共长50千米，总蓄引提水量1020万立方米。

孟公殿水库一角

交通运输 民国时期，境内交通闭塞。1959年，建成六塘至关市公路（即今省道210线），境内长20公里。1980年，修建井头江至静云公路，长11公里。1981年，畅通土冲至大云公路，长9.9公里。至此，境内主要公路网络初步形成。20世纪90年代，着力修建通村公路。2007年，修建巡大公路，长10公里。2006—2010年，对镇内38条乡村道路分批进行提质改造和水泥硬化。2014年年末，镇内有省道1条，乡道2条，村道38条，总长105公里。

通村公路

邮政电信 1956年，设立井头江邮电支局。是年，井头乡通电话。20世纪60年代起，公社、大队均设有邮政投递点。1962年，架设井头至泗水、大云、清潭、青山公社电话线路，长约32对千米。1980年后，有部分村通电话。1998年，移动、联通公司先后在境内建立移动电话基站。2014年年末，镇内有邮政所1家，电信、移动、联通企业3家，移动电话基站19个，信号覆盖率100%；有移动电话用户2.26万户，互联网用户940户，程控电话用户1700户。

供电饮水 1984年10月，镇内开始供电。此后，供电范围逐步扩大。至1995年，全镇有10千伏配电线路2条，长97千米，10千伏变压器46台，总容量4570千伏安；有低压用电线路总长410千米，村组通电率100%。2000—2006年，分批次实施电网改造，先后对59个村进行线改和户改，共改造和新增10千伏线路31千米，新增和更新10千伏变压器37台，完成户改100%。2007年，建成11万伏变电站。2008年，架设井头至岘山、井头至衡南鸡笼镇、井头至关市3条35千伏线路。2012年，长乐（井头）供电所评为全省“十佳供电所”。2014年年末，全镇共有10千伏配电线5条，线路长128千米；10千伏变压器83台，总容量1300千伏安；低压用电线路总长467千米，59个村、2个社区，657个村（居）民小组全部通电，用电率100%。

2014年，建成镇自来水厂，供水居民3000户。

镇村建设 1995年，启动集镇建设，硬化井头江街道1公里，新建市场临街门面100家。1998年，投资100万元，建设计划生育服务所，建筑面积500平方米。2006年，启动社会主义新农村建设，重点改造农村水利、电力、道路、环境卫生等基础设施，建设美丽乡村。至2014年，全镇农村道路硬化率、电网改造率、农村居民饮水安全率均为100%，环境卫生达标率95%。镇辖38个行政村都有办公用房。

社会事业

教育科技 1949年，境内有小学11所。中华人民共和国成立后，在大力发展小学教育的同时，开展扫除青壮年文盲教育。1956年，清潭完小附设初中班。是年，境内有完小1所，初小10所。1958年，清潭附中改为县立第三中学。1964年，推行公办与民办并举的“两种教育制度”，是年境内有民办小学14所。1974年，民办小学并入公办小学。1974年，按照“一个公社办1所初中，一个大队办1所小学”的布局，境内有初中5所，小学38所。1995年秋，县三中迁址县城西渡。20世纪90年代中至2010年，镇政府斥资980万元，对镇内中小学危房进行改造和扩建，共完成建筑面积2.83万平方米。与此同时，为整合教育资源，提高教育质量，对农村小学布局进行适当调整，合并学校13所，并致力建设合格学校。2014年年末，全镇有幼儿园3所，在园幼儿468人，专任教师36人；小学25所（含5个教学点），在校学生4051人，专任教师188人；初中4所，在校学生1860人，专任教师153人。有镇中心小学、东山完小、大云中学、泗水中学、井头中学、大云完小等12所县级合格学校。

1981年，建立公社农科站（后更名镇农技服务站），有农民技术员50余人。1983年起，开办5所农民文化技术学校，传授农业科学技术知识，年培训500余人次。20世纪90年代末起，建立农业科技示范户。2010年和2013年，接龙村杨臣良、良云村李小玲先后被评为衡阳市“优秀星火科技示范户”。2014年年末，全镇有各类科技示范户 67 户。

文化体育 清代、民国时期，境内民间有龙灯、狮舞。中华人民共和国成立初，以俱乐部为文化活动阵地。1965 年，设立公社文化站，配文化辅导员 1 名，负责文化宣传等工作。1966—1976 年，农村文化活动单一，大多为“语录歌”“样板戏”“忠”字舞所替代。20 世纪 90 年代初，彭再生（仁智村人）的诗作《二月血花》获广西柳州“天马杯”一等奖。1995 年，张红梅（云水村人）的木雕作品《黄鹤楼九层宝塔》获文化部主办的全国民间工艺美术大赛一等奖。2000 年，王若柏（紫亭村人）的长篇小说《疼痛》出版。2003 年，刘永忠（坎塘村人）的长篇小说《土地神》由新世纪文艺出版社出版。2011—2013 年，屈杰（青山村人）的诗词赋联集《沧海月明》由华夏翰林出版社出版；其词作《青玉案·咏江门锦鲤》获广东江门诗词大赛一等奖；《观音山赋》获广东观音山征文大赛一等奖。2013 年，镇文化站分别被湖南省文化厅、文化部评为一级文化综合服务站。2014 年年末，镇内有文化站 1 个，工作人员 9 名；村文化活动中心 38 个，共有藏书 25 万册；各类文化专业户 7 户，从业人员 300 人；业余文艺创作人员 30 人。

1972 年，建立公社广播站。此后，境内 59 个大队、646 个生产队相继开通广播，喇叭入户率 30%。1975 年，建立公社电影放映队，有放映员 10 名、放映机 10 台。1985 年，乡广播站更名为广播电视站。20 世纪 90 年代后，随着县广播电台调频道的开通，完成了有线广播的历史使命。2014 年年末，全镇有有线电视差转台 1 个，电视光缆 2 千米，用户 1500 户；无线数字电视用户 1532 户。

1997 年，镇内中小学开始按《国家体育锻炼标准》教学，当年达标率为 30%。至 2000 年，达标率提高到 91%。2014 年年末，镇内学校共有运动场所 31 个，总面积达 1.6 万平方米。

医疗卫生 民国时期，境内缺医少药，医治病患素以草药为主。中华人民共和国成立后，医疗卫生事业不断发展。1953 年，成立联合诊所，有中医 3 人。1962 年，建立公社卫生院。是年，推行新法接生，新法接生率 18%。1968 年后，相继建立大队卫生室，分别配有“赤脚医生”和妇幼保健员。1969 年，实行农村合作医疗制度。1980 年，对 0~7 岁儿童作健康检查，发现有 19% 的儿童患病，全部实行免费治疗。2006 年 1 月，启动新型农村合作医疗，当年参合率 80%。2007 年，投入资金 45 万元改建镇医院住院部，面积 2800 平方米，并添置病床和医疗检测仪器。2014 年年末，镇内有卫生院 1 所，门诊部 2 个，村卫生室 59 个，病床 99 张，执业医务人员 71 人；参加合作医疗人数 54112 人，参合率 98.5%，共补偿兑付 2271 人次，补偿总金额 213.66 万元。

井头镇卫生院

社会保障 灾害救助 1954 年 5—6 月，境内连续多次遭受洪涝灾害，县政府发动群众以工代赈，修复水毁工程，下拨粮食救济灾民。1982 年 6 月，武水河堤决口，隍城、宗家、井头、青龙桥、麻岭、泗水、石滩、上里、东山等14个村严重受灾，县乡共拨付救灾物资5万元，组织抢修河堤恢复生产。2008年1月，全镇有15户村民因严重冰雪灾害造成房屋倒塌，县拨救灾款帮助灾民重建新居。

五保供养　20世纪60年代起，对孤寡老人和无劳动能力的残疾人实行“五保”，其生活费用由所在生产队供给。1980年代后，“五保”供养纳入乡统筹。2004年，投资75万元，建成敬老院，集中供养部分“五保”老人。2005年起，城乡“五保”对象享受城乡最低生活保障待遇，其供养经费由县财政拨付。2011年，镇政府把原清潭乡政府大院改建为敬老院。2014年年末，全镇有“五保”老人550人，其中集中供养55人；共拨付养老金158.18万元，年人均2876元。

井头镇敬老院

大病救助　2006年起，实施城乡居民大病医疗救助，救助对象主要为罹患恶性肿瘤、白血病、尿毒症等大病的城乡低保户、五保户。是年，救助对象414人次，共救助医疗费37.47万元。2014年，救助1143人次，救助总金额58.5万元。

城乡低保　2007年起，实行农村居民最低生活保障待遇。当年镇内有低保对象1126户、583人，年人均发放低保金360元，共发放金额20.99万元。此后，对低保对象实行动态管理，补助标准亦渐次提高。2014年年末，镇内有低保对象1126户、2593人，年人均补助1476元，共补助金额382.73万元。

养老保险　2011年7月，启动城乡居民社会养老保险。是年，镇内居民登记参保19022人，征缴养老基金203.48万元，为9030名到龄居民发放7—12月份养老金296.49万元。至2014年年末，城乡居民登记参保人数28212人，参保率82.54％，征缴养老基金264.76万元，为10205名到龄居民发放养老金714.83万元。

人民生活　民国时期，境内人民绝大多数缺衣少食，居住简陋。中华人民共和国成立后，人民政府使“耕者有其田，居者有其屋”，组织人民兴修水利，增强抵御自然灾害能力，人民生活水平逐步改善。至1957年，“吃饭”问题初步解决，部分少房户盖起新房。1959—1961年，由于天灾人祸等原因，导致粮食短缺和饥荒。1964—1977年，居民生活逐渐向好，但整体较低，青年人结婚购置自行车、手表、缝纫机、收音机属奢侈消费品。改革开放后，农村实行土地承包经营责任制，经济不断发展，人民生活不断改善。1984年，全镇农村居民年人均纯收入379元，1990年达到657元，2000年提高到2568元。部分家庭购置有电视机、洗衣机、摩托车，大部分居民由土砖茅屋换成红砖瓦房。2001—2014年，镇内居民生活水平显著提高。年人均可支配收入由2668元提高到10933元，分别是1990年的18倍，2000年的4.6倍。农村家庭多建有2~3层砖混结构的小楼房，固定电话、移动电话、电脑、空调、汽车等进入寻常百姓家，人民生活质量全面提升。

特色地情

历史人文

熊子烈（1892—1977），　井头镇清潭人。1933 年加入中国共产党。以湖南省民政厅公开职业为掩护，从事党的统战工作和地下工作。1938 年 8 月，奉命回长乐清潭开辟新据点，发展党员和建立中共清潭支部。1945 年冬调回长沙市委，主管统一战线工作。1949 年夏，参加湘南游击纵队。新中国成立后，历任中共临武县工委书记兼临武县县长，湖南省人民政府办公厅副主任、交际处处长、湖南省博物馆馆长。

革命遗址

中共清潭地下党支部旧址　位于井头镇清潭中学院内。1938 年秋，中央特别行动科在此创建中共清潭地下党组织，由湖南情报组负责人刘道衡直接领导。1944 年 4 月，成立中共清潭支部，熊子烈任第一任支部书记。周里、黄道奇、谷子元等曾先后来此指导和组织地下革命活动。在血雨腥风年代，一大批仁人志士以此为根据地，从事革命活动，为衡阳的抗日和解放事业作出了贡献。2012 年，中共清潭地下支部旧址被市政府定为红色爱国主义教育基地。

风景名胜

大云山　古称耶姜山。因其山峰常年云雾缭绕，故又有云山、云观山之名。主峰海拔 990.4 米。大云山起自邵东县茅荷殿，止于井头镇孟公殿，全长 20 公里，有衡西“天然屏障”之称。登临峰巅鸟瞰长乐全境，有如万壑围城、世外桃源。山上昔日有道观数间，传为唐代方士申泰芝修道炼丹之处。山上树木葱茏，怪石嶙峋，有龙王洞、乌龟岩、天然塔、飞来钟、仙人桥、姐妹石等自然景观，堪称观景览胜之佳境。

大云山

历任乡镇（公社）党政主要负责人名录

井　头　镇

（1956. 6—2015. 12）

中共井头乡委员会

第一书记	熊厚祥	1956. 6—1958. 9

中共上游公社委员会

第一书记	熊厚祥	1958. 9—1959. 1

中共井头公社委员会

书　记	敖忠林	1959. 1—1959. 8
	罗友云	1959. 8—1960. 1
	敖忠林	1960. 1—1961. 4
	刘耀德	1961. 4—1961. 8
	戴维松	1961. 8—1963. 10
	唐昭汉	1963. 10—
	唐昭汉	1971. 4—1979. 9
	邓三元	1979. 9—1984. 4

中共井头江镇委员会

书　记	邓三元	1984. 4—1992. 2
	黄祖文	1992. 2—1994. 3
	刘昌儒	1994. 3—1995. 5

中共井头镇工委

书　记	傅湖北	1995. 5—1995. 9

中共井头镇委员会

书　记	傅湖北	1995. 9—1996. 1
	刘光长	1996. 1—1998. 1
	刘康新	1998. 1—2003. 1
	姚宇旺	2003. 1—2005. 5
	蒋云新	2005. 5—2005. 11
	蒋云新（兼）	2005. 11—2009. 6
	唐仕海	2009. 12—

井头乡人民政府

乡　长	王益生	1956. 6—1958. 9

上游人民公社

社　长	廖代猷（兼）	1958. 9—

井头人民公社

社　长	邓如松	1960. 4—1961. 4
	邓三元	1961. 4—1961. 8

井头公社革委会

主　任	唐昭汉	1968. 3—1979. 9
	邓三元	1979. 9—1981. 3

井头公社管委会

主　任	邓光炳	1981. 3—1983. 2
	黄满生	1983. 2—1984. 4

井头江镇人民政府

镇　长	黄满生	1984. 4—1985. 3
	刘昌国	1985. 3—1987. 2
	刘昌儒	1987. 2—1991. 1
	王传平	1991. 1—1993. 2
	王良成	1993. 2—1995. 5

井头镇行政管委会

主　任	刘光长	1995. 5—1995. 9

井头镇人民政府

镇　长	刘光长	1995. 9—1996. 1
	任光宗	1996. 1—1998. 1
	刘昌儒	1998. 1—1998. 10
	易承铁	1998. 10—2003. 1
	邓光慧	2003. 1—2006. 4
	唐仕海	2006. 4—2011. 3
	范祚海	2011. 3—

井头江镇人大主席团

主　席	黄承先	1987.10—1993.3
	杨臣廉	1993.3—1995.5

井头镇人大主席团

主　席	任光宗	1995.9—1996.1
	刘光长	1996.1—1997.2
	刘召喜	1997.2—1998.10
	罗纪平	1998.10—2001.1
	邓光慧	2001.1—2003.1
	何发佳	2003.1—2006.4
	熊知贵	2006.4—2013.9
	欧海龙	2013.9—

井头镇政协联工委

主　任	刘昌儒	1995.12—1998.1
	罗纪平	1998.3—1998.10
	唐儒良	1998.10—2001.1
	王　剑	2001.1—2003.1
	阳武元	2003.1—2005.7
	黄鲜明	2006.4—2012.10
	欧海龙	2012.10—2013.9
	邹友良	2013.9—

东山（泗水）乡
（1956.6—1995.5）

中共东山乡委员会

第一书记	杨　柱	1956.6—1957.4

中共东山公社委员会

书　记	杨臣禄	1961.4—1962.1
	李君云	1962.1—1962.5
	杨　柱	1962.5—1963.2
	胡诗寿	1966.2—
	阳国旺	1971.4—1977.10
	罗　朴	1977.10—1982.1

中共泗水公社委员会

书　记	阎知法	1982.1—1982.10

中共泗水乡委员会

书　记	张家友	1984.2—1985.3
	周遵义	1985.3—1989.1
	任光宗	1989.1—1990.4
	蒋恒祝	1991.1—1991.8
	廖一平	1991.8—1993.2
	胡崇国	1993.2—1994.3
	邓光慧	1994.3—1995.5

东山乡人民政府

乡　长	陈位仁	1956.6—1958.9

东山人民公社

社　长	王祥云	1961.4—1961.8
	王祥云	1961.9—1962.5
	罗　芳	1962.5—1963.8
	何祥玉	1963.8—1963.12
	谭善玄	1964.12—

东山公社革委会

主　任	胡诗寿	1968.3—1970.8
	阳国旺	1970.8—1977.10

东山公社革委会

主　任	罗　朴	1977.10—1980.1
	邹高任	1980.1—1981.3

东山公社管委会

主　任	邓先礼	1981.3—1982.10

泗水公社管委会

主　任	欧迪华	1982.10—1984.2
	王芳增	1984.2—1984.4

泗水乡人民政府

乡　长	王芳增	1984.4—1985.3
	刘君德	1985.3—1987.2
	万承魁	1987.2—1989.11
	蒋恒祝	1989.12—1991.1
	刘贤能	1991.1—1994.3
	刘华龙	1994.3—1995.5

泗水乡人大主席团

主　席　邓光炳　1987.10—1989.3
段传林　1989.3—1991.1
胡正元　1991.1—1993.2
欧阳志　1993.2—1995.5

青山（静云）乡
（1956.6—1995.5）

中共青山乡委员会

第一书记　欧伟生（代）1956.6—1957.4

中共青山公社委员会

书　记　宁东豪　1961.8—1963.1
胡诗寿　1963.1—
王增生　1971.4—1973.2
刘忠桂　1973.2—1977.1
胡发甫　1977.1—1978.1

中共静云公社委员会

书　记　段传林　1978.1—1983.7
邹新民　1983.7—1984.4

中共静云乡委员会

书　记　邹新民　1984.5—1985.3
刘召喜　1985.3—1987.12
杨柞生　1987.12—1989.1
丁隆文　1989.1—1992.2
贺仕意　1992.2—1995.5

青山乡人民政府

乡　长　陶忠春　1956.6—1958.9

青山人民公社

社　长　胡　吉　1961.8—1962.7
李友楚　1962.7—1964.2
刘庆云　1964.2—

青山公社革委会

主　任　王增生　1968.3—1973.1
刘忠桂　1973.1—1977.1
胡发甫　1977.1—1981.3

静云（青山）公社管委会

主　任　李隆云　1981.3—1983.7
刘延生　1983.7—1984.4

静云乡人民政府

乡　长　刘延生　1984.4—1987.5
贺光裕　1987.5—1994.3
洪余保　1994.3—1995.5

静云乡人大主席团

主　席　丁隆文　1987.10—1989.3
唐忠桂　1989.3—1995.5

大　云　乡
（1956.6—1995.5）

中共大云乡委员会

第一书记　许纯宣　1956.6—1957.4

中共大云公社委员会

书　记　刘召顺　1961.4—1961.8
洪吉友　1961.8—1962.11
杨臣根　1962.11—1964.12
刘大友　1964.12—1966.2
胡发甫　1966.2—
刘先银　1972.11—1974.2
罗义初　1974.2—1976.2
聂东柏　1976.2—1981.3
朱联元　1981.3—1984.2

中共大云乡委员会

书　记　段传林　1984.2—1986.1
任光宗　1986.1—1987.12
黎清元　1987.12—1989.1
杨柞生　1989.1—1992.2
胡社乐　1992.2—1995.5

大云乡人民政府

乡　长　金大寿　1956.6—1958.9

大云人民公社

社　长　龙　炳　1961.4—1961.8

	龙　炳	1961.8—1963.10
	肖满堂	1963.10—

大云公社革委会

主　　任	胡发甫	1968.3—1970.8
	刘先银	1972.11—1974.2
	罗义初	1974.2—1976.2
	聂东柏	1976.2—1981.3

大云公社管委会

主　　任	刘贤秋	1981.3—1984.2
	陈荣光	1984.2—1984.4

大云乡人民政府

乡　　长	陈荣光	1984.4—1987.4
	胡诗松	1987.4—1989.1
	刘庚生	1989.1—1991.1
	胡社乐	1991.1—1992.2
	欧阳志	1992.2—1993.2
	王美焕	1993.2—1995.5

大云乡人大主席团

主　　席	陈荣光	1987.10—1992.2
	杨臣廉	1992.2—1993.2
	刘德元	1993.2—1995.5

清　潭　乡

（1961.6—1995.5）

中共清潭公社委员会

书　　记	熊启东	1961.8—1962.5
	阳国旺	1962.5—
	刘忠桂	1971.4—1973.2
	邓三元	1973.2—1978.11
	杨忠义	1978.12—1980.3
	邹高任	1984.2—1984.5

中共清潭乡委员会

书　　记	邹高任	1984.5—1987.12
	常家增	1987.12—1992.2
	丁隆文	1992.2—1993.2
	罗纪平	1993.2—1995.5

清潭人民公社

社　　长	李邦晓	1961.8—1963.9
	肖仲生	1963.9—

清潭公社革委会

主　　任	阳国旺	1968.3—1970.8
	刘忠桂	1970.8—1973.1
	邓三元	1973.1—1978.11
	杨忠义	1978.11—1980.9

清潭公社管委会

主　　任	欧名槐	1981.3—1984.4

清潭乡人民政府

乡　　长	欧名槐	1984.4—1987.2
	谭邦俊	1987.2—1989.11
	杨臣廉	1989.11—1992.2
	罗纪平	1992.2—1993.2
	刘华龙	1993.2—1994.3
	万和平	1994.3—1995.5

清潭乡人大主席团

主　　席	欧名槐	1987.10—1993.2
	饶国荣	1993.2—1995.5

表6 井头镇村级行政区划调整概况表

新村（社区）名	人口数	合并的原村（社区）名
东山村	3489	东山村、大岭村、韭菜村、石滩村
东坡村	2169	双阳村、金祝村
翠牌村	2888	翠林村、岣嵝村、牌头村
龙潭村	3786	西湖村、铁岗村、泗水村
晓栖村	2538	小洞村、知西村
上源村	1776	上里村、水源村
白云村	2186	白云村、宝山村、龙桥村
群兴村	2418	大竹村、乐群村
紫亭村	2068	宝亭村、紫新村
青山村	1993	青山村、金秋村、孟公殿村
麓园村	1865	桃园村、云六村
大云村	1389	花树村、云山村
孟山村	1985	孟山村、坎塘村
静云村	1552	静云村、六云村
云水村	2666	力云村、冷水村、良云村
福岭村	2364	小岭村、当福村
太福村	2533	中町村、庙门村
响水堰村	2446	宗家村、堰桥村
仁智村	1889	仁智村
石山村	1110	石山村
仁德村	1584	仁德村
遵云村	1292	遵云村
清潭村	1770	清潭村
太平村	1695	太平村
自培村	1221	自培村
隍城村	1476	隍城村
仙桥村	1422	仙桥村
雷峰村	1904	雷峰村
总管村	1369	总管村
井头社区	6475	井头村、井头社区
青龙桥社区	3416	青龙桥村、青龙桥居委会
麻岭社区	3321	麻岭村、烟田村、接龙村

说明：原有59个村2个社区，2015年调整合并为29个村3个社区。

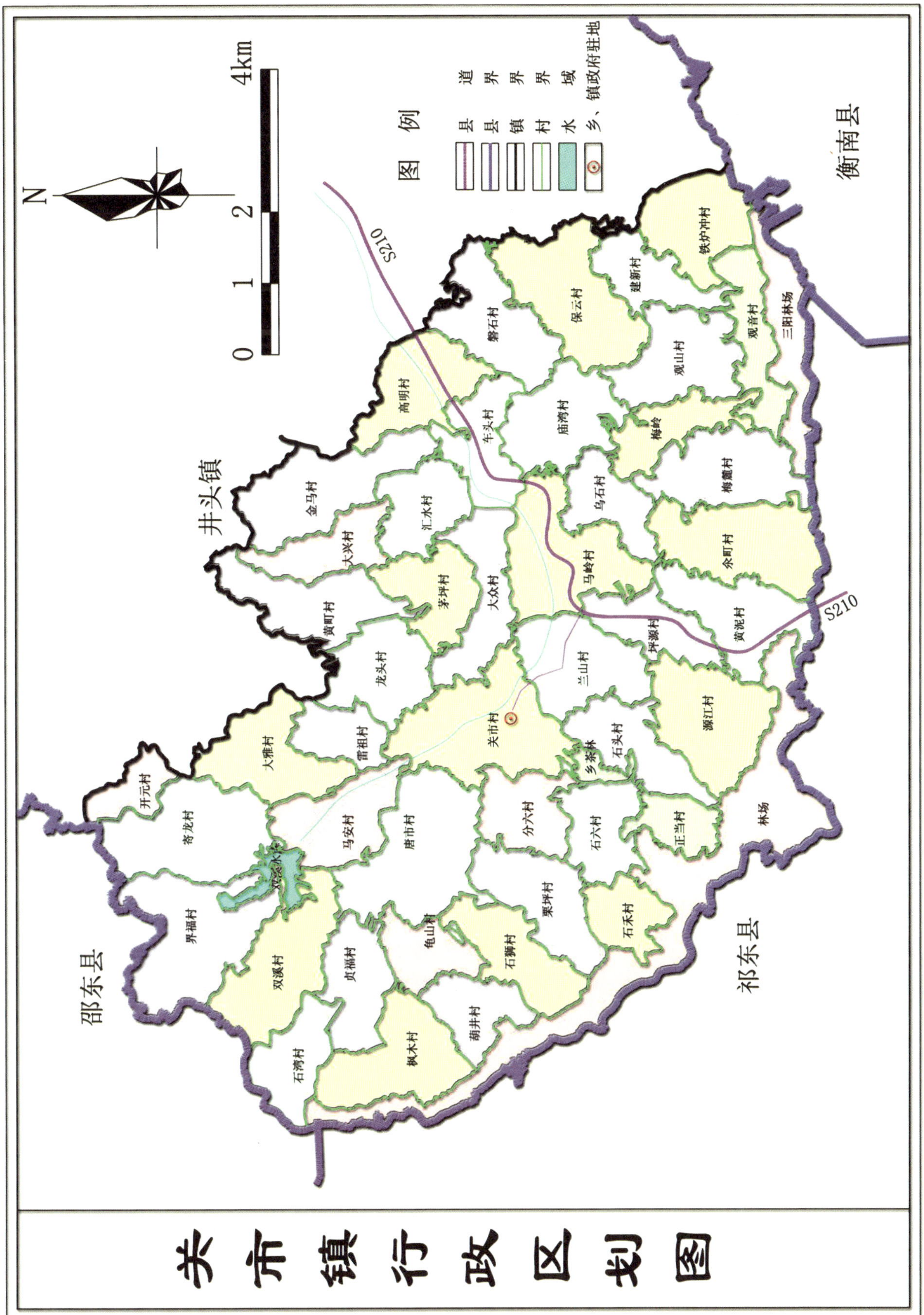

关市镇行政区划图

关市镇

区域概况

位置面积　关市镇因人民政府驻地“关帝庙”得名。位于北纬26°52′40″~26°58′33″，东经111°59′46″~112°7′55″。地处县境西部，东、东北与井头镇接壤，南、西南与衡南县鸡笼镇、祁东县洪桥镇毗邻，西靠祁东县马杜桥乡，西北接邵东县灵官镇。古称“一脚踏三阳”（衡阳、邵阳、祁阳）之地。人民政府驻关市村。距县城西渡39公里。

辖区东西最大直线距离9.85公里，南北最大直线距离11公里，总面积90.74平方公里。

建置沿革　明洪武三年（1370），属长乐乡。清康熙三十年（1691），撤乡置都，关市属第七都。清同治十年（1871），废都置乡，属永康镇。民国32年（1943），设区辖乡，为第五区长乐乡。中华人民共和国成立初，仍沿袭民国旧制。1950年3月，撤长乐乡，分别设

关市小城镇鸟瞰图

置保安、梅麓、黄泥、兰山、关市、石麓、唐市、三阳、智龙、仁智、黄町、汇水12个乡，同属衡阳县第五区。1952年7月，衡阳县析为衡阳、衡南县，重设区乡政区，属衡阳县第四区（后更名为长乐区），辖保安、仁智、黄町、梅麓、关市、三阳、寄龙、石麓、兰山、汇水10个乡。1956年5月，撤区并乡，将保安、梅麓、黄町乡并入汇水乡；将寄龙、三阳、石麓、兰山乡并入关市乡。1958年9月，建立“政社合一”的人民公社，撤关市、汇水乡建立太阳升人民公社。1961年8月，设区分社，分置关市、汇水、双溪3个公社，隶属长乐区。1984年4月，改公社为乡镇，改大队、生产队为村、组。1995年5月，再次撤区并乡，关市、汇水、双溪3个乡合并为关市乡。2011年撤乡建镇，称关市镇。至2014年年末，政区无变更。

行政区划 2014年，镇辖关帝庙、振兴2个社区，关市、马岭、平源、余町、黄泥、源江、石头、兰山、正当、石麓、石禾、栗坪、分六、龙头、黄町、茅坪、大众、唐市、龟山、石狮、胡井、贞福、石湾、枫木、双溪、界福、马安、寄龙、大雅、开元、雷祖、高明、盘石、保云、建新、铁炉、观音、观山、庙湾、梅岭、梅麓、乌石、车头、金马、大兴、汇水46个村，下设6个居民小组、455个村民小组。

2015年2月，调整辖区内村级行政区划，将46个村合并为22个村，至是年末，辖关帝庙、振兴2个社区，关市、马岭、源江、黄泥、兰山、石麓、上斛、众星、黄龙、唐市、三阳、贞福、双福、寄龙、马安、汇水、金马、高平、保新、福音、永康、梅麓22个建制村，下设6个居民小组、455个村民小组。

自然环境 镇内为山地与盆地结合地貌，东部边沿有小块平原，南、西、北三面群山环绕，中间为盆地。地势东南低西北高。境内最高山观音山，主峰海拔746.5米。镇域处亚热带季风湿润性气候区，气温四季分明，光热资源丰富，无霜期长，雨量适中。年平均气温18℃，极端最低气温-8.5℃（1972年2月9日），极端最高气温40℃（2010年8月5日）。年平均降水量1220毫米，降水日数153天，最多年份达195天（1970），最少年份121天（1986），降水集中在4—9月，5、6月最多。常年主导风为北风，夏季为东南风，并有雷电现象。境内土壤为花岗岩红壤土。武水发源三阳山，系蒸水一级支流，境内流程8公里。

人口民族 1982年第三次全国人口普查，辖区户籍总人口（以下简称总人口）41857人。1990年第四次全国人口普查总人口45734人。2010年第六次全国人口普查总人口42835人。“六普”分别比“三普”增加978人，比“四普”减少2899人。2014年年末，辖区户籍总人口50774人，其中常住人口43480人。城镇化率30.1%。总人口中，男性26712人，占52.61%；女性24062人，占47.39%。总人口中0~14岁10523人，占20.72%；15~59岁32062人，占63.15%；60岁以上8189人，占16.13%。2014年人口出生率12.5‰，死亡率6.85‰，自然增长率5.20‰。

辖区内有少数民人口21人，其余均为汉族。

经济发展

农业 种植业 2014年，全镇有耕地面积1730公顷，其中水田1670公顷。主要农作物有水稻、红薯、油菜、大豆、蔬菜、水果等。民国时期，农业生产水平低下，粮食亩产仅190公斤。中华人民共和国成立后，组织农民走农业合作化道路，致力于兴修水利，改善生产条件，粮食产量不断上升。1957年，平均亩产达到250公斤。1958年，成立人民公社，搞“一大二公”，后又连遇三年自然灾害，粮食减产歉收。1961年，调整公社规模，解散公共食堂，改革经营管理体制，实行以生产队为核算单位。与此同时，扩大双季稻种植面积，改进耕作技术，推广优良品种，农业生产持续发展。1969年，双季稻面积扩大到1330公顷，平均亩产粮食350公斤，总产量0.7万吨。1976年，试种杂交晚稻5公顷，亩产310公斤，比常规晚稻平均每亩增产近100公斤。1983年，全乡种植杂交晚稻1330公顷，亩产410公斤，总产0.82万吨。2014年，全镇粮食复种面积2840公顷，总产量1.25万吨；种植油菜350公顷，总产536吨；其他农作物460公顷，总产量1500吨。农业总产值1.35亿元。

肉用牛养殖场

特种养殖——鸸鹋

养殖业 境内素有养殖猪、牛、鸡、鸭、鱼等畜禽水产习惯。民国时期，乡内农户饲养耕牛皆为役用，养猪则为换钱，所产禽、蛋除少量自食外，余皆出售或兑换油盐等物。养鱼除偶尔投放一点鲜草外，从不投放其他饵料，靠其自生自长，故产量很低。1949年，平均每亩水面产鲜鱼15.8公斤。中华人民共和国成立后，政府鼓励农民饲养家畜家禽。1955年，开始发展池塘养鱼，养猪养鸡农户和饲养数量亦渐次增多。1958年成立人民公社后，限制农户饲养家禽家畜。20世纪60年代至70年代末，池塘水库养鱼由生产队集体经营，确定专人放养，实行定产量计酬，鲜鱼产量大幅提高，亩均产鱼53公斤。1982年后，随着农村土地承包经营责任制的建立和“开放搞活”方针政策的贯彻实施，养殖业快速发展，乡内先后出现关市村、栗坪村、唐市村、马安村、高平村、盘石村等一批规模养鸡、养鸭、养鱼、养猪、养牛、养羊、养鸵鸟等专业户。2014年年末，全镇有各类规模养殖户258户，实现养殖总产值5280万元。

林业 境内有林地4010公顷。主要树种有松、杉、樟、油茶、南竹等。1949年以前，林地为私人所有制。1950年，实行土地改革，重新确定山林权属。1958年，成立人民公社，林权归公社所有。由于“大办钢铁”和“公共食堂”，大量砍伐林木，山林受毁。1958年9月，在境内创办县属三阳林场，面积775公顷，林业工人55人。1962年后，采取集体造林、封山育林和禁止乱砍滥伐等措施，森林覆盖率逐渐提高。1973—1977年，境内有队办林场43个，主要营造杉、松等树木。1982年，山林权属再次确定到农户。2000—2004年，实施退耕还林工程，全乡共完成造林面积207公顷。2014年，全乡有林地面积4010公顷，实现林产品总值1000万元。森林覆盖率达90%。

工业　民国时期，境内有铁器、木器、竹器、纸扇、纸伞、纺纱、织布、印染和薯粉加工等手工作坊近50家，从业人员100余人。中华人民共和国成立后，1976年在双溪公社界福大队建立县铅锌矿。至1990年停办时止，该矿累计生产精铅矿砂7185吨，精锌矿砂2598吨。20世纪80年代至90年代，兴办乡镇企业，境内有建材、建筑、化工、竹木器、皮草、粉丝、粮食等加工企业53家，从业人员950人，年总产值2000万元。2004年后，乡办企业改制为民营企业。2004—2005年，先后有尚卿矿业、新雁矿业、三安矿业3个民营铁矿企业建成投产。2008年，长乐矿业萤石矿投入生产。2012年，相继投产的有顺大、翔磊2个石材加工企业。2014年，镇内有工业企业93家，工业总产值5.6亿元，实现税收0.95亿元。

商贸服务　民国时期，关市老街有店铺近20家，经营百货、烟酒、食品及生产资料等商品，从业人员40余人；并设有集贸市场。中华人民共和国成立后，1954—1956年，相继设立供销社、肉食水产站、粮油购销站及粮食储运

尚卿矿业

库等国营和集体商业，供应生产、生活资料和收购农副产品。1956年，乡内有私营商贸户95户，从业人员200人。1958年，取消集市贸易和个体商贩，商贸服务由供销社或合作商店统一经营。1963年，逐渐恢复集贸市场，但对商品经营种类仍有所限制。1978年末，境内有供销社、合作商店、门市部、代购代销点等商业网点30余个，从业人员50余人。1982年后，实行改革开放，搞活商品流通，一批个体商贩进入流通领域。1990年，个体商贸户发展到130户、280人。此后，民营商业成为市场的主体。2014年年末，镇内有各类商贸服务业300家，从业人员700人，涉及餐饮、物流、金融、通信、文化、医疗、药品、保险、美容美发等行业。有集贸市场2个，社会消费品零售总额2.4亿元。

财政金融　中华人民共和国成立至1984年，乡（社）未建立财政机构，实行报账制，由财粮委员或秘书兼管。1985年，成立乡财政所，统一管理财政收支。1996年，乡财政总收入240万元，主要为工商税和农业税、农业特产税；财政支出238万元，主要为支援农业、行政管理费和上解县财政税费。2004年，农村税费改革，取消农业税、农业特产税和各种涉农上交提留。当年，全乡取消的两项税金总额共229.68万元，农民人平57元。2014年年末，

实现财政总收入 1302 万元，财政总支出 1285 万元。

1956 年，建立关市乡信用合作社。1962 年，设关市、双溪、汇水 3 个信用社，下设 11 个信用联站。1987 年，设立中国农业银行关市营业处。1992 年，成立农村合作基金会，境内有乡级基金会 2 个，村级基金会 37 个，有存户 5380 户，存款余额 2620 万元，贷款余额 2100 万元。1997 年，清理整顿农村“两会”（合作基金会、互助储金会），其账务分别移交县农村合作经济管理局和县民政局。2004 年，双溪信用社并入关市信用社。2006 年，撤销信用联站。2009 年，设立中国邮政储蓄银行关市营业处。2014 年年末，镇内有金融机构 4 家，年末存款余额 3.5 亿元，贷款余额 8200 万元。

基础设施

水利建设　民国末期，境内有塘坝 3000 余口，总蓄水量约 400 万立方米。中华人民共和国成立后，人民政府把兴修水利作为发展农业、改善民生的大事来抓。1959—1960 年，修建双溪水库（小一型），有效库容量 203 万立方米，灌溉面积 450 公顷。1961—1962 年，相继建成红星、自力 2 座小二型水库，库容量 260 万立方米。与此同时，修建灌溉渠道 3 条，总长 25.8 千米。1990—2012 年，重点搞好山平塘清淤、渠道硬化和水库除险加固。其间，共硬化渠道 7.5 千米、塘坝 58 口，完成 3 座小型水库的除险加固工程。2014 年年末，镇内有小型水库 3 座，山平塘 3366 口，总蓄水量 2400 万立方米。

双溪水库

交通运输　新中国成立前，关市交通十分闭塞，晚清诗人张乐曾有诗慨叹此地是“云边天堑难通马”。新中国成立后，1958 年，修通关市至西渡公路。1960 年，修通关市至祁东公路。20 世纪 80 年代至 90 年代，相继建成通村公路。2001 年后，分批实施村道改造硬化工程。至 2014 年，镇内有省道 210 线过境，境内长 11.5 公里；乡道 1 条，长 10.8 公里；村道 46 条，总长 110 公里；实现村村通水泥公路。1979 年，关市开通客运班车。1984 年，设立关市汽车

关市乡道

站，日开2个班次。2014年，关市客运站日均发送客车23个班次，日客运量1100人次。

邮政电信 1957年，设立关帝庙邮电所。同年，开通乡政府及企事业单位电话。1962年，架通公社电话。1995年7月，开通直拨数字程控电话。1998年5月，境内建立移动通信基站；9月，建立联通基站。2014年年末，镇有邮政企业1家，邮政业务总收入135.7万元；电信企业3家，程控交换机总容量2400门，光缆线路总长10.45千米，固定电话用户0.13万户，移动电话用户1.3万户，互联网用户1500户。全年电信业务收入235万元。

供电饮水 1984年3月，建成关市35千伏变电站，35千伏高压输电线路20.6千米。此后，陆续架设村组供电线路。至1996年，全镇46个村、461个村民小组全部供电。2001年起，分批次实施农村电网改造，至2013年，已完成44个村的线改和户改。2014年年末，全镇户供电率100%。

2011年，关市自来水公司建成供水，铺设供水管网总长4.5千米，年供水20万立方米。

镇村建设 关市系百年老街。民国时期，仅有一条约200米长的小街。中华人民共和国成立后至1980年，集镇建设不断拓展，面积约0.5平方公里。1981—1999年，扩大到1平方公里。2000年后，小城镇建设提速，规模进一步扩大，至2014年，建成面积达1.8平方公里；有大小街道9条，形成集商贸服务、教育文化、交通运输、医疗卫生于一体的小城镇。

2006年，启动社会主义新农村建设，重点改造农村电网、道路、饮水和环境卫生等基础设施。至2014年，乡村道路硬化率、电网改造率、居民饮水安全率均为100%，环境卫生达标率80%。各建制村都有办公用房。

社会事业

教育科技 民国29年（1940），时任长乐乡乡长綦可轩在分六村斋堂湾创办中心国民学校，两年后迁址范祠堂（今关市中学前身）。至民国38年（1949），境内有中心小学1所，保国民小学12所。

中华人民共和国成立后，大力发展教育事业，废保校办乡校，同时开展扫除青壮年文盲教育。1956年，境内有完全小学4所，初小13所。1958年，长乐中心学校附设初中班，冠名长乐附中。1974年，长乐附中开设高中班，更名长乐中学。1974年，按照“一个公社办1所初中，一个大队办1所小学”的布局，境内有中学3所，小学43所。1981年，撤销长乐高中。1983—1985年，重点抓好普及初等教育。经过3年的努力，至1985年底，全乡7—12周岁儿童入学率98%，巩固率98.2%，毕业率96%；13~15周岁儿童初中教育普及率97.5%。1992—2005年，突出中小学危房改造，建设合格学校。其间，全乡共改建校舍3953平方米，新建10523平方米，共14476平方米。与此同时，为整合教育资源，提高教育质量，将原有43所小学合并为24所。2014年年末，全镇有幼儿园3所，在园幼儿372人，专任教师21人；学前班19所，在校学生389人；小学21所，在校学生2985人，专任教师175人；初中3所，在校学生2073人，专任教师133人。建成县级合格学校有关市中学、汇水中学、双溪中学、盘石完小、关市中心小学、马安小学、三阳小学、黄町小学、分六小学9所学校。

1979年，汇水公社盘石小学发明淮山与白薯嫁接高产技术，获湖南省科技进步三等奖。1981年，建立公社农科站，有农民技术员近40人。1983年起，开办3所农民文化技术学校，向农民传授农业科技知识，年培训350人次。20世纪90年代起，建立科技示范户。2012年，梅岭村文教平被评为衡阳市“星火科技示范户”。2014年年末，全镇有各类科技示范户185户。

文化体育 清代、民国时期，境内有马灯、龙灯、狮灯、武灯、花灯、唱渔鼓、皮影戏、木偶戏等文艺活动，共有演艺人员数十人。新中国成立后，1962年，先后建立公社文化站和大队文化室，开展文化宣传活动。1966—1976年，农村文化活动单一，大多被“语录歌”“样板戏”“忠”字舞所替代。20世纪80年代后，农村文化生活丰富多彩，民间舞龙唱戏重新恢复发展。与此同时，文艺创作渐趋繁荣。2007年，盛树森（分六村王泥冲人）的诗作《青山云树集》出版。2008年，王南山（汇水村人）的音乐作品《唱给父亲的歌》获全国新创歌曲选拔赛二等奖；其创作的《湘水人家》获湖南省新创歌曲一等奖。2012年，关市曲艺队表演的《衡阳渔鼓》被列入市级非物质文化遗产。2014年年末，全镇有文化站1个，民间常年演出团体6个，村级文化活动中心22个，各类文化专业户17户，农家书屋46个，藏书7.6万册。文化行业从业人员89人。

1970年7月，建立关市公社广播放大站，有700瓦扩大机1台，架设广播线路65千米，安装舌簧喇叭770只，实现队队通广播，喇叭入户率25%。1975年，建立公社电影放映队，有放映机3台。1995年建成关市电视差转台。2007年12月，开通无线数字电视。2014年10月，开通有线电视。年末，全镇有线电视用户1400户；电影放映队2个，年放映电影556场次。

1984年，双溪中学新建篮球场。1989年，汇水中学建成田径运动场和篮球场各1个。2003年，投资30万元兴建关市中心学校标准化运动场。自1997年起，镇内中小学开始按

文艺表演

《国家体育锻炼标准》教学。当年达标率30%。至2000年，达标率提高到90%。2014年年末，镇内学校共有运动场所25个，总面积1.3万平方米。

医疗卫生 清代、民国时期，境内缺医少药，治病以中草药为主。新中国成立后，1956年成立联合诊所。1964年，设立公社卫生院，大队配备有“赤脚医生”。1969年，农村实行合作医疗制度。1984年，公社卫生院改名乡医院。1995年撤区并乡后成立关市卫生院。2006年1月，启动新型农村合作医疗，当年参合率85%。2014年年末，镇内有医疗卫生机构24个，其中，镇卫生院和分院2所，村卫生室22个，病床64张；有执业医务人员37人，完成

诊疗19.5万人次；参加新农合40300人，参合率95%。受益补偿金额107.4万元。

社会保障 灾害救助 1998年，境内发生特大洪水，造成3人死亡，2355户受灾，倒房4566间，死亡牲畜1587头，摧毁农作物2300余亩，直接经济损失3800万元。县乡共拨付救灾款87万元，帮助灾民重建新居和恢复生产。2008年1月，发生严重冰雪灾害，全乡倒塌房屋2668间，摧毁农作物8000多亩，县乡共拨付救灾款270万元，扶助受灾户重建家园。

五保供养 20世纪60年代起，对孤寡老人和无劳动能力的残疾人实行“五保”，其生活费由所在的生产队统筹。1980年后，“五保”供养纳入乡统筹。2005年起，城乡“五保”对象享受城乡最低生活保障待遇，其供养费由县财政拨付。2007年，建成乡敬老院，集中供养部分“五保”老人。2014年年末，全乡有“五保”对象454人，其中集中供养55人，分散供养399人；共拨付供养金132.84万元，年人均2926元。

大病救助 2006年起，实施城乡居民大病医疗救助。救助对象主要是罹患恶性肿瘤、白血病、尿毒症等大病的城乡低保户、五保户。2007—2014年，共救助904人次，救助总金额51.33万元。

城乡低保 2007年7月起，实行农村居民最低生活保障待遇。是年，乡内有低保对象1561人，占居民总户数3%，半年人均发放低保金101元，共发放金额15.8万元。此后，对低保对象实行动态管理，补助标准亦渐次提高。2009年，乡内有低保对象600户、1435人，年人均补助1080元，共发放金额154.98万元。2014年年末，全镇有农村低保户747户、1495人，人均年补助1476元，共发放低保金220.65万元。

养老保险 2011年7月，启动城乡居民社会养老保险。当年登记参保人数13612人，参保率42.5%，征缴养老基金155.82万元，为7216名到龄居民发放7—12月份养老金244.43万元。2014年年末，全镇登记参保人数14813人，参保率46.3%，征缴养老基金170万元，为8061名到龄居民发放养老金554.83万元。

人民生活 民国时期，关市人民生活贫困，缺衣少食，绝大多数住的是连檐搭垛的土砖茅房，且多户同住一屋。新中国成立后，人民政府使“耕者有其田，居者有其屋”，人民生活逐步改善。1957年，“吃饭”问题基本解决，部分少房户盖起新房。1959—1961年，由于工作上的严重失误和自然灾害所致，造成粮食短缺和饥荒。改革开放以后，经济不断发展，人民生活水平不断提高。1978年，全乡居民年人均纯收入90元，1990年达到648元，2000年提高到2550元。大部分农家由土砖茅屋换成红砖瓦房，部分家庭购置有电视机、摩托车。2001—2014年，镇内居民生活显著提高，年人均可支配收入提高到11920元，分别是1978年的132倍、1990年的18.3倍、2000年的4.7倍，农村家庭多建有2~3层砖混结构小楼房，固定电话、移动电话、电脑、空调、冰箱、洗衣机、汽车等进入寻常百姓家，人民生活质量全面提升。

特色地情

历史人文

王介之（1606—1686），字石子，又名石崖，别署耐园、铿斋。王夫之长兄。出生于衡阳雁峰王衙坪。性聪敏好学，16岁补为贡生，36岁中举。明朝灭亡后，隐居长乐大云山麓（今关市镇寄龙村），闭门著书授徒，“鹑衣草冠40余年”。毕生致力于经学。主要著作有《春秋四传质》《春秋家说补》《周易本义质》《诗序参》《诗经尊序》等。其中《春秋四传质》被编入《四库全书》。

欧阳逖（1919—1942），字正珍，号慎园、慎五。关市镇汇水村瓦屋场人。八路军抗日英烈。1935年春就读衡阳道南中学，受进步思想影响，决心立志报国。“七七”事变后，率领同学上街募捐，慰问前线抗日将士。1938年10月，赴延安陕北公学学习。同年12月，随129师挺进中原，编在八路军随营学校（即抗日军政大学一分校）第四营第十五队。1939年加入中国共产党。1940年3月，任军区特务团二营六连指导员。1941年，调入军区锄奸部。后不久，任军区司令部特派员。1942年9月，在河北南宫完成锄奸任务后，途经枣南被日军包围，不幸被捕关进日军监狱，经过多次严刑拷打，始终坚贞不屈，最后英勇就义。1955年，民政部为欧阳逖颁发革命烈士证明书。

王炽昌（1892—1951），关市镇人，民国将领。民国4年（1915），入读保定军校炮科第三期。次年毕业，入吴佩孚部队任预备连连长。后改投唐生智部队，累升至第八军十九旅副旅长。何健主湘后，先后任衡阳保安团团长、保安第五区上校副司令兼保安十四团团长。其间，曾率部在攸县、茶陵一带围剿井冈山红军。1936年，任保安第五区少将司令。此后，又兼任第五区（驻衡阳）行政督察专员、衡阳防空司令、衡阳警备司令等职，晋升为中将，集衡阳地区军政警大权于一身，人称“衡阳王”。1940年，国民党内派系倾轧，王炽昌被撤职。抗日战争胜利后，任过衡阳市参议员、副参议长、参议总长等职。1951年自杀身亡。

历任乡镇（公社）党政主要负责人名录

关市镇

（1956.6—2015.12）

中共关市乡委员会

第一书记	肖云楚	1956.12—1958.7

中共太阳升公社委员会

第一书记	许纯宣	1958.9—1959.1

中共关市公社委员会

第一书记	何世贤	1959.1—1961.4
书　记	何世贤	1961.4—1961.8

	戴云程	1971.3—1972.6
	肖云楚	1972.6—1975.3
	罗　芳	1975.3—1978.8
	杨臣林	1978.8—1979.12
	盛义廉	1979.12—1983.10
	陈慎达	1983.10—1987.3
	刘君德	1987.3—1989.11
	魏诗树	1989.11—1995.5

中共关市乡工委

书　记	刘昌国	1995.5—1995.9

中共关市乡委员会

书　记	刘昌国	1995.9—1997.2
	魏诗树	1997.2—1998.1
	杨柞生	1998.1—1998.6
	许耀新	1998.6—2001.1
	罗友叶	2001.1—2003.1
	肖湘平	2003.3—2008.12
	罗永忠	2008.12—2011.12

中共关市镇委员会

书　记	罗永忠	2011.12—

关市乡人民政府

乡　长	谢海藩	1956.6—1957.4
	刘海凡	1957.4—1958.9

太阳升人民公社

社　长	阳国旺(兼)	1958.9—1959.1

关市人民公社

社　长	阳国旺(兼)	1959.1—1959.12
	伍嗣君	1959.12—1961.4
	刘定涛	1961.4—1961.8
	刘定涛	1961.8—1962.5
	万先进	1962.5—1963.10
	龙　炳	1964.2—

关市公社革委会

主　任	刘召顺	1968.3—1971.2
	戴云程	1971.2—1972.6
	肖云楚	1972.6—1975.3
	罗　芳	1975.3—1978.12
	杨臣林	1978.12—1979.12
	盛义廉	1979.12—1981.3

关市公社管委会

主　任	陈慎达	1981.3—1984.2
	任光宗	1984.2—1984.4

关市乡人民政府

乡　长	任光宗	1984.4—1986.1
	刘昌儒	1986.2—1987.10
	唐儒良	1987.10—1995.5

关市乡行政管理委员会

主　任	魏诗树	1995.5—1995.9

关市乡人民政府

乡　长	魏诗树	1995.9—1997.2
	贺仕吉	1997.2—1998.1
	刘庆平	1998.1—2006.4
	罗永忠	2006.4—2008.12
	胡胜利	2008.12—2011.12

关市镇人民政府

镇　长	胡胜利	2011.12—2013.9
	刘春茂	2013.9—

关市乡人大主席团

主　席	李家义	1987.10—1995.5
	陈慎达	1995.9—1998.2
	洪庆生	1998.2—2001.10
	刘爱平	2001.10—2003.1
	王　剑	2003.1—2006.4
	颜　卫	2006.4—2008.12
	谢亚军	2008.12—2011.12

关市镇人大主席团

主　席	谢亚军	2011.12—

关市乡政协联工委

主　任	杨柞生	1995.12—1998.1
	王良成	1998.2—2001.1

何发佳　2001.1—2003.1
颜　卫　2003.1—2006.4
胡胜利　2006.4—2008.12
谢亚军　2008.12—2011.3
曾凡云　2011.3—2013.9

关市镇政协联工委

主　任　朱国庆　2013.9—

汇　水　乡

（1956.6—1995.5）

中共汇水乡委员会

第一书记　阳国旺　1956.6—1957.4
黄华能　1957.4—1958.9

中共汇水公社委员会

书　记　阎知法　1961.8—1964.2
唐国仕　1964.2—
阳道柏　1971.1—1974.11
周佐能（兼）1974.11—1976.8
周茂生　1976.8—1982.1
欧名魁　1982.1—1984.2

中共汇水乡委员会

书　记　欧迪华　1984.2—1989.1
刘昌国　1989.1—1993.4
刘昌儒　1993.4—1994.3
刘光长　1994.5—1995.5

汇水乡人民政府

乡　长　阳广林　1956.6—1958.9

汇水人民公社

社　长　阳国旺　1961.8—1962.5
肖满堂　1962.5—1963.10
龙　炳　1963.10—1964.2
谭善玄　1964.2—1964.12
何祥玉　1964.12—1966.2
祝家佑　1966.2—

汇水公社革委会

主　任　唐国仕　1968.3—1971.2
阳道柏　1971.2—1974.11
周佐能　1974.11—1976.8
周茂生　1976.8—1981.3

汇水公社管委会

主　任　陈荣光　1981.3—1984.2
李家义　1984.2—1984.4

汇水乡人民政府

乡　长　李家义　1984.4—1987.4
刘昌国　1987.4—1989.11
贺宣成　1989.11—1992.6
王　剑　1992.6—1995.5

汇水乡人大主席团

主　席　胡发甫　1987.10—1989.3
唐昭甲　1989.3—1993.3
胡书荣　1993.3—1995.5

双　溪　乡

（1961.8—1995.5）

中共双溪公社委员会

书　记　邹云贵　1961.8—1964.2
李友楚　1964.2—
胡安国　1971.5—1979.8
欧名魁　1979.8—1980.9
杨　柱　1980.9—1981.12

中共双溪乡（公社）委员会

书　记　曹玉元　1982.1—1985.3

中共双溪乡委员会

书　记　邹新民　1985.3—1987.8
蒋填生　1987.8—1989.11
贺端运　1989.11—1991.8
胡崇国　1991.8—1992.6
贺宣成　1992.6—1995.5

双溪人民公社

社　长　刘召富　1961.8—

双溪公社革委会

主　　任　　李友楚　　1968. 3—1969. 4
　　　　　　胡安国　　1969. 4—1971. 11
　　　　　　欧名魁　　1971. 11—1981. 3

双溪公社管委会

主　　任　　曹玉元　　1981. 3—1982. 5
　　　　　　李家义　　1982. 5—1984. 2
　　　　　　杨柞生　　1984. 2—1984. 4

双溪乡人民政府

乡　　长　　杨柞生　　1984. 4—1987. 12
　　　　　　曾国生　　1987. 12—1989. 11
　　　　　　贺仕意　　1989. 11—1992. 2
　　　　　　谭邦俊　　1992. 2—1995. 5

双溪乡人大主席团

主　　席　　张宏佑　　1987. 10—1989. 11
　　　　　　谭邦俊　　1989. 11—1992. 2
　　　　　　胡崇国　　1992. 2—1993. 2
　　　　　　胡正元　　1993. 2—1995. 5

表 7　　关市镇村级行政区划调整概况表

新村（社区）名	人口数	合并的原村（社区）名
关市村	3341	关市村、雷祖村
众星村	1989	大众村、茅坪村
黄龙村	2249	龙头村、黄町村
上斛村	2214	分六村、栗坪村
石麓村	2202	石六村、石禾村、正当村
兰山村	2145	兰山村、石头村
源江村	2513	平源村、源江村
黄泥村	2458	黄泥村、余町村
福音村	1563	观音村、铁炉村
保新村	2673	保云村、建新村
高平村	2173	高明村、盘石村
永康村	2022	观山村、庙湾村
梅麓村	2689	乌石村、梅岭村、梅六村
汇水村	1585	汇水村、大兴村
贞福村	2825	贞福村、石湾村、枫木村
三阳村	2279	龟山村、胡井村、石狮村
双福村	2323	双溪村、界福村
寄龙村	1677	开云村、寄龙村
马安村	2141	马安村、大雅村
金马村	2033	车头村、金马村
马岭村	1879	马岭村
唐市村	2261	唐市村
振兴社区	528	振兴社区
关帝庙社区	3802	关帝庙社区

说明：原有 46 个村 2 个社区，2015 年调整合并为 22 个村 2 个社区。

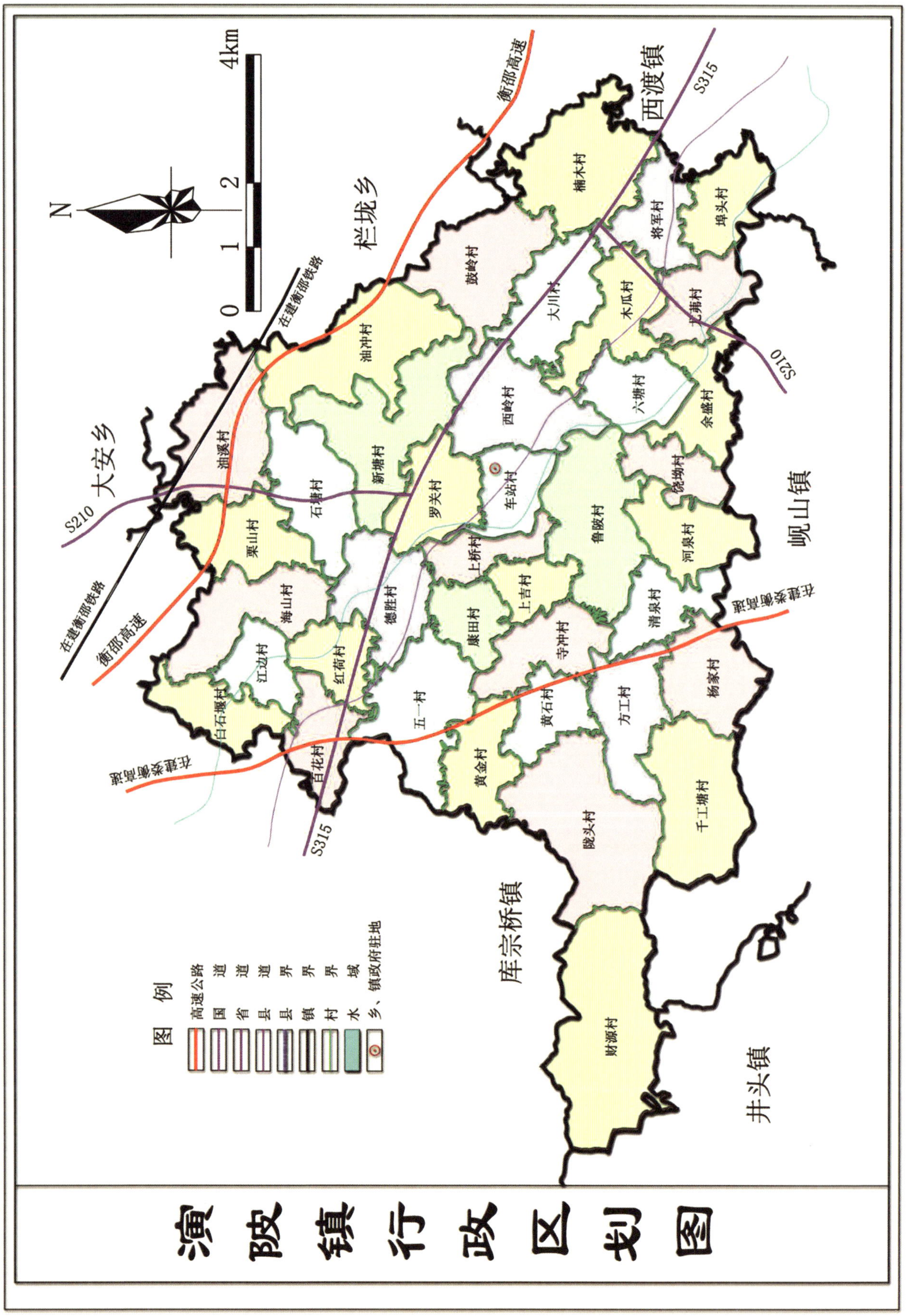
N
0
1
2
4km
栏垅乡
大安乡
西渡镇
岘山镇
库宗桥镇
井头镇
衡邵高速
在建衡邵铁路
S315
S210
楠木村
将军村
埠头村
鼓岭村
大川村
木瓜村
油冲村
西岭村
六塘村
余盛村
油溪村
石塘村
新塘村
车站村
鲁陂村
河泉村
栗山村
海山村
上桥村
上吉村
德胜村
康田村
清泉村
寺冲村
江边村
红荷村
杨家村
五一村
黄石村
方工村
白花村
黄金村
陂头村
千工塘村
财源村
图例
高速公路
国道
省道
县道
县界
镇界
村界
水域
乡、镇政府驻地

演陂镇行政区划图

演陂镇

区域概况

位置面积 演陂镇因“演陂桥”得名。位于北纬 26°59′7″~27°4′40″，东经 112°9′38″~112°19′47″。地处县境西南部，东界栏垅乡，南邻西渡镇、岘山镇，西接井头镇、库宗桥镇，北抵大安乡。镇人民政府驻车站村演陂组。距县城西渡 13.5 公里。

辖区东西最大直线距离 13.5 公里，南北最大直线距离 10.2 公里，总面积 87.47 平方公里。

建置沿革 明洪武三年（1370），演陂属金兰乡。清康熙三十年（1691），撤乡设都，演陂属第八都。清同治十年（1871），去都置

演陂镇城镇鸟瞰图

乡，属仁义乡。民国32年（1943），设区辖乡，属第六区仁义乡。中华人民共和国成立初，仍沿袭民国旧制。1950年3月，撤仁义乡，分置演陂、黄石、河泉、将军、六塘乡，同属第六区。1952年7月，衡阳县析为衡阳、衡南县，重设区、乡政区，设为第六区（后更名为演陂区），辖演陂、红荷、河泉、廻龙、陇头、方工、黄石、六塘、将军、赤水13个乡。1956年5月，撤区并乡，将升平、红荷、油溪、廻龙、六塘、将军并入演陂乡；将陇头、河泉、黄石并入方工乡。1958年9月，建立人民公社（简称公社），撤演陂、方工乡及水寺乡一部分建先锋公社。1961年8月，设区分社，置演陂、新塘、方工、六塘公社，同属演陂区。1984年5月，公社改称乡镇，演陂乡更名为演陂桥镇。1995年5月，再次撤区并乡建镇，方工、新塘、六塘3个乡并入演陂桥镇，更名为演陂镇。至2014年，政区无变更。

行政区划　2014年，辖车站、上桥2个社区和上桥、车站、西岭、罗关、百花、红荷、五一、康田、上吉、寺冲、财源、陇头、黄石、黄金、方工、杨家、饶坳、清泉、河泉、埠头、将军、鼓岭、大川、尤弗、余盛、六塘、木瓜、白石堰、江边、海山、栗山、油溪、石塘、新塘、油冲、德胜、鲁陂、千工、楠木39个村，下设5个居民小组、415个村民小组。

2015年3月，调整辖区内行政区划，将39个村合并为21个村。至是年末，辖车站、上桥2个社区和演陂桥、泰华、百荷园、五一、上自、陇头、黄石、方工、河泉、将军头、玉龙、福盛、六塘、昇平、山盟、石油、新塘、德胜、鲁陂、千工、楠木21个建制村，下设415个村民小组、5个居民小组。

自然环境　境内大部分属丘陵地貌，为紫色页岩分化土质。地势西北高、东南低，最高点财源冲排子岭海拔517米。境域处亚热带季风气候区，气温四季分明，年平均气温17℃～18℃，极端最低气温-8.3℃（1972年2月9日），极端最高气温40.8℃（2010年8月5日）。年平均降水量1267毫米，降水日数约151天，最多年份达187天（1970），最少年份92天（1963）；极端年最大降水量1801毫米（1970），极端年最少降水量953毫米（1963）。降水集中在每年4—9月，5、6月最多。常年主导风为北风，夏季为东南风，并有雷电气象。境内土壤分为水稻土、红壤土、紫色土、潮土四大类。境域属蒸水水系，演水河自白石堰入境，由西向东，经埠头村出境流入蒸水，流程43.8公里。

人口民族　1982年第三次全国人口普查，辖区户籍总人口（以下简称总人口）36829人；1990年第四次全国人口普查总人口39473人；2010年第六次全国人口普查总人口38456人（内含2004年从重庆开县移民到演陂镇尤弗村90人）。“六普”人口分别比“三普”增加1627人、比“四普”减少1017人。2014年年末，辖区户籍总人口43697人，其中常住人口38205人。城镇化率34.2%。总人口中，男性22632人，占51.79%；女性21065人，占48.21%；0～14岁8456人，占19.35%；15～59岁28092人，占64.29%；60岁以上7149人，占16.36%。2014年年末，人口出生率12.93‰，死亡率5.2‰，自然增长率7.73‰。

境内有少数民族人口18人，其余均为汉族。

经济发展

农业 种植业 2014年，全镇耕地面积3020公顷，其中水田2626公顷。主要农作物有水稻、油菜、红薯、大豆、蔬菜、水果等。民国时期，农业生产水平低下，加之缺乏抗御旱涝、病虫灾害能力，粮食亩产仅200公斤。

中华人民共和国成立后，农村实行土地改革，组织农业生产合作社，大力兴修水利，至1957年，粮食平均亩产提高到250公斤。1958年，成立人民公社，搞“一平二调”，后又连续遭遇三年自然灾害，粮食严重减产。1962年后，实行以生产队为核算单位，贯彻按劳分配政策，改进耕作技术，扩大双季稻种植面积，粮食生产持续发展。1969年，双季稻种植面积1730公顷，平均亩产380公斤。1976年，开始试种杂交晚稻。至1983年，杂交晚稻种植面积扩大到2400公顷，占水田总面积的90%，亩产405公斤，实现一季产量超过1969年全年粮食总产。1990—2000年，全镇粮食播种面积（复种）稳定在4000公顷以上，年粮食总产量2.17万吨。2005年起，农村土地向种粮大户流转，发展双季杂交稻种植面积，并推行农业生产全程机械化和集中育秧等农业新技术。至2013年，全镇共流转土地1140公顷，有30亩以上的种粮大户113户。2014年年末，全镇水稻种植面积4100公顷，总产量2.58万吨；油菜2130公顷，总产量0.32万吨；蔬菜360公顷，总产量0.43万吨；瓜果180公顷，总产量0.25万吨；农业总产值1.98亿元。

养殖业 境内素有养殖猪、牛、鸡、鸭、鱼等畜禽水产习惯。民国期间，农户饲养牛皆为役用，养猪则多为换钱，养鱼任其自生自长，故产量很低。中华人民共和国成立后，政府鼓励农民发展养殖业。20世纪60年代中期至70年代末，养鱼由生产队集体经营，专人负责。1982年，随着农村土地承包经营责任制的建立和“开放搞活”方针政策的贯彻实施，国家大力扶持和鼓励农民发展养殖业，涌现了一批养殖大户。2003年，全镇有各种专业养殖户180户，饲养生猪3.1万头。2005年，广源牧业有限公司建成投产，公司占地面积8公顷，建标准化猪舍23栋，年出栏生猪6500头；饲养纯种母猪728头、公猪51头，每年向社会提供优质仔猪1.2万头，年产值1500万元。2010年，广源牧业被农业部授予“生猪标准化养殖示范场”。2014年年末，全镇共有养殖专业户117户、出栏生猪7.9万头，羊2270头，鸡75.35万羽，出塘鲜鱼20.77吨，养殖业总产值1.17亿元。

广源牧业养殖场

林业 境内有山地面积3593公顷。主要树种有松、杉、樟、油茶、南竹等。新中国成立后，1950年实行土地改革，确定山林权属。1958年后，林权收归集体。1968年，六塘公社改造紫色页岩，营造刺槐4500亩，成为全国石山造林先进典型。1974 年 6 月，时任农业部副部长杨立功赴六塘调研紫色页岩改造。1973—1977 年，创办大队林场 37 个，造林 360 公顷。1982 年，山林权属再次确定到农户。2000—2004 年，实施退耕还林工程，全乡共完成造林面积 245 公顷。2014 年年末，全镇有林地面积 3300 公顷，森林覆盖率达 75.8%。

退耕还林工程

工业 民国时期，境内有木器、竹器、铁器、毛笔、石灰、爆竹、造纸、陶器等手工作坊百余家。

中华人民共和国成立后，1954 年，组建演陂陶器生产合作社。1958 年改为地方国营演陂陶器厂，1966 年停办。20 世纪 70 年代，发展社队企业（后称乡镇企业），境内有水泥厂、农机厂、农具厂、石灰厂、砖瓦厂、毛笔厂、陶瓷厂、水泥预制件厂等企业 80 余家。1976 年，兴办演陂水泥厂（后更名华大水泥厂），历经多次技改，年生产能力达 15 万吨，并被湖南省乡镇企业局授予“质量优胜企业”。1990 年至 2010 年，民营工业异军突起，乡镇企业相继改制为民营企业。期间，先后涌现美佳妮卫生用品有限公司、华大水泥厂、华强水泥厂、御鑫建材公司、楠木页岩砖厂、拓鑫环保建材公司、罗官碎石场、强泰铸造机械厂、和顺油脂公司、祥福烟花公司、鑫泰烟花公司、亿昇烟花公司等一批规模工业企业，形成以建材为主体的工业集群。2014 年年末，全镇有工业企业 368 家，从业人员 3500 余人，实现工业增加值 3.8 亿元，利税 4800 万元；工业增加值占地区生产总值的 60%。

美佳妮有限公司流水生产线

商贸服务 民国时期，演陂桥老街设有旅馆、商铺 10 余家。中华人民共和国成立初期，先后在演陂桥设立供销合作社、食品站、粮油购销站及粮食储运库，供应生产、生活资料和收购农副产品。1958—1961 年，一度取消集市贸易，商贸服务由国营商业和供销社经营。20 世纪 70 年代初，先后在演陂桥建立大型石油储备库和煤炭仓库。1978 年，境内有各类商业服务网点及门店 35 个，从业人员 220 人。1980—1999 年，随着改革开放和市场经济的建立，商贸服务快速发展，个体商业应运而生。2000 年后，镇内国营和集体商业相继改制为民营商业，职工置换企业身份。2014 年年末，镇内有各类商贸服务业 132 家，从业人员 679 人，涉及餐饮、运输、金融、通信、文化、医疗、药品、保险、娱乐等行业。社会消费品零售总额 2.58 亿元。

财政金融 中华人民共和国成立至 1984 年，乡（社）未建立财政机构，实行报账制，由财粮委员或秘书兼管。1985 年，成立镇财政所，负责辖区内的财政税收工作。1995 年，镇财政总收入596.3万元，主要为农业税、农业特产税及工商税收；财政总支出594.6万元，主要为支援农业、行政管理费和上解县财政。2004年，实施农村税费改革，国家取消农业税、农业特产税及各种涉农税费，共237.94万元。2014年年末，财政总收入1306.8万元，财政总支出1282.8万元。

1954年，建立演陂乡信用合作社。1959年，设立中国人民银行演陂营业所，统管金融业务。1962年，分别设立演陂、方工、新塘、六塘4个信用分社。1982年，成立中国农业银行演陂营业所。1985年1月，撤销人民银行营业所，其金融业务移交农业银行营业所。1986年，开办演陂邮政储蓄业务。2014年年末，镇内有金融机构5家，年末各项存款余额3.9亿元，各项贷款余额0.8亿元。

基础设施

水利建设　清代，境内有“千工塘”水利工程。清同治《衡阳县志》载：“千工塘，塘广深，计费千工，因此为名”。1949年前，境内有山平塘2700余口，总蓄水量约300万立方米。

中华人民共和国成立后，1953—1957年，以整修扩建山平塘为重点，加强水利设施建设，先后共整修扩建塘坝1800余口。1959年，建成财源冲水库，总库容量240万立方米，灌溉面积365公顷。20世纪60年代，修建小二型水库2座，同时，开挖灌溉渠道3条长21千米。20世纪80年代后期至90年代末，着重搞好塘坝防渗清淤。其间，共硬化塘坝150余口。2000—2012年，实施小型农田水利建设工程。先后完成3座水库大坝的除险加固、21.3千米渠道的维修和60口塘坝的清淤整修。2014年年末，镇内有小一型水库1座、小二型水库2座，骨干塘131口、山平塘2954口，渠道、渡槽8条长43千米，总蓄水量1361.82万立方米。

交通运输　清代，有衡阳至邵阳驿道过境。1939年，衡邵公路竣工，境内长14公里。1950年1月，湘运衡阳分公司开行衡阳至邵阳长途客车，在演陂桥设立停靠站。1953年，设立演陂桥汽车站。1967年，建成演陂至余盛公路。同年，演方（演陂至方工）公路建成通车。20世纪80年代至90年代，境内通村公路陆续畅通。2002年4月，省道315线竣工，途经境内将军至百花等10个村。2003年起，分批次对乡村公路进行提质改造。至2011年，全部完成村道水泥硬化工程。2011年12月，衡邵高速公路建成交付运行，境内设有演陂进出口。2014年年末，镇内有高速公路2条（衡邵、娄衡），省道2条（S315

衡邵高速演陂进出口

线、S210线），县道1条（X056线），村道39条，总长245公里。

邮政电信 明、清时期，衡州至宝庆（今邵阳）驿道途经境内，设有雷忠、演陂2个驿铺。1956年，设立演陂桥邮电支局。是年，区、乡开通电话。1980年后，公社（乡镇）自设电话总机，利用有线广播线路开通村际电话。1998年，开通程控电话。2002年后，移动、联通公司分别在镇内架设移动通信基站。2014年年末，镇内有邮政企业1家，职工6人，投递报刊6.83万份，信函、包裹等邮件9.32万件，邮路总里程130千米；电信公司1家，职工3人，程控电话交换机0.5万门，固定电话用户1337户、宽带用户569户、CDMA手机1780部；移动、联通营业厅2个，有移动电话1.45万部。

供电饮水 1975年，境内的车站、上桥、罗关3个大队供电。1976年，白石大队利用水力发电供农户照明。1986年，国家电网陆续向境内供电。是年，设立乡镇电管站。1991年成立区电管站（后改为供电所）。1996年，新建110千伏变电站1座。是年，全镇39个村全部供电，有35千伏输电线路26千米，10千伏配电线路79千米，10千伏变压器34台，总容量2720千伏安；有低压用电线路315千米，村组通电率100%。2000年后，分批次实施农网改造，先后对39个村进行线路改造，共改造和新增10千伏线路42千米，新增和更新10千伏变压器48台，完成户改12733户。2014年年末，全镇有10千伏配电线路5条，10千伏变压器82台，总容量9085千伏安，低压用电线路长413千米；420个村（居）民小组全部供电，用电户12733户，供电率100%。

万源水厂

2010年，投资367万元建成万源自来水厂，日供水2000吨。铺设供水主管道3.5千米、支管网30千米，镇内14个村和2个社区居民饮用自来水。

村镇建设 民国时期，演陂桥老街有一条长约250米的青石板街道，沿街道两旁有店铺数十家，并设有集贸市场。中华人民共和国成立后至1976年，陆续建设一批商贸门店和企事业单位，集镇面积逐渐扩大。1994年，兴建集贸市场。20世纪90年代后，在位于演陂桥的衡邵公路两边兴建住房和商店，久之遂形成街道。至2014年，城镇面积约0.4平方公里。

2006年起，启动社会主义新农村建设，重点改造农村水利、电力、道路等基础设施，建设文明富裕乡村。德胜村新建了500平方米的集远程教育、图书室、办公室、会议室、文娱室于一体的村文化活动中心。至2014年年末，全镇电网改造率、道路硬化率、村民饮水安全率均为100%，环境卫生综合达标率85%。建制村都有办公用房。

社会事业

教育科技 民国时期，镇内有中心国民学校和保国民小学共7所。

中华人民共和国成立初期，在兴办小学教育的同时，大力开展扫除农村青壮年文盲教育。1957年，境内有完全小学5所，初小9所。1958年，演陂完小附设初中班（后改名为演陂附中）。1965年，相继创办六塘中学、方工中学、新塘中学。1974年，境内有小学35所，中学4所。1977年，演陂附中学开办高中班，更名为演陂区中学。1979年，区高中停办，仍恢复为演陂中学。1995年撤区并乡后，对部分小学予以调整，先后撤并9所村级小学。2004年，新建成以招收农村留守儿童为主的中科实验学校投入使用。2006—2010年，先后撤并小学14所，同时将新塘中学、六塘中学并入演陂中学。2009—2010年，演陂中学教师戴冬生撰写的《从〈出师表〉看诸葛亮的智慧》和《浅析初中诗歌鉴赏中的自主探究》，先后获全国教育论文评比一等奖、全国基础教育科研成果评选一等奖。2012年，王斌的《农村初中学生课外阅读兴趣培养初探》，获湖南省教育教学科研论文二等奖。是年，演陂中心小学从车站村一组搬迁至车站村七组。2014年年末，镇内有幼儿园3所，在园幼儿705人，专任教师43人；小学8所，在校学生2307人，专任教师158人；初中3所，在校学生1431人，专任教师93人。7—12周岁儿童入学率、巩固率和毕业率均为100%；13～15周岁儿童初中教育普及率100%，巩固率99.13%。有演陂中学、方工中学、演陂中心小学、六塘完小、新塘完小、方工完小6所县级合格学校。

演陂中心小学

1981年，建立公社农科站，有农民技术员39人。1983年，开办4所农民文化技术学校，向农民传授农业科技知识，年培训480余人次。20世纪90年代后，创建科技示范户。2011—2012年，木瓜村欧召治、罗关村王春林2人被评为衡阳市“优秀星火科技示范户”；百花村李少东、财源村蒋灿2人被评为衡阳市“星火科技示范户”。2014年年末，全镇各类科技示范户150余户。

文化体育 民国时期，境内民间流行龙灯、狮灯、木偶戏，剧目以传统段子戏《平贵回窑》《蒋干盗书》等为多见。

中华人民共和国成立初至1957年，境内农村多流行秧歌舞和花鼓戏。1964年后，相继建立公社文化站和大队文化室。1966—1976年“文化大革命”期间，组建毛泽东思想文艺宣传队，演唱语录歌和样板戏。1980年后，文化活动趋向多样化，并出现一批优秀文艺作品。1981年，刘运腊（方工村人）设计的《山亭命案》舞美作品获湖南省戏剧舞美设计三等奖。1983年，朱雪生的《古瓷新花》获湖南省书画作品大赛一等奖；1988年，其工笔画《隔墙雨》于日本和澳大利亚展出。2003年，欧名伟（方工村人）的书画作品获全国首届老年书法作品大赛金奖，且赴泰国展出。2007年，镇文化站获全市“示范文化站”称号。2010年，周新铭（江边村人）的诗集《大地行吟》出版。2011年，建成镇文化站综合楼。2014年年末，镇内有文化站1个，工作人员6名；村文化活动中心39个，图书6.36万册；文化专业户25户，从业人员120人。

1972年，建立公社广播站，配工作人员9名。是年，境内39个大队开通广播，线路总长182千米。1975年，建立公社电影放映队，有放映机8台。1985年，乡广播站更名为广播电视站。20世纪90年代后，随着县广播电台调频道的开通，结束了有线广播的历史。1994年，广播电视站易名为有线电视站。2014年年末，全镇有线电视网络26千米，用户1056户，电视综合覆盖率98%。

1997年，境内中小学开始按《国家体育锻炼标准》教学。当年达标率30%。至2000年，达标率提高到91%。2014年年末，镇内学校共有运动场所14个，总面积1.34万平方米。

医疗卫生 民国时期，境内缺医少药，仅演陂桥有数家中医中药店，绝大多数百姓治病以草药为主。

中华人民共和国成立后，1953年建立演陂卫生所，有从业人员6人。1963年，设演陂区联合诊所，有专业医务人员15名。1969年，设立大队卫生室，配备“赤脚医生”1名；首批培训赤脚医生和妇幼保健员39人。是年，实行农村合作医疗制度。1970年，建立演陂区卫生院。1978年，设立演陂区卫生管理站，下辖方工、新塘、六塘、演陂4个公社卫生院。1999年后，演陂卫生院先后两次投入资金300多万元，扩建医院综合大楼和住院部，面积2000余平方米，并添置部分医疗设备。2006年，启动新型农村合作医疗，当年参合人数2.5万余人，参合率75%。2014年年末，镇内有卫生院1所，分院3所，村卫生室39个，病床129张，专业医务人员80人；参加合作医疗人数3.67万人，参合率94%。

演陂医院

社会保障 五保供养 20世纪60年代初起，对孤寡老人和无劳动能力的残疾人实行“五保”，其生活费由所在生产队统筹。20世纪80年代后，“五保”供养纳入乡统筹。2005年起，城乡“五保”对象享受城乡最低生活保障待遇，其供养经费由县财政拨付。2010年5月，投入资金68万元，将原新塘乡政府办公楼改建为敬老院。是年，50名“五保”老人入住新居。2014年年末，有“五保”对象343人（分散供养320人，集中供养23人），供养总金额95.98万元，年人均2800元。

大病救助 2006年起，实施城乡居民大病医疗救助。救助对象主要为罹患恶性肿瘤、白血病、尿毒症等大病的城乡低保户、五保户。2014年，共救助1074人次，救助总金额38.77万元。

城乡低保 2007年7月起，实行城乡居民最低生活保障待遇，并对低保对象实行动态管理，补助标准亦不断提高。是年，镇内有低保对象253户、386人，年人均发放低保金360

演陂镇敬老院

元，总金额 13.9 万元。2009 年，低保户 498 户、1131 人，共发放低保金 122.148 万元，年人均 1080 元。2014 年，低保对象 657 户、1314 人，共发放低保金 193.946 万元，年人均 1476 元。

城乡低保　2011 年 7 月，启动城乡居民社会养老保险。是年，参保人数 15410 人，参保率 85%；征缴养老基金 169.5 万元，为 6840 名到龄居民发放 7—12 月份养老金 225.72 万元。2014 年年末，全镇登记参保人数 16770 人，参保率 94.4%；征缴养老基金 179.97 万元，为 7120 名到龄居民发放养老金 492.7 万元。

人民生活　民国时期，境内人民大多居住简陋、缺衣少食，生活艰难困苦。中华人民共和国成立后，农民实现了“耕者有其田”的夙愿，政府组织群众发展生产，人民生活逐步改善。1957 年，“吃饭”问题基本解决。1959—1961 年，由于自然灾害和工作上的严重失误，导致粮食短缺和饥荒。1964—1977 年，农村生活向好，但整体较低。1978 年中共十一届三中全会后，农村实行土地承包经营责任制，极大地调动了人民群众的积极性，经济不断发展，人民生活水平不断提高。1990 年，镇内农村居民年人均可支配收入 650 元，2000 年提高到 2550 元，是 1990 年的 3.9 倍；大部分家庭由土砖茅屋换成红砖瓦房，部分家庭购置了电视机、摩托车。2014 年，农村居民年人均可支配收入 12250 元，分别是 2000 年的 3.6 倍、2010 年 6747 元的 0.81 倍。农村家庭多建有 2~3 层砖混结构的小楼房，固定电话、移动电话、电脑、空调、汽车等进入寻常百姓家。部分居民过上了小康生活。

特色地情

名胜古迹

宋元窑址　位于窑街下坪塘、朱官岭、墟头牌、油溪、杨家牌、陈公岭一带的山坡山坳。窑堆积层 7 米。采集标本有碗、杯盏、碟、壶、坛等陶器及窑具。

别峰庵　位于石塘村南天峰上。清同治《衡阳县志》载：“庵僧二如，明末遗民也。与王夫之友善，夫之遁迹，每相酬唱，及死，题像吊之，词语甚哀。”传说庵内楼房为王夫之著书处，备有木屐、布伞，不论晴雨，每出必用。意谓“头不顶清朝天、脚不踏清朝地。”居此三年，著述盈筐。

卫国寺　位于西岭村。清同治《衡阳县志》载：“卫国寺在西狗岭，康熙二十一年（1682）总督董公督兵过岭施资修建。崖有石洞，号曰狮口，石磴危冈，多生木槿、麦冬诸草药。西有白象峰，峰出甘泉，是曰象鼻。南有木鱼峰，皆石岩也。东有西狗岭，岭临官道。”卫国寺建筑面积1800平方米，规模宏大壮观。今寺宇坍废。

历任乡镇（公社）党政主要负责人名录

演 陂 镇

（1956.6—2015.12）

中共演陂乡委员会

第一书记	欧盛俊	1956.6—1957.4

中共先锋人民公社委员会

第一书记	欧盛俊	1958.9—1959.1

中共演陂公社委员会

书　记	刘仁贵	1959.1—1960.9
	刘德谓	1960.9—1961.4
	左传富	1961.4—1961.8
	欧迪元	1961.8—
	欧迪元	1970.9—1974.3
	冯森林	1974.3—1975.4
	陈步贤	1975.4—1978.2
	李守臣	1978.2—1982.1

中共演陂桥镇委员会

书　记	陈步贤	1982.1—1982.10
	陈代启	1982.10—1986.1
	杨云生	1986.1—1986.8
	王元新	1986.8—1988.6
	王诗德	1988.8—1995.5

中共演陂镇工委

书　记	赵伟民	1995.5—1995.9

中共演陂镇委员会

书　记	赵伟民	1995.9—1996.5
	杨雪城	1996.5—1998.1
	胡隆友	1998.1—2000.12
	王　鹏	2001.1—2002.10
	王国平	2002.10—2005.7
	王朝阳	2005.7—2005.10
	廖双九	2006.1—2008.12
	刘卫国	2008.12—2013.9
	龙红军	2013.9—

演陂乡人民政府

乡　长	张德仁	1956.6—1958.9

先锋人民公社

社　长	李业隆（兼）	1958.9—1959.1

演陂人民公社

社　长	万友生	1959.1—1960.4
	李培享	1960.4—1960.5
	万友生	1960.5—1961.4
	李培享	1961.8—1961.9
	杜烈生	1961.9—1961.10
	欧吉清	1961.10—1962.5
	周文生	1962.5—1964.2
	欧吉仕	1964.2—

演陂公社革委会

主　任	欧迪元	1968.3—1974.7
	冯森林	1974.7—1975.4
	陈步贤	1975.4—1978.3
	李守臣	1978.3—1981.3

演陂桥公社管委会

主　任	陈代启	1981.3—1982.10
	戴明忠	1982.10—1984.2
	李文敢	1984.2—1984.4

演陂桥镇人民政府

镇　长	李文敢	1984.4—1986.12
	陈吉构	1987.1—1988.6

	许祖海	1988.6—1989.11
	易善柏	1989.12—1995.5

演陂镇行政管理委员会

主　任	刘康新	1995.5—1995.9

演陂镇人民政府

镇　长	刘康新	1995.9—1998.1
	王诗德	1998.1—2001.1
	王国平	2001.1—2002.10
	陈　凯	2002.10—2006.1
	陈连龙	2006.4—2008.12
	龙红军	2008.12—2013.9
	廖志鹏	2013.9—

演陂桥镇人大主席团

主　席	王仕孝	1987.10—1994.4
	汤年社	1994.4—1995.5

演陂镇人大主席团

主　席	周文俊	1995.10—1998.2
	陈嗣明	1998.4—2003.1
	蒋宏乃	2003.1—2003.11
	陈连龙	2004.1—2006.4
	邓光辉	2006.4—

演陂镇政协联工委

主　任	蒋填生	1995.12—1998.2
	王腊生	1998.2—1999.5
	王国平	1999.5—2001.1
	罗仕宏	2001.1—2003.1
	陈连龙	2003.1—2004.1
	蒋经源	2004.1—2006.4
	刘景存	2006.4—2013.9
	曾进军	2015.2—

方　工　乡

(1956.6—1995.5)

中共方工乡委员会

第一书记	李业隆	1956.6—1957.4
书　记	李业隆	1957.4—1958.9

中共方工公社委员会

书　记	曾垂斌	1961.4—1961.8
	宋冬阳	1961.8—1962.5
	罗正元	1962.5—1963.9
	邱　斌	1963.9—
	凌受珍	1971.2—1979.12
	陈步贤	1979.12—1982.1
	肖自赞	1982.1—1984.4

中共方工乡委员会

书　记	肖自赞	1984.4—1985.3
	刘槐生	1985.3—1986.12
	彭兴胆	1986.12—1989.11
	蒋经源	1989.11—1995.5

方工乡人民政府

乡　长	李忠生	1956.6—1957.4
	曹云忠	1957.4—1958.9

方工人民公社

社　长	肖绍文	1961.4—1961.8
	肖绍文	1961.8—

方工公社革委会

主　任	凌受珍	1969.9—1979.12
	陈步贤	1979.12—1981.3

方工公社管委会

主　任	刘炳林	1981.3—1984.2
	彭石林	1984.2—1984.4

方工乡人民政府

乡　长	彭石林	1984.4—1986.1
	彭兴胆	1986.1—1987.3
	杨卫国	1987.3—1987.12
	左传楚	1988.1—1989.11
	罗仕宏	1989.11—1995.5

方工乡人大主席团

主　席	刘槐生	1987.10—1987.12
	彭兴胆	1988.3—1989.3
	戴金屏	1989.3—1989.11
	王元楚	1989.11—1995.5

六 塘 乡

（1961.8—1995.5）

中共六塘公社委员会

书　记	廖声振	1961.8—
	李君云	1970.9—1978.11
	李忠意	1978.11—1980.10
	王益生	1980.10—1984.2
	李家伟	1984.2—1984.4

中共六塘乡委员会

书　记	李家伟	1984.4—1987.12
	欧寿生	1987.12—1992.2
	蒋玖荣	1992.2—1995.5

六塘人民公社

社　长	陈新提	1961.8—1963.10
		1964.9—

六塘公社革委会

主　任	廖声振	1968.3—1969.1
	李君云	1969.1—1978.11
	李忠意	1978.11—1981.3

六塘公社管委会

主　任	刘槐生	1981.3—1982.1
	李家伟	1982.1—1984.2
	欧寿生	1984.2—1984.4

六塘乡人民政府

乡　长	欧寿生	1984.4—1987.12
	汪德毅	1987.12—1989.11
	蒋仕扬	1989.11—1992.2
	谢六田	1992.2—1995.5

六塘乡人大主席团

主　席	阳均发	1987.10—1994.4
	屈风光	1994.4—1995.5

新 塘 乡

（1961.8—1995.5）

中共新塘公社委员会

书　记	刘华森	1961.8—1961.9
	万承生	1961.9—1965.1
	黄华存	1965.1—1966.2
	陈新提	1966.2—
	陈新提	1970.9—1979.12
	林才冬	1979.12—1984.2
	李忠意	1984.2—1984.4

中共新塘乡委员会

书　记	李忠意	1984.4—1986.1

中共新塘乡委员会

书　记	黄福元	1986.1—1989.5
	冯清平	1989.5—1990.4
	聂明生	1990.5—1995.5

新塘人民公社

社　长	李培享	1961.9—1962.5
	刘纯芳	1962.5—1965.1

新塘公社革委会

主　任	陈新提	1968.3—1979.12
	林才冬	1979.12—1981.3

新塘公社管委会

主　任	黄华存	1981.3—1981.12
	赵国运	1984.2—1984.4

新塘乡人民政府

乡　长	赵国运	1984.4—1986.1
	王诗德	1986.1—1988.8
	许亚平	1988.8—1989.1
	欧名初	1989.1—1994.3
	黄建军	1994.3—1995.5

新塘乡人大主席团

主　席	肖自赞	1987.10—1989.3
	刘良若	1989.3—1989.11
	刘良仁	1989.11—1995.5

表 8　　演陂镇村级行政区划调整概况表

新村（社区）名	人口数	合并的原村（社区）名
演陂桥村	2245	车站村、上桥村
泰华村	1860	西岭村、罗关村
百荷园村	1925	百花村、红荷村
五一村	1865	五一村、康田村
上自村	1669	上吉村、寺冲村
陇头村	2837	财源村、陇头村
黄石村	1825	黄石村、黄金村
方工村	2849	方工村、杨家村
河泉村	2105	饶坳村、清泉村、河泉村
将军头村	1506	埠头村、将军村
玉龙村	1992	鼓岭村、大川村
福盛村	1623	尤弗村、余盛村
六塘村	1740	六塘村、木瓜村
昇平村	2081	白石堰村、江边村
山盟村	2171	海山村、栗山村
石油村	2156	油溪村、石塘村
新塘村	2436	新塘村、油冲村
德胜村	1575	德胜村
鲁陂村	1896	鲁陂村
千工村	1014	千工村
楠木村	1286	楠木村
上桥社区	728	上桥社区
车站社区	1429	车站社区

说明：原有 39 个村 2 个社区，2015 年调整合并为 21 个村 2 个社区。

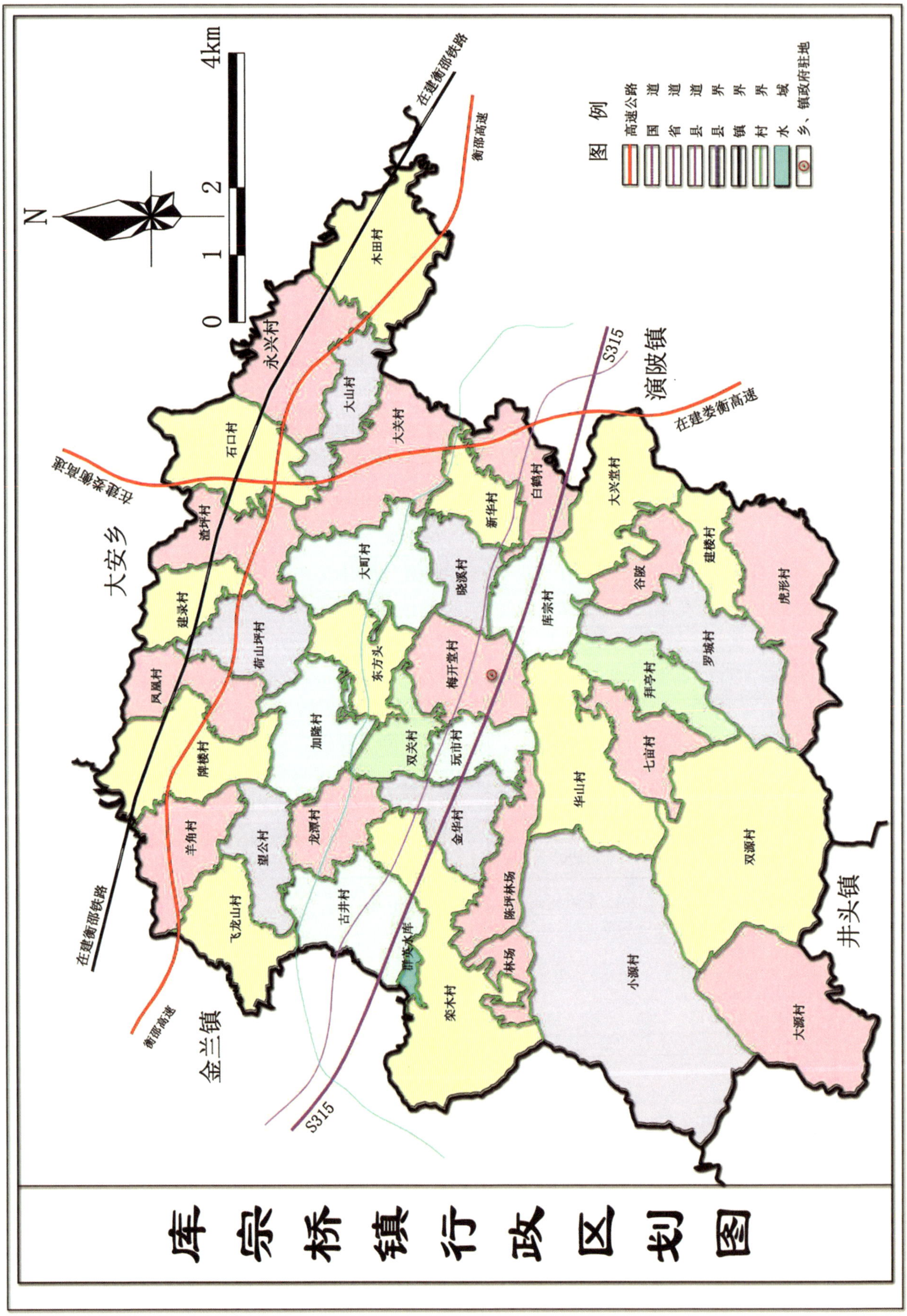
库宗桥镇行政区划图
图例
高速公路
国道
省道
县道
县界
镇界
村界
水域
乡、镇政府驻地
N
0 1 2 4km
在建衡邵铁路
衡邵高速
在建娄衡高速
S315
大安乡
金兰镇
井头镇
演陂镇
永兴村
木田村
大山村
大庆村
石口村
白鹤村
新华村
大兴堂村
建楼村
虎形村
谷陂
库宗村
晓溪村
大町村
遗坪村
建设村
荷山坪村
东方头
梅开堂村
拜亭村
罗城村
凤凰村
加隆村
双关村
玩市村
七亩村
华山村
牌楼村
羊角村
望公村
龙潭村
金华村
双源村
古井村
飞龙山村
陈坪林场
林场
小源村
大源村
茨木村

库宗桥镇

KU ZONG QIAO ZHEN

区域概况

地域名片 2008年，获湖南省文明委授予“文明乡镇”；2010年，获中央文明委授予全国“文明村镇”称号。

位置面积 镇因镇政府驻地附近“库宗桥”得名。位于北纬27°0′34″~27°7′2″，东经112°6′56″~112°15′53″。地处县境西部，东接演陂镇，南抵井头镇，西连金兰镇，北与大安乡接壤。镇人民政府驻梅开村梅开堂，电话区号0734，邮政编码421227。距县城西渡21公里。

辖区东西最大直线距离11公里，南北最大直线距离15公里，总面积99.73平方公里。

建置沿革 明洪武三年（1370），库宗桥属金兰乡。清康熙三十年（1691），撤乡设都，属第九都。同治十年（1871），去都设镇，置金华镇。民国32年（1943）改为金华乡，属衡阳县第六区。中华人民共和国成立后，1950年3月，撤金华乡，分置甘溪、古井、玩市、白马、谷陂、库宗、白石、油溪、渣石9个乡，隶属第六区。1952年7月，衡阳、衡南分县后，调整为：升平、甘溪、渣石、金源、古井、谷陂、木田、石口、大町、龙潭、虎形、油溪、

库宗鸟瞰图

玩市、库宗14个乡，隶属第七区（后更名为金华区）。1956年5月，撤区并乡，前述14个乡分别合并为古井、石口、库宗乡。1958年9月，撤乡设立人民公社（简称公社），古井、石口、库宗乡并为超英（后更名为库宗）公社。1961年8月，析社设区，分置库宗、石口（属演陂区）、古井、牌楼（属金兰区）公社。1984年5月，废公社复称乡镇。1995年5月，再次撤区并乡，石口、古井、牌楼并入库宗乡。2011年5月，撤乡设镇，库宗乡设为库宗桥镇。至2014年年末，政区无变更。

行政区划 2014年，辖合兴1个社区和梅开、玩市、华山、小源、大源、双源、七亩、拜亭、罗城、虎形、建楼、谷陂、大兴堂、库宗、晓溪、白鹤、新华、大町、大关、大山、木田、永兴、渣坪、石口、双关、东方头、加龙、牌楼、凤凰、荷山坪、建录、金华、栾木、古井、龙潭、望公、羊角、飞龙山38个村，下设3个居民小组、455个村民小组。

2015年6月，调整辖区内村级行政区划，将38个村合并为20个村。至是年末，辖合兴1个社区和梅开、库宗、华山、虎形、小源、栾木、金华、飞龙、谷兴、城建、石口、联胜、河源、古井、官町、和隆、兴田、嘉隆、牌楼、建坪20个村，下设3个居民小组，455个村民小组。

自然环境 镇域属山地、丘陵、小平原相间地区。东西部偏高，南北部偏低，中间有狭长小块平原。境内山峦起伏绵延，最高山金华山（又名小云山）主峰海拔328米。全境属大陆性亚热带季风湿润气候区，气温四季分明，光热资源丰富，无霜期长。年平均气温17.8℃。一月最低，月均气温5.6℃；七月最高，月平均36.4℃。雨季旱季明显，年平均降水量1200毫米以上。春夏降水量多于秋冬。雨季（4—6月）降水量占全年的55%；旱季（7—9月）降水量只占全年的10%。极端年最大降水量1800毫米（1970）；极端年最少降水量950毫米（1963）。常年主导风北风，夏季为东南风，并有雷电气象。境内土壤分为水稻土、黄壤土、石灰土、红壤土四大类。全境有河流6条，大源河、双源河、小源河、双桥冲河、甘溪河、牌楼河均系蒸水二级支流，总长80千米。

人口民族 1982年第三次全国人口普查，辖区内户籍总人口（以下简称总人口）40163人；1990年第四次全国人口普查总人口42264人；2010年第六次全国人口普查总人口43618人。“六普”人口分别比“三普”“四普”增加3455人、1354人。2014年年末，辖区总人口49954人，其中常住人口42270人，城镇化率25.3%。总人口中，男性26002人，占52.5%；女性23952人，占47.95%；0～14岁10986人，占21.99%；15～59岁31444人，占62.5%；60岁以上7524人，占15.6%。2014年年末，人口出生率13.74‰，死亡率7.30‰，自然增长率6.44‰。

全镇有少数民族人口16人，其余均为汉族。

经济发展

农业 种植业 2014年，全镇耕地面积1753公顷，其中水田1410公顷，旱土343公顷。主要农作物有水稻、烟叶、油菜、红薯、大豆、花生、蔬菜、水果等。民国时期，由于自然条件差，加之缺乏抗御旱涝和病虫害能力，粮食亩产仅200公斤。

新中国成立后，农业生产持续发展。1957年，粮食平均亩产260公斤。1958年，成立人民公社，后连遇三年自然灾害，粮食减产歉收。1962年后，随着耕作技术的不断改进和水利条件的改善，粮食生产快速发展。1969年，境内种植双季稻1400公顷，占水田面积85.7%，粮食平均亩产达到350公斤。1976年，开始试种杂交晚稻。1980年后，杂交晚稻种植面积占水田的90%，平均亩产410公斤。2000年后，全镇有40%的农田种植杂交早稻，粮食产量大幅提高。2014年年末，全镇水稻复种面积2060公顷，亩产420公斤，总产量1.72万吨；油菜119公顷，总产量2227吨；蔬菜73公顷，总产量1100吨；烟叶250公顷，总产量575吨；瓜果800公顷，总产量750吨；农业总产值1.88亿元。

养殖业　境内历来有养殖猪、牛、鸡、鱼习惯。民国时期，户均年养猪不足一头，养鸡数量较少，养牛仅供役用。中华人民共和国成立后至20世纪70年代，养殖业以集体经营为主，家庭饲养为辅，故发展较为缓慢。20世纪80年代实行农业生产责任制后，养殖业快速发展，并逐步形成规模化、专业化。1988年，境内生猪饲养量达4.5万头，人均1.1头。2000年后，家庭式养猪户逐年减少。随着国家大力扶持养殖业政策的实施，规模养殖户迅速增加。2006年，年饲养生猪300~500头的养殖户23户。2012年，恒田牧业投资2500万元在木田村新建大型养猪场，年出栏生猪5000头以上。2014年年末，全镇共有各类规模养殖户348户，出栏生猪3.9万头，年末存栏1.26万头；出栏羊523头，年末存栏414头；出笼鸡28.3万羽，出塘鲜鱼47吨，养殖业总产值1.23亿元。

林业　境内有山林面积3950公顷，主要树种有杉、松、南竹、樟等。民国时期，林地为私人所有。1950年土地改革，重新确定林权。1958年建立人民公社后，山林收归集体所有。20世纪70年代，境内有社办林场4个，队办林场38个，经营山林面积800公顷。1983年，林地由农户承包经营。此后，采取封山育林、植树造林和退耕还林等措施，共营造公益林面积1440公顷。2014年年末，全镇森林覆盖率87.3%，活木蓄积量3.6万立方米。

工业　民国时期，境内有木器、竹器、铁器、造纸、纸扇等手工业作坊100多家。中华人民共和国成立后，1958—1978年，先后兴办橡胶厂、石灰厂、农具厂、竹木加工厂、绳索厂、农机修理厂、制衣厂、针织厂、绣花厂、印染厂、农机运输站、建筑工程队等30多家社队工业企业，从业人员450余人。1995年，筹集资金3600万元创办华星水泥厂，次年建成投产，年生产水泥10万吨。20世纪90年代后期，民营工业崛起，境内从白鹤村至古井村的公路两边形成一条长约5公里的木器加工走廊。至2003年，全镇有木器加工户528家，从业人员4958人，年销售额1.4亿元，被誉为“鲁班

库宗桥木器生产基地

一条街”。2004年后，乡镇企业改制为民营企业。2010年，改制后的华星水泥公司经过技术改造和扩能，年产量由原来的10万吨提高到60万吨，年产值1.8亿元。2014年年末，全镇有工业企业462家，实现工业增加值8.2亿元，占地区生产总值的81%。

商贸服务 民国期，库宗桥老街和古井头有店铺20余家，从业者30余人。1956年，成立供销合作社，有集贸市场2个。1962—1978年，有供销社、代购代销店及仓储等商贸服务网点40余个，从业人员近100人。1985—2005年，个体商业逐渐取代集体和国营商业。2014年年末，全镇共有各类商贸服务门店680余个，从业人员834人；社会消费品零售总额2.6亿元；有集贸市场2个，年成交额1.96亿元。

财政金融 中华人民共和国成立至1984年，乡（社）未建立财政机构，由财粮委员或秘书按月向区公所领发工资和代报发票。1985年，建立乡财政所，负责财政收支管理。1995年，乡财政总收入708.8万元，主要为农业税和农业特产税以及农民上交提留；财政总支出710万元，主要为支援“三农”、行政管理和上解县财政。2004年起，国家取消农业税、农业特产税和各项涉农摊派提留。当年，全镇涉农税费总额为241.53万元，农民人均61元。2014年年末，财政总收入1280.34万元，财政总支出1045.73万元。

1956年，建立库宗乡信用社。1962年，设库宗、石口、古井、牌楼4个信用分社。1992年，成立4个农村合作基金会和2个互助储金会。1997年，撤销农村“两会”，其账务分别移交县农村合作经济管理局和县民政局。2009年，设立中国邮政储蓄银行库宗营业所。2014年年末，镇内有金融机构3家，职工14人，年末各项存款余额4.98亿元，贷款余额1.17亿元。

基础设施

水利建设 1949年前，境内有山平塘2582口，水利设施脆弱，易受干旱和洪涝灾害。中华人民共和国成立后，县乡政府领导群众大搞水利建设，整修扩建山平塘850余口。1959年2月，建成大源水库，库容量495万立方米。1967年，小源水库建成蓄水，库容量397万立方米。在此期间，还先后兴修了顺石湾、渣泥塘、桑桥冲、鸡公堰4座小型水库。1989—1992年，先后完成顺石湾、大源、小源3座水库干渠和大坝硬化工程，共长14.4千米。20世纪90年代后期至2013年，水利设施建设的重点是灌溉渠系和山平塘清淤硬化。其

库宗桥镇小源水库

通村公路

间，全镇共硬化田间渠46条，总长23千米；整修山平塘2582口。2014年年末，全镇有小一型水库3座、小二型水库3座、山平塘2586口，总蓄水量1240.3万立方米。

交通运输 清代，境内主要大道仅有1条衡宝驿道（衡阳至邵阳）经过。民国28年（1939），建成衡邵公路（即1814线），境内长7公里。新中国成立后，境内公路逐渐形成网络。1974年，建成玩市至牌楼公路。次年，库宗至石口公路建成通车。1983年，省道1814线砂改油。1985—1999年，陆续畅通境内通村公路。2002年，新修省道315线，境内长7公里。2003年后，重点实施乡村公路提质改造工程。至2010年，境内乡道及村道全部实现水泥硬化。2011年12月，衡邵高速公路竣工通车，境内长8公里。2014年年末，境内有高速公路、省道、县道各1条，总长23公里；乡村道路38条，共长86公里。

2010年，建成农村客运站，日发送18个班次。2014年年末，全镇30个村开通农村公交车，日发送乘客1320人次；有货车158台，总载荷1400吨。

邮政电信 明嘉靖十五年（1536），境内衡宝驿道设有白佛铺、金华铺2个驿铺传递邮件。清康熙四十一年（1713），改驿铺为递铺。清末，废递铺设邮局。民国28年（1939），设立库宗桥邮政代办所。中华人民共和国成立后，1957年，设立库宗桥邮电所。1958年12月，邮电所下放库宗人民公社。1960年复归县邮电局管理。此后，公社（乡镇）、大队（村）均设有邮件投递点。至2014年年末，镇内有邮政所1家。

1956年，分别架设库宗、石口、古井乡电话线路。1962年，架设牌楼公社线路。1972年，公社自办电话后，各大队利用广播线路通电话。1995年，陆续开设程控电话。1998年开始，分别建立移动通信和联通通信基站。2014年，镇内有电信、移动、联通营业厅各1个，有固定电话用户6700户，普及率51.5%；有移动和联通通信基站9个，信号覆盖率100%，有移动电话用户24800户，互联网用户2000户。

供电饮水 1975年，境内梅开、玩市、华山3个村先后建成水电站。1989年后，国家电网陆续向村、组供电。1995年，境内有35千伏高压输电线路1条、长13千米，10千伏配电线路76千米；10千伏变压器50台，总容量5100千伏安；有低压用电线路总长270千米，村、组通电率100%。2000年后，分批次实施农村电网改造，先后对38个村进行线改和户改，共改造和新增10千伏线路10千米，新增

汇源水厂

和更新10千伏变压器60台，完成户改12100户。2014年年末，全镇有10千伏线路39条、总长86千米；10千伏变压器110台，总容量11200千伏安；低压配电线路310千米，38个村、455个村民小组全部通电，用电户12100户，供电率100%。

2008年，投入资金1100万元，建成年供水能力32万立方米的汇源水厂，铺设供水主管道5.6千米，支管网102千米；全镇有15个村、1.5万人饮用自来水，城镇入户率100%。

镇村建设 1996年，硬化库宗桥街道，修建农贸市场。1998年，建成计划生育服务所，建筑面积1200平方米。2007年，启动社会主义新农村建设，以金华村和梅开村为试点，重点改造农村水利、电力、道路、人居环境等基础设施。2014年年末，全镇农村道路硬化率、电网改造率、农村居民饮水安全率均为100%，环境卫生达标率为95%。行政村和社区都有办公用房。2007、2008和2010年，库宗乡先后荣获湖南省新农村建设“十大魅力乡镇”、湖南省“文明乡镇”“全国文明村镇”称号。

社会事业

教育科技 1949年，境内有蒋祠堂、白马堂、库宗中心国民小学（县四中前身）、傲头屋、何隆观、坊厢、枫马山、刘祠堂、古井头9所保校和族校。

中华人民共和国成立初期，接收旧学校，兴办小学和中学。至1958年，境内有完全小学4所，初小8所，初中（县四中）1所。1964年，实行全日制与半日制、公办与民办两种教育制度并举。其时，境内有农业中学1所，民办小学10所。1970年，县四中升格为高中。

衡阳县第四中学

1971年，农业中学、民办小学分别并入公办中学和公办小学。1974年，按照“一个公社办

1所初中，一个大队办1所小学”的要求，境内有初中4所，小学30所。1995年后，对中小学布局进行调整，撤并一批小学。至2003年，全乡有小学（含教学点）共16所。与此同时，先后新建和改建小学9所，建筑面积6860平方米。2003年，古井中学学生万灿参加全国中学生物理奥赛获一等奖；库宗中学学生左勇获全国生物奥赛二等奖；左伟获全国物理奥赛二等奖。2014年年末，全镇有幼儿园4所，在园幼儿1080人，专任教师21人；小学13所（含1个教学点），在校学生4350人，专任教师197人；初中3所，在校学生2130人，专任教师128人；高中1所，在校学生2616人，专任教师139人。有库宗桥中心学校、加隆完小、华山小学、石口中学4所县级合格学校。

库宗桥镇首届农民文化艺术节

1981年，建立公社农科站，有农民技术员35人。1983年起，开办4所农民技术学校，传授农业科技知识，年培训农民550人次。20世纪90年代起，创建科技示范户。2006年，华星水泥厂成立蒸阳水泥新技术研究所，拥有各类科技人才4人，其研究的“缺陷晶体配料技术”获湖南省技监局科技一等奖。2011年，晓溪村彭小伟被评为衡阳市“优秀星火科技示范户”。2014年年末，全镇有各类科技示范户120户。

文化体育　民国时期，境内民间有龙灯、狮灯、花灯、皮影戏。中华人民共和国成立后，以俱乐部为文化活动阵地。1966—1976年“文化大革命”期间，成立文艺宣传队，以演唱“样板戏”“语录”歌和跳“忠”字舞为主。1980年后，境内文化活动趋向多样化。先后组建有乐队、图书室、录像厅、卡拉OK厅、腰鼓队和演唱团等民间文化团体。与此同时，文艺创作方兴未艾。1986年，刘江涛（石口村人）的美术作品《枫叶》获全国少年儿童画展“长白山杯”铜奖；《翔》获湖南省少儿书画展一等奖。1990年，刘玉英（石口村人）的画作《金色的童年》获湖南省少儿书画展三等奖。1993年，刘新奇（石口村人）的美术作品《春韵》获全国教师书画展二等奖；2001年，其画作《山水清音》在中日韩联展中获金奖。2008年，林叶青（金华村人）的诗歌集《库宗之歌》《库宗多娇》《神童诗联》相继出版。2009年，刘求存（虎形村人）的美术作品《黄昏烟雨乱蛙声》入选湖南省国画馆成立30周年纪念展，其作品《蝴蝶》发表于深圳《南国艺术》。2011年，《刘新奇山水画集》由华夏文艺出版社出版；2012年，其画作《溪山清远》获第七届当代中国山水画展铜奖。是年，举办库宗桥镇首届农民文化艺术节。2013年，刘求存的画作《杜鹃花开映山红》获衡阳市教师艺术作品展美术一等奖。2014年年末，镇内有文化站1个，村级文化活动中心5个，各类图书室45个，藏书共8万余册；各类文化专业户33户，从业人员112人，业余文艺创作人员4人。

1972年，建立公社广播站，配备工作人员1名，38个大队、455个生产队均开通广播，线路总长96千米。1975年，成立公社电影放映队，有35毫米放映机2台、16毫米放映机2台。1985年，镇广播站更名为广播电视站。1995年，建立有线电视站。是年，有线电视用户384户，线路长16千米。2012年，在金华山建成电视信号接收塔。是年，有线数字电视用户增加到1236户。2014年年末，全镇有线电视网络21千米，有线电视和无线数字电视入户率64.8%。

1997年，镇内中小学开始按《国家体育锻炼标准》教学，当年达标率30%；至2000年，达标率提高到90%。2014年年末，全镇学校有体育场16个，有村级体育场5个。

医疗卫生 民国时期，境内有私营中医诊所数家。中华人民共和国成立后，1953年，建立库宗桥卫生所，从业人员5人。1959年，成立库宗联合诊所，专任医师14人。是年，联合诊所更名为公社卫生院。1969年，建立大队卫生室，分别配有"赤脚医生"和妇幼保健员，并组织专业培训，首批培训赤脚医生36名。1984年，公社卫生院更名为乡卫生院。1995年撤区并乡后，原库宗、石口、古井、牌楼4个乡卫生院合并为库宗乡卫生院。1999年，投资140万元，新建住院部和门诊大楼，面积2400平方米。2006年，启动新型农村合作医疗。当年，全镇参合人数34124人，参合率88.5%；全年共补偿兑付1613人次，补偿总金额86.13万元。此后，参合人数逐年增加。2014年年末，境内有卫生院1所，分院1所，门诊部1个，村卫生室38个，病床60张，专业医务人员117人；参加新型合作医疗4.99万人，参合率99.8%，共补偿兑付1192人次，补偿总金额103.2万元。

社会保障 灾害救助 1998年，境内连降暴雨，大源水库、双桥冲水库溢洪道及河堤被洪水冲垮，9个村严重受灾，死亡2人，县乡拨付救灾款物30万元救济灾民。2008年1月，境内13户村民因严重冰灾造成房屋倒塌，县、乡两级拨付15万元，帮助重建新居。

五保供养 20世纪60年代开始，对孤寡老人和无劳动能力的残疾人实行"五保"，其生活供养费由所在生产队统筹。20世纪80年代后，"五保"供养纳入乡统筹。1995年6月，建成乡敬老院，集中供养部分"五保"老人。2005年起，"五保"对象享受城乡最低生活保障待遇，其供养经费由县财政统筹。2009年，梅开村、华山村先后建成"五保之家"。2014年年末，全镇有"五保"对象348人，其中，集中供养60人；共拨付供养金91.87万元，年人均2640元。

大病救助 2006年起，实施城乡居民大病医疗救助，救助对象主要为罹患恶性肿瘤、白血病、尿毒症等大病的城乡低保户、五保户。2014年，共救助1059人，救助总金额42.59万元。

城乡低保 2007年7月，实行城乡居民最低生活保障。当年，镇内有低保对象502户、1044人，年人平均补助360元，总金额37.58万元。此后，对低保户实行动态管理，补助标准逐年提高。2011年，有城镇低保对象46户、

库宗卫生院

85 人，发放金额 20.3 万元，年人均 2388 元；农村低保障对象 913 户、1693 人，共发放金额 159.1 万元，年人均 940 元。2014 年年末，有低保对象 1116 户、2233 人，年人均补助 1476 元，共发放低保金 329.59 万元。

养老保险　2011 年 7 月，启动城乡居民社会养老保险。是年，镇内城乡居民登记参保 12924 人，参保率 41.7%；征缴养老基金 138.18 万元，为 6760 名到龄居民发放 7—12 月份养老金 219.78 万元。2014 年年末，城乡居民登记参保 13500 人，参保率 42.5%；征缴养老基金 141 万元，为 7511 名到龄居民发放养老金 529.65 万元。

人民生活　1949 年前，境内绝大多数人缺衣少食，居住简陋。新中国成立后，1950 年农村实行土地改革，使“耕者有其田，居者有其屋。”1957 年，“吃饭”问题基本得到解决。1959—1961 年，由于天灾人祸等因素，造成粮食短缺和饥荒。1964—1977 年，“温饱”问题得到解决，部分家庭购置有自行车、手表、缝纫机、收音机。1982 年改革开放以后，农村实行土地承包经营责任制，极大地调动了人民群众的积极性，经济不断发展，人民生活水平不断改善。1985 年，全镇农村居民人均纯收入 431 元，1990 年达到 657 元，至 2000 年，人均纯收入提高到 2250 元。部分家庭购置了电视机、洗衣机、摩托车，大部分农家由土砖房换成了红砖瓦房。2001—2014 年，居民生活水平显著提高。年人均可支配收入由 2820 元提高到 11890 元，分别是 1990 年的 18 倍、2000 年的 4.5 倍。绝大多数农村家庭住宅进行了改旧换新，并有别墅式的小洋楼；固定电话、移动电话、电脑、空调、热水器、汽车等进入寻常百姓家，人民生活质量全面提升。

特色地情

历史人文

刘道衡（1892—1968），字祥纯，名恒和，库宗桥镇渣坪村人。早年留学日本明治大学，归国后加入中国“同盟会”，投身辛亥革命。民国 4 年（1915），参加反袁世凯运动。民国 6 年，参与反对张勋复辟斗争。曾先后担任鲁军第一师参谋、长沙绥靖公署参事、湖南督军秘书兼警报处处长。1932 年参加革命工作。次年加入中国共产党。此后，长期从事中共地下情报工作和统战工作。1933 年春，受中共中央军委特科委派来长沙，以湖南省民政厅秘书身份为掩护，开展党的地下工作。1938 年 10 月，奉命转移回乡，与刘纯宜等创建抗日武装自卫队。不久，建立中共牌楼支部，任第一任书记。1942 年，奉命去川康地区开展党的地下工作。1945 年调回延安到陕甘宁边区政府交际处任职。1948—1949 年，任中央社会部政策指导员。新中国成立后，历任中共湖南省委统战部副部长，湖南省人民政府委员兼参事室副主任，政务院参事、国务院参事，中央文史馆办公室主任。曾是中国人民政治协商会议第三届、第四届全国委员会委员。

刘纯宜（1892—1956），字云集，库宗桥镇荷山坪村石笋堂人。1926 年参加农民运动，同年加入中国共产党。“马日事变”后，任工农革命军第九师和七师三团团委。1938 年，协助刘道衡建立中共牌楼冲支部，从事党的地下工作。次年冬，以培训抗日骨干为目的创办雪竹山民众学校，任校长。1947年，为迎接衡阳解放，刘纯宜变卖自己和刘道衡的部分田产购买枪支弹药，于1949年2月成立中共地方武装——湘衡人民赤卫游击司令部。同年6月，任"湘衡支队"游击司令部司令兼政委。衡阳解放时，编入衡阳军分区。1951年7月，任衡阳县第二届各界人民代表会议副主席。

马积高（1925—2001），笔名野马，库宗桥镇新华村人。中共党员，知名古代文学史专家。1948年毕业于国立师范学校。是年秋，在衡阳市从事教育工作，先后任含章中学教导主任、校长，市一中教导主任、政治教员，市八中校长等职。1956年，调长沙师专任讲师。1958年，执教湖南师范学院，历任副教授、教授、中文系主任、湖南文史馆馆员。专著有《关汉卿生平及其作品》《赋史》《宋明理学与文学》《清代学术思想变迁与文学》《荀学源流》等。其中《赋史》为中国第一部赋史研究专著。由他主编出版的《历代辞赋总汇》系国家重点课题和国家重点图书工程。此外，还发表有《唐代诗歌的繁荣》等论文30余篇。曾被评为全国教育系统劳动模范。晚年兼任湖南书画社名誉会长、"岳麓诗社"顾问。

蒋四南（1923—1993），库宗桥镇玩市村人。知名科学家，中国科学院半导体研究所研究员。1949年毕业于武汉大学物理系。从事科研工作30余年，他运用X射线这一实验手段，研究硅中的旋涡缺陷、硅中的氧碳沉淀以及硅中的一种漫散射现象，进而完成了"黄昆（中国著名科学家）漫散射"理论的验证工作，其研究成果进入国际先进行列。他还在同步安置上首次观察到了X射线驻波现象，填补了我国这一领域的空白。他参与研制的正负电子对撞机，曾获国家科技进步特等奖，并受到时任国务院总理李鹏的接见。

历任乡镇（公社）党政主要负责人名录

库宗桥镇

（1956.6—2015.12）

中共库宗乡委员会

第一书记	阳世学	1956.6—1958.9

中共超英公社委员会

第一书记	廖俊美	1958.9—1959.1

中共库宗公社委员会

书　记	廖俊美	1959.1—1960.5
	杜孝云	1960.5—1961.4
	杜孝云	1961.4—1961.8
	陈云召	1962.5—
	陈云召	1970.10—1977.5
	周良松	1977.5—1977.10
	王庸鹏	1977.10—1981.10
	杨荣生	1981.10—1986.1

中共库宗乡委员会

书　记	杨荣生	1984.4—1986.1
	彭石林	1986.1—1986.12
	段天云	1986.12—1990.8
	戴友堂	1991.1—1995.5

中共库宗乡工委

书　记	赵国运	1995.5—1995.9

中共库宗乡委员会

书　记	赵国运	1995.9—1998.1
	凌成国	1998.1—1998.11

王小平　1998.11—2003.1
戴新贤　2003.1—2008.10
蒋晓阳　2008.12—2011.5

中共库宗桥镇委员会

书　记　蒋晓阳　2011.5—

库宗乡人民政府

乡　长　林丰山　1956.6—1957.4
熊正初　1957.4—1958.9

超英人民公社

社　长　杜孝云　1958.9—1959.1

库宗人民公社

社　长　杜孝云　1959.1—1960.4
李松柏　1961.8—

库宗公社革委会

主　任　陈云召　1968.2—1977.1
周良松　1977.1—1977.10
王庸鹏　1977.10—1980.11
刘庆国　1980.11—1981.3

库宗公社管委会

主　任　刘庆国　1981.3—1984.2
王在发　1984.2—1984.4

库宗乡人民政府

乡　长　王在发　1984.4—1985.3
黄华吉　1985.3—1986.9
邹振华　1986.10—1989.1
戴友堂　1989.1—1991.1
刘耀德　1991.1—1993.2
刘运文　1993.2—1995.5

库宗乡行政管委会

主　任　曾义国　1995.5—1995.9

库宗乡人民政府

乡　长　曾义国　1995.9—1997.2
蒋宏梁　1997.2—1998.1
王国平　1998.1—1998.10
邹学初　1998.10—2003.1
刘　云　2003.1—2006.4
蒋晓阳　2006.4—2008.12
蒋自强　2008.12—2011.5

库宗桥镇人民政府

镇　长　蒋自强　2011.5—2013.9
邓　琼(女)　2013.9—

库宗乡人大主席团

主　席　王太告　1987.10—1991.1
刘国治　1991.1—1993.2
李新民　1993.2—1995.5
蒋宏梁　1995.10—1997.2
王小平　1997.2—1998.10
刘召喜　1998.10—2001.1
戴新贤　2001.1—2003.1
邹宽生　2003.1—2006.4
邱德明　2006.4—2008.12
廖铁生　2008.12—2011.5

库宗桥镇人大主席团

主　席　廖铁生　2011.5—2013.9
刘元春　2015.2—

库宗乡政协联工委

主　任　阳才贵　1995.12—2001.10
邹宽生　2001.10—2003.1
蒋晓阳　2003.1—2006.4
廖铁生　2006.4—2008.12
刘忠秋　2008.12—2011.5

库宗桥镇政协联工委

主　任　刘忠秋　2011.5—2013.9
杨如良　2015.2—

石　口　乡

(1956.6—1995.5)

中共石口乡委员会

第一书记　唐代理　1957.4—1958.4

中共石口公社委员会

书　记	刘文光	1961.8—1961.9
	祝家诚	1961.9—1962.5
	李君云	1962.5—1966.1
	王方斌	1966.1—
	王方斌	1971.3—1975.12

中共石口乡（公社）委员会

书　记	欧吉清	1975.12—1985.3

中共石口乡委员会

书　记	肖自赞	1985.3—1986.12
	阳才贵	1986.12—1993.2
	刘耀德	1993.2—1995.5

石口乡人民政府

乡　长	戴云程	1956.6—1958.9

石口人民公社

社　长	刘文光	1963.9—

石口公社革委会

主　任	王方斌	1968.3—1975.4
	欧吉清	1975.4—1981.3

石口公社管委会

主　任	肖自赞	1981.3—1982.1
	刘槐生	1982.2—1984.4

石口乡人民政府

乡　长	刘槐生	1984.4—1985.3
	蒋艳初	1985.3—1985.9
	蒋经源	1985.9—1989.11
	邹学初	1989.11—1995.5

石口乡人大主席团

主　席	李季秋	1987.10—1995.5

古　井　乡

（1956.6—1995.5）

中共古井乡委员会

第一书记	廖俊美	1956.6—1957.4
书　记	廖俊美	1957.4—1958.9

中共古井公社委员会

书　记	彭光初	1961.4—1961.8
	万先杰	1961.9—1963.9
	王炎生	1963.9—1965.1
	彭光初	1965.1—
	彭光初	1971.2—1974.11
	李训福（女）	1974.11—1978.10
	谢志汉	1978.10—1983.10

中共古井乡（公社）委员会

书　记	陈启荣	1983.10—1987.12

中共古井乡委员会

书　记	邹赐军	1987.12—1989.1
	刘培新	1989.1—1991.1
	金方荣	1991.1—1995.1
	李兰田	1995.1—1995.5

古井乡人民政府

乡　长	李文光	1956.6—1958.9

古井人民公社

社　长	熊祥林	1961.8—1963.9

古井公社革委会

主　任	彭光初	1968.3—1974.11
	李训福（女）	1974.11—1978.10
	谢志汉	1978.10—1981.3

古井公社管委会

主　任	周良秩	1981.3—1982.10
	金方云	1984.2—1984.4

古井乡人民政府

乡　长	金方云	1984.4—1991.1
	何斌书	1991.1—1992.2
	李兰田	1992.2—1995.1
	李明友	1995.1—1995.5

古井乡人大主席团

主　席	常清和	1987.10—1988.3
	王小平	1988.3—1989.11
	李兰田	1989.11—1992.2

	肖高甲	1992.2—1994.4
	刘运苏	1994.4—1995.5

牌　楼　乡

(1961.8—1995.5)

中共牌楼公社委员会

书　记	谭运生	1961.8—1962.12
	欧名槐	1962.12—1964.7
	李文和	1964.7—1966.1
	颜学运	1966.1—
	严先瑜	1971.4—1973.1
	王佑初	1973.1—1975.11
	王佑初	1975.11—1977.8
	李承忠	1977.8—1983.10
	曾祥庚	1984.2—1984.4

中共牌楼乡委员会

书　记	曾祥庚	1984.4—1986.1
	刘国光	1986.1—1986.9
	钟新明	1986.9—1990.4
	曾义国	1990.4—1993.5
	刘忠秋	1993.5—1995.5

牌楼人民公社

社　长	刘庆云	1962.2—1963.3
	黄才元	1963.3—

牌楼公社革委会

主　任	颜学运	1968.3—1969.9
	阎选瑜	1970.6—1973.1
	王佑初	1973.1—1975.12
	王方斌	1975.12—1976.2
	李承忠	1977.1—1981.3

牌楼公社管委会

主　任	申泰满	1981.3—1984.2
	刘国光	1984.2—1984.4

牌楼乡人民政府

乡　长	刘国光	1984.4—1986.3
	李兰田	1986.3—1989.11
	曾凡双	1989.11—1995.5

牌楼乡人大主席团

主　席	唐万轩	1987.10—1991.1
	伍政权	1991.1—1992.2
	刘培新	1992.2—1993.3
	刘运苏	1993.3—1994.4
	刘忠秋(兼)	1994.5—1995.5

表 9 库宗桥镇村级行政区划调整概况表

新村（社区）名	人口数	合并的原村（社区）名
谷兴村	2655	大兴村、谷陂村
牌楼村	2456	牌楼村、凤凰村
嘉隆村	3090	加龙村、双关村、东方头村
兴田村	2895	木田村、永兴村
和源村	1528	大源村、双源村
和隆村	3239	白鹤村、新华村、晓溪村
库宗村	1637	库宗村
官町村	3441	大关村、大町村
虎形村	1839	虎形村
联胜村	2558	拜亭村、七亩村
古井村	3232	古井村、龙潭村
金华村	3268	金华村、玩市村
华山村	2404	华山村
栾木村	1879	栾木村
小源村	1058	小源村
石口村	1800	石口村、大山村
城建村	2644	罗城村、建楼村
飞龙山村	2790	飞龙村、羊角村、望公村
梅开村	1921	梅开村
建坪村	2719	荷山坪村、建录村、渣坪村
合兴社区	1213	合兴社区

说明：原有 38 个村 1 个社区，2015 年调整合并为 20 个村 1 个社区。

金兰镇行政区划图

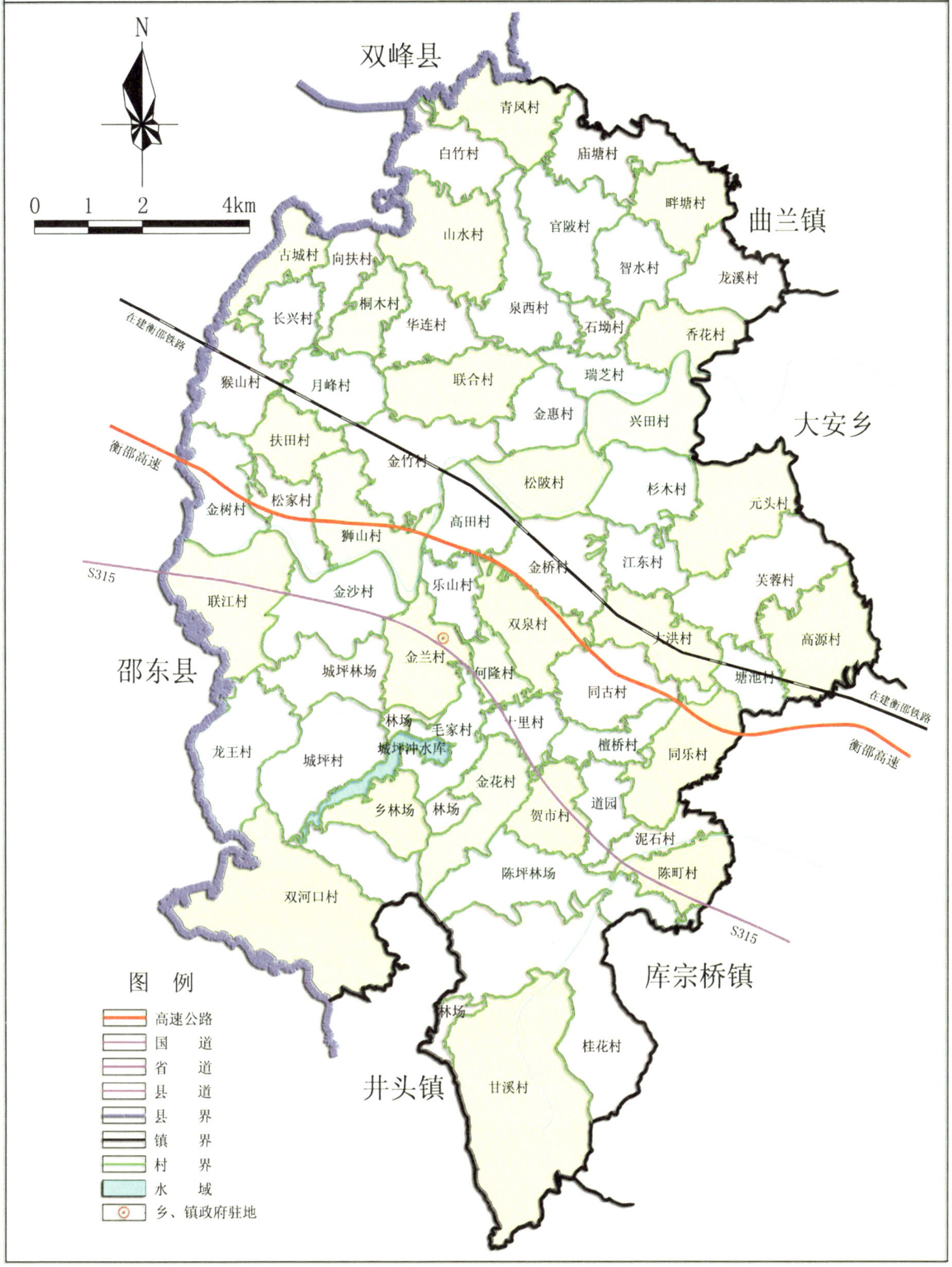
N
0 1 2 4km
双峰县
曲兰镇
大安乡
邵东县
库宗桥镇
井头镇
青风村
白竹村
庙塘村
畔塘村
山水村
官陂村
智水村
龙溪村
古城村
向扶村
桐木村
长兴村
华连村
泉西村
石坳村
香花村
在建衡邵铁路
猴山村
月峰村
联合村
瑞芝村
金惠村
兴田村
扶田村
衡邵高速
金竹村
松陂村
杉木村
元头村
松家村
金树村
高田村
狮山村
S315
金桥村
江东村
芙蓉村
乐山村
金沙村
联江村
双泉村
大洪村
高源村
金兰村
城坪林场
何隆村
塘池村
同古村
林场
毛家村
十里村
龙王村
城坪冲水库
檀桥村
同乐村
城坪村
金花村
乡林场
林场
道园
贺市村
泥石村
陈坪林场
陈町村
双河口村
林场
桂花村
甘溪村
图例
高速公路
国道
省道
县道
县界
镇界
村界
水域
乡、镇政府驻地

金兰镇

区域概况

地域名片　2008年，获湖南省诗词协会授予“诗词之乡”。

位置面积　金兰因“川漾金沙，山产兰草”而得名。位于北纬27°1′21″~27°13′3″，东经112°2′19″~112°10′30″。地处县境西部，东邻库宗桥镇、大安乡，北连曲兰镇、双峰县花门镇，西毗邵东县水东江镇，南抵井头镇。镇人民政府驻乐山村。距县城西渡35公里。

辖区东西最大直线距离14公里，南北最大直线距离18公里，总面积164.48平方公里。

建置沿革　明洪武三年（1370）置金兰乡。清康熙三十年（1691），撤乡设都，属第十都。清同治十年（1871），去都置乡镇，属金华镇。民国32年（1943），设区辖乡，为第六区金兰乡。中华人民共和国成立初，仍沿袭民国旧制。1950年3月，撤金兰乡，分置联

金兰鸟瞰图

江、猴山、泉溪、石坳、江口、金兰、檀溪、山水、芙蓉乡，同属第六区。1952 年 7 月，衡阳析为衡阳县、衡南县，重置区乡政区，设为第八区（后更名金兰区），辖金兰、江口、金竹、联江、猴山、山水、泉溪、石坳、贺市、芙蓉、檀溪、龙溪、江东、城坪 14 个乡。1956 年 5 月，撤区并乡，将联江、金竹并入猴山乡；贺市、城坪、芙蓉、檀溪、江口、江东并入金兰乡；泉溪、石坳、龙溪并入山水乡。1958 年 9 月，建立人民公社，撤金兰乡、猴山乡建星际公社，撤山水乡建五星公社。1961 年 8 月，设区分社，置金兰、山水、石坳、檀桥、贺市公社，同属金兰区。1984 年 5 月，改公社为乡镇，金兰乡更名为金兰寺镇。1995 年 5 月，再次撤区并乡，山水、石坳、檀桥、贺市 4 个乡并入金兰寺镇，更名为金兰镇。至 2014 年年末，政区无异动。

行政区划　2014 年，政区辖金兰寺、向阳 2 个社区和金兰、何隆、双泉、乐山、高田、金桥、松陂、金竹、狮山、松家、金树、联江、金沙、龙王、青凤、白竹、联合、华连、桐木、月峰、扶田、猴山、古城、向扶、山水、长兴、兴田、金惠、瑞芝、香花、石坳、智水、龙溪、畔塘、庙塘、官陂、泉溪、江东、杉木、元头、高源、大洪、同古、檀桥、塘池、芙蓉、同乐、贺市、金花、十里、毛家、城坪、双河、甘溪、桂花、陈町、泥石、道园 58 个村，下设 24 个居民小组、727 个村民小组。

2015 年 7 月，调整辖区内村级行政区划，将 58 个村合并为 28 个村。至是年末，辖金兰、金沙、山水、元头、官陂、泉溪、乐田、松江、泉隆、金家、金狮、联龙、青竹、古城、华连、猴山、石坳、龙兴、瑞芝、江东、芙蓉、同古、檀桥、城坪、十里、贺市、陈町、甘溪 28 个建制村和金兰寺、向阳 2 个社区，下设 727 个村民小组、24 个居民小组。

自然环境　全镇北、西、南三面环山，东部低平，中部丘陵与平町相间，地势自西北向东南倾斜。主要高山有肖公寨、麻竹寨、袁公寨、石荷岭、聚湖峰、香庐山、古城峰等。最高山风波岭主峰海拔 712.5 米。境内主要河流有蒸水、甘溪河、毛家河、龙王河、月峰河、山水河、石坳河、檀桥河等 9 条，总长约 62.2 公里，皆为蒸水一级支流。

镇域属亚热带季风湿润气候区。气温四季分明，光热资源充足。年平均气温 16～17℃，年均降水量 1284 毫米。极端年降水量最少 842 毫米（1985），极端年最大降水量 1854 毫米（2014），降水集中在每年 4—9 月，5、6 月最多。冰雪年均 6.5 天，极端年冰雪最长时间 26 天（2008 年 1 月）。常年主导风偏北风，夏季、秋初多为东南风，有时出现雷电、冰雹强对流天气。境内土壤分为水稻土、黄壤土、潮土三大类。

人口民族　1982 年第三次全国人口普查，辖区内户籍总人口（以下称总人口）62932 人。1990 年第四次全国人口普查，总人口 68229 人。2010 年第六次全国人口普查，总人口 70784 人。“六普”人口分别比“三普”“四普”增加 7852 人、2555 人。2014 年年末，辖区总人口 78468 人，其中常住人口 71805 人。城镇化率 35.8%。总人口中，男性 40879 人，占 52.1%；女性 37589 人，占 47.9%。0～14 岁 16234 人，占 20.69%；15～59 岁 50173 人，占 63.94%；60 岁以上 12061 人，占 14.37%。2014 年年末，人口出生率 12.2‰，死亡率 6.82‰，人口自然增长率 5.2‰。

辖区内有少数民族人口 63 人，其余均为汉族。

经济发展

农业　种植业　2014年，全镇有耕地2990公顷，其中水田2600公顷。主要农作物有水稻、红薯、大豆、油菜、蔬菜、水果等。民国时期，农业生产水平低下，加之缺乏抗御自然灾害能力，粮食亩产仅200公斤左右。

中华人民共和国成立后，1951年实行土地改革，1953年开始实行互助组，粮食逐年增产丰收。至1957年，平均亩产达250公斤。1958年，成立人民公社后，搞“共产风”，后又连遇三年自然灾害，粮食减产歉收。1962年后，实行以生产队为核算单位，同时改进耕作技术，扩大双季稻种植面积，加强水稻病虫害防治，粮食生产持续发展，1968年粮食亩产提高到400公斤。1976年，开始试种杂交晚稻，亩产320公斤，比常规晚稻亩产高120公斤。与此同时，大力推广“稻稻肥”“稻稻油”“稻稻麦”三熟制。1982年，实行家庭联产承包责任制，大面积种植杂交晚稻，单季平均亩产460公斤。1999年，开始种植杂交早稻，此后，面积逐年扩大。2014年，全镇水稻种植面积2660公顷（含复种指数），总产3.6万吨；油菜面积1600公顷，总产3410吨；烟叶206公顷，总产720吨；蔬菜330公顷，总产0.6万吨；水果340公顷，总产0.4万吨。实现农业总产值1.71亿元。

养殖业　境内历来有养殖猪、牛、羊、鸡、鸭、鱼等禽畜水产习惯。民国时期，禽畜鱼饲养数量少、产量低，故民间流行“养牛作田，喂猪过年，卖蛋换盐”“鱼吃天河水，人吃自在鱼”的说法。中华人民共和国成立后，政府鼓励农民饲养家禽、家畜，产量有所提高。1958—1962年，办公共食堂，刮“共产风”，养殖业严重下降。20世纪60年代后期至70年代末，政府号召发展生猪生产，基本实现“一人一猪，一亩一猪”。80年代后期，养殖业快速发展。1990年，全镇生猪饲养量达到7万头，实现了“一人一猪”目标。2000年后，分散养猪户减少，出现一批规模养殖户：畔塘村的邹省春、同乐村的刘国华等年出栏生猪均在3000头以上；元头村原党支部书记阳细林，投资300万元，在十里村创办蛋鸡养殖基地，鸡舍建筑面积7200平方米，饲养蛋鸡5万羽，日产蛋2.5万个。2014年年末，全镇有各种专业养殖户184户，出栏生猪7.5万头，家禽40万羽，产鲜鱼7.5吨，养殖业总收入1.1亿元。

林业　全镇有山地面积8986公顷，主要树种有松、杉、樟、梓、南竹、油茶、板栗等。民国时期，林地为私人所有。1958年成立人民公社后，林权收归集体；由于“大炼钢铁”和办“公共食堂”，大量砍伐林木，山林受毁。1960年2月，创办县属城坪林场，有营林面积1233公顷。20世纪70年代后，采取集体造林，封山育林和禁止乱砍滥伐等护林措施，森林覆盖率逐渐提高。至1977年，累计造林2450公顷。1982年，山林权属再次确定到农户。2000—2004年，实施退耕还林工程，共营造生态林300公顷。与此同时，对乡村林场林权实行有偿转让。2014年，全镇有林地面积7650公顷，其中南竹1660公顷，生态林5040公顷，板栗、油茶、、水果等林木950公顷，年活立木蓄积量28.75万立方米，林产品收入0.4亿元。

工业　清朝、民国时期，境内民间有铁

器、木器、淘金、造纸、印染等手工作坊数十家。中华人民共和国成立后，1953—1956年，通过对私营工商业实行社会主义改造，全镇有手工业生产合作社5家，主要从事竹器、木器、石器、造纸、印染等制造和加工。1958—1960年，先后开办金兰造酒厂、缝衣厂、农具厂。20世纪70年代末至80年代末，兴办乡镇企业，镇内有建筑、建材、农具、印刷、冶炼、铜线、运输、竹木器加工、采矿、石灰等工业企业30多家，从业人员1500余人，年产值5000万元（按当时价格）。1985年，创办金兰铜线厂，年产值600万元。1987年，冷水滩市普利桥乡农民吕明东来金兰石荷岭开采金砂矿。在吕明东的影响下，当地有数百村民争抢开采。后因造成秩序混乱，安全隐患日趋严重，于1995年8月封矿停开。其间，共开采沙金300余公斤。2004年后，乡镇企业改制为民营企业。2014年年末，镇内有民营企业28家，工业总产值1.64亿元。

商贸服务　民国时期，金兰街有商铺数十家。中华人民共和国成立后，1953—1956年，区、乡人民政府先后在金兰寺老街设立供销社、肉食水产站、粮油购销站及粮食储运库等，供应生产生活资料和收购农副产品。1955年，境内有私营商贸户56家，从业人员130多人。1958年，取消集市贸易和个体商贩，商贸服务由供销社或合作商店统一经营。1962年，逐渐恢复集贸市场，但对商品种类仍有所限制。1970年，境内有国营、集体商业网点26个，从业人员210人。1978年后，实行改革开放，逐步放开市场，个体商贩进入商品流通领域。至1995年，个体商贸户发展到240户、510人。此后，民营商业成为市场主体。2014年年末，镇内有各类商贸户626家，从业人员3640人，涉及生产生活资料供应收购、餐饮、运输、文化、医疗、药品、金融、保险、旅游、加工等行业。全镇有集贸市场2个，年社会消费品零售总额3.48亿元。

财政金融　中华人民共和国成立至1984年，乡（社）未建立独立的财政机构，由财粮委员或秘书按月向区公所代领工资和报销发票。1985年，成立乡镇财政所，负责辖区内的财政税收工作。1995年，镇财政总收入998.57万元，主要为工商税和农业税收，财政总支出974.23万元，主要为支援农业、行政管理费和上解县财政。2004年，国家实行农村税费改革，取消农业税、农业特产税及各种涉农税费共375.23万元，农民人均得实惠60.48元。2014年年末，实现财政总收入1289万元，财政总支出1264万元。

1952年，成立中国人民银行金兰营业所，管理金融业务。1956年建立金兰信用合作社。1962年，增设金兰、山水、石坳、檀桥、贺市5个信用分社。1980年，撤销人民银行，其金融业务由农业银行营业所接管。1994年，成立农村合作基金会，下设金兰、山水、石坳、檀桥、贺市5个分会。同年，相继成立民政互助储金会。1996年2月15日，成立金兰镇工商联光彩基金分会，下设金兰、山水两个站。当时“三会”共融资1.5亿元。1997年，清理整顿农村“三会”，关停融资业务，其账务分别移交县农经局、民政局、工商联处理。2014年年末，镇内有农业银行分理处1家，信用社4家，邮政储蓄所1家，年末储蓄存款余额10.13亿元，贷款余额2.93亿元。

基础设施

水利建设 金兰地处衡邵干旱走廊。民国时期，境内有山平塘4250余口，蓄水总量约650万立方米。

城坪冲水库

中华人民共和国成立后，人民政府重视水利建设，发动群众修建山塘、河坝、水库等水利设施。1952—1958年，先后共整修扩建山平塘4810口，蓄水量增加到950万立方米。1961—1970年，水利建设的重点主要是修建小型水库。其间，先后建成卫星、芙蓉、石光冲、牛鼻庵、陈福堂、龙王洞6座小型水库。其中卫星水库修建于1967年，库容量344万立方米。与此同时，还分别在境内蒸水河段建成松家、狮山、高田、松陂4座拦河坝。1976年8月，城坪冲中型水库竣工蓄水，库容量1710万立方米，灌溉农田3400公顷；灌区内修建左、右2条干渠长61千米，架渡槽26处共长4.24千米。20世纪90年代至2012年，着力做好水利设施的清淤、防渗和除险加固工作。其间，先后共完成山平塘清淤1230口，干渠防渗硬化12.5千米，硬化田间排灌渠18条长21.4千米，以及卫星水库大坝除险加固。2014年年末，镇内有中型水库1座，小一型水库1座，小二型水库5座，蒸水拦河坝4处，山平塘、骨干塘4810口，总蓄引提水量3230.2万立方米。

交通运输 清雍正初年（约1723—1726），修建寒峰桥，桥长47.7米，宽6.6米，为实腹式两墩3孔石砌拱桥，系县级文物保护单位。民国28年（1939），衡阳至邵阳公路（衡邵公路）建成通车，境内长14.2公里。中华人民共和国成立后，境内逐步建成交通网络。1975年，修通金兰寺至桐梓坪公路，长14.8公里。尔后，相继修通金兰寺至山水公路（长7.5公里），金兰至檀桥公路（长8公里），实现了区、公社之间通公路。20世纪80年代至90年代，重点实施通村公路工程。2000年开始，对乡、村道路分批进行提质改造和水泥硬化。2001年10月，省道S315线竣工通车，境内长12.5公里。2011年12月，建成衡邵高速公路，境内长12公里，在金兰寺设有出入口。至2012年，镇内乡、村道路全部改造硬化完毕。2014年，启动衡邵怀铁路工程建设，途经镇内10个村，长11.8公里。2014年年末，境内有省道1条，高速公路1条，乡道3条，村道46条，总长312.4公里。

1950年1月，湘运公司开通衡阳至邵阳长途客车，在金兰寺设立售票点。1963年4月，开通西渡至金兰客车，日往返3个班次。2004

年，建成金兰客运站。2014年年末，镇内有民营客车16台，日发送47个班次，日客运量2000人次。

邮政电信 明清时期，衡州至宝庆（今邵阳）驿道途经境内，设有云山、磨石2处驿铺。民国6年（1917）3月，设立金兰寺邮政代办所。中华人民共和国成立后，1956年设立金兰邮电支局。20世纪60年代起，公社、大队均设有邮政投递点。邮政业务包括函件收发、信件投递、电话电报、兑付汇款、报刊发行等。1988年起，开办快递函件业务。1989年4月，建立邮政储蓄所，办理邮政储蓄业务。2012年，建设新邮政办公楼，面积930平方米。2014年年末，有邮政支局1处，代办点4处，邮路单程164公里。

1956年，金兰、猴山、山水乡架通电话线路，明线长38对千米。1962年，分别架设金兰至石坳、檀桥、贺市公社电话线路，长约21对千米。1980年后，境内37个村通电话，每个公社配1名话务员。1998年9月，邮政、电信分离，成立金兰电信支局。2000年1月，电信与移动电话分设，设立移动分公司，并在境内建设移动电话基站。2014年年末，镇内有电信企业2家，程控电话交换机1万门，固定电话用户5871户；移动电话基站12个，移动电话用户17018户，宽带用户2373户。

供电饮水 20世纪60年代中期，分别在境内蒸水河岸建设高田、松家、师山、松陂4座拦河坝，安装水轮发电机，总装机容量120千瓦，白天加工碾米，晚上发电照明。1975年，城坪冲水库建成水力发电站，装机容量4000千瓦，架设配电线路18.9千米，为周边的毛家、金兰、金花等村送电。1984年，国家电网开始向境内供电。1985年，西渡至金兰10千伏高压输电线路开通。1989年4月，建成35千伏的金兰变电站，输电线路长34.4千米。尔后，分别架设金兰至石坳、山水，金兰至库宗，金兰至龙王洞3条10千伏线路。2000年后，分批次实施农村电网改造，先后对全镇58个村进行线改和户改，共改造和新增10千伏线路30千米，新增和更新10千伏变压器85台，完成户改2万户。2010年，新建成金兰供电大楼投入运行。2014年年末，镇内有10千伏配电线路3条，线路总长170千米；10千伏变压器172台，总容量24080千伏安；低压用电线路长515千米。全镇58个村、2个居委会、727个村民小组、24个居民小组全部通电，用电户2万余户，供电率100%。

20世纪70年代以前，境内居民一般饮用池塘水、河水、井水。20世纪80年代开始实施改水工程，居民自掘封闭式压力水井约1.2万口，取地下水饮用。1994年6月，金沙村村民陈名辉等投资280万元创办金兰自来水厂，铺设供水管网74.55千米，日供水能力2000吨。2014年年末，镇内有自来水厂6个，年供水量150万立方米，满足32个村、302个组3.43万人的生活用水。

镇村建设 1993年至1995年1月，投资980万元建设金兰综合集贸市场，面积1.68万平方米，有门面148个、摊位480个、住房149套。与此同时，新建一条商业街，长1.2公里，有门面290个。当年营业额达4200万元。1996年，改造硬化金兰寺主街道2.6公里。1997年4月，山水集贸市场建成投入营业。2001年，硬化金山路、金石路，长1.8公里；改造地下水道3条长1.48千米。2009年，投入资金100万元对镇政府办公用房及厨房、厕所、澡堂进行改造和修缮，总面积2160平方米。2010年，新建镇文化中心，面积340平方米。

2006年起，启动社会主义新农村建设。以

"湖南省美丽乡村示范村"金沙村为样板，重点改造农村电力、水利、道路、环境卫生、村部办公用房等基础设施，建设文明富裕乡村。至2014年，全镇电网改造率、乡村道路硬化率、居民饮水安全率均100%，环境卫生达标90%；各建制村都有办公用房。

社会事业

教育科技 1949年境内有黄祠、聚湖等6所小学。中华人民共和国成立初，在发展小学教育的同时，开展扫除青壮年文盲教育。1956年，境内有完全小学5所，初小16所。1957年，创办山水民办中学。1958年，金兰完小附设初中班。1964年，推行全日制与半日制，公办与民办两种教育制度并举，境内有农业中学1所，民办中学1所，民办小学24所。1969年，民办中学、农业中学与公办中学合并，统称公社中学。1974年，民办小学并入公办小学。是年，按照"一个公社办1所初中，一个大队办1所小学"的布局，境内有金兰区高中1所，中学5所，小学32所。1983年起，着手普及初等教育。1985年，推行"分级办学，分级管理"，实行教育部门与党政部门齐抓共管的教育机制。是年，全镇小学入学率、巩固率、毕业率、普及率、危房改造、中心小学建设、师资队伍建设等8项指标经省、市验收合格。1986年开始实施普及九年义务制教育。1989年，撤销金兰区办高中。1991—2002年，重点加强学校危房改造，建设合格学校。与此同时，整合教育资源，合理调整小学布局。2003年，全镇有小学17所。是年，金兰中学认定为衡阳市"示范性学校"。2014年年末，全镇有幼儿园（含学前班）7所。在园幼儿1057人，专任教师55人；小学13所，在校学生4912人，专任教师205人；初中4所，在校学生2365人，专任教师139人。有金兰镇中心学校、金兰镇中心小学、石坳学校（九年制）、贺市完小、檀桥完小、山水完小、向扶小学等8所县级合格学校。

1981年，建立公社农科站，有农民技术员40余人。1983年起，创办5所农民文化技术学校，传授农业科技知识，年培训农民650余人次。20世纪90年代起，创建科技示范户。2012年，十里村阳细林被评选为衡阳市"星火科技示范户"。2014年年末，全镇有各类科技示范户150户。

文化体育 民国时期，境内有武灯、龙灯、狮舞。中华人民共和国成立后，群众文化发展较快，演新戏、唱花鼓等成为群众的业余文化生活。1966年后，设立公社文化站，配文化辅导员1人，负责文化宣传活动等工作。1966—1976年"文化大革命"期间，农村文化活动单一，大多为"语录歌""忠字舞""样板戏"。1978年中共十一届三中全会后，农村文化趋向多样化，镇内先后组建业余剧团5个；贺市、金兰镇业余剧团从1984—1994年共编排现代和传统剧目50多台在各村巡回演出。1995年，成立金兰诗社，有会员64人，累计已创作出版《金兰吟草》诗集16期。20世纪90年代至2007年，舟挥帆（又名柯巍、鲁钊，毛家村人）的散文《燔火集》，诗作《舟挥帆诗集》《拓今楼诗词》先后出版；其《释注评析金瓶梅诗选》获中国新文学学会"云岗杯"文学奖。2008年，金兰镇被湖南省诗词协会授予

"诗词之乡"称号。同年6月，金兰书画协会成立，有会员46人，每年出版书画集1册。2014年年末，镇内有文体站1个，工作人员2人；村级图书室58个，藏书18万册（含学校）；各类文化专业户36户，从业人员82人；业余文艺创作、演出队15个，从业人员139人。

1972年，建立公社广播站，配工作人员6名。此后，陆续架设大队、生产队广播线路，总长216千米，喇叭入户率60%。1985年，镇广播站更名为广播电视站。1992年，建成金兰电视差转台。1995年，山水电视差转台建成并投入使用。是年，无线广播替代有线广播。2014年年末，城镇有线电视入户率100%，农村无线数字电视用户3210余户。

1975年，乡内36名农民运动员参加县第一届农民运动会，黄桂生因表演拳、棍、耙，获武术全能冠军；金兰公社获团体赛第三名。1997年，境内中小学开始按《国家体育锻炼标准》教学，当年达标率35%。2003年达标率为93.2%。镇中学获市"优秀体育学校"称号。2014年年末，镇内学校共有运动场所26个，面积达2.3万平方米。

医疗卫生 民国时期，境内缺医少药，治疗病患者以中草药为主。中华人民共和国成立后，医疗卫生事业不断发展。1953年，区乡成立联合诊所。1959年，建立公社卫生院，并开始推行新法接生。20世纪60年代后，相继建立大队卫生室，分别配有"赤脚医生"和妇幼保健员。1969年，农村实行合作医疗制度。1971年，金兰区医院改为金兰地区医院。1980年，对0~7岁儿童作健康检查，对有病的实行免费治疗。1984年，公社卫生院更名为乡卫生院。1995年12月，区医院更名为金兰镇卫生院，下设5个分院。2006年1月，启动新型农村合作医疗。2008年，镇卫生院投资300多万元新建门诊、住院综合大楼，建筑面积3000余平方米。2014年年末，镇内有卫生院1所、分院5所，门诊部7个，村卫室58个；执业医师125人，病床99张；全镇参加新农合73504人，参合率98%。

社会保障 五保供养 20世纪60年代起，对鳏寡孤独老人和无劳动能力的残疾人实行"五保"，其生活费由所在生产队统筹。1984年后，"五保"供养费由乡镇统筹。是年12月，金兰寺镇创办敬老院，集中供养部分"五保"老人。2005年起，城乡"五保"对象享受城乡最低生活保障待遇，其供养费由县财政拨付。此后。镇政府又斥资新建、修缮2所敬老院。2014年年末，全镇有"五保"对象531人，其中集中供养67人，共拨付供养金156万元，年人均2937.80元。

城乡低保 2002年6月起，启动城镇居民最低生活保障待遇，当年有低保对象72人，月人均低保金60元。2007年7月起，实行农村居民最低生活保障待遇。是年人均发放低保金360元。此后，对低保对象实行动态管理，补助标准亦逐渐提高。2009年，镇内有低保户1132户、2140人，发放总金额179.76万元，人均840元。2014年，低保对象增至1250户、2799人，发放总金额413.13万元，人均1476元。

大病救助 2006年起，实施城乡居民大病医疗救助，救助对象主要是罹患恶性肿瘤、白血病、尿毒症等大病的城乡低保户、五保户。至2014年底止，累计救助1262人次，总金额80.9万元。

养老保险 2011年7月，启动城乡居民社会养老保险。当年登记参保24465人，参保率65%，征缴养老基金253.8万元；为10758名到龄居民发放7—12月养老金355.1万元。2014年年末，城乡居民登记参保人数45156人，参保率90%；为12034名到龄居民发放养老金835.16万元，年人均694元。

人民生活 民国时期，境内人民大多数生活贫困，缺衣少食，居住简陋。中华人民共和国成立后，农村实行土地改革，人民政府使“耕者有其田，居者有其屋”；组织群众兴修水利，致力于发展生产，改善生活。至1957年，人民的“吃饭”问题初步解决，部分少房户盖起了土砖瓦房。1959—1961年，由于自然灾害和工作严重失误等因素，造成粮食短缺和饥荒。1964—1977年，居民生活水平整体较低，青年人结婚购置自行车、手表、缝纫机、收音机属高档消费品。1978年，中共十一届三中全会后，农村实行土地承包经营责任制，生产潜能充分释放，居民生活有如芝麻开花节节高。1984年，镇内居民年人均纯收入380元，1990年增加至662元，2000年提高到1680元。部分家庭购置了电视机、洗衣机、电冰箱、电风扇、摩托车，大部分农家由土砖茅屋换成红砖瓦房。2001—2014年，镇内居民生活水平显著提高，年人均可支配收入由1780元提高到11250元，分别是1984年的29.3倍、1990年的15.8倍、2000年的6.2倍。农村家庭多建有2~3层砖混结构小楼房，固定电话、移动电话、高清数码电视、电脑、空调、小轿车等进入寻常百姓家。居民生活质量全面提升。

特色地情

历史人文

常大淳（1792—1853），字正夫，号南陔，金兰镇瑞芝村瑞芝堂人。清道光三年（1823）进士，选翰林院庶吉士，授编修。道光十三年（1833），任山东道监察御史。道光十七年（1837），任福建督粮道，代理按察使。道光二十年（1840）任布政使。英国侵略军进犯浙江海口时，与徐继畬同赴漳泉一带筹办防务。后历任浙江盐运使，安徽按察使，湖北布政使等。道光三十年（1850）升任浙江巡抚，整顿盐政，奏免折漕，拨款赈灾。咸丰二年（1852）六月，调任湖北巡抚，筹办防务。次年（1853）1月13日，太平军攻陷武昌，常大淳与妻刘氏，子集松，媳马氏，孙女淑英等16口自尽于任所。清朝廷赠总督衔，谥“文节”，葬洪市道山岭。常大淳生前于瑞芝堂建“潭印阁”，藏书3万余卷，碑刻千本。

谢彬（1887—1948），名作法，字兰桂，号晓钟，金兰镇龙溪村（今石坳村）人。辛亥革命元老，著名史学家，同盟会会员。清光绪三十二年（1906），与刘道一、黎尚雯在衡山发动反清起义。宣统三年（1911），武昌起义爆发，与王祺等人发动光复衡阳的政治运动。中华民国成立，入南京政府财政部。袁世凯窃位后，弃公职留学日本。1914年参加中华革命党。1916年受孙中山派遣赴新疆考察，历时15个月，撰写30万字的《新疆游记》。1919—1922年，先后任上海《民心周报》主编、中华书局特约编审及湖南三师教员。后应孙中山之邀赴广州，任大本营经济顾问，为国共合做出力甚多。1926年北伐开始，委任为唐生智部第八军秘书长。此后，历任湖南省政府秘书长，军事参议院参议，陆海空军抚恤委员会委员，授中将衔。20世纪30年代辞卸公职，息影家园，矢志著书。出版的主要著作有《中国关税史》《中俄划界痛史》《民国政党史》《中国丧地史》《西藏交涉史》《中国邮电航空史》《中国国债史》《国防与外交》《西藏问题》《蒙古问题》等。

刘国运（1906—1967），金兰镇香花村（今石坳村）香花堂人，民国将领。1926年冬考入黄埔军校第六期。1929年春入读中央航校第一期，转习飞行。次年结业，分发军政部航空署第二队任飞行员。1933年，入中央陆军大学第十二期学习。1936年冬毕业后，从事教学研究。先后任空军学校、空军指挥参谋大学教官、科长、处长、教研室副主任等职。抗日战争时期，任第二路军司令部参谋长，第三路军司令部副司令，在西南、西北地区指挥作战。后调任航空委员会参谋处处长，协同美国空军在中国战区对日军作战。1945年春，任第四军少将司令。旋任空军总司令部副参谋长，在指挥空军参与昆仑关之役、桂南会战、常德会战及衡阳保卫战等战役中，颇为得力。抗战胜利后，任第三路军司令，受命进攻陕北和晋、鲁、豫同中国人民解放军作战。1949年去台湾后，历任“空军总司令部”上将参谋长、“国防部”参谋次长，“总统府”战略顾问等职。1967年7月20日在台湾病故。

聂建国（1958— ），金兰镇香花村人。中国工程院院士，著名桥梁专家。先后毕业于湖南大学土木工程系（工学学士）、郑州大学土木建筑工程系（工学硕士）、南斯拉夫铁托格勒大学土木工程学院（技术科学博士）、清华大学土木工程系（博士后）。历任清华大学土木工程系副教授、教授、博士生导师，结构工程与振动重点实验室主任、结构工程研究所所长、土木工程系和建筑管理系学术委员会主任，中国钢结构协会钢——混凝土组合结构分会常务副理事长，中国建筑学会建筑结构分会副理事长等职。长期从事结构工程研究工作，曾获得多项研究成果，解决了大型复杂工程结构中的多项关键性技术难题；并先后获得国家技术发明一等奖、第九届光华工程科技奖、国家科技进步二等奖、中国百篇最具影响国内学术论文奖等25个奖项。出版专著1部，主编教材1本，在《土木工程学报》等知名期刊发表学术论文102篇。2013年当选为中国工程院土木、水利与建筑工程学部院士。

刘兆玄（1943— ）金兰镇香花村人。中国台湾地区政要。1949年随父亲刘国运（国民党空军上将）移居台湾。先后就读于“台湾大学”化学系（学士）、加拿大雪布克大学化学系（硕士）、多伦多大学化学系（博士）。1971年返回台湾，历任“台湾清华大学”教授，“行政院国家科学委员会”企划处处长，“台湾清华大学理学院”院长，“台湾清华大学”校长，“交通部”部长，“国家科委”主任委员，“行政院”副院长，东吴大学校长等职。2008年3月，出任“行政院”院长。2010年1月辞职，任台湾中华文化总会会长、“总统府”资政。2012年8月27日，应省、市领导的邀

刘兆玄回乡省亲祭祖

请，偕同夫人钱明赛、弟弟刘兆凯回祖居地香花堂省亲祭祖。刘兆玄爱好文学写作，曾以“上官鼎”为笔名先后创作出版《芦野侠踪》《沉沙谷》《七步干戈》《铁骑令》等武侠小说10余部。

刘国裕（1943— ）金兰镇下元堂人。中国人民解放军将领。1962年应征入伍。1964年7月加入中国共产党。历任战士、班长、排长、连长、作训股长。1966—1967年，赴越南参加援越抗美作战。回国后，任军部作训处参谋、副处长。1979年2月，参加对越自卫还击战，荣立三等功。后升任师参谋长。1980—1983年，参加中国人民解放军军事学院学习。1984—2002年，先后任副军长，湖北省军区参谋长（1989年8月授少将军衔）、司令员、中共湖北省委常委，广西军区司令员、中共广西壮族自治区委常委，广东省军区司令员、中共广东省委常委。2002年8月退休。

常丁求（1967— ）衡阳县金兰镇泉溪村人。中国人民解放军空军将领。1984年招飞入伍，进入飞行基础学校学习。其后成为空军飞行员、战斗机飞行员。历任空军飞行大队长，空军航空兵某飞行团团长，空军歼击航空兵某师副师长、师长。曾赴俄罗斯军事学院留学深造。归国后，任空军参谋长助理、沈阳军区空军参谋长。2012年，晋升空军少将军衔。2016年初，升任南部战区副司令员。

刘希祥（1934—1998），金兰镇松家村（今金家村）人。1960—1986年，在担任金星大队（后更名松家村）中共支部书记期间，带领全村群众大搞农田水利建设，改造低产田，致力发展多种经营。曾先后修建金星河坝，用于灌溉、发电；开荒造田2公顷，修建排灌渠12千米，改造低产田33公顷，种植柑橘水果17公顷；建设良种繁育场，实现粮食平均亩产跨“双纲”（800公斤），每年向国家贡献粮食150吨，人平300公斤。1969年10月1日，刘希祥赴京参加中华人民共和国成立20周年国庆观礼，受到毛泽东等党和国家领导人的接见。曾是第四届全国人民代表大会代表、中共衡阳县第三届委员会委员。

名胜古迹

金兰旅游资源丰富，古有金兰八景之说：“云山烟雨实堪夸，聚湖风水锦绣华。紫云洞内诗千首，白竹湾头酒百家。石马潭前龙现爪，城坪雪岭鸾喧哗。细望甘溪流润远，十里夜放石榴花”。

春秋青铜编钟　1962年出土于贺市公社毛家村新屋组八斗丘，大小共6件。经文物管理部门鉴定为春秋时期青铜编钟，高18.9厘米，铣间宽10厘米，重1.55公斤。纹饰有弦纹、禽兽纹、凤鸟纹、去雷纹、几何纹等，现保存于省博物馆。

春秋至汉代古墓群　位于金兰镇高田村亚塘岭。公布面积约3000平方米，地面暴露有较密的竖穴、土坑和明显的封土堆，曾在此出土过春秋战国时期叶脉纹硬陶片和青铜器。

聚湖峰　又名聚湖山，主峰海拔441米，位于境内杉木村与兴田村交界处，距县城西渡42公里。《湖南通志》载：“聚湖峰离城（衡阳市）百里，俯瞰蒸水，有石脊，穷天草木，上有峰”。相传此地古代为湖，东汉末年，有黄巾军一部在此聚义，后兵败溺湖，尸积成山，故得名“聚湖峰”。其峰多自然景观。清同治《衡阳县志》载：“峰间横石曰牛背脊，石梁横渡，少劣容步，下临危涧，过者慄心，自脊投石，触下有声，空隆传谷，故亦称响鼓岭。右侧滴水岩，岩泉峥峥如檐雨初歇，积水

聚湖峰

石洞，自成秋池，池水与山下蒸水相通。山中多芳草，谓之报春芒，初春花开芬芳引步。西乡之游，聚湖为盛”。清兵部尚书彭玉麟曾游此峰，并赋诗一首：“解衣盘上聚湖峰，曲径羊肠有路通。满坞白云封古寺，一轮斜日渡疏钟。鸣琴水滴崖千尺，伴日亭修月半弓。最喜老僧双足健，飞登真岭导游踪”。其诗被后人勒于石碑之上，名曰“彭公诗碑”。峰上有古寺，始于宋代，历经多次修复，今名“聚湖庵”，为道教场所。游人夜宿古寺，大有“山高尘不到，院静月先来”悠然之感。

忠恕寺　位于金兰村唐家组寺冲峡谷南端，省道 S315 线南侧 200 米处。寺宇始建年代失考，后坍废。2002 年重建，面积 2800 平方米。大殿背靠袁公寨，东西两向与青狮峰、灵宝山连成一体，三面环山，古木参天，自然风景优美。殿内安放 4 尊大佛像、88 尊佛祖牌位及 32 块诗碑，显现出浓厚的寺庙文化氛围。

石荷岭　位于金兰镇龙王、金沙 2 村交界处，主峰海拔 685. 3 米。岭南侧建有石荷殿，传为明代方士颜定安修炼得道之所。岭下有龙王峡风景区，为观光、漂流之佳境。

忠恕寺

石荷岭

历任乡镇（公社）党政主要负责人名录

金　兰　镇

（1956. 6—2015. 12）

中共金兰乡委员会

第一书记　　万同春　　1956. 6—1957. 4

书　　记　　伍玉华　　1957. 4—1958. 9

中共星际公社委员会

第一书记　　万同春　　1958. 9—1959. 1

中共金兰公社委员会

书　　记　　万同春　　1959. 1—1959. 8

	屈忠祥	1959.9—1960.2
	廖俊美	1960.2—1961.4
	陈振邦	1961.4—1961.8
	夏明全	1961.8
	夏明全	1970.9—1971.12
	邬时道	1971.12—1978.7
	聂衡成	1978.7—1979.12
	李文和	1979.12—1982.1
	李承忠	1982.1—1983.10
	徐辉源	1983.10—1984.4

中共金兰寺镇委员会

书　记	徐辉源	1984.4—1986.1
	曾祥庚	1986.1—1987.12
	刘玉林	1987.12—1990.4
	李　勇(兼)	1990.4—1993.4
	曾义国	1993.5—1995.5

中共金兰镇工委

书　记	刘　书	1995.5—1995.9

中共金兰镇委员会

书　记	刘　书	1995.9—1996.1
	刘彦新	1996.1—1996.4
	李　勇	1996.4—1998.1
	蒋艳初	1998.1—2001.1
	肖华东	2001.1—2003.7
	黄明成	2003.7—2008.12
	陈　凯	2008.12—2012.4
	张宇宙	2012.4—

金兰乡人民政府

乡　长	李顺辉	1956.6—1958.9

星际人民公社

社　长	杨臣珊(兼)	1958.9—1959.1

金兰人民公社

社　长	杨臣珊	1959.1—1959.9
	欧阳永祥	1961.4—1961.8
	周良秩	1961.8—1963.9
	欧阳永祥	1963.9—1965.3
	贺昌和	1965.3—

金兰寺镇革委会

主　任	夏明全	1968.2—1970.8
	邬时道	1970.8—1978.7
	聂衡成	1978.7—1979.12
	李文和	1979.12—1981.3

金兰公社管委会

主　任	聂廷根	1981.3—1982.1
	颜家桐	1982.1—1982.12
	张先和	1982.12—1984.2
	刘德君	1984.2—1984.4

金兰寺镇人民政府

镇　长	刘德君	1984.4—1985.3
	聂东福	1985.3—1993.2
	邹盛鹤	1993.2—1995.5

金兰镇行政管委会

主　任	李　勇	1995.5—1995.9

金兰镇人民政府

镇　长	李　勇	1995.9—1996.4
	常晓春	1996.4—1998.1
	肖华东	1998.1—2001.1
	黄明成	2001.1—2003.7
	张云芳(女)	2003.7—2005.7
	张宇宙	2005.7—2012.4
	邹立新	2012.4—2013.9
	彭德军	2013.9—

金兰寺镇人大主席团

主　席	黄才元	1987.10—1992.2
	伍政权	1992.2—1995.5

金兰镇人大主席团

主　席	屈少阳	1995.9—1998.10
	黄满生	1998.10—2001.1
	汪衡亮	2001.1—2003.1
	刘卫国	2003.1—2005.7

付介平　2005.7—2006.4
常新华　2006.4—2008.12
刘其明　2008.12—2012.10
刘春茂　2012.10—2013.10
刘正多　2013.10—

金兰镇政协联工委

主　任　常春田　1995.12—2001.2
刘卫国　2001.2—2003.1
刘培新　2003.1—2006.4
刘其明　2006.4—2008.12
刘春茂　2008.12—2012.10
刘紫贵　2012.10—

猴　山　乡

（1956.6—1958.9）

中共侯山乡委员会

第一书记　洪善利　1956.6—1957.4
书　记　洪善利　1957.4—1958.9

侯山乡人民政府

乡　长　周良秩　1956.6—1958.9

山　水　乡

（1956.6—1995.5）

中共山水乡委员会

第一书记　伍传耀　1956.6—1957.4
欧万章　1957.4—1958.5
赵书恒　1958.5—1958.9

中共五星公社委员会

书　记　唐代理　1958.9—1959.1

中共山水公社委员会

书　记　洪善利　1961.4—1961.8
李业许　1961.8—1961.9
申先富　1961.9—1962.5
周良松　1962.5—
周绍森　1971.4—1978.11
凌均八　1978.11—1980.9
谢树华　1980.9—1984.2
蒋宏梁　1984.2—1984.4

中共山水乡委员会

书　记　蒋宏梁　1984.4—1990.4
王小平　1991.1—1995.5

山水乡人民政府

乡　长　常清和　1956.6—1958.9

五星人民公社

社　长　赵书恒（兼）1959.8—1959.1

山水人民公社

社　长　刘庆云　1961.4—1961.8
黄明祥　1961.8—1962.5
黄坤玉　1962.5—

山水公社革委会

主　任　周良松　1968.3—1970.9
周绍森　1970.9—1978.11
凌均八　1978.11—1980.9

山水公社管委会

主　任　李承芳　1981.3—1981.10
蒋宏梁　1982.3—1984.2
黄衡香　1984.2—1984.4

山水乡人民政府

乡　长　黄衡香　1984.4—1987.3
伍芳耀　1987.3—1989.11
王小平　1989.11—1991.1
陈德生　1991.1—1994.4
刘培新　1994.4—1995.5

山水乡人大主席团

主　席　聂　廉　1987.10—1988.3
傅伊苍　1988.3—1991.2
钟德胜　1991.2—1994.4
陈德生　1994.4—1995.5

贺市乡

(1961.8—1995.5)

中共贺市公社委员会

书记 张扬宜 1961.12—1964.7
刘护初 1964.7—1966.1
李文和 1966.1—
王炎生 1971.2—1975.12
贺昌合 1975.12—1982.1
聂廷根 1982.1—1984.2
王兴亮 1984.2—1984.4

中共贺市乡委员会

书记 王兴亮 1984.4—1986.5
屈孝阳 1986.5—1989.1
黄满生 1989.1—1990.6
朱天宝 1990.9—1994.4
肖高甲 1994.4—1995.5

贺市人民公社

社长 张扬宜 1961.8—1961.12

贺市公社革委会

主任 李文和 1968.3—1970.9
王炎生 1970.9—1975.12
贺昌合 1975.12—1981.3

贺市公社管委会

主任 王兴亮 1981.3—1984.2
聂东福 1984.2—1984.4

贺市乡人民政府

乡长 聂东福 1984.4—1985.3
黄满生 1985.3—1986.3
刘云光 1986.3—1989.1
黄同春 1989.1—1992.2
何斌书 1992.2—1994.4
常晓春 1994.4—1995.5

贺市乡人大主席团

主席 钟德胜 1987.10—1991.2
黄同春 1991.2—1995.5

石坳乡

(1961.8—1995.5)

中共石坳公社委员会

书记 唐昭汉 1961.8—1962.5
周良桃 1962.5—1965.2
赖岳屏 1965.2—
贺祥蔚 1971.4—1973.3
丁俊修 1973.3—1976.10
李文和 1976.10—1979.12
聂衡成 1979.12—1981.10
李承芳 1981.10—1984.2
陈积玉 1984.2—1984.4

中共石坳乡委员会

书记 陈积玉 1984.4—1986.1
黄满生 1986.1—1989.1
王友良 1989.1—1991.1
邹宽生 1991.1—1994.3
聂晓黎 1994.3—1995.5

石坳人民公社

社长 刘庆云 1961.8—1962.2
欧阳永祥 1962.5—1963.9
周良秩 1963.9—

石坳公社革委会

主任 赖岳屏 1968.2—1970.3
贺祥蔚 1970.3—1972.6
丁俊修 1973.3—1976.10
李文和 1976.11—1979.12
聂衡成 1979.12—1981.3

石坳公社管委会

主任 魏冬生 1981.3—1984.2
刘景凰 1984.2—1984.4

石坳乡人民政府

乡长 刘景凰 1984.4—1987.4

	黄美荣	1987.4—1992.2
	李运生	1992.2—1993.3
	聂晓黎	1993.3—1994.3
	刘　健	1994.3—1995.5

石坳乡人大主席团

主　　席	刘景凰	1987.10—1987.12
	常家初	1987.12—1988.1
	聂东德	1988.3—1995.5

檀　桥　乡

（1961.8—1995.5）

中共檀桥公社委员会

书　　记	龙祖义	1961.8—1961.9
	欧名魁	1961.9—1963.3
	谭运生	1963.3—1964.1
	申先富	1964.1—
	刘载金	1971.2—1982.1
	屈孝阳	1982.1—1984.2
	刘庭云	1984.2—1984.4

中共檀桥乡委员会

书　　记	刘庭云	1984.4—1988.2
	申锡光	1988.2—1993.2
	黄美荣	1993.2—1995.5

檀桥人民公社

社　　长	李文和	1961.8—1964.7
	聂衡成	1966.1—

檀桥公社革委会

主　　任	刘载金	1968.3—1981.3

檀桥公社管委会

主　　任	屈孝阳	1981.3—1982.7
	聂东德	1982.7—1984.2
	申泰满	1984.2—1984.4

檀桥乡人民政府

乡　　长	申泰满	1984.4—1986.1
	刘云光	1986.1—1987.3
	蒋达凯	1987.3—1989.1
	肖高甲	1989.1—1992.2
	黄美荣	1992.2—1993.2
	申　哲	1993.2—1995.5

檀桥乡人大主席团

主　　席	肖仲贤	1987.10—1988.3
	伍传哲	1988.3—1995.5

表 10 金兰镇村级行政区划调整概况表

新村（社区）名	人口数	合并的原村（社区）名
乐田村	2839	乐山村、高田村
松江村	2923	松陂村、金桥村
泉隆村	2071	双泉村、何隆村
金家村	2534	金树村、松家村
金狮村	3319	金竹村、狮山村
联龙村	3151	联江村、龙王村
青竹村	2342	青凤村、白竹村
古城村	3048	古城村、长兴村、向扶村
华连村	3174	桐木村、华连村、联合村
猴山村	3206	猴山村、月峰村、扶田村
石坳村	4215	石坳村、香花村、龙溪村、智水村
龙兴村	2623	庙塘村、畔塘村
瑞芝村	2464	瑞芝村、金惠村、兴田村
江东村	1537	江东村、杉木村
芙蓉村	4006	芙蓉村、高源村、塘池村
同古村	2310	同古村、大洪村
檀桥村	2382	檀桥村、同乐村
城坪村	2623	城坪村、双河村
十里村	3268	十里村、金花村、毛家村
贺市村	2558	贺市村、道元村
陈町新村	2722	陈町村、泥石村
甘溪村	1630	甘溪村、桂花村
金兰村	1892	金兰村
金沙村	1686	金沙村
山水村	2291	山水村
元头村	2075	元头村
官陂村	1840	官陂村
泉溪村	1896	泉溪村
金兰社区	3367	金兰社区
向阳社区	1280	向阳社区

说明：原有 58 个村 2 个社区，2015 年调整合并为 28 个村 2 个社区。

曲兰镇行政区划图

双峰县
双峰县
金兰镇
大安乡
洪市镇
N
0 1 2 4km
图 例
高速公路
国 道
省 道
县 道
县 界
镇 界
村 界
水 域
乡、镇政府驻地
在建娄衡高速
在建娄衡高速
S210
S210
仁里村
前进村
高汉村
回龙村
木山村
台中村
月形村
城坪林场
黄龙村
城坪林场
城坪林场
双龙村
和平村
杨柳亭村
大塘村
乡林场
界西村
青草亭村
竹花村
高冲村
召田村
龙福村
湘西村
栗树村
云步村
桐梓村
双东村
千山水库
九江村
何龙庙村
花桥村
星星村
燎原村
形塘村
曲兰村
东亮村
主塘村
船山村
思中村
晓塘村
青石村
阳亭村
清水村
赛桥村
泉源村

曲 兰 镇

区 域 概 况

地域名片　曲兰镇是明末清初著名思想家王船山的故里。

曲兰镇地形地貌

位置面积　曲兰镇因境内“曲兰亭”得名。位于北纬 27°9′40″～27°19′40″，东经 112°6′20″～112°14′26″。地处县境西北部，东与洪市镇接壤，南临大安乡，西南与金兰镇相连，西北与娄底市双峰县花门镇、石牛乡毗邻。镇政府驻夫之社区。距县政府驻地 40 公里。

辖区东西最大直线距离 12 公里，南北最大直线距离 17 公里，总面积 117.9 平方公里。

建置沿革　明洪武三年（1370），曲兰属金兰乡。清康熙三十年（1691），撤乡置都，曲兰属第十一都。清同治十年（1871），去都置乡镇，曲兰属船山镇。民国 32 年（1943），

曲兰鸟瞰图

设区辖乡，属第七区船山乡、湘西乡。中华人民共和国成立初，仍沿袭国民旧制。1950年3月，撤船山乡，分置曲兰、竹花、高汉、召田、桐梓、思公、阳亭乡；撤湘西乡，分置清水、木山乡，同属第七区。1952年7月，衡阳析为衡阳县、衡南县后，重新调整乡政区，设为第十区（后更名为船山区），辖曲兰、召田、竹花、桐梓、主堂、清水、高汉、月形、云步8个乡。1956年5月，撤区并乡，将竹花、清水并入曲兰乡；将月形、召田并入高汉乡；将云步、主堂并入桐梓乡。1958年9月，建立人民公社（以下简称公社），撤曲兰、桐梓、高汉乡，建星星公社。1961年8月，设区分社，置曲兰、桐梓、高汉公社，同属洪市区。1984年5月，改公社为乡。1995年5月，再次撤区并乡，高汉乡、桐梓乡并入曲兰乡。同年12月，撤乡设镇，称曲兰镇。至2014年，政区无变更。

行政区划　2014年年末，辖夫之、玉林2个社区和曲兰、和平、大塘、竹花、湘西、双东、星星、燎原、船山、九江、东亮、青石、清水、泉源、赛桥、晓塘、阳亭、主堂、思中、花桥、形塘、高冲、桐梓、龙虎、界西、云步、何隆、栗树、前进、仁里、回龙、木山、高汉、合中、月形、双龙、黄龙、杨柳、青草、召田等40个村，下设2个居民小组、479个村民小组。

2015年7月，调整辖区内村级行政区划，将40个村合并为22个村。至是年末，辖大塘、湘西，馥莲、船山、清水、赛桥、阳亭、花桥、云步、界西、高汉、木山、月形、黄龙、召田、杨柳、曲兰、高冲、桐梓、思中、主堂、前进22个建制村和玉林、夫之2个社区，下设479个村民小组，2个居民小组。

自然环境　镇域属山地、丘陵结合地区。境内四面环山，中部丘陵平町相间，整个地势由北向南倾斜，境内山地主要分布在北部及与双峰县相接的边缘。最高山黄龙山主峰海拔485米，山体沿衡阳县边境延伸20余公里，形成西北面的天然屏障。境内丘陵主要分布在东、西部及南部，相对高度150~200米，坡高20~25度，属高丘陵地带。镇域处大陆性中亚热带季风湿润气候区，四季分明，光热丰富，无霜期长，雨量适中。年平均气温17℃~18℃，极端最低气温-9.3℃（1972年2月9日），极端最高气温39.8℃（2010年8月5日）。年平均降水量1267毫米，降水日数约151天，最多年份达187天（1970），最少年份92天（1963）；极端年最大降水量1759毫米（1970），极端年最少降水量940毫米（1963）。降水集中在每4—9月，5、6月最多。常年主导风为北风，夏季为东南风，并有雷电气象。境内土壤分为水稻土、红壤土、紫色土、潮土四大类。全境河流属蒸水支流，境内总长13公里。

人口民族　1982年第三次全国人口普查，辖区户籍总人口（以下简称总人口）34966人。1990年第四次全国人口普查的总人口41075人。2010年第六次全国人口普查的总人口50020人，分别比“三普”“四普”增加15054人、8945人。2014年年末，辖区总人口51379人，其中常住人口46260人。城镇化率22.7%。总人口中，男性26563人，占51.7%；女性24816人，占48.3%；0~14岁10500人，占20.44%；15~59岁33059人，占64.34%；60岁以上7820人，占15.22%。2014年人口自然出生率14.62‰，死亡率7.23‰，自然增长率7.39‰。

民族均为汉族。

经济发展

农业 种植业 2014年，全镇耕地面积2106公顷，其中水田1913公顷。主要农作物有水稻、红薯、大豆、油菜、蔬菜、水果等。民国时期，农业生产水平低下，加之缺乏抗御旱涝、病虫灾害能力，粮食亩产不到200公斤。中华人民共和国成立后，1950年，实行土地改革。1957年，粮食平均亩产提高到250公斤。1958年，成立人民公社，后连遇三年自然灾害，粮食减产歉收。1962年，实行以生产队为基本核算单位，贯彻按劳分配原则，改进耕作技术，扩大双季稻种植面积，加强水稻病虫害防治，粮食生产稳步发展。1969年，双季稻面积达到1620公顷，占水田面积85%，平均亩产粮食400公斤，总产量9720吨。1976年，开始试种杂交晚稻，后逐年扩大种植面积。至1984年，全镇种植杂交晚稻1820公顷，亩产410公斤，总产1.2万吨，实现晚稻一季总产超过1969年粮食总产量。1996年，水稻种植面积2730公顷，粮食总产量2.21万吨，亩产540公斤。2005年，大面积种植双季杂交稻。2014年，全镇水稻种植面积3200公顷，产量2.64万吨；油菜面积800公顷，总产量2346吨；蔬菜面积260公顷，总产量0.47万吨；水果面积230公顷，总产量0.29万吨；农业总产值2.2亿元。

养殖业 境内素有养殖猪、牛、鸡、鸭、鱼等畜禽水产习惯。民国时期，饲养的禽畜鱼数量少，产量低。中华人民共和国成立后，政府鼓励农民饲养家畜家禽。1955年，开始发展池塘养鱼，养猪养鸡农户和饲养数量亦渐次增多。1958年成立人民公社后，限制农户饲养家禽家畜。20世纪60年代至70年代末，池塘水库养鱼由生产队集体经营，确定专人负责放养，亩产鲜鱼27.5公斤。1979—1981年，推行“六定”（定人员、定鱼种、定成本、定产量、定报酬、定奖罚）责任制，鲜鱼产量大幅提高，亩均产鱼47.5公斤。1982年，随着“开放搞活”方针政策的贯彻实施，国家大力扶持和鼓励农民发展养殖业，涌现了一批养殖大户。是年，出栏生猪8500头，家禽10万羽。1990年，境内出现养猪专业户，养生猪1.5万头。2000年，养殖专业户向自繁、自养、自配制饲料方向发展。思中村邹定贤兴办养猪场，饲养母猪40头，“杜洛克”

湘西村荷花

种猪4头，繁殖饲养肉猪510头，并有一台饲料粉碎机加工配制饲料。2010年，回龙猪场建成投产，当年饲养生猪500头。2000—2010年，先后建成投产的有杨柳村、思中村、回龙村等10个专业生猪养殖场。2014年，全镇生猪专业养殖户12户，出栏生猪3万头，年末存栏2万头；出栏羊2200头，年末存栏900头；出笼鸡13万羽。养鱼水面7.8公顷，产鲜鱼6.4吨。实现养殖业总产值0.95亿元。

林业　境内有宜林山地7960公顷。2014年，全镇有林地面积6630公顷，实现林产品总值1700万元。森林覆盖率56.5%。

工业　清朝、民国时期，境内有铁器、木器、竹器、造纸、纸伞等手工作坊数十家。中华人民共和国成立后，1953—1956年，通过对私营工商业实行社会主义改造，全镇有手工业生产合作社3家，主要制造纸伞、竹木器等，从业人员30多人。1960年，兴办酿酒厂。20世纪80年代至90年代，兴办乡镇企业，镇内有建筑、竹木器加工等工业企业10家，从业人员160多人，年总产值8700万元。2004年后，镇办企业改制为民营企业。以建筑业、鞋业和玩具、食品加工为主。2014年，镇内有民营工业企业36家，工业总产值9500万元。

商贸服务　明、清至民国时期，曲兰、桐梓坪逐步发展成为街道，有商铺数十家。中华人民共和国成立后，先后在曲兰老街设立供销合作社、肉食水产站、粮油购销站及粮食储运库，供应生产、生活资料和收购农副产品。1955年，镇内有私营商贸户95户，从业人员180多人。1958年，取消集市贸易和个体商贩，商贸服务由供销社或合作商店统一经营。1962年后，逐渐恢复集贸市场，但对商品种类仍有所限制。1970年，镇内有国营、集体商业网点30个，从业人员270多人。1978年后，实行改革开放，逐步放开市场，个体商业得到发展。1995年，个体商业户发展到117户，224人。此后，民营商业成为流通领域的主体。2014年，镇内有各类商贸服务业800余家，从业人员2050人，涉及餐饮、运输、金融、通信、文化、医疗、药品、保险、旅游、休闲娱乐等行业。有集贸市场3个，社会消费品零售总额2.85亿元。

财政金融　中华人民共和国成立至1984年，乡（社）未建立财政机构，由财粮委员或秘书兼管。1985年，成立镇财政所。是年，乡财政总收入265.5万元，主要为工商税和农业税收；财政总支出201.7万元，主要为支援农业、行政管理费和上解县财政。2004年，农村税费改革，国家取消农业税、农业特产税和各种税费共计238.37万元。2014年年末，实现财政总收入894.55.万元，财政总支出894.55万元。

1956年，建立曲兰乡信用合作社。1962年，设曲兰、桐梓、木山3个信用分社。1994年，成立农村合作基金会。1997年，清理取缔农村“两会”（合作基金会、互助储金会），合作基金会撤销，其账务移交县农村合作经济管理局。2014年，镇内有镇信用社1家，分社2家，职工25人；年末储蓄存款余额2.8亿元，贷款余额1.2亿元。

基础设施

水利建设　1949年，境内有水塘2200口，蓄水总量约150万立方米。中华人民共和国成立后，人民政府把兴修水利作为发展农业、改善民生的大事来抓。1953—1957年，共整修扩建水塘2100口，蓄水总量300万立方米。1959年10月至1966年12月，建成千山、盘古庙、驴门前（小一型）水库，库容量500万立方米，改善灌溉面积490公顷。20世纪60年代至70年代，先后兴建金塘、湖塘、泉塘、李子冲、和睦、雷组等8座小二型水库，总蓄水量320万立方米。2014年年末，镇内共有小一型水库3座，小二型水库8座，水塘2128口，渠道、渡槽5条，共长8千米，总蓄引提水量850万立方米。

交通运输　1958年，建成演陂桥至曲兰公路，境内长13公里。同年，曲兰至柞树坳公路和曲兰至界溪公路分别竣工。1976年，桐梓坪至金兰寺公路修通，境内长11公里。20世纪80年代至90年代，先后修通曲兰、船山、东亮、桐梓、高冲、杨柳、月形等40条村道。2004年起，对镇内乡村道路分批进行提质改造和水泥硬化。2010年，完成S210线曲兰路段提质改造工程和金桐、曲桐公路改造硬化。2013年，镇内通村道路全部实现水泥硬化。是年，启动娄衡高速公路建设工程，境内长13公里。2014年年末，镇境内有高速公路（在建）1条，长13公里，并设有进出口；省道1条，长16公里；县道2条，长13公里；村道40条，总长150公里。

1978年，桐梓坪汽车站建成投入运营。2002年，成立船山客运公司。是年，建成曲兰客运站，日发客运汽车62班次，日载客量2300余人次。

邮政电信　明、清时期，衡州至湘乡驿道途经境内，设有曲兰、桐梓、高汉3个驿铺。民国32年（1943）8月，设桐梓坪邮政代办所和曲兰信柜。1957年，设立曲兰邮电所。20世纪60年代起，公社（镇）、大队（村）均设有邮政投递点，邮路单程150公里。2014年，有邮政所2处，代办点1处。

通村公路

1956年，曲兰乡通电话，明线长24对千米。1962年，架设曲兰至高汉公社电话线路，长约12对千米。1980年后，有部分村通电话。1998年开始，在境内建移动电话基站。2014年，镇内有电信企业1家，程控电话交换机1万门，固定电话用户1800户；移动电话基站3个，移动用户30000

余户。

供电饮水 1992年，乡内开始供电。此后，供电范围逐步扩大。至1995年，全镇10千伏配电线路74.26千米，10千伏变压器40台，总容量2600千伏安；低压用电线路总长278.4千米，村及村民小组通电率100%。2000年后，分期分批实施电网改造，先后对40个村进行线改和户改，共改造和新增10千伏线路32.6千米，新增和更新10千伏变压器35台，完成户改9603户。2003年，建成镇供电所，有35千伏变电站1座。2014年年末，全镇有10千伏配电线路1条，线路总长150.6千米，10千伏变压器75台，总容量15000千伏安，低压用电线路长822千米；42个村（社区）、481个村（居）民小组全部通电，用电户13256户，占总户数的98.5%。

2014年，镇自来水厂建成供水。

镇村建设 1992年，原曲兰乡投资100万元建设办公楼，建筑面积1600平方米。1995年，镇政府投入资金50万元硬化曲兰街道。此后，相继新建镇文化站、财政所等办公设施。2006年起，启动社会主义新农村建设，重点改造农村水利、电力、道路等基础设施，2009—2012年，省人民检察院扶贫工作小组进驻湘西村，完善村组道路、人居环境等基础设施，建设文明富裕乡村。2014年年末，全镇电网改造率、乡村道路硬化率、村民饮水安全率均为100%，环境卫生综合达标率85%。建制村都有办公用房。

社会事业

教育科技 清代，境内著名的私塾有“邹氏召田义学”，分别在高汉、桐梓坪和曲兰设有分馆。民国时期，仍有私塾，后国民政府废私塾，提倡新式教育，境内小学渐增。至民国38年（1949），有培才、龙麓、曲兰、红旗、桐梓等9所保国民小学和族校。中华人民共和国成立后，在大力发展小学教育的同时开展扫除青壮年文盲教育。1956年，境内有完全小学1所，初小19所。1958年，曲兰完小附设初中班，同时创建曲兰民办中学。1964年，推行全日制与半日制、公办与民办“两种教育制度”并举，境内有农业中学3所，民办小学15所。1969年，农业中学、民办小学分别并入公办中学和公办小学。1974年，按照“一个公社办1所初中，一个大队办1所小学”的布局，境内有初中3所，小学40所。1998年，曲兰镇通过省、市考核验收达到国家“两基”标准。2001—2002年，整合教育资源，合理调整农村小学布局。至2003年，镇内有村联合小学19所。2014年

湘西小学

年末，全镇有幼儿园3所，在园幼儿930人，专任教师63人；小学19所，在校学生1800人，专任教师120人；初级中学3所，在校学生1700人，专任教师220人。有曲兰中学、高汉中学、桐梓中学及曲兰中心小学、桐梓小学、金星小学、湘西小学、星星小学等14所县级合格学校。

1981年，建立公社农科站，有农民技术员30余人。1983年起，创办农民文化技术学校3所。向农民传授农业科技知识，年培训约470人次。20世纪90年代后期起，建立农民科技示范户。至2014年年末，全镇有各类科技示范户45户。

文化体育 明末清初，后人辑有王夫之的诗集《柳峰吟》《溶花诗》《遣兴诗》《和梅花百咏》《雁字诗》《仿体诗》《鼓棹初集》《鼓棹二集》《潇湘怨词》等19种共1950首。民国时期，境内民间有龙灯、狮舞。

中华人民共和国建立初，以俱乐部为文化活动阵地。1964年后，设立公社文化站，配文化辅导员1名，负责文化宣传活动等工作。1966—1976年，农村文化活动单一，大多为"语录歌""样板戏""忠"字舞。中共十一届三中全会后，农村文化趋向多样化。2007年8月，镇文化站更名为文体站。2011年，投入资金200万元建成镇文体站，面积1000平方米。2011年4月，成立船山故里文化社。是年，出版《船山故里行》。2014年成立船山诗社。2014年年末，有文体站1个，工作人员3名；村文化活动中心40个，图书4.9万册；各类文化专业户35户，从业人员98人；业余文艺创作人员29人。

1972年，建立公社广播站，配工作人员3名。是年，40个大队、496个生产队实现队队通广播；线路总长170千米，喇叭入户率30%。1975年，建立公社电影放映队，有放映机3台。1985年，镇广播站更名为广播电视站。20世纪90年代后，随着县广播电台调频道的开通，结束了有线广播的历史。1994年，广播电视站易名为有线电视站。2014年年末，全镇有线电视网络1.56千米，用户2239户；无线电视用户2659户，电视综合覆盖率为100%。

1997年，境内中小学开始按《国家体育锻炼标准》教学。当年达标率为29%。至2000年，达标率提高到90%。2014年年末，镇内学校共有运动场所19个，总面积达0.98万平方米。

医疗卫生 民国时期，境内缺医少药，治疗病患者素以中草药为主。中华人民共和国成立后，医疗卫生事业不断发展。1953年，成立区联合诊所，有中医9人。1959年，建立公社卫生院。是年，推行新法接生，当年新法接生率达18%。1968年后，大队卫生室相继建立，分别配有"赤脚医生"和妇幼保健员。1969年，建立农村合作医疗制度。1980年，对0~7岁儿童作健康检查，发现有19%的儿童患病，全部实行免费治疗。2006年1月，启动新型农村合作医疗，年参合率75%。此后，参合人数逐年增加。2014年，投入资金380万元，新建镇卫生院，建筑面积2000平方米，并添置病床和医疗检测仪器。2014年年末，镇内有卫生院1所，门诊部3个，村卫生室40个，病床60张，执业医务人员62人；参加合作医疗人数43892人，参合率87.75%；补偿兑付1053人次，补偿总金额64.31万元。

社会保障 灾害救助 1954年5—6月，境内连续3次遭受洪涝灾害，县、乡发动群众以工代赈，修复水毁工程，下拨粮食救济灾民。2008年1月，镇内18户村民因严重冰雪灾害造成房屋倒塌，县、镇共拨救灾款18万元，帮助重建新居。

五保供养　20世纪60年代起，对孤寡老人和无劳动能力的残疾人实行“五保”，其生活费由所在生产队统筹。80年代后，“五保”供养纳入乡统筹。2005年起，城镇“五保”对象享受城镇最低生活保障待遇，其供养经费由县财政拨付。2007年，改扩建曲兰卫生院桐梓分院为镇敬老院，集中供养部分“五保”老人。2014年，全镇有“五保”对象342人，其中集中供养24人；共拨付供养金95.95万元，年人均2800元。

大病救助　2006年起，实施城乡居民大病医疗救助。救助对象主要为罹患恶性肿瘤、白血病、尿毒症等大病的城镇低保户、五保户。是年，救助对象21人次，共救助住院医疗费2.3万元。2007—2014年，共救助797人次，救助总金额64.3万元。

城乡低保　2007年7月起，实行城乡居民最低生活保障待遇。是年，镇内有低保对象269户、539人，占居民总户数的0.9%；年人均发放低保金360元，共发放金额19.4万元。此后，对低保对象实行动态管理，补助标准亦渐次提高。2014年年末，镇内有低保对象922户、1844人，年人均标准1476元，共发放低保金272.1万元。

养老保险　2011年7月，启动城乡居民社会养老保险。是年，镇内城乡居民登记参保人数13100人，参保率为75%；征缴养老基金178万元，为5600名到龄居民发放7—12月份养老金184.8万元。至2014年年末，城镇居民登记参保人数为16173人，参保率为80.1%；征缴养老基金198.56万元，为7820名到龄居民发放养老金703.56万元。

人民生活　民国时期，境内人民绝大多数缺衣少食，居住简陋。中华人民共和国成立后，人民政府使“耕者有其田，居者有其屋”，组织人民群众兴修水利，增强抵御自然灾害能力，乡内人民生活逐步改善。至1957年，“吃饭”问题初步解决，部分少房户盖起新房。1959—1961年，由于自然灾害和工作严重失误，造成粮食短缺和饥荒。1964—1977年，居民生活水平整体较低，青年人结婚购置自行车、手表、缝纫机、收音机（俗称“三机一转”）属奢侈消费品。改革开放后，农村实行土地承包经营责任制，经济不断发展，人民生活水平不断提高。1984年，全乡农村居民人均纯收入376元，1990年达到635元。至2000年，人均纯收入提高到2413元，是1990年的3.8倍。部分家庭购置电视机、洗衣机、摩托车，大部分农家由土砖茅屋换成红砖瓦房。2001—2013年，镇内居民生活水平显著提高。年人均可支配收入由2579元提高到11863元，分别是1990年的17倍、2000年的4.6倍。农村家庭多建有2~3层砖混结构小楼房，固定电话、移动电话、电脑、空调、汽车等进入寻常百姓家。2014年，农民人均可支配收入11876元。人民生活质量全面提升。

特色地情

历史人文

王夫之（1619—1692），字而农，号姜斋，人称船山先生。出生于衡阳王衙坪（今衡阳市雁峰区）。明末清初著名思想家。清顺治十七年（1660）移居衡阳县金兰乡高节里茱萸塘（今曲兰镇湘西村）。从事著述凡40年，有著作近100种、400余卷，计800万字。内容涉及经学、史学、文学、数学、佛学及天文、地理、历史诸方面。主要有：《周易外传》《老子衍》《黄书》《庄子通》《庄子解》《尚书引义》《续四库大全说》《四书训义》《永历实录》《宋论》《思问录》《张子正蒙注》《诗广传》等。

王敔（1656—1731），字虎止，号蕉畦，曲兰镇湘西村人。王夫之次子。自幼随父就读，遍览经史和诸子百家。年轻时已有文名，与邵阳王元复、汉阳王戬，合称"楚南三王"。年30考取秀才，旋开馆授徒。晚年从事著述和《船山遗书》的收集整理和刊行工作。著有《蕉畦字溯》《蕉畦存稿》《芨芨草》《怀音草》等书。

邹桂堂（1882—1962），曲兰镇高冲村人。知名泥塑艺人。幼习泥水匠手艺，以古建筑装饰技艺见长。其堆塑、绘画，从不作草图，信手而成却栩栩如生、形神兼具。1946年，邹桂堂主持整修渣江福城寺（旧址在今三湖镇福城村），重塑十殿阎罗，数百个形态各异的鬼卒具有较高的艺术价值。其声名远播于邵东、双峰等地，为同行称之为"神工"。

朱坤山（1884—1928），曲兰镇黄马桥人。革命烈士。1925年加入中国共产党。次年参加农民运动，被推举为曲兰联合乡乡长。1927年9月，奉湘南特委指示，与朱克敏组建西乡工农革命军。同年12月，任工农革命军第9师（次年2月改编为第7师）3团参谋长。1928年8月不幸被国民党当局逮捕，杀害于衡阳市演武坪。

朱少连（1887—1929），字汉英，号孝廉，曲兰镇湘西村人。无产阶级革命家，中国工人运动早期领导人之一。历任株萍铁路总工会委员长、安源路矿工人俱乐部副主任、中共湖南省委执行委员、安源路矿工人罢工指挥部副总指挥、安源路局主任等职，多次组织发动工人运动。1922年2月加入中国共产党。同年11月，推选为粤汉铁路工团联合会筹备委员会主席。1923年6月，在中共第三次全国代表大会上当选为中央执行委员。1926年3月，当选为株萍铁路总工会主任。同年5月1日，出席第三次全国劳动大会并作题为《安源路矿工人之奋斗》发言，会上当选为中华全国总工会执行委员。1927年9月，配合秋收起义策动工农武装攻打株洲镇团防局。1929年1月4日在安源不幸被捕，1月8日遇害。

朱克敏（1906—1932），曲兰镇双东村人。革命烈士。1924年在安源煤矿加入中国共产党。1926年在长沙从事中共地下工作。"马日事变"后，被派回乡恢复和发展党的组织，在长乐大云山区组建中共润身堂支部，发展党员20余名。1927年9月，奉湘南特委指示，协助县委书记何修寅组建西乡工农革命军。同年12

月，任工农革命军第9师（后改为第7师）3团团长。1928年3月，当选为湘南工农兵苏维政府执行委员。同年秋在武汉遭国民党军队逮捕。1935年5月11日在汉口惨遭杀害。

邹济勋（1913—1988），字孝威，号履谦，曲兰镇人。医学专家。1927年—1934年，先后就读于湖南军医学校、北平（北京）陆军军医大学。历任南京中央军校医院外科医师、空军官校医务科长。抗日战争胜利后，派赴海南岛接受日本海军医院投降事宜，旋任该医院代理院长。1946年，任上海第六空军医院院长。1949年4月到台湾，任台南空军医院院长、联勤第四总医院院长、陆军第一总医院院长，晋升少将军衔。1959年5月退役，改任荣民总医院副院长、院长。曾是中华医学会理事长、中国国民党第十二届中央委员会委员。1988年在台湾病故。

邹玉祥（1957—　　），曲兰镇前进村进冲组人。1993年以来，邹玉祥22年如一日，义务为路人挑水煮茶、守亭护路，寒来暑往，善缘长续。2014年11月，其善举先后在中央电视台新闻频道、湖南卫视、衡阳电视台播出。2015年3月19日，《光明日报》以“真水无香”为题刊发邹玉祥义务送水的动人事迹。2015年7月，邹玉祥入选中国好人“诚实守信榜”。同年10月，获第五届湖南省道德模范提名奖。

邹玉祥担水

风景名胜

湘西草堂·船山墓庐　位于曲兰镇湘西村，中国古代思想家、哲学家、文学家王夫之（王船山）的晚年故居。清顺治十七年（1660），王船山举家迁居衡阳县金兰乡高节里茱萸塘（今曲兰镇湘西村）。初建“败叶庐”，10年后改筑“观生居”，并自题堂联：“六经责我开生面，七尺从天乞活埋”。康熙十四年（1675）秋，筑“湘西草堂”，结构为三间茅舍。王船山一生中的最后17年就生活在这里，他的大部分著述也在此完成。1981年，县人民政府对草堂进行维修，改茅舍为瓦屋。屋前门额“湘西草堂”为赵朴初所书。室内陈列有王船山晚年著书立说的珍贵文献资料和生活起居等文物。距故居约5公里的大罗山下有船山墓庐。两处皆为全国文物保护单位。

石船山　位于曲兰镇竹花村。《湖南通志》载：“石船山在县西（今衡阳市）一百二十里，有石似船，明遗老王夫之隐居处。又有桃坞山，与石船山相接。”石船山距湘西草堂1.5公里。其山为岩石结构，长约50米，宽15米，形似覆舟；石檐自然向外延伸数尺，可避风雨；檐下有一凹形石洞，洞内一方石平如桌面。相传夫之常来此观景抒情，赋诗明志。故后人以此山称王夫之为“船山先生”。

朱少连故居　又名留孝堂。位于曲兰镇湘西村。系中国工人运动早期领导人、中共第三届中央执行委员朱少连之故居。故居建于清代，青砖瓦房，为江南民居建筑风格。省级文物保护单位。

湘西草堂

朱少连故居

历任乡镇（公社）党政主要负责人名录

曲兰镇

（1956.6—2015.12）

中共曲兰乡委员会

第一书记　李大伦　1956.6—1957.4
　　　　　龙睦保　1957.4—1958.9

中共星星公社委员会

第一书记　龙睦保　1958.9—1959.1

中共曲兰公社委员会

书　记　龙睦保　1959.1—1959.9
　　　　王庸高　1959.9—1960.9
　　　　许纯宣　1960.9—1961.4
　　　　刘华林（兼）1961.4—1961.8
　　　　魏书尧　1961.8—
　　　　魏书尧　1970.10—1977.11
　　　　肖应生　1977.11—1980.9
　　　　易积良　1980.9—1984.2
　　　　蒋亮成　1984.2—1984.4

中共曲兰乡委员会

书　记　蒋亮成　1984.4—1984.8
　　　　邹家豪　1984.8—1990.9
　　　　罗云学　1991.1—1993.8
　　　　彭太平　1993.10—1995.5

中共曲兰镇工委

书　记　朱尧求　1995.5—1995.9

中共曲兰镇委员会

书　记　朱尧求　1995.9—1996.1
　　　　廖森林　1996.1—1997.2
　　　　颜柏林　1997.2—1998.1
　　　　聂晓黎　1998.1—2001.1
　　　　陈　俭　2001.1—2001.10
　　　　朱清赞　2001.10—2003.10
　　　　罗义清　2003.10—2006.1
　　　　方云耕　2006.1—2012.4
　　　　熊国样　2012.4—

曲兰乡人民政府

乡　长　朱天兵　1956.6—1958.9

星星人民公社

社　长　蒋国斌（兼）1958.9—1959.1

曲兰人民公社

社　长　欧盛俊　1959.1—1959.9
　　　　罗吉元　1961.4—1961.8

	邹学诵	1962.5—1962.9
	易咸关	1962.9—

曲兰公社革委会

主　任	魏书尧	1968.3—1977.11
	肖应生	1977.11—1981.3

曲兰公社管委会

主　任	谢文钧	1981.3—1982.1
	王庸宋	1982.1—1984.2
	廖亮生	1984.2—1984.4

曲兰乡人民政府

乡　长	廖亮生	1984.4—1985.3
	罗召春	1985.3—1986.1
	聂如锦	1986.1—1987.4
	李用生	1987.4—1987.12
	罗云学	1987.12—1991.1
	陈叶兰	1991.1—1993.2
	彭太平	1993.2—1993.10
	朱定雪	1993.10—1995.5

曲兰镇行政管委会

主　任	廖森林	1995.5—1995.9

曲兰镇人民政府

镇　长	廖森林	1995.9—1996.1
	聂晓黎	1996.1—1998.1
	陈　俭	1998.1—2001.1
	朱清赞	2001.1—2001.10
	邹铁合	2001.10—2003.1
	胡小刚	2003.1—2006.1
	蒋立冬	2006.4—2011.3
	黄山森	2011.4—

曲兰乡人大主席团

主　席	王文生	1987.10—1989.11
	邹耀华	1989.11—1995.5

曲兰镇人大主席团

主　席	蒋亮成	1995.10—1997.2
	邹家豪	1997.2—1998.2
	朱尧田	1998.2—2001.1
	邹铁合	2001.1—2001.10
	郑友迪	2001.10—2006.4
	聂朝龙	2006.4—2011.3
	邹学开	2011.4—

曲兰镇政协联工委

主　任	邹元方	1995.12—1999.5
	郑友迪	1999.5—2001.10
	肖湘平	2001.10—2003.3
	刘耀华	2003.3—2006.4
	邹学开	2006.4—2011.4
	彭玉才	2011.4—

高　汉　乡

（1956.6—1995.5）

中共高汉乡委员会

第一书记	蒋国斌	1956.6—1957.4
书　记	何远荣	1957.4—1958.9

中共高汉公社委员会

书　记	刘贤春	1961.4—1961.8
	罗正元	1961.8—1962.5
	朱振惠	1962.5—
	胡乾坤	1971.4—1975.3
	曾树勋	1975.3—1978.3
	蔡敦诚	1978.3—1982.2
	龙法生	1982.2—1983.9
	易金福	1983.10—1984.4

中共高汉乡委员会

书　记	易金福	1984.4—1985.3
	王元新	1985.3—1986.9
	朱尧田	1986.9—1989.1
	王在发	1989.1—1990.5
	邹远方	1990.5—1995.5

高汉乡人民政府

乡　长	谢青云	1956.6—1958.9

高汉人民公社

社　长　邹高任　1961.8—1962.5

谢青云　1962.5—1963.9

高汉公社革委会

主　任　王祥生　1969.1—1970.9

胡乾坤　1970.9—1975.3

曾树勋　1975.3—1978.3

蔡敦诚　1978.3—1981.3

高汉公社管委会

主　任　易月初　1981.3—1983.3

邹远方　1984.2—1984.4

高汉乡人民政府

乡　长　邹远方　1984.4—1987.4

陈桂云　1987.4—1989.11

李保华　1989.11—1990.5

邹远方　1990.5—1993.2

易祁衡　1993.2—1995.5

高汉乡人大主席团

主　席　邹耀华　1987.10—1989.11

王庸迪　1989.11—1992.2

朱新生　1992.2—1995.5

桐梓坪乡

(1956.6—1995.5)

中共桐梓乡委员会

第一书记　李贤良　1956.6—1957.4

王汉云　1957.4—1958.9

中共桐梓公社委员会

书　记　许纯宣　1961.4—1961.8

谭家泰　1961.8—1962.5

邹荣贵　1962.5—1966.2

肖立生　1966.2—

肖立生　1970.10—1975.4

聂如金　1975.4—1981.2

王建铭　1981.2—1984.2

廖森林　1984.2—1984.4

中共桐梓坪乡委员会

书　记　廖森林　1984.4—1987.12

李用生　1987.12—1992.2

陈　俭　1992.2—1995.5

桐梓乡人民政府

乡　长　邹均生　1956.6—1958.9

桐梓人民公社

社　长　王庸甫　1961.4—1961.8

邹高任　1962.5—1963.9

肖立生　1963.9—1966.2

桐梓公社革委会

主　任　肖立生　1968.9—1975.4

聂如金　1975.4—1981.3

桐梓公社管委会

主　任　易咸关　1981.3—1984.4

桐梓坪乡人民政府

乡　长　易咸关　1984.4—1986.1

李用生　1986.1—1987.4

聂如锦　1987.4—1987.12

李培运　1987.12—1992.2

王庸意　1992.2—1993.5

王运初　1993.5—1994.4

刘桂友　1994.4—1995.5

桐梓坪乡人大主席团

主　席　朱新生　1987.10—1989.11

易咸关　1989.11—1993.2

邹丹生　1993.2—1995.5

表 11 曲兰镇村级行政区划调整概况表

新村（社区）名	人口数	合并的原村（社区）名
大塘村	2288	和平村、大塘村
湘西村	3034	湘西村、竹花村
馥莲村	2555	燎原村、星星村
曲兰村	1501	曲兰村
船山村	3931	船山村、东亮村、九江村
清水村	2285	清水村、青石村
赛桥村	2496	赛桥村、泉源村
阳亭村	2608	晓塘村、阳亭村
思中村	1429	思中村
花桥村	2922	花桥村、形塘村
主堂村	1669	主堂村
云步村	2967	栗树村、何龙村、云步村
界西村	2922	龙虎村、界西村
桐梓村	1264	桐梓村
高冲村	1296	高冲村
前进村	1396	前进村
高汉村	2338	高汉村、仁里村
木山村	1824	回龙村、木山村
月形村	3074	月形村、合中村
黄龙村	2504	黄龙村、双龙村
召田村	3028	召田村、双东村
杨柳村	2776	杨柳村、青草村
夫子社区	845	夫子社区
玉林社区	756	玉林社区

说明：原有 40 个村 2 个社区，2015 年调整合并为 22 个村 2 个社区。

洪市镇行政区划图

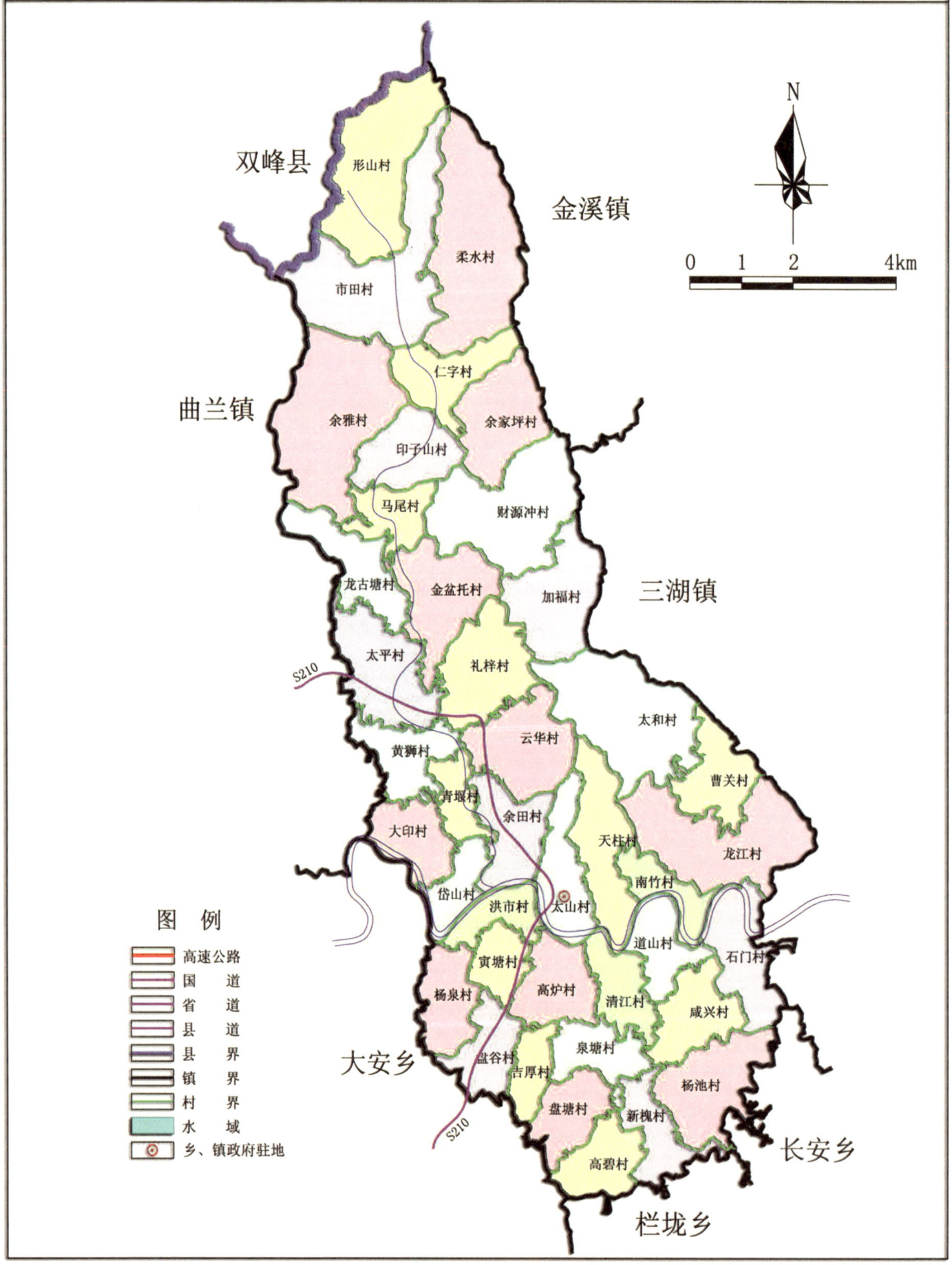
双峰县
金溪镇
曲兰镇
三湖镇
大安乡
长安乡
栏垅乡
形山村
柔水村
市田村
仁字村
余雅村
余家坪村
印子山村
马尾村
财源冲村
龙古塘村
金盆托村
加福村
太平村
礼梓村
S210
太和村
云华村
黄狮村
曹关村
青堰村
余田村
大印村
天柱村
龙江村
南竹村
岱山村
洪市村
太山村
道山村
石门村
寅塘村
杨泉村
高炉村
清江村
咸兴村
泉塘村
盘谷村
吉厚村
杨池村
盘塘村
新槐村
高碧村
N
0 1 2 4km
图 例
高速公路
国 道
省 道
县 道
县 界
镇 界
村 界
水 域
乡、镇政府驻地

洪市镇

区域概况

地域名片 洪市镇是“为新中国的建立作出突出贡献的全国一百位英雄模范人物”之一夏明翰故里，以及住房和城乡建设部批准的“全国重点镇”。

位置面积 洪市镇因镇政府驻地古称“洪罗庙”得名。位于北纬27°6′12″~27°17′59″，东经112°13′4″~112°19′28″。地处县境西北部，东与三湖镇接壤，东南以长安乡为邻，南毗栏垅乡，西南临大安乡，西靠曲兰镇，北抵娄底市双峰县石牛乡。镇政府驻泰山村。距县城西渡28公里。

辖区东西最大直线距离8.5公里，南北最大直线距离22公里，总面积112.99平方公里。

建置沿革 明洪武三年（1370），洪市属永福乡。清康熙三十年（1691），撤乡设都，属第十二都。同治十年（1871），去都设镇，属重安镇。民国32年（1943），置湘西乡，隶属衡阳县第七区。中华人民共和国成立初，仍沿袭民国旧制。1950年3月，撤销湘西乡，分置市田、仁字、礼梓、余田、天柱、长岭、咸欣、高碧乡，同属第七区。1952年7月，衡阳、衡南分县后，调整区乡政区，分置洪市、天柱、余田、高碧、咸欣、长岭乡，属第九区（后改为洪罗区）；太平、马尾、仁字、市田、礼梓乡，属第十区（后改称船山区）。1956年5月，撤区并乡，将天柱、余田、高碧、咸欣、长岭乡并入洪市乡，将太平、马尾、仁字、市田乡并入礼梓乡。1958年9月，成立人民公社（简称公社）撤洪市乡及水寺乡一部分建宏伟公社；撤礼梓乡建燎原公社。1961年8月，设区分社，置洪市、高碧、礼梓公社，隶属洪市区。1981年9月，析出洪市公社一小部分设立

洪市镇

洪市镇。1984年5月，去公社复称乡。是年6月，洪市乡、洪市镇合并为洪罗庙镇。1995年5月，再次撤区并乡，将高碧乡、礼梓乡、洪罗庙镇合并为洪市镇。至2014年，政区无变更。

行政区划 2014年，辖东街、西街2个社区和洪市、寅塘、盘谷、杨泉、吉厚、高炉、泰山、天柱、南竹、龙江、曹关、太和、云华、余田、青堰、大印、岱山、形山、市田、柔水、仁字、余家坪、财源冲、印山、余雅、马尾、龙古塘、金盆托、太平、礼梓、加福、黄狮、新槐、高碧、盘塘、泉塘、清江、道山、石门、咸欣、杨池41个村，下设2个居民小组、490个村民小组。

2015年6月，调整辖区内村级区划，将41个村合并为23个村，2个社区合并为1个社区。至是年末，辖洪罗庙1个社区和洪市、盘谷、杨泉、高炉、泰山、天柱、龙江、余田、大印、形山、市田、仁字、财源、印山、西冲、金龙桥、太平、明翰、新泉、高碧、清塘、咸欣、杨池23个建制村，下设490个村民小组、2个居民小组。

自然环境 镇域属山地与丘陵结合区。东南部为丘陵，西北部多山，地势西北高东南低，最高山天柱峰海拔332米。全境属大陆性亚热带季风湿润气候区，气温四季分明，无霜期长。年平均气温17.5℃，一月最低，日均气温5.8℃，七月最高，日均为35.5℃。雨季旱季明显，年平均降水量在1200毫米以上，极端年最大降大量1800毫米（1970），极端年最少降水量950毫米（1963）。常年主导风为北风，夏季多东南风，并有雷电气象。境内土壤分为水稻土、黄壤土、红壤土三大类。境内有余田河、大了冲河、咸欣河3条主要河流，均属蒸水水系。总长30公里。蒸水自大印村入境，经石门村出境，境内流程14.5公里。

人口民族 1982年第三次全国人口普查（简“三普”，下同），辖区户籍总人口（以下简称总人口）30312人。1990年“四普”总人口32674人。2010年“六普”总人口56014人。“六普”人口分别比“三普”“四普”增加25702人、23340人。2014年年末，总人口57150人，其中常住人口53500人。城镇化率39.8%。总人口中，男性30108人，占52.68%；女性27042人，占47.32%；0~14岁11769人，占20.6%；15~59岁36610人，占64.1%；60岁以上8771人，占15.3%。2014年年末，人口出生率12.27‰，死亡率4.69‰，自然增长率7.58‰。

辖区内有少数民族人口45人，其余均为汉族。

经济发展

农业 种植业 2014年，全镇耕地面积3000公顷，其中水田2466公顷。主要农作物有水稻、油菜、红薯、蔬菜、烟叶等。民国时期，由于生产条件落后，加之干旱缺水，粮食平均亩产不足200公斤。

中华人民共和国成立后，致力于兴修水利，改善农业生产条件，粮食产量不断增加，1957年，亩产达到260公斤。1958年成立人民公社，办“公共食堂”，搞“一平二调”，后遇三年自然灾害，粮食严重减产歉收。1961年，调整公社规模，实行以生产队为核算单位和执行按劳分配政策；与此同时，改进耕作技术，扩大双季稻种植面积，农业生产持续发展。1969年，双季稻种植面积2000公顷，占水田总面积的80%，两季亩产平均375公斤。1976年，试种杂交晚稻7公顷，平均亩产310公斤，比常规晚稻每亩增产110公斤。此后逐年扩大种植面积。至1983年，杂交晚稻面积达到2330公顷，占水田总面积的95%，平均亩产提高到400公斤。1990—2006年，全镇水稻年种植面积稳定在2330公顷左右，亩均产量约800公斤，年总产量2.8万吨。2014年，种植水稻2000公顷，总产2.4万吨；油菜2130公顷，产菜籽7500吨；蔬菜730公顷，总产4800吨；烟280公顷，产烟叶322吨。实现农业总产值2.9亿元。

养殖业　境内历来有养殖禽畜习惯。民国时期，由于多数农户家庭生活困难，禽畜饲养数量极少。中华人民共和国成立初，养殖业有所发展，禽畜产量逐渐增多。1958—1961年，一度禁止农户养猪养鸡。1962—1980年，耕牛、鱼类由生产队集体放养，生猪饲养允许公私并举，故产量较前有较快发展。1982年实行土地承包经营责任制后，养殖业快速发展，呈现“六畜兴旺”的局面，并陆续出现一批规模化、专业化养殖户。1990年，全镇人均养猪0.5头、鸡8羽；鲜鱼产量亦大幅提升，亩均水面产鱼由1980年的48公斤提高到135公斤。1991—2012年，养殖业持续发展。其间，先后有能兴牧业、惜缘农庄、秀丽养殖等7个专业养殖场建成投产。其中能兴牧业公司投资450万元于2012年建成万头养猪场，年出栏生猪1.1万头。2014年年末，全镇有各种规模养殖户38户，出栏生猪5万头，出笼家禽12万羽，出塘水产品700吨，养殖业总产值8010万元。

林业　全镇有林地5950公顷，主要树种有松、杉、油茶、南竹、樟等。1956年以前，山林权属为农户私人所有。1958年“大办钢铁”，大部分森林被破坏。此后，林权收归集体经营。1982年实行土地承包经营，林权放归农户管理。经过历年实施植树造林、封山育林、退耕还林等一系列措施，累计造林1100公顷，封山育林4500公顷，森林覆盖率逐年提高。2014年年末，全镇森林覆盖率78%。

工业　明、清朝代，境内（今龙江村）开设窑厂烧制碗、杯等器物。民国时期，有木匠、铁匠、砌匠以及烧砖瓦、石灰等手工业艺人近百名。

中华人民共和国成立后，1957年7月，创办礼梓山牧云峰铁厂，至当年底产铁201吨。1958年，建立洪市冶炼厂。是年，牧云峰铁厂并入洪市冶炼厂。至1962年停办时止，累计产生铁5449吨，共计亏损237万元。1970年，在洪市冶炼厂原址创办县铁厂，建10立方米小高炉1座，日产生铁13吨。1979年停办，累计产生铁10229吨。1981年，境内有国营工业、集体工业、社队工业厂家共30余个，从业人员200余人；涉及大米加工、农机具制造、建筑建材等行业。1985—1995年，国营、集体和乡镇工业逐渐萎缩，私营工业相继崛起。2001年后，镇内3家国营和集体工业先后改制为民营企业。2014年年末，全镇有民营工业100家，从业人员1500人，经营范围涉及建筑、建材、食品加工和农林产品加工等行业；实现工业总产值1.5亿元，完成税收800万元。

商贸服务　民国时期，境内洪罗庙沿蒸水两岸的老街有店铺220多家，为县内较大的农副产品集散地。中华人民共和国成立后。1953年，镇上有私营商业、饮食业210户，从业人员400人。1956年完成对私营商业的社会主义改造后，组建成4家公私合营商店、15个商业合作小组。在此之前，先后建立区供销合作社、粮油购销站、肉食水产品购销站以及粮油储运库等商业机构，共设有购销门店网点40余个。1958—1962年，一度取消集贸市场，禁止集市贸易。1962年恢复，但对销售的商品仍有所限制。1978年，境内有国营、集体商业网点55个，集贸市场1个，社会消费品零售总额570万元（当年价）。1982年后，实行改革开放，在发挥国营集体商业主渠道作用的同时，适当发展个体私营商业。至1990年，有个体商贸户70余家，从业人员130余人。1995年后，在商业改革的大潮中，国营、集体商业逐渐淡出流通市场。2001—2007年，先后完成对国营、集体商业的改革改制，民营商业成为商品流通领域的“一统天下”。2014年年末，全镇有各类民营商贸服务业618家，从业人员1560人，有集贸市场1个。年社会消费品零售总额3.54亿元。

财政金融　中华人民共和国成立至1984年，乡镇（公社）未设立财政机构，由财粮委员或秘书兼管，按月向区公所代领工资和报销发票。1985年成立镇财政所，统管财政收支。1996年，镇财政总收入950万元，主要有农业税、农业特产税和工商等税收；财政总支出935万元，主要用于支援农业、上解县财政和行政管理费用。2004年起，实行农村税费改革，国家取消向农户征收农业税（含附加）和农业特产税。当年全镇两项税金281.17万元，农民人均减少负担61元。2014年年末，完成财政总收入1960万元，财政总支出1945万元。

1952年，成立中国人民银行洪市营业所，管理境内金融业务。1954年成立农村信用合作社（简称信用社）。1982年，成立中国农业银行洪市营业所。1985年1月，撤销人民银行营业所，其金融业务移交农业银行营业所。2009年，建立中国邮政储蓄银行洪市营业厅。2014年年末，镇内有金融机构3家，年末各项存款余额10.9亿元，贷款余额6700万元。

基础设施

水利建设　境内财源冲马王塘，建于1100多年前，蓄水量约2.5万立方米。清光绪《湖南通志》记载：该塘为五代十国时的楚国建立者马殷（852—930）发动兵民所修建，故得名“马王塘”。1949年，境内有山平塘约1124口，蓄水量约986.5万立方米。

中华人民共和国成立后，人民政府组织群众兴修水利，抗御干旱。1953—1957年，新修扩建山平塘1769口，增加蓄水量2122.8万立方米。1957—1965年，先后修建百祥、良心、大池塘、龙头井、余家坪、杉树塘、大石、龙口等11座小型水库，总蓄水量461万立方米。与此同时，开挖渠道384条，长350千米。1979年，在蒸水河修建洪市河坝，坝高5米，坝轴长90米，灌溉农田230公顷。20世纪90年代至2012年，水利建设的重点放在山塘清淤、渠道硬化防渗和水库除险加固上。其间，共完成山平塘清淤防渗936口，硬化田间渠道19条，长20.3千米；为大池塘、百祥、余家坪等7座水库大坝实施除险加固。2014年年末，全镇有小一型水库1座，小二型水库11座，山平塘2893口，总蓄水量3570万立方米。

新建的跨蒸水洪市大桥

交通运输 1959年，分别建成洪市至演陂桥，洪市至曲兰（均属今省道210线），洪市至渣江（渣洪线）公路，共长11.5公里。20世纪80年代至90年代，相继完成了41个村的村道建设。2002—2013年，实施乡村道路改造和水泥硬化工程，实现了村村通水泥路，总里程220公里。2014年年末，镇内有省道1条，县道1条，乡道2条，村道41条，总长318公里。

1959年，开通西渡至洪市客运班车。1978年，设立洪市汽车站。2009年，新建的农村客运站投入运营。2014年，开通洪市至形山农村客运班车。2014年年末，镇内有客运站1个，客运车辆38台，日发送32班次，日载客量千余人次。

邮政电信 民国6年（1917）3月，设立洪罗庙邮政代办所。1956年，建立洪罗庙邮政支局。是年，洪市区架通电话线路。1957年，设礼梓山邮政代办所。1962年，境内区属单位及公社开通电话，线路长13千米。1980年后，公社（乡镇）建立通村（大队）电话网络，利用有线广播线路通电话。1993年，开通程控电话网络。2005年，移动、联通公司先后在镇内建设移动通信基站。2014年年末，镇内有邮政、电信、移动、联通营业厅各1个；有固定电话用户3000户，移动电话用户30000户，互联网用户1800户。

供电饮水 1979年，建成洪市河坝水电站，安装水轮泵2台，装机容量225千瓦，供公社和区机关照明用电。1988年12月，建立洪罗庙35千伏变电站。至1998年，有10千伏配电线路3条，长60千米；10千伏变压器45台，总容量4000千伏安；村通电率100%，村（居）民小组通电率100%。2000—2013年，对农村电网实行分批次改造，先后完成38个村的线改和户改，改造和更新10千伏线路1条，长2千米；更新和新增10千伏变压器40台，总容量5500千伏安；完成户改15000户。2014年年末，全镇有35千伏变电站1个，35千伏变压器2台，总容量16300千伏安；10千伏配电线路4条，长85千米；10千伏变压器90台，总容量15000千伏安；低压用电线路总长500千米。全镇41个村、2个社区、492个村（居）民小组全部供电，用电户16343户，供电率100%。

2006年，建成镇自来水厂，日供水能力4500吨。2014年年末，有供水主管网3条，长20千米；支管网15条，长55千米；供水用户5600户。

镇村建设 洪罗庙系千年古镇。清代、民国时期，在蒸水两岸分别建有东、西两条石板老街和一座跨河大石拱桥，有居民150余户。

洪市小城镇住宅区

中华人民共和国成立至1980年，集镇建设不断拓展，先后兴建了商贸、交通运输、教育文化、医疗卫生等基础设施，面积约0.5平方公里。20世纪80年代末起，小城镇建设扩容提质，先后修建了洪双北路、洪双南路、高炉路、洪市大道、光辉路、半斤街、东街7条街道和渡改桥工程；建成占地面积18亩的洪市广场、寅塘花园和集纪念观景于一体的烈士陵园；完成城区“二杆（电杆、电线杆）五线”整治；开发商品住宅面积15万余平方米。至2014年年末，城区建成面积2.5平方公里。2011年、2014年，洪市镇先后被确定为湖南省“小城镇建设示范镇”“全国重点镇”。

2006年，启动社会主义新农村建设。以杨泉村为示范点，重点改造农村电网、道路、水利、环境卫生等基础设施。2014年年末，全镇电网改造率、乡村道路硬化率、环境卫生达标率、居民饮水安全率均为100%。行政村都有办公用房。

社会事业

教育科技 清代，境内有文昌宫（现五中校园内）、石门观（今石门村）两所书院，晚清著名学者王闿运曾在石门书院开馆授徒。清末废私塾办学堂。民国时改学堂为学校。1949年，境内有保国民小学及私立小学10所。

新中国成立后，利用祠堂作学校发展农村小学教育，同时开办农民识字夜校，扫除青壮年文盲。至1957年，境内有完全小学1所，初级小学19所。同年，洪市完小附设初中班。1958年，洪市附中改为县立第五中学。1974年，按照一个大队办1所小学、一个公社办1所中学的布局，境内有小学37所、初中3所、高中1所。1983—1985年，着力做好初等教育普及工作，经过三年努力，境内7—12周岁儿童入学率99%，年巩固率98.5%，毕业率96.8%；13~15周岁儿童初中教育普及率98%。1992—2006年，重点搞好中小学危房改造，建设合格学校。其间，全镇共完成改建新建校舍面积9700平方米，占校舍总面积28670平方米的33.8%。与此同时，为整合教育资源，提高教育质量，将原有30所小学合并为19所。2014年，投资1100万元建成高标准的洪市幼儿园。2014年年末，全镇有幼儿园5所，在园

县五中

洪市幼儿园

幼儿1186人，专任教师79人；小学17所，在校学生4005人，专任教师216人；初中4所，在校学生3074人，专任教师76人；高中1所，在校学生2892人，专任教师124人。有洪市中学、礼梓中学、阳塘小学、印山小学、洪市小学等15所县级合格学校。

1981年，建立公社农科站，有农民技术员37人。1983年起，创办3所农民文化技术学校，传授专业科技知识，年培训农民约500人次。20世纪90年代后期起，建立农民科技示范户。2012—2013年，泰山村肖广芹、西街社区陈森林先后获评衡阳市“星火科技示范户”“优秀星火科技示范户”。2014年年末，全镇有各类科技示范户75户。

文化体育 民国时期，境内有舞龙灯、狮灯、演木偶戏等群众文化活动。文艺作品有夏绍范（礼梓村人）创作的《离经南溟诗稿》；陈云凤（礼梓村人）的诗集《衡阳吟咏》《严余吟》；易越石（礼梓山人）的书画等。易的书画作品曾分别在香港、日本、加拿大等地展出。

中华人民共和国成立初，俱乐部成为农村文化的活动阵地。1964年，公社、大队先后建立文化站和文化室。“文化大革命”期间，毛泽东思想文艺宣传队是农村文化活动的主体。1972年，建立公社广播站。是年，境内3个公社、41个大队、492个生产队实现队队通广播。1975年，成立公社电影放映队，有16毫米电影放映机3台，分别到各大队巡回放映。20世纪80年代后，文艺创作渐趋活跃，涌现出一批精品力作。1983年，肖绍连（咸欣村人）的美术作品《捞沙忙》入选第八届全国版画展；1990年，其画作《石缝》获第十一届全国版画展铜奖。1997年，邓学兵（高碧村人）的小品《讲稿》获湖南省曲艺创作铜奖。2003年，邓学兵的书法作品获全国书法大赛优秀奖，其作品被毛泽东同志韶山纪念馆收藏；萧润波（高碧村人）的多首诗词收入《中华当代律诗精选》。2004—2012年，王雁鸣（杨池村人）先后创作出版散文集《月下湘江》《感恩生命》《故乡风》以及诗集《星光家园》4部作品。2014年年末，全镇有文体站、有线电视站各1个，共有职工10人；有线电视网络2千米，共有有线电视和无线电视用户3000多户；村（社区）文化活动中心26个，共有图书62566册；各类文化专业户27户，从业人员217人。

洪市广场

盘谷村活动中心

1997年，洪市镇获湖南省“亿万农民健身活动先进乡镇”称号。是年，镇内中小学开始按《国家体育锻炼标准》教学，全年达标率32%。至2005年，达标率97%。2014年年末，全镇有运动场25个，总面积5.9万平方米。

医疗卫生 民国时期，境内民间有中医、中药铺数家。中华人民共和国成立后，1950年成立区卫生所，有工作人员4人。1956年成立乡联合诊所，有中医7人。此后逐步调配西医。1968年，改区中心联合所为洪市地区医院；改公社联合诊所为卫生院。是年，境内有区医院1所，公社卫生院3所，共有专业医务人员55名。1969年，农村实行合作医疗制度，建立大队卫生室，配有“赤脚医生”和妇幼保健员各1名，初步形成区、社、队三级医疗卫生保健网络。2004年，洪市地区医院更名为衡阳县第三人民医院。2006年1月，启动新型农村合作医疗（简称新农合），当年参合4.5万人，参合率92%，受益金额480万元。2014年年末，辖区有医院1所，门诊部2个，村卫生室24个；有执业医生207人，卫生员180人，病床120张；参加新农合4.9万人，参合率100%，受益金额1799万元。

社会保障 灾害救助 1949年6月，境内遭受百年一遇洪灾，洪罗庙街道房屋倒塌80%，死亡数十人，灾民流离失所。是年冬，人民政府组织赈灾，帮助灾民重建家园。

五保供养 20世纪60年代起，对孤寡老人和无劳动能力的残疾人实行“五保”，其供养费由所在生产队统筹。1980年后纳入社（乡）统筹。2005年起，“五保”对象享受城乡最低生活保障，供养费由县财政统筹。2014年年末，全镇“五保”供养对象为476人，其中分散440人，集中供养36人。年人均2820元（不含衣服和医疗费），总金额134.16万元。

大病救助 2006年起，启动城乡居民大病医疗救助。救助对象主要为罹患恶性肿瘤、白血病、尿毒症的城乡低保户、困难户。2014年，共救助1311人，救助总金额68.24万元。

城乡低保 2007年7月，启动农村居民最低生活保障，并对低保对象实行动态管理。2009年，全镇有低保对象663户、1507人，年人均补助1080元，总金额162.76万元。2014年增至923户、1776人，年人均补助1476元，总金额262.14万元。

养老保险 2011年7月起，启动城乡居民社会养老保险。当年，全镇登记参保人数20756人，参保率90%；征缴养老基金244.91万元，为7476名到龄居民发放7—12月份养老金255.6万元。2014年年末，登记参保21800人，参保率93%；征缴养老基金255.49万元，为8683名到龄居民发放养老金600.42万元。

人民生活 民国时期，境内人民绝大多数缺衣少食，居住简陋，中华人民共和国成立后，人民政府使“耕者有其田，居者有其屋”，组织人民群众兴修水利，发展生产，改善生活。至1957年，“吃饭”问题初步解决，部分少房户盖起新房。1959—1961年，由于自然灾害和工作上的严重失误，造成粮食短缺和饥荒。1964—1977年，居民生活水平整体较低，少数人购置自行车、手表、缝纫机、收音机属奢侈消费品。改革开放以后，农村实行土地承包经营责任制，经济不断发展，人民生活水平不断提高。1984年，全镇农村居民人均纯收入389元，1990年达到657元，2000年提高到2568元，为1990年的3.9倍；部分家庭购置电视机、洗衣机、摩托车，大部分农家由土砖茅屋换成红砖瓦房。2001—2014年，镇内居民生活水平显著提高。年人均可支配收入由2668元提高到12280元，分别是1990年的18倍、2000年的4.78倍；农村家庭多建有2~3层砖混结构小楼房，固定电话、移动电话、电脑、空调、汽车等进入寻常百姓家，人民生活质量全面提升。

洪市新农村

居民住宅小区

特色地情

历史人文

夏时济（1852—1923），夏明翰之祖父，字彝珣，号环猿，洪市镇礼梓村人，清末官吏。清光绪进士。历任江苏补用道、江西淮盐督销总局总办、两江营务处总理等职。辛亥革命后，拒绝出任民国政府公职，专事著述。主要著作有《天文新说》《历学新说》《历学新义》《改革盐务计划书》等。善诗文。

杨伯熊（1881—1956），字荷擎，洪市镇泰山村人。国民党起义将领。毕业于北京司法讲习所，历任广东潮州、广州、连县高等法院审判庭庭长、地方法院院长等职。1941年，任国民军27集团军总司令部少将军法处长。1949年4月，任贵州保安司令部中将军法处长、首席检察官。同年10月，在贵州起义。新中国成立后，任衡阳市光明中学校长，中国人民政治协商会议衡阳市委员会特邀委员。

夏明翰（1900—1928），字桂根，洪市镇礼梓村人。中国共产党早期重要领导人，杰出的无产阶级革命家。1921年加入中国共产党。1922年10月，任湖南省学联干事长。1923年，任中共长沙地区执委书记。1924年5月，任中共湘区执委委员。1927年2月，任全国农民协会秘书长兼武汉中央“农讲所”秘书。是年4月，任北伐军政治部宣传部长。不久，调任中共湖南省委委员兼组织部部长。同年8月，兼任平（江）浏（阳）特委书记，参与发动秋收起义。1928年初，调任湖北省委常委。同年3月18日，因交通员叛变告密被捕。3月20日，在汉口余记里刑场英勇就义。临刑前写下“砍头不要紧，只要主义真，杀了夏明翰，还有后来人”的壮烈诗篇。2009年，由中共中央宣传部等12个单位评选全国一百位“为新中国的建立作出突出贡献的英雄模范人物”活动中，夏明翰名列其中。

名胜古迹

夏明翰故居　位于洪市镇礼梓村余家组。始建于清代乾隆年间，为湘南民居建筑风格。屋型二进六厢，共有房屋45间，面积2316平方米，主要由夏明翰故居和明翰纪念广场两部

夏明翰故居

分组成。故居内陈列有夏明翰烈士遗稿等近400件文物及郭沫若、何叔衡等知名人士为夏明翰题写的挽联和诗词。被中央和省定为全国爱国主义教育示范基地、湖南省爱国主义教育基地和省级红色旅游景区，系湖南省重点文物保护单位。

龙江村明清窑址　位于洪市镇龙江村文星、杨家组交界处的山坡下。窑址面积约3000平方米，文物堆积层厚1米左右。瓷胎纯白、较薄，白釉微灰，青花呈黑色、铁锈色或淡蓝色，采用匣钵装烧。陶瓷堆积层发现龙窑断面宽1.8米，其长度不明。采集标本有碗、杯、器托等。

洪罗庙飞机场遗址　位于泰山村白马皂。修建于1944年6月，占地面积约1万平方米，起降跑道长800米、宽20米。机场建成后，有往返于芷江机场约30架次飞机在此起降。在衡阳保卫战中发挥着重要作用。日军投降后，机场恢复为耕地。

洪市烈士陵园　位于余田村石灰岭。园内安葬1949年10月在衡宝战役中牺牲的7位中国人民解放军烈士。2011年扩建为陵园，占地面积约1千平方米，由观瞻平台、墓、忠烈阁及登山梯级路梯等组合而成，烈士长眠在苍松和丹桂之中。陵园为县级文物保护单位。

名优特产

寺门前土猪　因产于境内"寺门前"而得名。其猪体型特征：嘴短、脚短、头黑、臀黑，且食饲性广。1957年，被定为湖南省优良地方猪种类群之一。1976年，《中国猪品种志》将其命名为"华中两头乌猪"。

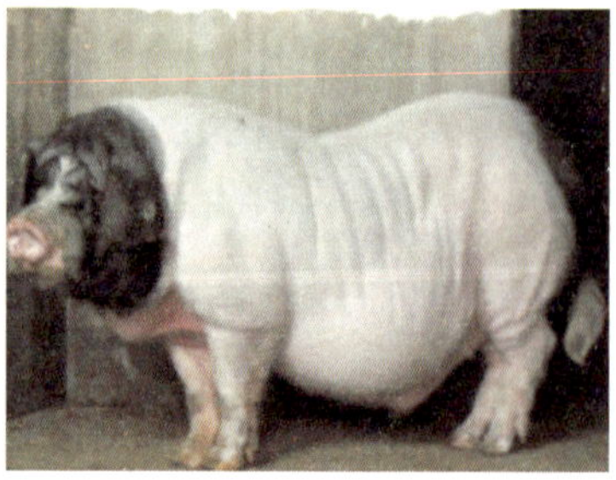

华中两头乌猪

洪市芝麻糖　产于洪市高碧，已有近百年生产历史。其糖以优质稻米、谷芽、大麦、芝麻等为原料，经磨粉、发酵、蒸煮、熬制而成。味道香甜酥脆，系极具地方特色的绿色食品。

历任乡镇（公社）党政主要负责人名录

洪市镇

（1956.6—2015.12）

中共洪市乡委员会

第一书记　吴仲尤　1956.6—1957.4
　　　　　刘德谓　1957.4—1958.9

中共宏伟公社委员会

第一书记　王增益　1958.9—1959.1

中共洪市公社委员会

书　记　李复生　1959.1—1959.6
　　　　傅必贵　1960.9—1961.8
　　　　龙祖义　1961.8—1962.5
　　　　彭儒生　1962.5—1966.1
　　　　蒋万宏　1966.1—
　　　　左传富　1970.9—1971.6
　　　　陈远仁　1971.6—1974.11
　　　　谭福田　1974.11—1978.10
　　　　胡国初　1978.10—1979.12
　　　　阎知法　1979.12—1982.1
　　　　周德店　1982.1—1982.10
　　　　刘呈祥　1982.10—1983.9
　　　　廖炎秋（兼）1983.9—1984.2
　　　　易建勋　1984.2—1984.8

（注：1981年9月，划洪市公社一小部分置洪罗庙镇。1984年6月，洪市乡并入洪罗庙镇。同年8月，组建洪罗庙镇新的领导班子）

中共洪罗庙镇委员会

书　记　戴魁秋　1981.12—1984.6
　　　　廖炎秋（兼）1984.6—1985.3
　　　　彭应龙（兼）1985.3—1986.1
　　　　蒋亮成　1986.1—1989.11
　　　　胡华友　1989.11—1993.4
　　　　易承桂　1993.5—1995.5

中共洪市镇工委

书　记　曾早生　1995.5—1995.9

中共洪市镇委员会

书　记　曾早生　1995.9—1996.1
　　　　朱尧求　1996.1—1997.2
　　　　曾义国　1997.2—1997.12
　　　　刘　健　1997.12—2003.1
　　　　蒋达宏　2003.1—2012.4
　　　　宋任飞　2012.4—2014.5
　　　　张永灵　2014.5—

洪市乡人民政府

乡　长　陈新和　1956.6—1958.9

宏伟人民公社

社　长　杨义贵（兼）1958.9—1959.1

洪市人民公社

社　长　杨义贵　1959.1—1961.4
　　　　贺昌菊　1961.4—1961.8
　　　　陈新和　1961.8—

洪市公社革委会

主　任　蒋万宏　1968.3—1970.3
　　　　左传富　1970.3—1971.9
　　　　陈远仁　1971.9—1974.11
　　　　谭福田　1974.11—1978.10

洪市公社革委会

主　任　胡国初　1978.10—1979.12
　　　　阎知法　1979.12—1981.3
　　　　王庸迪　1981.3—1982.1
　　　　易建勋　1982.1—1984.2
　　　　肖珍云　1984.2—1984.4

洪罗庙镇人民政府

代镇长 陈远仁 1982.2—1984.2

镇　长 王仲韶 1984.2—1984.8

蒋亮成 1984.8—1986.1

易积湖 1986.1—1987.12

吴永楚 1987.12—1989.11

魏友良 1989.11—1993.5

王庸意 1993.5—1995.5

洪市镇行政管委会

主　任 陈新龙 1995.5—1995.9

洪市镇人民政府

镇　长 陈新龙 1995.10—1997.2

刘　健 1997.2—1997.12

王运初 1997.12—2003.1

刘俊辉 2003.1—2006.4

周新生 2006.4—2008.12

宋任飞 2008.12—2012.10

谢理国 2012.10—2015.9

陈向群 2015.9—

洪罗庙镇人大主席团

主　席 范召堂 1987.10—1993.2

胡华友(兼) 1993.2—1993.5

易承桂(兼) 1993.5—1995.5

洪市镇人大主席团

主　席 王玉初 1995.10—1998.10

冯晓敏 1998.10—2001.1

李支稿 2001.1—2001.10

刘俊辉 2001.10—2003.1

戴新民 2003.1—2011.3

肖国阳 2012.10—2013.9

陈向群 2013.9—2015.9

周　肃 2015.9—

洪市镇政协联工委

主　任 王忠美 1995.12—1998.3

冯晓敏 1998.3—1998.10

陈福生 1998.10—2001.1

戴新民 2001.1—2003.1

陈修玉 2003.1—2006.4

王其新 2006.4—2011.3

肖国阳 2011.3—2012.10

周　肃 2012.10—2015.9

凌小军 2015.9—

礼　梓　乡

(1956.6—1995.5)

中共礼梓乡委员会

第一书记 王庸高 1956.6—1957.4

中共燎原公社委员会

第一书记 王庸高 1958.9—1959.1

中共礼梓公社委员会

书　记 朱尧生 1961.4—1961.8

何康喜 1961.8—

书　记 何康喜 1970.9—1973.1

刘定涛 1973.1—1976.2

肖德俭 1976.2—1980.9

陈元林 1980.9—1983.10

李承忠 1983.10—1984.8

中共礼梓乡委员会

书　记 吴永田 1984.8—1986.1

宋桂初 1986.1—1989.1

王元新 1989.1—1993.2

李保华 1993.2—1995.5

礼梓乡人民政府

乡　长 王庸甫 1956.6—1957.4

燎原人民公社

社　长 刘贤春(兼) 1958.9—1959.1

礼梓人民公社

社　长 邹学诵 1961.4—1961.8

邹学诵 1961.8—1962.5

王庸甫 1962.5—

礼梓公社革委会

主　任　何康喜　1968.3—1973.1
　　　　刘定涛　1973.1—1976.2
　　　　肖德俭　1976.2—1980.9

礼梓公社管委会

主　任　曾广苏　1981.3—1984.2
　　　　邹单生　1984.2—1984.4

礼梓乡人民政府

乡　长　邹单生　1984.4—1985.3
　　　　易祁衡　1985.3—1989.1
　　　　邹振华　1989.1—1995.5

礼梓乡人大主席团

主　席　陈积容　1987.10—1989.11
　　　　王文生　1989.11—1995.5

高　碧　乡

(1961.8—1995.5)

中共高碧公社委员会

书　记　徐早生　1961.8—1962.1
　　　　廖凤章　1962.1—1963.1
　　　　易宏谦　1963.1—
　　　　易宏谦　1971.4—1973.2
　　　　陈友卿　1973.2—1983.3
　　　　易月初　1983.3—1984.4

中共高碧乡委员会

书　记　易月初　1984.4—1985.3
　　　　龙法生　1985.3—1987.4
　　　　王在发　1987.4—1988.8
　　　　龙运良　1988.8—1995.5

高碧人民公社

社　长　李丙初　1963.9—

高碧公社革委会

主　任　易宏谦　1968.3—1973.1
　　　　陈友卿　1973.1—1981.3

高碧公社管委会

主　任　易文明　1981.3—1984.2
　　　　吴永田　1984.2—1984.4

高碧乡人民政府

乡　长　吴永田　1984.4—1984.8
　　　　王在发　1984.8—1986.12
　　　　邓光焕　1987.1—1989.1
　　　　易善衡　1989.1—1991.1
　　　　邓　鹏　1991.1—1995.5

高碧乡人大主席团

主　席　龙发生　1987.10—1987.12
　　　　王祥秋　1988.3—1995.5

表 12 洪市镇村级行政区划调整概况表

新村（社区）名	人口数	合并的原村（社区）名
洪市村	2760	洪市村、寅塘村
盘古村	2110	盘谷村、吉厚村
杨泉村	1318	杨泉村
高炉村	2036	高炉村
泰山村	2156	泰山村
天柱村	2291	天柱村、南竹村
龙江村	3980	龙江村、曹关村、太和村
余田村	1835	余田村
大印村	3177	大印村、青堰村、岱山村
金龙桥村	2621	金盆托村、龙古塘村
形山村	1831	形山村
市田村	3147	市田村、柔水村
仁字村	2167	仁字村、余家坪村
财源村	1475	财源村
印山村	2154	印山村、马尾村
新泉村	2380	泉塘村、新槐村
余雅村	2015	余雅村
太平村	2113	太平村
明翰村	5409	加福村、礼梓村、黄狮村、云华村
咸欣村	2156	咸欣村、石门村
杨池村	1835	杨池村
高碧村	2117	高碧村、盘塘村
清塘村	2920	道山村、清江村
洪罗庙社区	25315	东街社区、西街社区

原有 41 个村 2 个社区，2015 年调整合并为 23 个村 1 个社区。

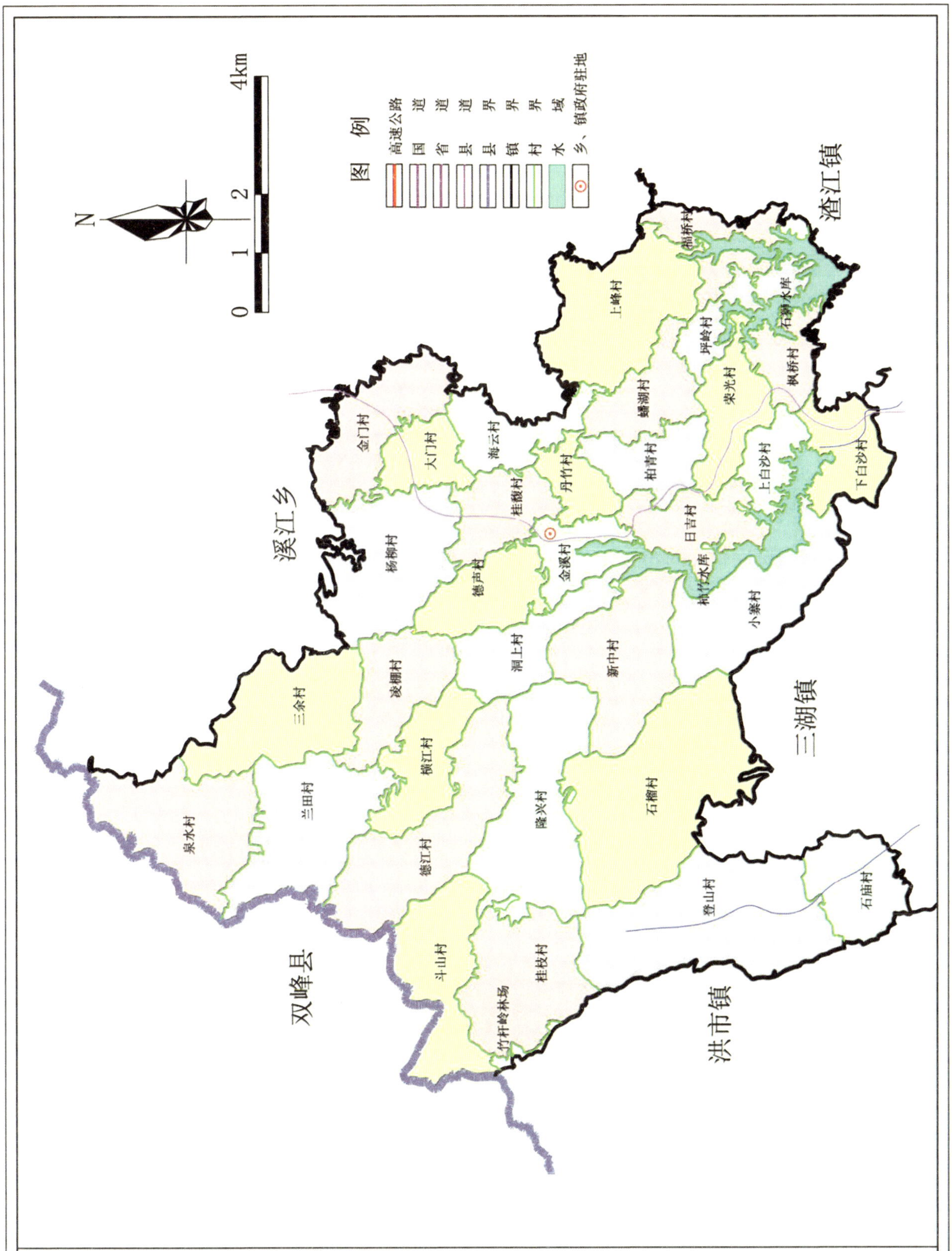
N
0
1
2
4km
图例
高速公路
国道
省道
县道
县界
镇界
村界
水域
乡、镇政府驻地
溪江乡
渣江镇
三湖镇
洪市镇
双峰县
金门村
大门村
海云村
桂馥村
丹竹村
杨柳村
德声村
金溪村
日吉村
柏青村
蟠湖村
上峰村
石狮水库
坪岭村
枫桥村
荣光村
上白沙村
下白沙村
杭竹水库
小寨村
新中村
洞上村
凌棚村
三余村
兰田村
泉水村
横江村
德江村
隆兴村
石榴村
登山村
石庙村
斗山村
桂枝村
竹杆岭林场

金溪镇行政区划图

金溪镇

区域概况

位置面积 金溪镇因驻地“金溪庙”得名。位于北纬27°14′0″~27°21′48″，东经112°14′52″~112°23′57″。地处县境北部，东邻溪江乡，南接渣江镇、三湖镇，西连洪市镇，北抵双峰县石牛乡。镇人民政府驻金溪村尚廉堂。距县城西渡46公里。

辖区东西最大直线距离10公里，南北最大直线距离16公里，总面积112.43平方公里。

建置沿革 明洪三年（1370）金溪属永福乡。清康熙三十年（1691）撤乡设都，金溪属衡阳县十四都。清同治十年（1871）去都置乡，设永福乡。民国32年（1943），设区辖乡，属第八区永福乡。中华人民共和国成立初，仍沿袭民国旧制。1950年3月，撤永福乡，分置横江、隆兴、登仙、浏泗、金溪、金坑、黄梅、海云、大祝、上峰、枫桥乡，属第八区。1952年7月，衡阳衡南分县，重设区乡政区，设金坑、黄梅、海云、大祝、上峰、隆兴、登仙、横江、金溪、枫桥、浏泗乡，属十三区（后更名为金溪区）。1956年5月，撤区并乡，将金坑、横梅、浏泗并为金溪乡；将登仙、横江并为隆兴乡；将枫桥、大祝、海云并为上峰乡。1958年建立人民公社（简称公社），撤销金溪、隆兴乡设立万里公社；撤销上峰、溪江乡设立鹏程公社。1959年1月，万里公社与鹏程公社合并为金溪公社。1961年8月，析社置区，设金溪、上峰、隆兴、

金溪小城镇

横江公社；隶属金溪区。1984年5月，改公社为乡镇。同年6月，金溪乡更名为金溪庙镇。1995年5月，再次撤区并乡建镇，金溪庙镇、上峰乡、横江乡、隆兴乡合并为金溪镇。至2014年年末，政区无变更。

行政区划 2014年，政区辖金门、大门、海云、杨柳、桂复、德声、洞上、金溪、新中、小寨、日吉、丹竹、柏青、蟠湖、上峰、荣光、福桥、平岭、枫桥、白沙、凌棚、三余、横江、兰田、泉水、德江、隆兴、斗山、桂枝、石榴、登山、石庙等32个村和正街、斋公坨2个社区，下设341个村民小组、15个居民小组。

2015年7月，调整辖区内村级行政区划，将32个村并为17个村。至是年末，辖金溪、金门、杨柳、桂海、新中、小寨、柿竹、蟠青、枫桥、聚福、上峰、横江、兰泉、隆兴、斗山、石榴、登兴17个村和正街、斋公坨2个社区，下设341个村民小组、15个居民小组。

自然环境 全境属山区，西北部高东南部低，最高山梦云峰主峰海拔599米。西北部为板页岩成土母质，东南为花岗岩成土母质。境内溪河密布。金溪河发源于九峰山，流经横江、隆兴，全长20余公里，与金坑河汇合后流入柿竹水库，为蒸水的重要支流之一。

镇域属亚热带季风湿润气候区，雨量充沛，光热丰富，气温四季分明，山区效应明显。常年主导风为北风，夏季东南风，伴有雷电气象。全年晴天约150~218天，雨天约132~211天，无霜期达265~295天，常年降雨量约1218毫米，最大连续降雨量126毫米。地表年平均温度19.1℃，7月最高平均温度35.1℃，1月最低平均温度5.1℃。

人口民族 1965年，辖区户籍总人口（以下简称总人口）25073人。1976年总人口31341人。1982年总人口32854人。1990年总人口33768人。2010年总人口32625人。2014年年末，辖区总人口38938人，其中常住人口33095人。城镇化率18.8%。总人口中，男性20481人，占52.6%；女性18457人，占47.4%；0~14岁8087人，占20.76%；15~59岁24804人，占63.72%；60岁以上6047人，占15.52%。2014年年末，人口出生率12.22‰，死亡率6.6‰，自然增长率6.16‰。

境内有少数民族人口56人。

经济发展

农业 种植业 2014年，全镇有耕地面积1190公顷。主要农作物为水稻、红（甘）薯，经济作物主要有油菜、花生、马铃薯、大豆、蔬菜等。1949年前，水稻年生产一季，亩产低于200公斤。

中华人民共和国成立后至1957年，粮食亩产超过200公斤。1958年后，因大炼钢铁、搞“一平二调”、办公共食堂、刮“共产风”，放松了农业生产，加上三年自然灾害，造成粮食连年减产歉收。1962年后，实行以生产队为基本核算单位，贯彻按劳分配政策，扩大双季稻种植面积，坚持科学种田，粮食产量稳步上升。1965年，平均亩产达到287公斤。1976年，试种杂交晚稻10余亩，平均亩产271公斤，比常规晚稻平均每亩增产70公斤。此后，杂交稻种植面积逐步扩大。1982年后，随着土地承包经营责任制的建立和杂交晚稻的大面积普及，境内双季稻种植占水田总面积的90%，

白薯生产基地

平均亩产粮食750公斤，总产量1.18万吨。20世纪90年代起，发展以种植油菜为主的冬季农业。至1996年，全镇冬种作物面积1040公顷。2000年后，由于大批青壮年劳力进城务工，水稻种植面积大幅减少，2001—2013年，年种植面积约840公顷。2014年年末，全镇水稻面积900公顷，总产量1.5万吨；油菜面积130公顷，总产量205吨。实现农业产值0.45亿元。

养殖业　境内传统养殖为猪、牛、鸡、鸭、鱼等。民国时期，耕牛多为2~3户联养一头，一户一头牛的极少；养猪只有少数农户，年户均不足一头。新中国成立初至1957年，禽畜数量有所增多。1958—1961年，耕牛由集体饲养，限制农户养鸡养猪。1962年后，生猪实行集体与私人养殖并举，且多为潲食喂养，故产量较低。1976年，出栏生猪9740头，存栏耕牛1971头。20世纪80年代后，农村实行改革开放，国家鼓励农户发展养殖业，生猪饲养量剧增，并逐渐使用生饲料和配合饲料。养鸡则以散养为主，年户均约15—20羽。池塘水库养鱼实行招标承包，并投放饵料，故产量高，一般每亩水面年产鲜鱼约50~70公斤。2000年后，生猪规模养殖逐渐取代农户散养。随着农业机械化程度不断提高，耕牛饲养数量相应减少，全镇由1984年的1700头减少到2014年的30头。2014年年末，全镇出栏生猪1.2万头，家禽10余万羽，产鲜鱼50吨，养殖业总产值0.35亿元。

生猪养殖场

林业　境内有山林面积8907公顷。主要树木有松、杉、南竹、油茶、油桐、樟树等。2014年年末，全镇活木蓄积量10.12万立方米，林产品总收入700万元，森林覆盖率85%。

工业　民国时期，境内有造纸、竹木器、铁器等手工业作坊数十家。

中华人民共和国成立后，1958年，创建东风铁矿，因未生产出生铁，于年底关闭。20世纪60年代，成立铁工厂，有工人20余名，置有机床，可制造简单的生产工具。20世纪70年代至80年代，发展社队企业（后改名乡镇企业），境内先后有上峰畜药厂、横江木器厂、隆兴瓷厂、金溪五七工厂，以及竹席厂、筷子厂、竹地板厂、石材厂、红砖厂等。至20世纪90年代，上述企业多因经营效益差或产品销路不畅而倒闭或转体为民营企业。2014年年末，全镇有各类民营工业企业35家，实现工业总产值2000万元。

商贸服务　明清时期，境内的商贸中心主要有日吉街（今柿竹水库水淹区），街道长约200米，有商铺数十家，经营铁器、印染、南杂、医药、土纸等行业。

中华人民共和国成立后，1954—1958年，相继成立金溪供销合作社、肉食水产站、粮油供应站、粮食储运库等国营和集体商贸服务机构，负责供应生产生活资料和收购农副产品。1962年后，分别设立上峰、横江、隆兴3个供销分社和金溪、塘头上、横江、隆兴4个农贸市场。1982年，农村实行改革开放，个体商户逐步发展。1993年，金溪街有私营商铺110家。2001年后，国营和集体商业先后改制为民营商业。2014年年末，全镇有个体商贸户550家，集贸市场4个，社会消费品零售总额0.4亿元。

财政金融 中华人民共和国成立至1984年，乡（社）财政由其办公室兼管，属报账制。1985年，成立乡镇财政所。1995年撤区并乡后设金溪镇财政所。当年，财政总收入163.9万元，主要为工商农业税及各项统筹提留款；财政总支出205万元，主要为上解县财政、社会事业费和行政管理费。1996—2003年，全镇财政累计收入1740.61万元，财政累计支出2302万元，收支两抵累计赤字561.39万元。2004年，实行税费改革，国家取消农户上交农业税、农业特产税以及统筹提留款。是年，共减少税金167.16万元，农民人均54元。2014年年末，镇财政总收入844.72万元，财政总支出844.72万元。

1956年成立乡信用社。1963年10月，设立中国农业银行金溪营业所，管理境内金融业务。同年，分别设立上峰、横江、隆兴、金溪信用社。1994年，建立农村合作基金会和互助储金会（简称“两会”），分别由县农经局和县民政局管理。次年，农业银行营业所撤离金溪；上峰、横江、隆兴、金溪4个信用社合并为金溪信用社。1997年，撤销“两会”。2006年，邮政所开始储蓄业务。2014年年末，镇内有金融机构2家，年末各项存款余额2.12亿元，贷款余额0.65亿元。

基础设施

水利建设 1949年前，境内有山塘约1300口，总蓄水量约60万立方米。

中华人民共和国成立后至1957年，大力兴修水利，山塘增加到1530口。1958年9月，建成柿竹（中型）水库，库容量2300万立方米，灌溉面积4930公顷；库区移民1876人，拆迁房屋1037间，淹没耕地138公顷。1966—1974年，先后修建海云、杨柳、接龙桥、七步湾、黄梅、洞上6座小型水库，总库容量387万立方米。同时修建主干渠6条长23.5千米。2014年年末，镇内有山塘1530口，小一型水库1座，小二型水库5座，中型水库1座，总蓄水量2760万立方米。

交通运输 民国时期，境内主要道路有一条从金溪庙日吉街分别通往渣江和九峰的石板路，境内长约15公里。

中华人民共和国成立后，1959年，建成渣江至九峰公路，境内长15公里。1961年，金溪庙开通长途客车。次年，建设金溪车站。1968年，修通金溪庙至横江、隆兴公路，长8.8公里。1973年，上峰公路竣工通车。20世纪80年代至90年代，先后畅通隆兴至登山、石庙，柿竹至金门等村的通村公路。与此同时，先后修建了五一桥、隆兴桥、横江桥、小

登山公路

寨桥、德江桥和新中桥等6座公路桥梁。2003年起，对境内的县乡村道分批次进行提质改造和水泥硬化。2014年年末，镇内有县道1条、长15公里，乡道1条、长10公里，村道32条、长89.7公里。

邮政电信 民国32年（1943）8月，设金溪庙信柜。1956年，设金溪邮政支局和横江邮政代办所，邮路单程22公里。是年，金溪乡、隆兴乡、上峰乡开通有线电话，线路共长18千米。1980年，金溪区公所设立电话交换机，配话务员1名，部分村通电话。1995年，开通程控电话，固定电话开始进入农家。1998年，移动公司在镇内设立通信基站。2009年，联通进入金溪。2013年，电信开通宽带网。2014年年末，镇内有邮政所1家，移动、联通、电信企业3家，信号发射塔8座；固定电话用户1400户，移动电话用户2万户。

供电饮水 1965年，新中水电站发电，装机容量250千瓦，供金溪公社所属大队部分居民用电。1966年，金溪区农机站开始用柴油机发电，功率50千瓦，供区公所、金溪街道及竹园大队用电。1968年，隆兴河坝水电站建成发电，供隆兴公社机关及街道照明。1989年，成立金溪区农电管理站。是年，国家电网开始向农村供电；先后架通富田至金溪、富田至隆兴2条10千伏高压线。至1995年，基本实现村组通电。2002年起，分批次实施农网改造工程，至2008年，全部完成网改和户改。2012年，建立金溪变电站，总容量6300千伏安。2014年年末，镇内有10千伏线路4条、长60千米，10千伏变压器80台，总容量650千伏安；低压用电线路185千米，供电户99.9%。

2002年，投资73万元，建设洞上、德声供水工程，铺设输水管道10千米，入户网管15千米，解决4200人的饮用水问题。2013年，投资167万元兴建金溪水厂。2014年，国家投资65.4万元，建设枫桥、上峰等5处供水工程。

镇村建设 2006年起，启动社会主义新农村建设，重点改造农村水利、电力、道路等基础设施，建设文明乡村。2013年油化金溪镇街道。2014年年末，全镇电网改造率、乡村道路硬化率、村民饮水安全率均为100%，环境卫生综合达标率85%。建制村都有办公用房。

金溪镇街道

社会事业

教育科技 清朝、民国时期，金溪地区多私塾教育，新式教育甚少。清道光年间，桂馥名儒唐諴庭在境内创办双桂书院，湘乡（今双峰）县荷叶塘的曾国藩及其胞弟国荃、国璜曾在此就读。

中华人民共和国成立初，在发展小学教育的同时，开展扫除农村青壮年文盲教育。至1957年，境内有小学27所。1958年，金溪完小附设初中班。1964年后，推行公办与民办并举“两种教育制度”，其时，境内有民办小学23所，民办中学（农业中学）3所。1969年，民办小学、民办中学分别并入公办小学和公办中学。至1970年，境内有公社中学4所。是年，建立金溪区办高中。1984年，撤销区办高中，更名为金溪区中学。1986年起，实施普及九年制义务教育规划。1998年，经过省市考核验收，全镇达到“两基”标准。20世纪90年代起，实施中小学危房改造工程，同时整合教育资源，合理调整中小学布局，建设合格学校。2014年年末，全镇有幼儿园4所，在园幼儿380人，专任教师18人；小学13所，在校学生2030人，专任教师118人；初中2所，在校学生933人，专任教师72人。有金溪镇中心小学、荣光完小2所县级合格学校。

1981年，建立公社农科站，有农民技术员30人。1983年起，创办4所农民文化技术学校，传授农业科技知识，年培训260余人次。1996年，建立镇农技服务站。20世纪90年代末，培养科技示范户。2012年，三余村欧阳建军被评为衡阳市“优秀星火科技示范户”。2014年年末，全镇有各类科技示范户75户。

文化体育 民国时期，境内有耍龙灯、狮灯、花灯、武灯习俗。至今仍经久不衰。中华人民共和国成立至1957年，文化活动仍沿袭旧俗。20世纪60年代，建立公社文化站，配有文化辅导员1名，从事文化宣传工作。“文化大革命”期间，组建毛泽东思想文艺宣传队，到各大队巡回演出。1978年，中共十一届三中全会后，兴起文艺创作。1984年，李少友（笔名李昂，日吉村人）的长篇小说《太阳从这里升起》由湖南人民出版社出版；此后，其陆续出版的作品有散文集《明月如镜》《生命的吟唱》。1992年，唐浩明（金溪村人）的长篇历史小说《曾国藩》出版发行；后不久，其创作的长篇历史人物小说《杨度》《张之洞》相继面世。其中，《曾国藩》获首届姚雪垠长篇历史小说奖；《杨度》获国家图书奖；《张之洞》获第二届姚雪垠长篇历史小说奖。20世纪90年代，唐翼明（金溪村人）的书法作品先后在纽约、东京、武汉及中国台北等地展出，并出版专著《十大行书赏析》。2005—2012年，唐长春（杨柳村人）的诗联集《自赏集》《冷斋吟草》及其编辑的《衡阳县历代楹联选》先后由香港天马有限公司出版；汤伯禄（杨柳村人）的诗联集《白鹿山人吟稿》、欧阳恒（隆兴村人）的诗集《憨语村言》，李兴隆（德声村人）的诗作《野草山花集》，唐继彬（小寨村人）的散文《江南春风集》均先后出版。易俊（登山村人）的书法作品获2005年全国第一届大学生艺术展书法组一等奖。唐代敦（石榴村人）的书法作品获中国艺术家协会举办的全国书画艺术大赛书法金奖。2014年年末，镇内有文化站1个，村文化活动中心33个，藏书3万余册，业余文艺创作队伍120余人。

1969年，建立金溪区广播站。次年，公社广播站相继建立，共配广播员5人。1972年，全面实现大队、生产队通广播、喇叭入户率70%。20世纪80年代开通调频广播，有线广播成为历史。1975年，公社成立电影放映队，有16毫米放映机4台，每月到各大队放映1~2场露天电影。2000年后，随着电视机的基本普及，电影逐渐淡出放映市场。2014年年末，全镇电视综合覆盖率95%。

1991年，桂枝村彭向阳获湖南省少年柔道赛男子56公斤级第二名。1997年，镇内中小学开始按《国家体育锻炼标准》教学，当年达标率27%。至2003年，达标率提高到89.5%。2014年年末，镇内学校有运动场地19个，村级健身场所12个。

医疗卫生　民国时期，境内缺医少药，患者治病以中草药为主。

金溪镇卫生院

中华人民共和国成立后，1953年，建立区卫生所，有医师2名。1956年，卫生所改名联合诊所。同年，分别在塘头上、隆兴桥设立医疗点。1968年，先后成立金溪区医院和公社卫生院。是年，上峰公社建立公社、大队、生产队三级医疗卫生保健网，成为全国“卫生红旗单位”。1969年，实行农村合作医疗制度。1973年，金溪区医院更名为金溪地区医院。1979年，上峰公社获湖南省“卫生红旗单位”称号。1995年，金溪地区医院更名金溪镇卫生院。是年，上峰、金溪、横江、隆兴4个乡卫生院并入金溪镇卫生院。2006年，启动新型农村合作医疗，当年参合率达85%。2010年，金溪镇中心卫生院建成交付使用，该卫生院占地12亩，建筑面积5500平方米，为衡阳市农村示范性医院。2014年年末，镇内有医疗卫生机构1所，村卫生室32个，有床位80张，执业医务人员57人；参加新农合32282人，参合率88%。

社会保障　五保供养　20世纪60年代初起，对年满60周岁的孤寡老人和无劳动力的残疾人实行“五保”，其生活费由所在生产队统筹。20世纪80年代实行土地承包责任制后，“五保”供养费纳入乡镇统筹，其生活标准不低于当地居民平均生活水平。2005年后，“五保”对象享受城乡居民最低生活保障待遇，其供养费纳入县财政统筹。2014年年末，全镇有“五保”对象306人，其中集中供养30人；共发放供养金95.78万元，年人均3130元。

大病救助　2006年起，启动城乡居民大病医疗救助。救助对象主要为罹患恶性肿瘤、白血病、尿毒症等大病的城乡低保户、五保户。2014年，共救助2365人次，救助医疗费111.54万元。

城乡低保　2007年，启动农村居民最低生活保障待遇。是年，镇内有低保对象402户、972人，年人均补助360元，总金额34.99万元。以后，对低保对象实行动态管理，补助标准亦逐年提高。2014年年末，镇内有低保对象976户、1634人，年人均补助1320元，共发放低保金215.69万元。

养老保险　2011年7月，启动城乡居民社会养老保险。是年，登记参保人数9208人，参保率66%，征缴养老基金132万元，为5357名到龄居民发放7—12月养老金175.7万元。至2014年年末，全镇参保人员12050人，参保率83%，征收养老基金150万元，为6047名到龄居民发放养老金453.5万元。

人民生活　民国时期，境内人民生活较为贫困，绝大多数人缺衣少食，住的大都是土砖茅屋。新中国成立后，农民分得土地，生产积极性提高。至1957年，人民生活稳定，衣食问题得以改善。1959—1961年，由于办公共食堂、刮“共产风”，放松了农业生产，加之遭遇三年自然灾害，造成人民生活暂时困难。1964—1977年，人民生活明显好转，但整体水平较低。20世纪80年代实行改革开放后，经济快速发展，人民生活水平不断提高。1984年，境内农村居民年人均纯收入355元，1990年达到625元，至2000年提高到2150元。大部分农家由土砖茅屋换成红砖瓦房，部分家庭购置有电视机、摩托车。2001—2014年，镇内居民生活水平显著提高，人均可支配收入由2310元提高到10650元，分别是1990年的17倍、2000年的4.9倍。农村家庭多建有2~3层砖混结构的小楼房，固定电话、移动电话、电脑、小汽车进入寻常百姓家，生活质量普遍提升。

特色地情

历史人文

欧阳应诚（1356—1423），金溪镇横江人。明代抗倭将领。为横江欧阳氏迁衡始祖。袭父职，官授同知指挥使。1423年，在抗击倭寇中殉职于分同县市江桥。明仁宗（朱高炽）钦赐“孤忠鏖战、殉职分同”锦屏一副，并赠鎏金塑像一尊。葬德江村吊钟形山，其墓为县级文物保护单位。

魏瀛（1774—1843），金溪镇上峰村人。清末抗英将领。历任山东定陶、泗水、荷泽、潍县等县知县。道光年间，调任台湾凤山知县，不久擢升台北军事重镇淡水同知兼管鹿港防务。1842年，英军进犯鹿港，魏瀛率兵迎击，是役毙敌无数，俘敌百余人，缴获枪械及大炮多门，取得自中英鸦片战争以来少有的胜利，以战功升任台湾府同知。

唐振楚（1914—1999），金溪镇金溪村人。国民党政要。历任湖南省政府法制专员、秘书、参事、蓝山县县长。1947年，任蒋介石侍从室秘书。1949年去台湾，历任蒋介石机要秘书、第一局局长、政治参谋大学教授、“内政部”次长、国民党中委副秘书长、“总统府”副秘书长、考试院考选部部长，“总统府”国策顾问等职。曾是国民党第十一、十二届中央委员，第十三、十四届中央评议委员，1999年病逝于台湾。

唐浩明（1946—　　），曾名邓云生，金溪镇金溪村人。当代著名作家，编辑家。1982年毕业于华中师范学院中国古典文学专业，获硕士学位。旋任岳麓书社编辑室主任、副总编辑、编审等职。1984—1985年，主持《曾国藩全集》的编辑出版工作，全书计30卷、1500

万字。此后，又相继编辑出版了《胡林翼集》《彭玉麟集》《曾国荃全集》等一批湖南乡邦文献。20世纪90年代初，其创作的长篇历史小说《曾国藩》三部曲《血祭》《野焚》《黑雨》先后出版。此后，其长篇历史人物小说《杨度》《张之洞》相继面世，反响俱佳。唐浩明因其文学成就丰硕而蜚声文坛。曾是第九、十届全国政协委员，中国作家协会第六、七届全委会委员，湖南省政协常委，湖南省作家协会主席，岳麓书社首席编辑；并获国家有突出贡献的中青年专家等荣誉称号，被誉为“中国研究曾国藩第一人”。

历任乡镇（公社）党政主要负责人名录

金溪镇

（1956.6—2015.12）

中共金溪乡委员会

第一书记　刘本运　1956.6—1958.9

中共万里公社委员会

第一书记　敖忠林　1958.9—1959.1

中共金溪公社委员会

书　记	杨良礼	1959.1—1960.1
	罗友云	1960.1—1960.9
	李增武	1960.9—1961.4
	刘本运	1961.4—1961.8
	陈步发	1961.8—1963.10
	肖功隆	1971.2—1973.8
	戴维松	1973.8—1976.11
	周忠实	1976.11—1982.10
	李培荣	1982.10—1984.4

中共金溪庙镇委员会

书　记	李培荣	1984.4—1986.1
	许纯发	1986.1—1991.1
	唐建华	1991.1—1995.5

中共金溪镇工委

书　记　许纯发　1995.5—1995.9

中共金溪镇委员会

书　记	许纯发	1995.9—1996.4
	刘彦新	1996.4—1998.1
	廖瑞云	1998.1—2003.1
	肖高登	2003.1—2008.12
	杨志衡	2008.12—2013.9
	王水清	2013.9—

金溪乡人民政府

乡　长　汤征梅　1956.6—1958.9

万里人民公社

社　长　李增武(兼)　1958.9—1959.1

金溪人民公社

社　长	李增武	1959.1—1961.4
	黄晓初	1961.4—1961.8
	李培享	1963.9—1964.2
	唐家荣	1964.2—

金溪公社革委会

主　任	曾广苏	1968.3—1969.5
	肖功隆	1969.5—1970.8
	李培享	1970.8—1973.8
	戴维松	1973.8—1978.1
	周忠实	1978.1—1981.3

金溪公社管委会

主　任	王庆恒	1981.3—1982.2
	雷觐桂	1982.4—1984.2
	张绪元	1984.2—1984.4

金溪庙镇人民政府

镇　长　张绪元　1984.4—1985.3
鄢楚生　1985.3—1985.7
魏金初　1985.7—1992.2
罗友叶　1992.2—1995.5

金溪镇行政管委会

主　任　杨修斌　1995.5—1995.10

金溪镇人民政府

镇　长　杨修斌　1995.10—1996.4
阳忠球　1996.4—1998.1
彭友明　1998.1—1998.10
杨秋良(女)　1998.10—1999.12
肖高登　2000.3—2003.1
李培社　2003.1—2006.4
杨志衡　2006.4—2008.12
王水清　2008.12—2013.9
王成生　2013.9—

金溪庙镇人大主席团

主　席　彭诗轩　1987.10—1995.5

金溪镇人大主席团

主　席　李培沃　1995.10—1996.4
魏祥辉　1996.4—1998.2
唐代初　1998.2—1999.5
唐伍明　1999.5—2001.7
唐甲初　2001.7—2003.1
阳美华　2006.4—2008.12
刘亦闻　2008.12—2011.3
朱荣辉　2011.3—2013.9
王　燕　2013.9—

金溪镇政协联工委

主　任　李宏鹄　1995.12—1996.6
阳仁芳　1996.6—1998.2
肖高登　1998.2—2001.1
李培社　2001.1—2003.1
杨志衡　2003.1—2006.4
凌四清　2006.4—2008.12
刘国军　2008.12—2012.10
王　燕　2012.10—2013.9
肖　勇　2013.9—

上　峰　乡

(1956.6—1995.5)

中共上峰乡委员会

第一书记　李增武　1957.1—1958.9

中共上峰公社委员会

书　记　莫景富　1961.8—1961.10
何耀柏　1961.10—
何耀柏　1970.9—1974.2
刘大生　1974.2—1979.2
范盛喜　1979.2—1980.12
陈文龙　1980.12—1982.1
彭应龙　1982.1—1984.2
陈良德　1984.2—1984.4

中共上峰乡委员会

书　记　陈良德　1984.4—1986.1
鄢福初　1986.1—1989.1
谭昌谷　1989.1—1991.1
王金楚　1991.1—1993.2
周启水　1993.2—1995.5

上峰乡人民政府

乡　长　范盛才　1956.6—1958.9

上峰人民公社

社　长　陈康炎　1961.8—1963.9

上峰公社革委会

主　任　何耀柏　1968.3—1974.2
刘大生　1974.2—1979.2
雷觐桂　1979.2—1981.3

上峰公社管委会

主　任　雷觐桂　1981.3—1982.1
陈良德　1982.1—1984.2
许纯发　1984.2—1984.4

上峰乡人民政府

乡长	许纯发	1984.4—1985.3
	鄢福初	1985.3—1986.1
	汤增生	1986.1—1989.1
	王金楚	1989.1—1991.1
	周启水	1991.1—1993.2
	汤九生	1993.2—1995.1
	唐明威	1995.1—1995.5

上峰乡人大主席团

主席	鄢福初(兼)	1987.10—1988.3
	陈康炎	1988.3—1989.11
	黄承英	1989.11—1993.2
	何玉清	1993.2—1995.5

隆兴乡

(1956.6—1995.5)

中共隆兴乡委员会

第一书记	朱开禧	1956.6—1957.4
	敖忠林	1957.4—1958.9

中共隆兴公社委员会

书记	汤征梅	1961.4—1961.8
	欧阳孝芳	1961.8—1962.12
	欧阳忠明	1963.1—
	欧阳忠明	1970.9—1977.11
	范盛喜	1977.10—1979.2
	陈克纯	1979.2—1982.1
	高孝益	1982.1—1984.4

中共隆兴乡委员会

书记	高孝益	1984.4—1985.3
	张绪元	1985.3—1992.2
	唐代初	1992.2—1995.5

隆兴乡人民政府

书记	欧阳忠明	1956.6—1958.9

隆兴人民公社

社长	李增武	1961.4—1961.8
	罗富林	1961.10—1962.5

隆兴公社革委会

主任	欧阳忠明	1968.3—1977.11
	范盛喜	1977.11—1979.2
	高孝益	1979.3—1981.3

隆兴公社管委会

主任	高孝益	1981.3—1982.4
	谭善祥	1982.4—1984.2
	唐代初	1984.2—1984.4

隆兴乡人民政府

乡长	唐代初	1984.4—1989.11
	杨纪元	1989.11—1995.5

隆兴乡人大主席团

主席	阳宏梅	1987.10—1995.5

横江乡

(1961.6—1995.5)

中共横江公社委员会

书记	李永华	1961.8—1963.9
	陈步发	1963.10—
	陈步发	1970.9—1975.4
	洪元芳	1975.4—1978.1
	吴孝炳	1978.1—1980.9
	范召意	1980.9—1984.2
	魏冬生	1984.2—1984.4

中共横江乡委员会

书记	魏冬生	1984.4—1985.3
	许纯发	1985.3—1986.1
	欧阳仁芳	1986.1—1988.1
	邱炎生	1988.1—1995.1
	汤九生	1995.1—1995.5

横江人民公社

社长	汪普生	1961.8—

横江公社革委会

主任	陈步发	1968.3—1975.4

洪元芳　1975. 4—1978. 1

吴孝炳　1978. 1—1980. 9

横江公社管委会

主　任　彭朝生　1981. 3—1984. 4

横江乡人民政府

乡　长　彭朝生　1984. 4—1986. 12

邱明信　1986. 12—1991. 1

刘培谷　1991. 1—1995. 1

阳忠球　1995. 1—1995. 5

横江乡人大主席团

主　席　邱炎生　1987. 10—1988. 3

张树新　1988. 3—1995. 5

表 13　金溪镇村级行政区划调整概况表

新村（社区）名	人口数	合并的原村（社区）名
金溪村	3054	金溪村、丹竹村、德声村
斗山村	1456	斗山村、桂枝村
隆兴村	2510	隆兴村、德江村
兰泉村	2145	兰田村、泉水村
横江村	2414	横江村、凌鹏村、三余村
金门村	2850	金门村、大门村
桂海村	2437	桂复村、海云村
柿竹村	2140	日吉村、白沙村
磻青村	2451	磻湖村、柏青村
枫桥村	2031	枫桥村、荣光村
聚福村	1706	坪岭村、福桥村
新中村	2532	新中村、洞上村
登兴村	2384	石庙村、登山村
上峰村	2530	上峰村
小寨村	1268	小寨村
石榴村	1614	石榴村
杨柳村	2627	杨柳村
正街社区	970	正街社区
斋公坨社区	776	斋公坨社区

说明：原有 32 个村 2 个社区，2015 年调整合并为 17 个村 2 个社区。

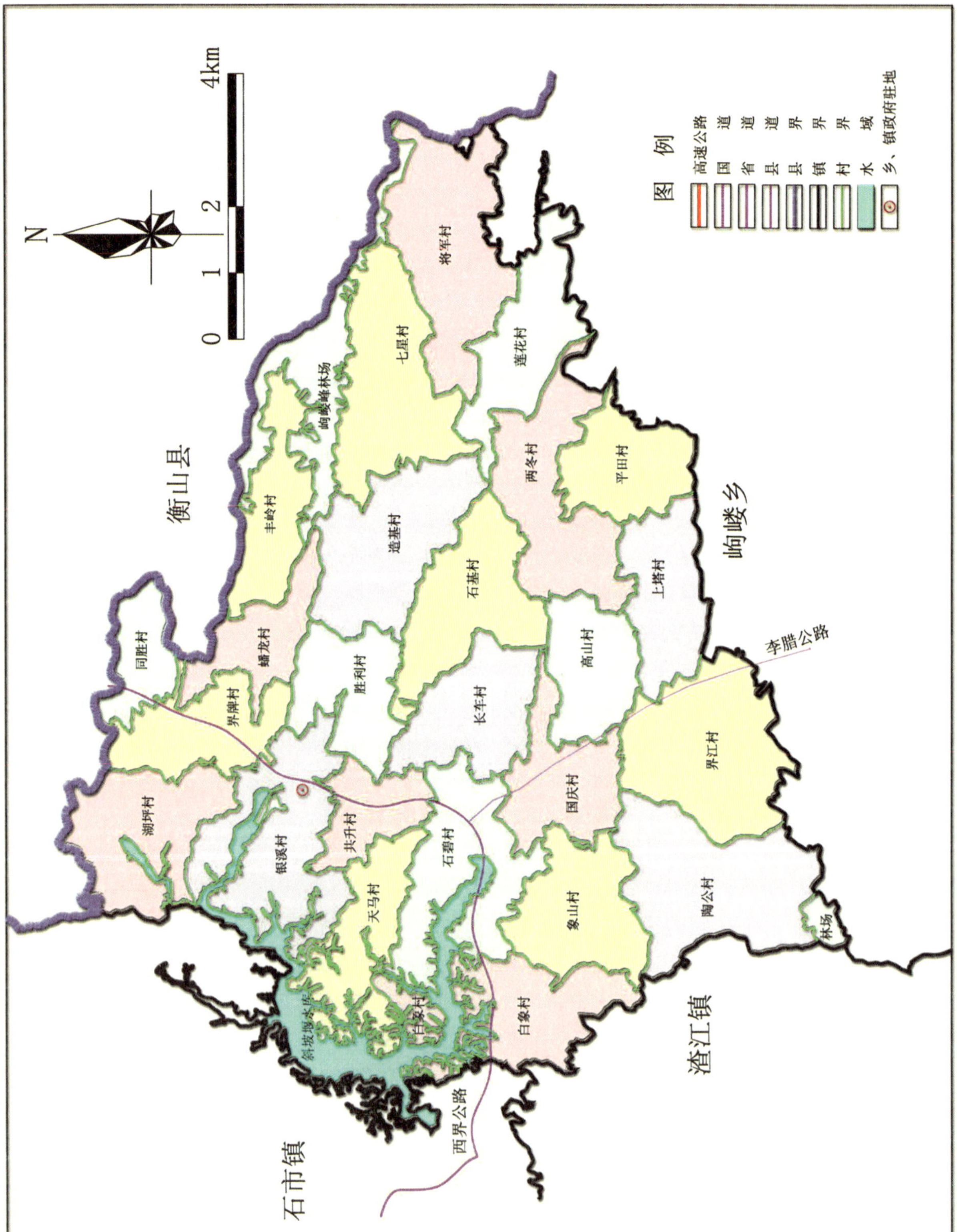
衡山县
岣嵝乡
渣江镇
石市镇
李腊公路
西界公路
将军村
莲花村
七星村
岣嵝峰林场
丰岭村
造莲村
两冬村
平田村
石基村
上塔村
同胜村
蟠龙村
胜利村
高山村
界牌村
长车村
界江村
湖坪村
国庆村
银溪村
共升村
石碧村
天马村
象山村
陶公村
林场
斜坡垅水库
白象村
N
0 1 2 4km
图例
高速公路
国道
省道
县道
县界
镇界
村界
水域
乡、镇政府驻地

界牌镇行政区划图

界牌镇

区域概况

地域名片 1997年和2012年，界牌镇先后被湖南省计委和省发展改革委员会确认为经济“百强镇”“特色镇”。

位置面积 界牌镇因驻地“界牌”得名。位于北纬27°8′42″~27°15′20″，东经112°29′21″~112°38′42″。地处县境东北部，东南临岣嵝乡，西接渣江镇、石市镇，北抵衡山县马迹镇。镇人民政府驻红星社区瓷城路。距县城西渡51公里。

辖区东西最大直线距离17.8公里，南北最大直线距离12.5公里，总面积98.94平方公里。

建置沿革 清同治十年（1871）至民国30年（1941），界牌属永福乡。民国31年（1942）4月，置福政镇，属衡阳县第八区。民国32年（1943），复名福政乡。中华人民共和国成立初，仍沿袭民国旧制。1950年3月，撤销福政乡，分置界牌、大兴、银溪、国清、白象乡，隶属第八区。1952年7月，衡阳、衡南分县后，重新设置区乡政区，境内设界牌、银溪、大兴、白象、国清、石基、上塔、陶公8个乡，同属十四区（后改称银溪区）。1953年3月，并界牌、大兴、银溪3个乡设立界牌镇，为区级镇。1956年5月，撤区并乡，国清、陶公、上塔、石基4个乡并入白象乡。1958年9月，成立人民公社，撤销界牌镇、白象乡设立超美公社（后复名界牌公社）。1961年8月，设区分社，设界牌、国庆公社，属界牌区。

界牌瓷城

1964年5月，析界牌公社一部分重置界牌镇，仍为区级镇。1984年5月，废除公社称谓，复称乡镇，界牌公社并入界牌镇。1995年5月，再次撤区并乡，国庆乡并入界牌镇。至2014年年末，政区无变更。

行政区划 2014年年末，辖中心、红星、长风、大兴、桂花台、桐梓坪6个社区和将军、莲花、七星、石基、造基、胜利、共升、天马、银溪、湖坪、界牌、同胜、蟠龙、丰岭、平田、两冬、上塔、高山、长车、国庆、石碧、界江、陶公、象山、白象25个村，下设26个居民小组、276个村民小组。

2015年9月，调整辖区内村级行政区划，将25个村、6个社区，并为12个村、4个社区。至是年末，辖共升、造基、银溪、蟠龙、上塔、将军、界牌、两冬、界江、白象、国庆、象山12个村和桂花台、大兴、红星、望龙台4个社区，下设276个村民小组、26个居民小组。

自然环境 境内四周为山地，东北部偏高，平均海拔约650米，呈梯形结构，最高峰雷钵岭（又名石廪峰）主峰海拔1189.3米；西南部略低，平均海拔约400米；中间为狭长盆地。山地面积约占全境80%。镇域处亚热带季风气候区，气温四季分明，年平均气温16℃～17℃，极端最低气温零下9℃（1972年2月9日），极端最高气温39.5℃（2010年8月5日）。年平均降水量1350毫米，降水日数为153天，最多年份达到185天（1970），最少年份97天（1963）；极端年最大降水量1830毫米（1970），极端年最少降水量1020毫米（1963）；降水量集中在每年的4—9月，5、6月最多。常年主导风为北风，夏季为东南风，并有雷电气象。境内土壤为水稻土、紫色土、红壤土、潮土四大类。全境属蒸水水系。主要河流银溪河、车子河等皆发源于境内，流入斜陂堰中型水库。

人口民族 1982年第三次全国人口普查，辖区户籍总人口（以下简称总人口）30618人。1990年第四次全国人口普查的总人口34489人。2000年第五次全国人口普查的总人口33480人。2010年第六次全国人口普查的总人口34725人。“六普”人口分别比“三普”“四普”“五普”增加4107人、236人、1245人。2014年年末，全镇户籍总人口35325人，其中，常住人口30950人，城镇化率54.6%。总人口中，男性18838人，占53.3%；女性16487人，占46.7%。0～14岁7296人，占20.37%；15～59岁23474人，占66.45%；60岁以上4555人，占13.18%。2014年年末，人口出生率12.56‰，死亡率7.8‰，自然增长率5.48‰。

境内有少数民族人口8人。

经济发展

农业 种植业 2014年，全镇耕地面积1326公顷，以种植水稻、油菜、蔬菜为主。民国时期，农业生产水平低，亩产粮约180公斤。

中华人民共和国成立后，1950年，实行农村土地改革。1953年，组织农业生产合作社，粮食增产丰收，平均亩产提高到200公斤。1962—1975年，扩大双季稻种植面积，实行科学种田，粮食平均亩产达到330公斤。1976

年，开始试种杂交晚稻，后逐年扩大种植面积。至1983年，杂交晚稻面积达到1066公顷，占水田面积的80%，亩产380公斤。1990—2013年，水稻年播种面积稳定在1000公顷左右，亩产450公斤。2014年年末，全镇粮食面积996公顷，总产量7250吨；油菜1000公顷，总产量1500吨。农业总产值0.55亿元。

养殖业　境内素有养殖禽畜习惯。民国时期，饲养猪禽数量极少，养牛仅供耕作之用。新中国成立至1979年，禽畜数量虽不断增多，但发展较为缓慢，年户均养猪约1.3头、鸡15羽。1980年后，陆续出现一批养猪养羊专业户。2014年年末，全镇共出栏生猪0.8万头，羊1100只，鸡17万羽，出水鲜鱼5吨。养殖业总产值0.25亿元。

林业　境内有林地面积6520公顷。主要树种有油茶、南竹、杉、松等，其中油茶最多。民国时期，山林为私人所有制。中华人民共和国成立后至1957年，林地仍为私人所有。1958—1982年，山林由生产队集体经营。1983年后，山林由农户承包经营。1990—1991年，境内原国庆乡被列为全国油茶低改工程，改造面积200公顷。2001—2013年，在实施退耕还林工程的同时，加强油茶垦复。其间，共造林220公顷，垦复油茶1330公顷。2014年年末，全镇林产品收入0.15亿元，森林覆盖率90%。

工业　明代，界牌水架桥之同发岭有青花瓷窑址。清朝雍正年间，界牌人王芝堂发现瓷泥矿源。道光年间，江西人马氏兄弟在此建窑生产。民国时期，界牌瓷业引进新技术，以“洋墨”取代“吴集土墨”，加绘手工绿等花色，工艺实现由粗糙到精细的技术进步。至1949年8月，辖区内有瓷器作坊338家，从业者2000余人，年生产粗瓷700多万件。

中华人民共和国成立后，政府大力扶持发展陶瓷产业。1954年7月，组建瓷器生产合作社；9月，建立县办魏家嘴瓷厂。1956年，完成对私营工商业的社会主义改造后，全镇有5家公私合营瓷厂、21个瓷器生产合作社。1958年初，建立县办瓷泥厂。1959年1月，将5家公私合营瓷厂和21个瓷器合作社合并为衡阳县界牌瓷厂。1962年，县界牌瓷厂由湖南省轻工业厅接管，更名为湖南省界牌陶瓷总厂，为县处级单位。此后，陶瓷生产规模、工艺水平、产品质量均不断发展和大幅提升，产品数量由1963年的759万件增加到1967年的1712万件，1977年达到3936万件。与此同时，建设一批乡镇企业瓷厂。1979年，桐梓坪、红星、振兴、星光等瓷厂相继建成投产。1984年12月，红星瓷厂生产的“宇宙”杯碟获“湖南省优质产品”称号。至1990年，全镇有镇村（社区）瓷厂37家，从业人员5000余人，年产日用瓷8500万件，产品远销美国、加拿大、瑞士等60多个国家。1993年4月，桐梓坪瓷厂获湖南省“出口创汇先进单位”称号。1993年，红星、桐梓坪、星光、振兴、兴业、明星、旅游7家瓷厂组建“湖南衡阳银河陶瓷集团公司”。2000年后，桐梓坪、红星等7个镇属集体工业企业先后改制为民营企业。

界牌瓷器

1976年，成立县瓷泥矿（后更名为非金属矿）。至1978年，开采瓷泥（高岭土）8.2万吨（不含界牌陶瓷总厂，下同），其中自用2.5万吨、外销5.7万吨。1982年，成立县界牌瓷泥管理站。2004年，县非金属矿及附属矿点先后以650万元和715万元分别被民营企业长风矿业有限公司、文杰矿业有限公司收购。此后，镇内采矿、矿产品加工以民营为主体。

振弘公司日用瓷器生产线一角

2014年年末，镇内有民营工业企业45家，年产日用瓷器3000余万件；瓷泥开采企业13家，矿产品加工企业14家，年销售瓷土312万吨、矿产品精深加工251万吨。实现工业总产值40.92亿元。

商业服务 清代至民国时期，界牌的银溪桥老街有商铺数十家，主要从事瓷器销售、搬运、餐饮、旅店等商贸服务。

中华人民共和国成立后，1952—1956年，先后设立界牌区供销合作社、肉食水产站、粮油购销站及粮食储运库等，供应生产、生活资料和收购农副产品。1958—1961年，一度取消集贸市场；1962年后恢复，但对商品种类仍有限制。1962年，设立公社供销分社。1982年后，实行改革开放，搞活商品流通，个体商业逐渐发展。20世纪90年代后期，民营商业成为流通领域的主体。1995年，镇内有个体商贸户145家，从业人员650人。2000年后，国营商业、集体商业相继改制为民营商业。2014年年末，全镇有商业网点308个，集贸市场4个，从业人员837人；社会消费品零售总额2.76亿元，比上年增长12.4%；出口总额2100万美元，比上年增长22%。

财政金融 中华人民共和国成立至1984年，镇（社）财政收支由其办公室兼管，属报账制。1985年，成立镇财政所。2004年，农村税费改革，国家取消农业税和农业特产税。是年，全镇共减少税金108.89万元，农民人均51元。2014年年末，全镇财政总收入826.3万元，主要为工商税收；财政总支出822.8万元，主要为服务“三农”（农民、农业、农村）、上解县财政和行政管理费。

1952年，设立中国人民银行界牌营业所，管理境内金融业务。1954年，成立农村信用社。1982年，中国农业银行营业所入驻界牌。1985年1月，撤销人民银行界牌营业所，其金融业务移交农业银行营业所。2009年，设立中国邮政储蓄银行界牌营业处。2014年年末，镇内有金融机构3家，年末各项存款余额5.37亿元，贷款余额6561万元。

基础设施

水利建设 1949年，境内有水塘783口，蓄水总量约120万立方米。

中华人民共和国成立后，人民政府把兴修水利作为发展农业、改善民生的大事来抓。

1953—1959年，共整修扩建水塘783口，新建水塘近150口，蓄水总量250万立方米。同时分别建成上塔、樟树桥、龙头河等3座小二型水库。1977—1978年，先后兴建将军庙、造基、两冬、蟠龙等4座小一型水库，总容量948万立方米；修建渠道4条，总长26.5千米。2014年年末，镇内有小一型水库4座，小二型水库3座，水塘935口；渠道7条、渡槽3条，总长35.79千米。总蓄水量1348万立方米。

交通运输 民国时期，境内主要道路有界牌通往衡阳的石板官道。

中华人民共和国成立后，1958年5月，西渡至界牌（西界线）公路建成通车。1977年6月，修通银溪桥至造基、将军、两冬等村3条村道。至1990年，境内村道陆续畅通。1991年9月，国腊公路（岣嵝乡腊树蔸至原国庆乡）竣工通车，全长7.22公里。2004年起，分批次实施乡村公路改造硬化工程，至2012年，镇内所有乡、村公路全部实现水泥硬化。2014年年末，境内有乡道2条、长14.5公里，村道45条、总长102.6公里。

1950年6月，成立界牌搬运工会（后改名搬运服务社）。1958年，开通界牌至西渡客运班车。1979年建立界牌客运站。2014年年末，镇内有民营客运车辆16台，座位220个，日发送乘客450人次；有货运车辆380台，总吨位3600吨。

邮政电信 民国32年（1943），境内分别设立界牌邮政代办所和银溪桥信柜。1956年，设立界牌邮政支局和银溪代办所。是年，镇机关通电话。1970年后，有部分村通电话。1998年，移动、联通公司分别在境内建设移动电话基站。2000年后，开通程控电话。2014年年末，镇内有邮电所1处，代办点2处；电信企业2家，移动电话基站5个，固定电话用户2800户，移动电话用户2500余户，互联网用户2700余户。全年电信业务收入158万元。

供电饮水 1958年6月，建成龙头河水力发电站，装机容量84千瓦，年发电量3000千瓦时。1965年初，架设南岳至界牌35千伏高压输电线路，全长21千米。1967年9月，建设界牌35千伏变电站，年底投入运行。1978年，在龙头河发电站基础上建成大治电站（后更名为界牌电站），装机11台，装机容量3365千瓦，年发电量760万千瓦。此后，陆续架设中心、红星、长风、大兴、桂花台、桐梓坪和共升7个社区（村）供电线路。1993年，平田、上塔2个村供电。至此，全镇城乡通电率为100%。1999年起，分批次实施农村电网改造工程。至2013年，全镇14个村全部完成电网改造（其余11个村为小水电供电区）。2014年年末，全镇有10千伏配电变压器60台，10千伏高压输电线路27千米，400伏低压输电线路91千米，用电户10300户，供电率100%。

1993年，建成镇自来水公司，设有蟠龙和樟树桥2个水厂，日供水6000吨；供水主管网19.2千米。1995年，镇自来水公司划归界牌电站管理。

镇村建设 界牌是一座依托陶瓷产业发展起来的工矿型小城镇，素有“非金属之乡”“十里瓷城”之美誉。据房屋普查资料统计：1958年，镇内城镇房屋建筑面积为8.34万平方米；1982年，城镇各类建筑面积为19.81万平方米；1986年增加到28.1万平方米，其中居民住宅面积8.34万平方米。1987年后，城镇建设提速，先后建成里泥街、河街、银溪新街、新建街4条街道。与此同时，建设了水架桥和车站2个集贸市场，并对模河、大兴、杨冲、落山嘴4条城区道路进行水泥硬化。2012

年，界牌镇被确定为湖南省“特色镇”。2014年年末，城区建成面积1.5平方公里。

2006年起，启动社会主义新农村建设，重点改造农村水利、电力、道路等基础设施。2011年起，对农村环境卫生实行综合整治，并形成常态化。至2014年年末，全镇电网改造率、乡村道路硬化率和居民饮水安全率均为100%，环境卫生综合达标率为80%。

银溪新街

社会事业

教育科技 清代至民国初年，为儒学教育，多系师塾、蒙馆。民国34年（1945），乡人屈子健在湾屈祠设立光华补习学校。1949年，境内有国民小学和私立小学4所。

中华人民共和国成立后，在发展小学教育的同时，开展农民识字教育，扫除青壮年文盲。至1957年，境内有初小5所，完小1所。1958年，银溪完小附设初中班。1969年，界牌陶瓷总厂职工子弟学校附设高中班。是年，境内有小学13所、初中3所。1973年，设立界牌区高中。1989年，界牌中学教师陶于韶被评为全国教育系统劳动模范。1990年，界牌区中学高中部停办。是年，界牌中学与银溪中学合并，称界牌镇中学。1998年，界牌镇中心小学组织“红领巾读书读报”活动，先后被共青团湖南省委、共青团中央评为先进集体。1999年，调整学校布局，撤并部分中学和小学，国庆中学与界牌镇中学合并为界牌镇中心学校。2006年，界牌陶瓷总厂子弟学校移交县教育局管理，与银溪小学合并为银瓷完小。2014年年末，镇内有幼儿园6所，在园幼儿743人，专任教师61人；小学8所，在校学生2105人，专任教师121人；中学1所，在校学生1032人，专任教师46人。

1983年，界牌陶瓷总厂技术员刘石生、伍桂录、杨志成等研制出国内第一台鱼盘制坯机，获湖南省科技三等奖。1984年，界牌电站“多库多机组电站用水”项目获省级科技成果三等奖。1985年，红星瓷厂仿古釉下青花艺术瓷成套出口产品开发项目列入省科委“星火计划”。1986年，界牌区农机厂190型柴油机节流启动器获湖南省农业厅科技进步三等奖。1989年，举办陶瓷培训班，培训生产出口瓷技术工人150人。2012年，平田村胡义来被评为衡阳市“优秀星火科技示范户”。2014年年末，全镇有各类科技示范户38户。

文化体育 民国时期，境内有龙灯、狮舞、唱戏、要“火灯”等习俗。

中华人民共和国成立后，1950年，由祁剧和花鼓戏艺人联合组建“衡西剧团”。次年，祁剧析出单独成立“新中祁剧团”。1955年，在银溪桥建简易剧场。1958年，新中剧团更名为衡阳县祁剧团，迁往县城西渡。1966—1976年“文化大革命”期间，成立毛泽东思想文艺宣传队，演唱革命歌曲和“样板戏”。1980年，成立界牌公社业余花鼓戏剧团。是年，建成界牌电影院，有2个农村电影放映队。1981年，界牌公社业余剧团获湖南省“群众文化先进单位”称号。1987年，界牌的文学爱好者成立“片石”文学社。20世纪90年代，赵诗政（又名赵仲才，石基村人）的专著《中华诗词艺术》《诗词写作概论》先后出版发行，并为多所大学选作教材。同期，黎政初（字德贵，又名黎晖、黎苏，石基村人）的多件书法作品先后入选在日本、澳大利亚、美国、英国、加拿大等国展出；并结集出版《黎政初画集》《黎政初画选》《黎政初画展作品选》。2004年，王志伟（桂花台社区人）的水彩画《源头》收入《中国当代美术作品选集》；2008年，其创作的《沧桑》和《贪字近乎“贫”，梦字近乎“焚”》2幅美术作品分别入选“湖南省美术精品展”，发表于《湖南日报》。2009—2010年，王志伟创作的《三月的阳光》《溪》，分别入选第11届全国美术作品展和第4届全国钢笔画展。2014年年末，镇内有文化站1所，村级文化活动中心31个，各类文化经营户15户；各类图书室35个，藏书15余万册。

1968年，建立界牌区广播站。1972年，建立公社广播站，并相继架设大队和街道广播线路，喇叭入户率20%。1985年，镇广播站更名为广播电视站。1991年8月，界牌陶瓷总厂建成有线电视站。1997年，建成有线电视差转站。2014年年末，全镇有线电视用户2200户。

1997年，镇内学校开始按《国家体育锻炼标准》教学。当年达标率25%。2005年，达标率提高到94%。2008年起，城镇居民开展健身活动。2014年年末，镇内有体育健身场所16个。

医疗卫生 民国时期，境内缺医少药，治疗病患以中草药为主。中华人民共和国成立后，医疗卫生事业不断发展。1954年，组建界牌联合诊所。1959年，建立界牌医院（后更名为界牌地区医院）。1962年后，建立公社卫生院，各大队相继建立卫生室，配有“赤脚医生”和妇幼保健员。1969年，实行农村合作医疗制度。1993年，扩建界牌地区医院，医疗用房面积2100平方米。1994年1月，界牌地区医院更名为界牌中心医院。1995年，界牌中心医院与界牌镇卫生院、国庆乡卫生院、界牌区药物调配组合并，更名为界牌镇卫生院。2006年1月，启动新型农村合作医疗，当年参合率80%。2012年，镇中心卫生院新门诊大楼竣工，次年投入使用。2014年年末，镇内有镇中心卫生院和界牌陶瓷总厂职工医院2个医疗卫生机构，门诊部7个，床位120张，固定资产总值1000万元；有专业医护人员71名，其中执业医师31人，注册护士23人，在册乡村医生17人，完成诊疗2.42万人次；参加新型合作医疗18561人，参合率100%。

社会保障 灾害救助 1994年6月12—18日，境内连降大雨，将军庙水库副坝决口，洪水造成房屋倒塌，14人死亡。县、镇拨给救灾款物，安置重灾户，择址修建灾民新村（后改称银溪新村）。2008年1月至2月，镇内遭受长达40余天的冰雪灾害，中心社区倒塌房屋56间。县、乡共拨付救灾款90万元，在原址重建住房16套，当年7月竣工，称为“爱心小区”。

五保供养 20世纪60年代起，对孤寡老人和无劳动能力的残疾人实行“五保”，其生活费由所在生产队统筹。20世纪80年代后，“五保”供养纳入镇统筹。1991年，建成镇敬老院，集中供养“五保”对象20人。2005年起，城乡“五保”对象享受城乡最低生活保障待遇，其供养经费由县财政拨付。2008年，白象村建成村级“五保”供养中心，集中供养6人。2014年年末，全镇有“五保”对象180人，其中集中供养40人；共拨付供养金55.68万元，年人均3093元。

大病救助　2006年起，实施城乡居民大病医疗救助。救助对象主要为罹患恶性肿瘤、白血病、尿毒症等大病的城乡低保户、五保户、贫困户。是年，救助152人次，救助住院医疗费16万元。2014年年末，共救助1676人次，救助总金额115.27万元。

城乡低保　2007年7月起，实行城乡居民最低生活保障待遇。是年，全镇有低保对象135户、311人，占居民总户数的1.4%；年人均发放低保金360元，总金额11.2万元。此后，对低保对象实行动态管理，补助标准渐次提高。2014年年末，镇内有低保对象1552户、2080人，年人均标准1176元，共发放低保金244.6万元。

养老保险　2011年7月，启动城乡居民社会养老保险。是年，镇内城乡居民登记参保人数8489人，参保率77.1%；征缴养老基金90.2万元；为3431名到龄居民发放7—12月份养老金122.7万元。至2014年年末，城乡居民登记参保人数9124人，参保率为80.7%；征缴养老基金105.55万元；为3817名到龄居民发放养老金287.14万元。

人民生活　民国时期，境内绝大多数人穷困潦倒，生活水平很低。中华人民共和国成立后，至1957年，人民政府使“耕者有其田，居者有其屋”，组织人民群众发展生产，生活逐步改善。1959—1961年，由于工作严重失误，加之遭遇自然灾害，造成粮食短缺和饥荒。1964—1977年，居民生活明显向好，但整体水平较低，少数人购置自行车、手表、缝纫机、收音机（俗称“三机一响”）属奢侈消费品。20世纪80年代改革开放后，农村实行土地承包经营责任制，生产潜能充分释放，经济不断发展，人民生活水平不断提高。1984年，全镇农村居民人均纯收入401元，1990年达到678元。至2000年，人均纯收入提高到2745元，为1990年的4.4倍。部分家庭购置电视机、洗衣机、摩托车，大部分农家由土砖茅屋换成红装瓦房。2001—2013年，镇内居民生活水平显著提高。年人均可支配收入由2868元提高到12110元，分别是1990年的17.8倍、2000年的4.4倍。农村家庭多建有2~3层砖混结构小楼房，固定电话、移动电话、电脑、空调、汽车等进入寻常百姓家。2014年，农民人均可支配收入12328元。人民生活质量全面提升。

特色地情

历史人文

方智远（1939—　　）界牌镇长车村（今两冬村）人。中国工程院院士，著名蔬菜遗传育种专家。1964年，毕业于武汉大学生物植物遗传专业。历任中国农业科学院副研究员、研究员、博士生导师，中国农业科学院蔬菜花卉研究所副所长、党委书记兼所长，中国农业科学院学术委员会副主任，国务院学位委员会学科评议组成员，国家农业转基因安全委员会委员，国家“十五”863计划生物技术与现代农业领域专家委员会委员，农学会副会长等职。20世纪70年代以来，长期从事蔬菜新品种开发研究工作，特别是在研究甘蓝显性核基因和细胞质雄性不育选育技术方面获得突破，为中国蔬菜遗传育种事业的发展做出了卓越贡献。曾先后获人事部授予“有突出贡献的中青年专家”和杰出人才一等功奖励，两次获国家科技进步二等奖，并获全国劳动模范和全国五一劳动奖章等奖项。1995年当选为中国工程院院士，并任中国工程院农业轻纺环境学部副主任。曾是全国政协第九届、十届委员会委员，国务院学位委员会学科评议组召集人。

名优特产

界牌陶瓷　界牌盛产瓷泥，探明储量3470万吨，其量与质闻名全国，景德镇、唐山、佛山、淄博、醴陵等全国17个省市区的105家陶瓷生产企业皆取界牌瓷泥为配料。经考古发现，界牌陶瓷生产自明代至今已有600年历史。经过不断创新和发展，镇内陶瓷产品质量以上乘著称于世，其釉下五彩技术是对中国陶瓷艺术发展的贡献，享有“白如玉，薄如纸，声如磬”之美誉，远销欧美、东南亚等地。

风景名胜

将军湖　亦名将军庙水库，位于界牌镇将军村。其湖修建于20世纪70年代末，蓄水量310万立方米，面积0.6平方公里，为海拔750米的高山湖泊，湖面山水相映，水天连接，独具特色。湖名源于“将军庙”，据清同治《衡阳县志》载：“宋徽宗遣禁卫官监修（上国清寺），有王虎阳者死于工所，乡人祠为土谷之神，号金甲将军。”今庙无存。将军湖畔有石廪峰（又名雷钵岭），主峰海拔1189.3米，明代著名地理学家徐霞客曾登此峰考察，并在其《游记·楚游日记三》中有记述。有登山公路直达景区。

将军湖

圣寿寺　位于界牌镇同胜村，原名茶恩寺。相传南岳圣帝为道场选址时前往祝融峰，首先是在圣寿寺落脚。南岳有“首、老、高、大”四个圣殿，圣寿殿居首，故圣寿寺历来有“首圣殿”和南岳后山第一寺之美誉。今寺内香火旺盛，游客不绝。

圣寿寺

民俗风情

火灯节　界牌火灯节始于明代。相传，古代此地有寿佛寺（即今圣寿寺），为祭祀寿佛诞辰（农历二月初八）而建。明永乐年间（1403年—1425），界牌地区虫害频发，禾稻连年受灾。当地乡民自发举火把焚香祷告，祈求寿佛灭虫除害，后虫害果消。此后，每年农历二月初七日（寿佛诞辰的前夜）晚上，当地百姓都聚集于寿佛寺前，先举行仪式，然后抬着寿佛神像，鼓乐齐鸣，高举彩旗火把，走家串户。寿佛降临各门户前，亦须张灯结彩，燃放烟花爆竹，焚香礼拜，恭迎寿佛赐福驱灾，其场面颇为隆重、壮观。此习俗一直延续至今。2013年，火灯节被列为衡阳市级非物质文化遗产名录。

火灯节

历任乡镇（公社）党政主要负责人名录

界牌镇

（1956.6—2015.12）

中共界牌镇委员会

第一书记	姬阴山	1956.6—1956.8
	肖森芳	1956.8—1957.4
书　　记	黄鹤松	1957.4—1958.9

中共超美人民公社委员会

第一书记	陈怀武	1958.9—1959.1

中共界牌公社委员会

书　　记	陈怀武	1959.1—1960.3
	谢湘衡	1960.3—1960.9
	谭昌提	1961.4—1961.8
	赖岳屏	1961.8—1965.1
	刘义金	1965.1—
	凌寿厚	1971.2—1972.10
	朱德楚	1972.10—1984.2
	陈炳生	1984.2—1984.6

（注：1964年5月，重置界牌镇。1984年6月，界牌乡并入界牌镇。）

中共界牌镇委员会

书　　记	李志清	1971.5—1980.12
	赵书恒	1980.12—1984.2
	陈谷生（兼）	1984.9—1985.3
	刘雅峰	1986.1—1989.11
	唐昭福	1989.11—1993.2

黄昌源 1993.2—1995.5

中共界牌镇工委

书　　记 阳益生 1995.5—1995.9

中共界牌镇委员会

书　　记 阳益生 1995.9—1998.1

祝冬柏 1998.1—1998.7

许亚平 1998.7—2001.1

姚宇旺 2001.1—2003.1

王庸意 2003.1—2009.10

祝中华 2009.12—

界牌镇人民政府

镇　　长 王家炳 1956.6—1958.9

超美人民公社

社　　长 姬阴山(兼) 1958.9—1959.1

界牌人民公社

社　　长 王伟前 1959.1—1961.4

姬阴山 1961.4—1961.8

贺昌祝 1966.2—

界牌公社革委会

主　　任 刘义金 1968.4—1970.3

凌受厚 1970.3—1972.5

界牌公社管委会

主　　任 朱成香 1981.3—1984.2

王志明 1984.2—1984.4

界牌乡人民政府

乡　　长 王志明 1984.4—1984.6

界牌镇人民政府

镇　　长 陈宦林 1964.6—

界牌镇革委会

主　　任 陈宦林 1968.3—1969.6

李志清 1969.6—1980.10

界牌镇管委会

主　　任 王大峨 1980.10—1981.3

界牌镇人民政府

镇　　长 王大峨 1981.3—1984.2

王家炳 1984.2—1986.3

邬时道 1986.3—1992.2

黄昌源 1992.2—1993.2

屈宜初 1993.2—1995.5

界牌镇行政管委会

主　　任 屈宜初 1995.5—1995.9

界牌镇人民政府

镇　　长 屈宜初 1995.10—1996.1

洪载辉 1996.1—1998.1

阳忠球 1998.1—1998.7

王修航 1998.7—2011.1

汤寒梅(女) 2001.1—2003.1

彭先吐 2003.1—2004.6

庾江荣 2004.6—2006.11

张永灵 2006.11—2012.4

吴　松 2012.4—2014.9

廖俊魁 2015.2—

界牌镇人大主席团

主　　席 贺祥余 1987.10—1995.5

龙友吾 1995.10—1996.4

李生菊 1996.4—1998.1

续先腊 1998.1—2001.1

李中华 2001.1—2001.10

汪义兆 2001.10—2005.7

邱和平 2005.7—2006.4

邹振华 2006.4—2009.7

汪　轲 2011.3—

界牌镇政协联工委

主　　任 罗宝斌 1995.12—1998.2

范迪谷 1998.3—2001.1

屈光华 2001.1—2003.1

曹　斌 2003.1—2005.7

肖少奇 2006.4—2008.12

朱荣晖 2008.12—2011.3

贺一琪 2011.3—2012.4

陈永旺 2012.4—

白象（国庆）乡

（1956.6—1995.5）

中共白象乡委员会

第一书记 谭运生 1956.6—1958.6
肖森芳 1958.6—1958.9

中共国庆公社委员会

书　记 胡才贵 1961.8—1962.5
杨春江 1962.5—1963.9

中共国庆公社委员会

书　记 赵　岳 1963.9—1966.1
彭国伟 1966.1—
彭国伟 1971.4—1972.1
王家炳 1972.1—1975.3
魏炳生 1975.3—1976.10
罗立生 1976.10—1979.9
谭澄宇 1979.9—1982.1
宋康芳 1982.1—1984.2
王大良 1984.2—1984.4

中共国庆乡委员会

书　记 王大良 1984.4—1986.1
魏友良 1986.1—1989.1
胡兴田 1989.1—1991.1
刘启宇 1991.1—1993.2
李生菊 1993.2—1995.5

白象乡人民政府

乡　长 刘光修 1956.6—1958.9

国庆人民公社

社　长 陶炎德 1961.8—1962.5
屈瑞朝 1962.5—

国庆公社革委会

主　任 彭国伟 1968.3—1971.10
王家炳 1971.10—1975.3
魏炳生 1975.3—1977.12
罗立生 1977.12—1979.9
谭澄宇 1979.9—1981.3

国庆公社管委会

主　任 宋康芳 1981.3—1982.7
刘仁林 1982.7—1984.2
朱成香 1984.2—1984.4

国庆乡人民政府

乡　长 朱成香 1984.4—1985.3
贺信喜 1985.3—1987.2
李生菊 1987.2—1993.3
李胜利 1993.3—1995.5

国庆乡人大主席团

主　席 朱成香 1987.10—1992.7
洪庆义 1993.3—1995.5

表 14　界牌镇村级行政区划调整概况表

新村（社区）名	人口数	合并的原村（社区）名
将军村	1822	将军村、莲花村、七星村
造基村	1970	造基村、石基村
银溪村	2178	银溪村、胜利村
共升村	1977	共升村、天马村
界牌村	2856	界牌村、湖坪村、同胜村
蟠龙村	1176	蟠龙村、丰岭村
上塔村	1738	上塔村、平田村、高山村
两冬村	1472	两冬村、长车村
界江村	3015	界江村、陶公村
国庆村	2659	国庆村、石碧村
象山村	1940	象山村
白象村	1463	白象村
桂花台社区	5778	原桂花台社区一部、桐梓坪社区
大兴社区	5625	大兴社区、长风社区
红星社区	5915	红星社区、中心社区
望龙台社区	3258	原桂花台社区一部、陶瓷总厂、矿区区域

说明：原有 25 个村 6 个社区，2015 年调整合并为 12 个村 4 个社区。

石市镇行政区划图

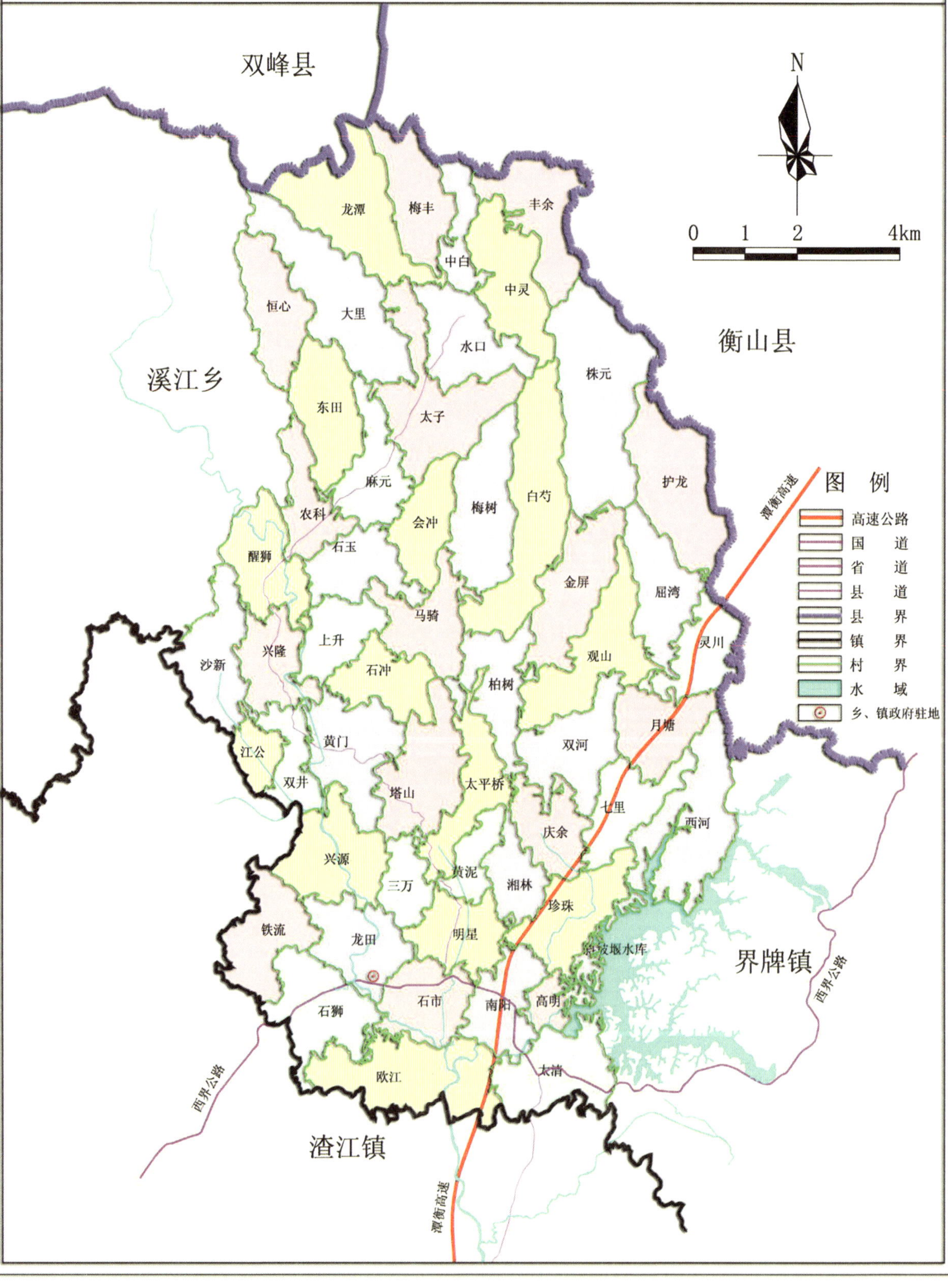
双峰县
衡山县
溪江乡
界牌镇
渣江镇
N
0 1 2 4km
图 例
高速公路
国 道
省 道
县 道
县 界
镇 界
村 界
水 域
乡、镇政府驻地
潭衡高速
西界公路
龙潭
梅丰
丰余
中白
中灵
恒心
大里
水口
株元
东田
太子
护龙
麻元
农科
会冲
梅树
白芍
醒狮
石玉
金屏
屈湾
马骑
灵川
兴隆
上升
沙新
石冲
观山
柏树
月塘
黄门
江公
双河
双井
塔山
太平桥
七里
庆余
西河
兴源
黄泥
三万
湘林
珍珠
铁流
龙田
明星
石市
南阳
高明
石狮
欧江
太清

石市镇

区域概况

地域名片 2011年，石市镇获文化部授予“中国民间文化艺术（竹木雕刻）之乡”称号。

位置面积 石市镇因驻地俗称“石头桥”得名。位于北纬27°11′14″~27°21′35″，东经112°24′46″~112°31′40″，地处县境东北部，东接界牌镇和衡山县马迹镇，南邻渣江镇，西界溪江乡，北抵双峰县荷叶镇、衡山县新桥镇。镇政府驻石头桥社区花树堂。距县城西渡33公里。

辖区东西最大直线距离13公里，南北最大直线距离23公里，总面积145.16平方公里。

建置沿革 明洪武三年（1370），石市属清化乡。清同治十年（1871），属永福乡。民国32年（1943），设区辖乡，属第八区福政乡。中华人民共和国成立初，仍沿袭民国旧制。1950年3月，撤福政乡，分置水口、泰祉、醒狮、黄门、南麓、太平桥、龙田、石市、甲满、灵川乡，属第八区。1952年7月，衡阳、衡南分县后，重置区乡政区，设石市、龙田乡（属第十二区，后更名渣江区），甲满、灵川、株园、庆平、南麓、醒狮、黄门、梅树、泰祉、水口乡（属第十四区，后改名银溪区）。1956年5月，撤区并乡，将石市、龙田乡并入唐福乡；将南麓、株园并入灵川乡；将庆平并入甲满乡；将水口、泰祉、梅树并入醒狮乡。1958年9月，建立人民公社（简称公社），撤甲满、灵川、醒狮乡建立前进公社。1961年8月，设区分社，分置金屏、甲满、醒狮（以上隶属界牌区）、石市公社（属渣江区）。1984年5月，改公社为乡。1995年5月，再次撤区并乡，石市、金屏、甲满、醒狮乡合并为石市乡。2012年9月，撤乡设镇，称石市镇。至2014年年

石头桥街道

末，政区无变更。

行政区划 2014年，政区辖石头桥1个社区和石市、石狮、南阳、龙田、太清、铁流、欧江、兴源、高湾、西河堰、珍珠、护龙、太平桥、屈湾、三望、灵川、明星、月塘、湘林、双河、黄泥山、观音山、庆余、七里冲、塔山、柏树、石玉、黄门、马骑、石冲、梅树、双井、上升、醒狮、兴隆、恒心、沙新、东田、张公、农科、株园、水口、金屏、中灵、白芍、中白、会冲、梅丰、麻园、丰余、泰祉、龙潭、大里53个村，下设9个居民小组、504个村民小组。

2015年7月，调整辖区内村级行政区划，将53个村合并为23个村。至是年末，辖中灵、水口、泰祉、东田、醒狮、兴隆、黄门、石玉、梅树、金屏、灵川、庆余、观山、珍珠、明星、南阳、石狮、龙田、宇石、太平桥、太清、白芍、大里23个建制村和石头桥社区，下设476个村民小组、37个居民小组。

自然环境 辖区为山地、丘陵、平町结合区，多丹霞地貌。地势东南部低西北部高。镇域处亚热带季风气候区，气温四季分明，年平均气温17℃～18℃，极端最低气温－8.3℃（1972年2月9日），极端最高气温40.8℃（2010年8月5日）。年平均降水量1267毫米，降水日数约151天，最多年份达187天（1970），最少年份92天（1963）；极端年最大降水量1801毫米（1970），极端年最少降水量953毫米（1963）。降水集中在每4—9月，5、6月最多。常年主导风为北风，夏季为东南风，并有雷电气象。境内土壤分为水稻土、红壤土、黄壤土三大类。岳沙河系蒸水一级支流，境内总长12公里。

人口民族 1982年第三次全国人口普查（简称“三普”，以下类推），辖区户籍总人口（以下称总人口）48068人。1990年“四普”总人口51270人。2010年“六普”总人口49365人。“六普”人口分别比“三普”增加1297人，比“四普”减少1905人。2014年年末，辖区总人口58845人，其中常住人口55120人，城镇化率22.5%。总人口中，男性31177人，占52.98%；女性27668人，占47.2%。0～14岁12384人，占21.5%；15～59岁37788人，占63.22%；60岁以上8673人，占15.73%。2014年年末，人口出生率12.17‰，死亡率5.91‰，自然增长率6.26‰。

境内人口全系汉族。

经济发展

农业 种植业 2014年，全镇耕地面积2540公顷，其中水田2166公顷。主要农作物有水稻、油菜、棉花、红薯、大豆、蔬菜、水果等。民国时期，农业生产水平低下，加之缺乏抗御旱涝、病虫灾害能力，粮食亩产约150公斤。

中华人民共和国成立后，1950年，农村实行土地改革。1953年，组织农业生产合作社，粮食增产丰收。至1957年，平均亩产提高到250公斤。1958年成立人民公社，后连遇三年自然灾害，粮食减产歉收。1962年后，实行以生产队为基本核算单位，贯彻按劳分配政策，改进耕作技术，扩大双季稻种植面积，加强水稻病虫害防治，粮食生产持续发展。1969年，双季稻面积达1890公顷，两季平均亩产350公斤，总产量0.98万吨。1976年，试种杂交晚稻10公顷，亩均产量310公斤，比常规晚稻平均亩增产120公斤。1983年，境内醒狮公社种植双季稻476.6公顷，亩均产粮食1000.5公斤，为县内第一个亩产“吨粮田”公社。1984年，欧江村八一组种植棉花5.8公顷，产皮棉13.36吨，亩产153.5公斤；经省农业厅现场鉴定核实，为全省棉花高产典型。1990—2013年，全镇水稻年种植面积稳定在3330公顷左右，年总产量2.8万吨。2014年，全镇水稻种植面积3360公顷，总产量2.83万吨；油菜面积3000公顷，总产量0.9万吨；蔬菜面积330公顷，总产量0.52万吨；水果面积260公顷，总产量0.34万吨；农业总产值1.56亿元。

养殖业　境内素有养殖猪、牛、羊、鸡、鱼、鸭等畜禽水产习惯。民国时期，农户饲养耕牛皆为役用，养猪则多为换钱，所产禽蛋除少量自食外，余皆出售或兑换油盐等物。养鱼基本上不投放饵料，故产量很低。1949年，平均每亩水面产鲜鱼9.2公斤。中华人民共和国成立后，政府鼓励农民饲养家禽家畜。1955年，开始发展池塘养鱼，养猪、养鸡农户亦逐渐增多。1958年成立人民公社后，限制农户饲养家禽家畜。20世纪60年代至70年代末，池塘、水库养鱼由生产队集体经营，确定专人负责放养，每亩水面产鲜鱼28公斤。1982年，随着农村土地承包经营责任制的建立和“开放搞活”方针政策的贯彻实施，养殖业快速发展，并逐渐出现一批规模养殖户。是年，全镇出栏生猪16000头，家禽20万羽。1995年后，家庭养猪户数减少，规模养殖户增多。其间，先后建成投产的有龙潭村的良生养殖场，水口村的刘深根养殖场、塔山村的王光华养殖场、马骑村的胡翰养殖场、黄泥村的望青养殖场、明星村的曾祥根生猪养殖场，梅树村的云枫养鸡场、东田村的王铁朝养羊场、株源村的胡兴旺养牛场。2014年年末，全镇有各类专业养殖户75户，出栏生猪2.1万头，羊2450头，出笼鸡16万羽；有养鱼水面400公顷，产鲜鱼110吨。实现养殖总产值6000万元。

林业　境内有宜林山地8500公顷。主要树种有杉、松、南竹、油茶等。1950年，实行土地改革，山林由私人经营。1958年后，林权归集体所有。由于“大办钢铁”和“公共食堂”，大量砍伐林木，山林受毁。1962年后，采取集体造林、封山育林等措施，森林覆盖率逐渐提高。1973—1977年，境内先后创办3个公社林场、53个大队林场，共经营林地面积约1330公顷。1982年，山林再次确权到户。2002年，实施退耕还林工程，全镇共完成造林面积50余公顷。2009年，进行林权制度改革，原有乡村林场下放到村组或农户承包经营。2014年年末，实现林产品总值4000万元。全镇森林覆盖率55%。

工业　民国时期，境内民间有木器、竹器、雕刻、石材等手工业作坊数十家，从业人员百余人。20世纪70年代至80年代，境内有株园造纸厂、方家大屋瓷厂等工业企业。90年代至2012年，有小微民营工业企业45家，涉及陶瓷、钠长石、竹木雕、建筑建材、纺纱、制衣、礼炮烟花和农副产品加工等行业。2014年年末，全镇工业企业50家，实现工业增加值7600万元。

商贸服务　民国时期，境内有石头桥、狮子桥、黄门桥、水口4个集贸市场，商铺数十家。中华人民共和国成立后，1954—1957年，先后设立供销合作社、肉食水产站、粮油储运库，供应生产生活资料和收购农副产品。1962年后，分别设立石市、甲满、醒狮、金屏4个供销分社。至1979年末，境内有商业门店及代购代销点24个，从业人员78人。20世纪80年代后，逐步放开商贸市场，个体商户进入商品流通领域。2000年后，乡内集体和国营商业相继改制为民营商业。2014年年末，镇内有民营商业320户、从业人员480人，有集贸市场4个，年社会消费品零售总额1.1亿元。

财政金融 中华人民共和国成立至1984年，乡（社）未建立财政机构，由其办公室兼管，属报账制。1985年，成立乡财政所。1996年，乡财政总收入568.4万元，主要为工商税和农业税收；财政总支出718.8万元，主要为支援农业、行政管理费和上解县财政。2005年，农村税费改革，国家取消农业税、农业特产税和各种涉农上交提留。是年，全乡共取消“两税”总额313.33万元，农民人均63元。2014年年末，实现财政总收入1173.65万元，财政总支出1173.65万元。

1956年，分别建立石市、甲满、灵川、醒狮4个乡信用合作社。1993年，成立农村合作基金会。1997年，清理撤销合作基金会，其账务移交县农村合作经济管理局。2009年，设立中国邮政储蓄银行石市营业处。2014年年末，镇内有金融机构3家，年末各项存款余额2.15亿元，贷款余额0.82亿元。

基础设施

水利建设 1949年，境内有水塘2286口，蓄水总量约150万立方米。中华人民共和国成立后，人民政府把兴修水利作为发展农业、改善民生的大事来抓。1953—1958年，共整修扩建水塘2100余口，新建水塘869口，蓄水总量达350万立方米。1959年，先后建成石牌子（小一型）水库、龙潭（小一型）水库，库容量400万立方米，改善农田灌溉面积470公顷。1960年2月，建成斜陂堰（中型）水库，库容量5650万立方米；库区淹没稻田293公顷，旱地18公顷，拆迁房屋1930间，移民268户3860人；灌区内有总干渠1条长36千米，支干渠3条长56.4千米，支渠80条长279千米，灌溉面积7660公顷。1966年，新建护龙等5处小二型水库。1973年，东田（小一型）水库竣工蓄水，库容量268万立方米。同时，在岳沙河新建5处中型水闸。2013年，4.5千米的岳沙河堤实施改造。2014年年末，镇内有中型水库1座、小一型水库3座、小二型水库5座，山平塘、骨干塘3386口，渠道总长31.8千米，总蓄水量6650万立方米。

斜陂堰水库

交通运输 1958年5月，西界公路竣工通车，境内长7.2公里。1973年，石头桥至金屏公路贯通，长18公里。20世纪70年代末至80年代，分别建成通村公路。2005年起，对境内乡村道路分批次进行提质改造和水泥硬化。2011年11月，潭衡西高速公路建成通车，境内长10.98公里，并设有石市进出口、斜陂堰服务区。是年，石川公路按乡村主干道标准全面硬化竣工。2011—2012年，硬化大里、梅丰、龙潭、铁流、屈湾、株源、会冲、白芍、石玉村道31.9公里。同时，改造危桥2处。2014年年末，镇内有县道1条，乡道2条，共长33公里；村道53条，总里程138公里。

1958年，石市开通长途客车。1981年，分别设立石头桥、金屏、方大屋售票点。

邮政电信 民国32年（1943）8月，设立石头桥、醒狮桥邮政代办所。中华人民共和国成立后，1957年，设石头桥、醒狮、灵川寺、水口邮政代办所。1963年，醒狮代办所改为邮电所。2014年年末，镇内有邮政所1处，邮路里程45公里。

1956年，醒狮、甲满、灵川3个乡架通电话线路。1962年，境内石市、醒狮、甲满、金屏4个公社通电话，线路总长25千米。1980年后，部分村利用广播线路通电话。1998年，开通程控电话。2000年后，移动通信公司在镇内建设通信基站。2014年年末，镇内有固定电话用户2654户，移动电话用户10025户。

供电饮水 1987年，镇内开始供电。此后，供电范围逐渐扩大。至1995年，全镇有10千伏配电线路62.57千米，10千伏变压器50台，总容量5540千伏安；有低压用电线路总长250千米，村通电率100%，组民小组通电率95%。2000年后，分期分批实施电网改造，先后对44个村进行线改和户改，共改造和新增10千伏线路41.97千米，新增和更新10千伏变压器64台，完成户改17468户。2014年年末，全镇有10千伏配电线路3条，线路总长94.63千米，10千伏变压器108台，总容量10780千伏安；低压用电线路总长270千米，54个村（社区）、513个村（居）民小组全部通电，用电户18136户，供电率100%。

2012年，建成石市镇自来水厂，年供水量7万立方米。至2014年年末，有用户800户。

镇村建设 2013年，镇财政所和国土所办公楼建成投入使用。同时，设立便民服务中心，并完善镇政府机关院落环境美化亮化等基础设施。

2006年起，启动社会主义新农村建设，重点改造农村水利、电力、道路等基础设施。2011—2013年，对农村环境卫生实行综合整治，建设美丽乡村。至2014年，全镇农村道路硬化率、电网改造率、农户饮水安全率均为100%；环境卫生综合达标率80%。行政村都有办公用房。

社会事业

教育科技 民国34年（1945）2月，为避侵华日机空袭，衡阳市城区的县中、道南、成章、新民、建德、含章、青华7所学校迁至境内水口刘祠组建联合中学，公推屈凤梧任校长。1945年，日本投降后仍迁回衡阳。1949年，境内有久佳堂等7所小学。

中华人民共和国成立初，在发展小学教育的同时，大力开展扫除农村青壮年文盲教育。

至1958年，境内小学发展到45所。是年，醒狮完小附设初中班，次年撤销。1964年，推行公办与民办并举“两种教育制度”，其时，境内有民办小学35所，民办中学（农业中学）3所。1969年，民办小学和民办中学分别并入公办小学和公办中学。1978年，境内有小学47所、中学4所。1986年起，实施普及九年制义务教育规划。20世纪90年代起，实施农村中小学危房改造工程，同时整合教育资源，合理调整小学布局。至2003年，全乡共新建校舍面积11707平方米，占校舍总面积22640平方米的50.7%；小学由原有47所整合为24所。2004年后，加大合格学校建设力度，继续调整学校布局。2014年年末，全镇有幼儿园7所，在园幼儿550人，专任教师24人；小学15所，在校学生2550人，专任教师155人；初中4所，在校学生1500人，专任教师98人，有镇中学及中心小学、水口完小、醒狮完小、沙新完小、黄门完小、明星完小等12所县级合格学校。

1981年，建立公社农科站（后更名农技服务站），培训农民技术员180余名。1983年，开办农民文化技术学校4所，向农民传授农业科学技术知识。是年，境内原甲满公社农民邓诗好，科学种植双季稻5.74亩，亩均产稻谷955公斤，成为当地的科学种田示范户。20世纪90年代后，普遍推行科技示范户。2012年，石狮村曾春桂、马骑村胡翰2人被评为衡阳市“优秀星火科技示范户”。2014年，全镇有各类科技示范户180余户。

文化体育 民国年间，曾熙（龙田村人）的画作《墨梅》参加德国柏林“中国名人画展”，后由刘海粟编入《中国名画辑》。民国22年至24年（1933—1935），王祺（东田村人）先后在南京、上海3次举办个人画展，其代表

水口古戏台

作有《岩壑秋风》《静》《君子之风》等。

中华人民共和国成立后，境内民间艺人刘启玉（丰余村人）创作竹木雕刻艺术品数十件，代表作有《仙女散花》《百鱼图》《铁拐李》等。其木雕作品《牧童骑牛》为国家博物馆收藏，于1972年被时任国务院总理周恩来作为礼品赠送给访华的美国总统尼克松。1982—1984年，罗星城（金屏村人）创作的相声《计委与专家》、现代小戏《哭活刘凤姣》分别获湖南省文艺创作三等奖和戏剧创作三等奖。1986—1987年，刘保鲁（金屏村人）的长篇小说《南国武魂》由湖南文艺出版社出版；其创作的大型花鼓戏《回春曲》由中国戏剧家协会《剧本》月刊发表。1991年，梁丰助（中灵村人）创作的竹雕《福·禄·寿》《达摩》《铁拐李》等5件作品获湖南省“农博会”二等奖，并为省博物馆收藏。1995年，其木雕作品《狮子滚绣球》《啸天金凤》入选“全国艺术之乡”精品大展。1999年，梁丰助的木雕《麒麟送子南天门》获第二届世界华人工艺美术大赛金奖。2004年，刘保鲁与人合作改编的36期电视连续剧《沧海百年》在中央电视台播出。2005年，谭崇恩（中灵村人）所著《唐生智评传》获湖南省社会科学优秀成果二等奖。2006年，胡国繁（笔名井泉，黄门村人）的散文集

梁丰助及其雕刻作品

《品味泉水》由中国文联出版社出版。同年，任华东（黄门村人）的散文集《人生如此》面世。2007年，胡楚文（黄门村人）的文学专集《山情》出版。2008年，谭祖荫（兴源村人）所著传记文学《湘军名将谭上连》由中华诗词出版社出版。2010—2011年，胡楚文的《村缘》《杏坛人生路》先后出版；胡国繁的散文集《石上清泉》、诗集《海·岛·鸥》由中国文联出版社出版。2012年，洪余珍（醒狮村人）诗集《爱晚斋吟草》出版。2011年，石市乡被文化部授予“中国民间文化艺术（竹木雕刻）之乡”称号。2012—2014年，胡国繁的船山学专著《走近船山》《行止船山》由中国文联出版社出版，其词作《水龙吟·三沙建市有感》获中华诗词学会一等奖。2014年年末，全镇有镇文化站1所，村文化活动中心53个，各类图书室72个、藏书4.5万余册，有各类文艺创作人员38人。

1972年，建立公社广播站，配工作人员2名。1985年，乡广播站更名为广播电视站。20世纪90年代后，随着县广播电台调频道的开通，结束了有线广播的历史。1994年，广播电视站易名为有线电视站。当年，有数字电视用户89户。2014年年末，全镇有线电视网络5千米，用户1300户，电视综合覆盖率100%。

1997年，乡内中小学开始按《国家体育锻炼标准》教学。当年达标率24%。至2005年，达标率提高到92.5%。与此同时，在农村广泛开展体育健身活动。2014年年末，全乡有各类体育健身场所45个，总面积2.4万平方米。

医疗卫生 1953年，成立区联合诊所。1962年，建立公社卫生院。1968年，建立大队卫生室。1969年，实行农村合作医疗制度。1995年撤区并乡后，将原石市、金屏、甲满、醒狮4个乡卫生院组建为石市乡中心卫生院。2006年，启动新型农村合作医疗，当年参合率75%。2007年，投入160余万元新建乡卫生院综合楼，面积1100平方米。2012年，投入240余万元，新建醒狮卫生分院综合楼，面积1400余平方米。2013年，投入31余万元改造金屏门诊部。2014年年末，镇内有中心卫生院和醒狮分院各1所，医疗点3个，村卫生室53个，病床50张，执业医务人员24人；参加新农合人数4.8万人，参合率100%。

社会保障 五保供养 20世纪60年代起，对孤寡老人和无劳动能力的残疾人实行“五保”，其生活费由所在生产队统筹。20世纪80年代后，“五保”供养费纳入乡统筹。2005年起，城乡“五保”对象享受城乡最低生活保障待遇，其供养经费由县财政拨付。2009年，建成乡敬老院，集中供养部分“五保”老人。2014年，全镇有“五保”对象412人，其中集中供养27人；共拨付供养金115.36万元，年人均2800元。

大病救助 2006年起，实施城乡居民大病医疗救助。救助对象主要为罹患恶性肿瘤、白血病、尿毒症等大病的城乡低保户、五保户。是年，共救助80人次，救助住院医疗费12万元。2014年年末，共救助718人次，救助总金额40.29万元。

城乡低保　2007年7月起，实行农村居民最低生活保障待遇。是年，乡内有低保对象195户、490人，占居民总户数的0.9%；年人均发放低保金360元，共发放金额17.6万元。此后，对低保对象实行动态管理，补助标准亦渐次提高。2014年年末，镇内有低保对象981户、1875人，年人均标准1476元，共发放低保金276.75万元。

养老保险　2011年7月，启动城乡居民社会养老保险。是年，镇内城乡居民登记参保人数19775人，参保率为65%；征缴养老基金221.47万元；为8104名到龄居民发放7~12月份养老金263.39万元。2014年年末，城乡居民登记参保人数为21000人，参保率为75%；征缴养老基金221.29万元；为9257名到龄居民发放养老金645.56万元。

人民生活　民国时期，境内人民绝大多数缺衣少食，居住简陋。中华人民共和国成立后，人民政府使“耕者有其田，居者有其屋”，组织人民群众兴修水利，增强抵御自然灾害能力，乡内人民生活逐步改善。至1957年，“吃饭”问题初步解决，部分少房户盖起新房。1959—1961年，由于自然灾害等因素，造成粮食短缺甚至出现饥荒。1964—1977年，居民生活逐渐向好，但整体水平较低，青年人结婚购置自行车、手表、缝纫机、收音机（俗称“三机一转”）属奢侈消费品。改革开放以后，农村实行土地承包经营责任制，生产潜能充分释放，经济不断发展，人民生活水平不断提高。1984年，全乡农村居民人均纯收入389元，1990年达到657元，2000年提高到2568元。部分家庭购置电视机、洗衣机、摩托车，大部分农家由土砖茅屋换成红砖瓦房。2001—2014年，镇内居民生活水平显著提高。年人均可支配收入由2668元提高到11830元，分别是1990年的18倍、2000年的4.6倍。农村家庭多建有2~3层砖混结构小楼房，固定电话、移动电话、电脑、空调、汽车等进入寻常百姓家，人民生活质量全面提升。

特色地情

历史人文

谭上连（1840—1890），字云廷，石市镇兴源村人。清末湘军将领。清咸丰八年（1858）投湘军，至同治三年（1864），因屡立战功由把总、守备、都司连升至参将。同治五至七年（1866—1868），随刘松山进攻捻军，因功升为总兵。同治八年（1869），参加镇压甘肃回民起义，连战皆捷，以提督记名。光绪二年（1876），随新疆巡抚刘锦棠入疆平定阿古柏叛乱，战功卓著。《新疆图志·武功篇》载：“一月之中行三千里，半年之内复七八城，战必胜，攻必取，于（谭）上连首屈一指。”光绪十年（1884），新疆建省，任乌鲁木齐提督。光绪十二年（1886），移提督署于南疆喀什。光绪十六年（1890）三月初三日，因枪伤复发殁于喀什任所。

曾熙（1861—1930），谱名昭衔，字子缉，号嗣元，又号俟园，晚号农髯，行承九，石市镇龙田村人。清末官吏，著名书画家。清光绪二十九年（1903）进士。历任兵部主事、提学使、弼德院顾问。1904年回湘，先后任南路师范学堂监督、衡清师范学堂监督、湖南高等学堂（今湖南大学）监督。宣统元年（1909）当选为咨议局议员、副议长，兼教育会会长。民国4年（1915）定居上海，鬻书卖画，兼授门徒。张善孖、张大千、李仲乾、马宗霍等皆系其高足。曾熙书法篆、隶、真、行、草五体皆能，尤以碑帖见长，时有“南曾（熙）北李（瑞清）”之称。康有为曾以曾熙比何绍基，称其书法“由圆笔以下穷南碑，故其行楷各体皆逸，体峻者见骨气，体逸者见性情，所谓阴阳刚柔各有其妙者。”画亦骨韵劲秀，其所作《淡墨梅花》收入刘海粟所编《中国名画辑》。通经史，善诗文。著有《左氏问难》《春秋大事表》《历代帝王年表》《和陶诗》《曾熙书法集》《曾熙画集》等。

王祺（1890—1937），字淮君，又号思翁，晚号酥散居士，石市镇东田村人。中国民主革命先驱、政治家、教育家、书画家。出身于书香门第。青年时秘密加入同盟会。辛亥革命爆发，与谢彬等人在衡阳响应反清起义。民国元年（1912），任中华民国临时政府内务部秘书。袁世凯窃国，与程潜、林伯渠等共组湖南护国军，任司令部秘书长。民国12年（1923），任广州大本营军政部秘书。民国15年（1926）北伐，任国民革命军第六军秘书长。南北议和后，国民政府迁至武汉。民国16年（1927），任湖北省政府委员兼水利局局长、农工厅厅长及武汉政治分会财政委员。民国20年（1931）初，调任南京国民政府导淮委员会委员。同年10月，增补为中国国民党第四届候补中央委员，同时兼任中央政治委员会列席委员、中央民众运动指导委员会委员。民国22年（1933）1月，任第三届立法委员。同年6月，在国民党第五次全国代表大会上当选为中央委员。民国24年（1935）5月，应监察院院长于右任之邀请，出任国民政府监察委员。其间，王祺曾先后提出弹劾亲日卖国的行政院驻北平整理委员会委员长黄郛以及铁道部长顾孟余的贪污案。二案均因于右任以“事关重大”而未获送出。王对此勃然大怒说，“监察院不能只拍苍蝇，不打老虎!”同年12月，任中央文化事业计划委员会委员。著作有《孙中山全集》《酥散诗存》《酥散书画集》。

刘惕庄（1897—1927），又名刘愈，化名李子香，石市镇株园村人。革命先烈。1918年，与夏明翰就读于湖南省立第三甲种工业学校。之后，积极投入反帝爱国运动。1922年春，进入毛泽东创办的自修大学学习。同年，由毛泽东、何叔衡介绍加入中国共产党。1924年考入北平中国大学，一面读书，一面积极联络北平各大专院校的学生组成“革新社”，开展抑制英、日仇货和募捐救济失业工人的活动。“三一八”惨案后，随同中共北方局领导人李大钊转入地下斗争。1927年4月，李大钊被捕遇害，王荷波继任中共北方局书记。随即组建中共北平地方执行委员会，刘当选为执行委员。同年10月，中共北平地方执委会拟发动工人武装起义。因叛徒告密，刘与王荷波等18人于10月18日被捕，11月11日遇害。新中国成立后，中央人民政府将刘惕庄等18位烈士遗骨迁葬北京八宝山烈士陵园。

谭靖夷（1921—　　），石市镇人。著名水利水电工程技术专家，中国工程院院士。早年就读于唐山工学院土木系。大学毕业后，从事水利工程技术设计工作。新中国成立后，历任国家水电八局技术员、工程师、研究员、总工程师等职。曾先后主持过广东流溪河拱形坝、贵州乌江渡拱形重力坝和湖南东江双曲拱形坝等8座大中型水电工程的设计和建设施工，为解决强岩溶地层的渗透难题做出了卓越贡献。其科技成果获 1985 年度国家科技进步一等奖。1997 年，谭靖夷当选为中国工程院院士。是中国国际工程咨询公司专家委员会委员、长江三峡工程专题论证及设计审查专家组专家。著有《岩溶地基的水压试验》《东江水电站及耒水开发》《今日中国之水电开发》等专著。

梁丰助（1946— ），字秋初，号谷懿，石市镇中灵村人。当代民间竹木雕刻艺术家，高级工艺美术师，湖南省工艺美术大师，中国民间艺术大师。梁丰助出身于山区农家，高中毕业后走上专事竹木雕刻艺术生涯之路，共创作雕刻作品数百件，并有多件作品在国内和国际大赛中获奖。其中，木雕《麒麟送子南天门》获 1999 年第二届世界华人艺术大赛金奖；异形竹雕笔筒《水浒人物》获首届中国民间艺术高层论坛银奖。其艺术成就曾制作成专题片《雕韵》在中央电视台播出。梁丰助系中国民间文艺家协会会员、湖南省民族民间工艺委员会委员、湖南省十大艺术门类杰出继承人。

名优特产

竹木雕刻　石市竹木雕刻始于秦汉，流行于明清，兴盛于当代，迄今已有两千多年历史。其产品素以工艺精湛，制作精良，造型精美而著称于世。不少作品多次在国内和国际大展中获奖并为名家所收藏。其中《牧童骑牛》于 1972 年曾被作为国礼赠送给来华访问的美国总统尼克松。石市竹木雕选用优质竹蔸、木材为原料，经蒸煮、阴干、设计、雕刻、打磨、抛光等多道工序精制而成，具有观赏和收藏价值。2011 年，石市乡被文化部授予“中国民间文化（竹木雕刻）艺术之乡”称号。2012 年 8 月，石市林竹木雕被列为湖南省非物质文化遗产保护名录。

竹木雕刻作品

风景名胜

万源湖国家级水利风景区　又名斜陂堰水库，建成于 1960 年。位于石市、界牌二镇毗邻之地。湖区有效蓄水量 4235 万立方米，为国家级水利风景区。湖面港汊纵横，岛山星罗棋布。主要有海螺崖、莲花崖、老虎崖、狮子山、弥罗山等人文自然景观。景区设有宾馆，交通方便，距潭衡西高速石市进出口约 5 公里。

宇石寨　坐落于石市镇塔山村，占地约 100 亩。相传为元末明初王甲、沈满所建立的古寨。寨区内东西北三面绝壁，为典型的丹霞地貌。山高海拔 229 米，斜坡面有残存石墙百余米。绝顶处有二池，俗称天池，池水不竭不溢。崖侧下方有一石洞，形似屋宇，面积约 150 平方米。洞前昔有古寺，后坍废。2004 年重建，称宇石禅寺，现为宗教活动场所。

宇石禅寺

珍珠岩

珍珠岩　位于石市镇珍珠村。山体为丹霞地貌，赭色，呈椭圆形，浑似珍珠，故名。山下有一天然洞穴，空高约3米，深15米，面积约200平方米。清乾隆《衡州府志》载："明嘉靖三十一年（1553）建为佛殿，内设佛像，外有壁径盘旋，人从石径环绕，方见岩洞门。"清雍正《衡阳县志》载："初至岩门，不觉有寺，入则见寺。石室玲珑，结构天然。""文化大革命"中殿宇被毁。1995年重新修建，现为宗教活动场所。

历任乡镇（公社）党政主要负责人名录

石　市　镇

（1961.8—2015.12）

中共石市公社委员会

书　记	陈康提	1961.8—1962.4
	曾俊诚	1963.9—1965.8
	邱德生	1965.8—
	肖德俭	1971.2—1976.2
	罗义初	1976.2—1984.2
	王建铭	1984.2—1984.4

中共石市乡委员会

书　记	王建铭	1984.4—1987.7
	王正元	1987.7—1990.4
	胡　平	1991.1—1993.2
	唐丙癸	1993.2—1995.5

中共石市乡工委

书　记	凌夏生	1995.5—1995.9

中共石市乡委员会

书　记	凌夏生	1995.9—1996.4
	许纯发	1996.4—1998.1
	刘宏生	1998.1—2001.1
	刘运文	2001.1—2003.11
	曾凡根	2003.11—2008.12
	祝中华	2008.12—2009.12

	李荣和	2009.12—2011.3
	周忠良	2011.3—2012.10

中共石市镇委员会

书　记	周忠良	2012.10—

石市人民公社

社　长	凌春旺	1961.8—1962.5
	谭连生	1962.5—1963.9
	汤征东	1963.9—1964.9
	龙理益	1964.9—

石市公社革委会

主　任	邱德生	1968.3—1969.11
	肖德俭	1969.11—1976.2
	罗义初	1976.2—1981.3

石市公社管委会

主　任	陈　政	1981.3—1984.2
	洪积团	1984.2—1984.4

石市乡人民政府

乡　长	洪积团	1984.4—1985.3
	冯清平	1985.3—1986.1
	汤首林	1986.1—1989.11
	胡　平	1989.11—1991.1
	王才生	1991.1—1992.6
	凌云芝	1992.6—1995.5

石市乡行政管委会

主　任	胡德轩	1995.5—1995.10

石市乡人民政府

乡　长	胡德轩	1995.10—1996.4
	刘　健	1996.4—1997.2
	刘宏生	1997.2—1998.1
	李生菊	1998.1—1998.8
	魏书健	1998.8—2001.1
	罗义清	2001.1—2003.1
	曾凡根	2003.1—2003.11
	邹顺初	2003.11—2008.12
	周忠良	2008.12—2011.3
	屈汉荣	2011.3—2012.10

石市镇人民政府

镇　长	贺小姣(女)	2012.10—2015.2
	左传伟	2015.2—

石市乡人大主席团

主　席	汪德荣	1987.10—1991.1
	李宁红	1991.1—1995.5
	唐加西	1995.10—1998.2
	罗义清	1998.2—2001.1
	曾凡根	2001.1—2003.1
	庾江荣	2003.1—2004.6
	周忠良	2005.7—2008.12
	王志买	2008.12—2012.10

石市镇人大主席团

主　席	汪建新	2012.10—

石市乡政协联工委

主　任	张大成	1995.12—1996.11
	汤寒梅(女)	1997.3—2001.1
	庾江荣	2001.1—2003.1
	凌美丽	2003.1—2006.4
	王志买	2006.4—2011.3
	汪建新	2011.3—2012.10

石市镇政协联工委

主　任	刘正多	2012.10—2013.11
	洪　桥	2013.11—

甲　满　乡

(1956.6—1995.5)

中共甲满乡委员会

第一书记	刘仁贵	1956.6—1958.9

中共甲满公社委员会

书　记	刘仁怡	1961.8—1962.5
	屈家礼	1963.11—
	屈家礼	1970.10—1972.1
	彭国伟	1972.1—1976.11

	刘仁怡	1976.11—1981.2
	汪仕范	1981.2—1984.4

中共甲满乡委员会

书　记	汪仕范	1984.4—1985.3
	刘康文	1985.3—1985.6
	蒋昭永	1985.6—1990.4
	胡德轩	1991.1—1995.5

甲满乡人民政府

乡　长	王首初	1956.5—1958.9

甲满人民公社

社　长	龙江根	1961.8—1962.5
	罗富林	1962.5—

甲满公社革委会

主　任	屈家礼	1968.3—1971.9
	王家炳	1971.9—1971.10
	彭国伟	1971.10—1976.10
	刘仁怡	1976.11—1981.3

甲满公社管委会

主　任	魏友良	1981.3—1984.2
	刘定良	1984.2—1984.4

甲满乡人民政府

乡　长	刘定良	1984.4—1989.1
	张大成	1989.1—1989.11
	胡德轩	1989.11—1991.1
	罗义清	1991.1—1995.5

甲满乡人大主席团

主　席	胡德轩	1987.10—1989.11
	唐建华	1989.11—1991.1
	胡德轩(兼)	1991.1—1992.2
	贺信喜	1992.2—1995.5

灵　川　乡

(1956.6—1958.9)

中共灵川乡委员会

第一书记	蔡文才	1956.6—1958.9
	刘贤春	1957.10—1958.9

灵川乡人民政府

乡　长	刘海云	1956.6—1957.4
	杨青甫	1957.4—1958.9

醒　狮　乡

(1956.6—1995.5)

中共醒狮乡委员会

第一书记	王伟前	1956.6—1958.9

中共前进公社委员会

第二书记	王伟前	1958.9—1959.1

中共太平公社委员会

书　记	杨春江	1961.4—1961.8

中共醒狮公社委员会

书　记	谭　鑫	1961.8—1962.5
	刘仁怡	1962.5—
	刘仁怡	1970.10—1976.11
	丁俊修	1976.11—1978.11
	王远政	1978.11—1982.1
	陈炳生	1982.1—1984.2
	魏友良	1984.2—1984.4

中共醒狮乡委员会

书　记	魏友良	1984.4—1986.1
	龙友吾	1986.1—1992.2
	张大成	1992.2—1995.5

醒狮乡人民政府

乡　长	周树荣	1956.6—1958.9

前进人民公社

社　长	王伟前(兼)	1958.9—1959.1

太平人民公社

社　长	龙江根	1961.4—1961.8

醒狮人民公社

社　长	涂学连（代）	1962.5—1963.10
	陶炎德	1963.10—1965.2
	李培根	1965.2—

醒狮公社革委会

主　任	刘仁怡	1968.3—1976.11
	丁俊修	1976.11—1978.10
	王远政	1978.10—1978.11
	李培根	1978.11—1981.3

醒狮公社管委会

主　任	李培根	1981.3—1983.3
	龙友吾	1984.2—1984.4

醒狮乡人民政府

乡　长	龙友吾	1984.4—1986.1
	陈菊生	1986.1—1989.11
	张大成	1989.11—1992.2
	宋云桂	1992.2—1995.5

醒狮乡人大主席团

主　席	龙友吾	1987.10—1988.3
	刘良新	1988.3—1995.5

金　屏　乡

（1961.8—1995.5）

中共金屏公社委员会

书　记	麻望位	1961.8—1964.5
	胡才贵	1964.5—1966.1
	何康纪	1966.1—
	陈宧林	1971.2—1975.3
	罗立生	1975.3—1976.10
	魏炳生	1976.10—1979.12
	彭应龙	1979.12—1982.1
	肖文告	1982.1—1984.4

中共金屏乡委员会

书　记	肖文告	1984.4—1985.3
	王代祥	1985.3—1986.1
	洪庆义	1986.1—1987.12
	胡兴田	1987.12—1989.1
	唐建华	1989.1—1989.11
	胡隆友	1989.11—1993.2
	谭林梓	1993.2—1994.4
	庾江荣	1995.1—1995.5

金屏人民公社

社　长	刘忠生	1961.8—1962.5

金屏公社革委会

主　任	何康纪	1968.3—1969.9
	陈宧林	1969.9—1975.3
	罗立生	1975.3—1977.12
	魏炳生	1977.12—1979.12
	彭应龙	1979.12—1981.3

金屏公社管委会

主　任	刘良前	1981.3—1984.2
	胡兴田	1984.2—1984.4

金屏乡人民政府

乡　长	胡兴田	1984.4—1987.12
	唐建华	1987.12—1989.1
	谭林梓	1989.1—1993.2
	庾江荣	1993.2—1995.1
	汪胜兆	1995.1—1995.5

金屏乡人大主席团

主　席	刘良前	1987.12—1990.1
	胡隆友（兼）	1991.1—1992.2
	周忠琥	1992.2—1995.5

表 15　　石市镇村级行政区划调整概况表

新村（社区）名	人口数	合并的原村（社区）名
中灵村	2193	丰余村、中灵村、中白村
水口村	3391	水口村、龙潭村、梅丰村
泰祉村	2316	麻园村、泰祉村
大里村	1755	大里村
白芍村	1352	白芍村
东田村	1910	东田村、恒心村
醒狮村	2442	醒狮村、农科村
兴隆村	2588	兴隆村、沙新村
黄门村	3551	张公村、双井村、黄门村
石玉村	1760	会冲村、石玉村、上升村
梅树村	2464	石冲村、梅树村、马奇村
金屏村	1935	株园村、金屏村
灵川村	2597	屈湾村、护龙村、灵川村
庆余村	2157	岳塘村、七里村、庆余村
观山村	1774	观山村、双河村
珍珠村	2633	西河村、珍珠村
明星村	2364	湘林村、明星村
南阳村	1651	高明村、南阳村
石狮村	2531	铁流村、石狮村
龙田村	3635	龙田村、兴源村
宇石村	1961	三望村、塔山村
太平桥村	2255	黄泥村、柏树村、太平村
太清村	1720	太清村
石头桥社区	3441	石头桥社区、石市村、欧江村

说明：原有 53 个村 1 个社区，2015 年调整合并为 23 个村 1 个社区。

渣江镇行政区划图

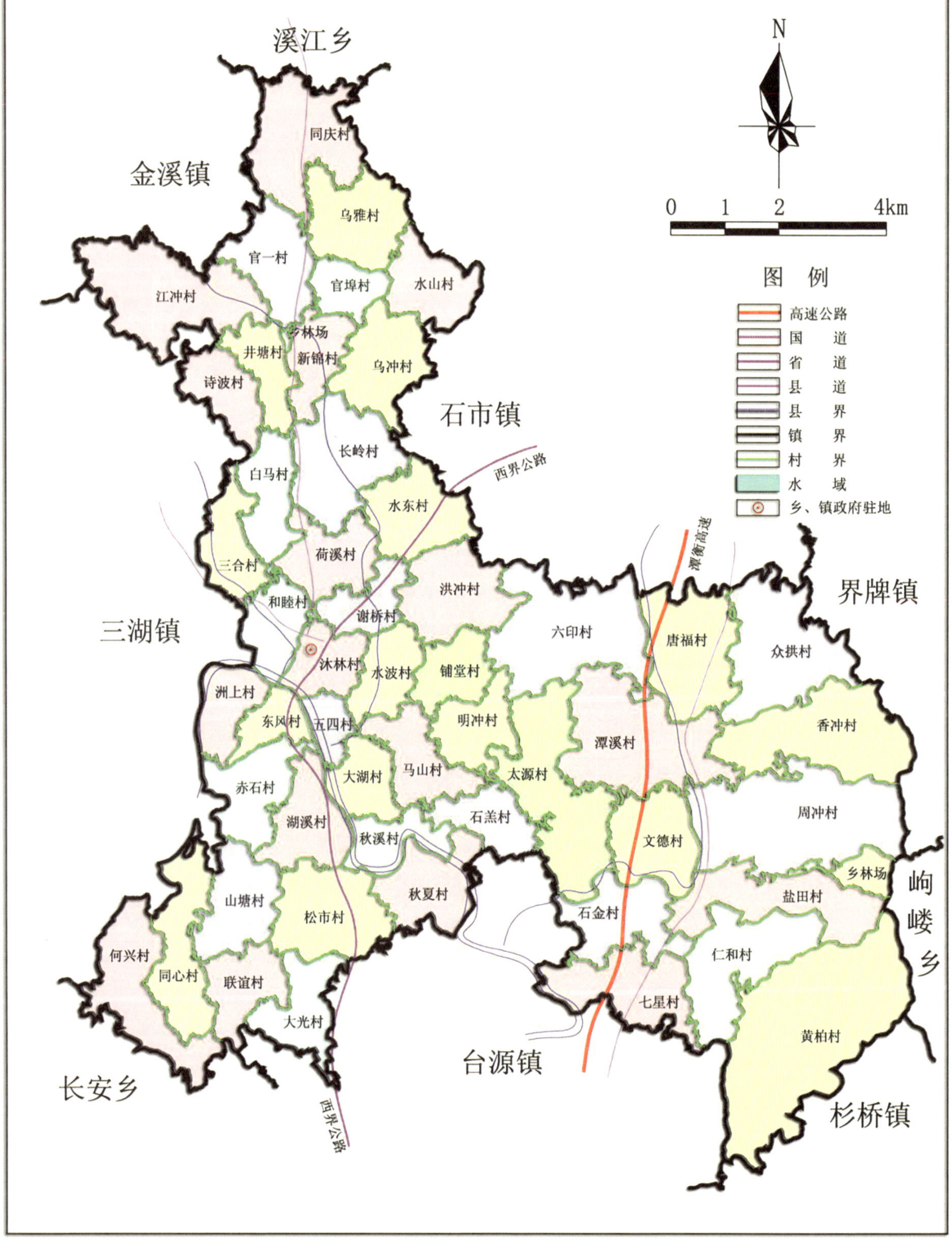
溪江乡
金溪镇
石市镇
三湖镇
界牌镇
岣嵝乡
长安乡
台源镇
杉桥镇
同庆村
乌雅村
官一村
官埠村
水山村
江冲村
乡林场
井塘村
新铺村
乌冲村
诗波村
长岭村
白马村
水东村
西界公路
荷溪村
三合村
和睦村
洪冲村
谢桥村
六印村
唐福村
众拱村
潭衡高速
沐林村
水波村
铺堂村
洲上村
东风村
五四村
明冲村
潭溪村
香冲村
大湖村
马山村
太源村
赤石村
石羔村
周冲村
湖溪村
秋溪村
文德村
乡林场
山塘村
秋夏村
石金村
盐田村
松市村
仁和村
何兴村
同心村
联谊村
七星村
大光村
黄柏村
西界公路
N
0
1
2
4km
图例
高速公路
国道
省道
县道
县界
镇界
村界
水域
乡、镇政府驻地

渣 江 镇

区域概况

地域名片　渣江是晚清名臣彭玉麟的故里。

位置面积　渣江镇因驻地“渣江”得名。位于北纬27°5′39″~32°16′32″，东经112°21′44″~112°31′13″。地处县境腹地，东接石市镇、界牌镇、岣嵝乡，南毗长安乡、台源镇、杉桥镇，西邻三湖镇，北抵金溪镇、溪江乡。人民政府驻北正街社区。距县城西渡28公里。

辖区东西最大直线距离18.9公里，南北最大直线距离12.5公里，总面积140.44平方公里。

建置沿革　明洪武三年（1370），渣江属重江乡。清康熙三十年（1691），撤乡设都，属第二十都。同治十年（1871），去都置乡，隶属重安镇。民国32年（1943），设区辖乡，属第八区渣江镇、昌平乡。中华人民共和国成立初，仍沿袭民国旧制。1950年3月，撤渣江镇、昌平乡，分置赤石、秋夏、文昌、长岭、江山、何兴、黄岗、霖霖、水东、白马、瓦铺、杉王、渣江乡，属第八区。1952年7月，衡阳、衡南分县后，重置区、乡政区，设唐福、文德、官埠、杉王、瓦铺、水东、白马、霖霖、黄岗、赤石、文昌、花江、江山、何兴、渣江乡（1953年3月改为渣江镇），隶属衡阳县第十二区（后更名渣江区）。1956年5月，撤区并乡，将石市、龙田、文德、盐田并入唐福乡；将杉王、瓦铺、水东、白马并入官埠乡；将渣江镇、赤石、木林（霖霖改）、黄岗、秋夏、文昌、何兴并为渣江乡。1958年9月，建立人民公社（简称公社），撤渣江、唐福、官埠乡

渣江

建群峰公社。1961年8月，设区分社，分置渣江、赤石、石市、唐福（后改称盐田）、官埠公社，隶属渣江区。1966年11月，撤渣江公社复置渣江镇。1984年5月，改公社为乡。1995年5月，再次撤区并乡，将盐田、官埠、赤石3个乡并入渣江镇。至2014年，政区无变更。

行政区划 2014年，辖南正街、北正街2个社区，同庆、乌雅、水山、乌冲、官埠、官益、新锦、诗波、井塘、江冲、和睦、沐林、荷溪、谢桥、洪冲、水东、长岭、三合、白马、五四、大湖、秋溪、马山、石羔、明冲、铺塘、水波、东风、洲上、赤石、盐田、仁合、黄柏、七星、石金、文德、太源、六印、唐福、众拱、香冲、潭溪、周冲、何兴、同心、山塘、大光、联谊、松市、秋夏、湖溪51个建制村，下设8个居民小组、580个村民小组。

2015年9月，调整辖区内村级行政区划，将51个村合并为28个村。至是年末，辖玉麟、荷溪、群星、黄冈、水波、红旗、沐林、长岭、新锦、官埠塘、官埠、瓦铺、群峰、三马新、盐田、周冲、唐福、六印、文德、七星、仁皇、众拱、松市、秋夏、东洲、赤石、文昌、双兴28个建制村和南正街、北正街2个社区，下设580个村民小组、8个居民小组。

自然环境 镇域以丘陵为主，中部蒸水流域为平原，东南部边沿多山地。镇域处亚热带气候区，气温四季分明，年平均气温17℃左右，极端最低气温-8.3℃（1972年2月9日），降水日数约150天，最多年份达185天（1970），最少年份90天（1963）；降水集中在每年4—9月，5、6月最多。常年主导风为北风，夏季为东南风，并有雷电气象。境内土壤分为水稻土、红壤土、紫色土、潮土四大类。全境属蒸水水系，柿竹河、岳沙河、盐田河皆系蒸水一级支流，境内总长12.5公里。

人口民族 1982年第三次全国人口普查（简称“三普”），辖区户籍总人口（以下称总人口）58907人；1990年第四次全国人口普查（简称“四普”），总人口59980人；2010年第六次全国人口普查（简称“六普”），总人口62506人。“六普”人口分别比“三普”“四普”增加3599人、2526人。2014年年末，辖区总人口69519人，其中常住人口63508人，城镇化率40.6%。总人口中，男性36919人，占53.11%；女性32600人，占46.89%；0~14岁14247人，占20.5%；15~59岁44605人，占64.16%；60岁以上10667人，占15.34%。2014年年末，人口出生率为12.9‰，死亡率为7.7‰，自然增长率为5.2‰。

境内有苗、布依、壮、彝、白族5个少数民族共47人，其余为汉族。

经济发展

农业　种植业　2014年，镇内耕地面积4640公顷，其中水田4060公顷。主要种植水稻、油菜、蔬菜、红薯、豆类、棉花、烟叶等作物。民国时期，农业生产水平低下，粮食亩产约200公斤左右。

中华人民共和国成立初，粮食种植以一季稻为主，辅以少量双季稻。此后随着水利条件不断改善，双季稻面积逐渐扩大，粮食连年丰收。1957年，平均亩产达300公斤。1958年，成立人民公社，后连遇三年自然灾害，粮食减产歉收。1962年，调整公社体制，实行以生产队为核算单位，同时扩大双季稻种植面积，农业生产持续发展。1969年，双季稻面积扩大到3730公顷，占水田总面积的90%，平均亩产稻谷405公斤。1976年，开始试种杂交晚稻。1980年，全镇种植杂交晚稻3800公顷，亩产410公斤，总产2.34万吨。20世纪80年代开始，在全镇普遍推广“稻、稻、油（菜）”三熟制。1991—2009年，双季稻年种植面积稳定在3730公顷左右，亩产750公斤，总产量4.2万吨。2010年，渣江镇被定为湖南省双季稻高产示范镇。2014年年末，全镇粮食播种面积（复种）7060公顷，总产量4.38万吨；油菜2330公顷，总产量2100吨；农业总产值1.38亿元。

养殖业　镇内历来有养殖生猪、耕牛、鸡、鸭、鱼等畜禽水产习惯。民国时期，农户养猪多为圈养，户年养猪一般为1～2头；鸡、鸭多自繁自养，养牛则作役用；养鱼不投放饵料，故产量低，平均每亩水面产鲜鱼不足10公斤。中华人民共和国成立后，政府鼓励农民发展养殖业，饲养猪、牛、鸡、鸭、鱼类数量逐渐增多。1958年成立人民公社后，限制农民饲养家畜家禽，池塘水库养鱼由集体经营。1961年、1970年、1980年，亩产鲜鱼分别为21.6公斤、26.6公斤、38公斤。1982年，随着家庭承包经营责任制的建立和“开放搞活”方针政策的贯彻实施，养殖业开始向专业化、规模化方向发展。是年，镇内养猪4.72万头，饲养家禽17.7万羽。1990年，镇内出现养猪专业户。1998—2010年，先后建成投产的有东风生猪养殖场、大光顺意生猪养殖场、联谊孵鸡场、盐田鳗鱼养殖场、官埠甲鱼养殖场等137个养殖场。2014年，全镇有各类规模养殖户171户，出栏生猪8.78万头、肉牛189头、羊817只，出笼家禽68.76万羽；养蜂218箱，产蜂蜜2.15吨。

油菜基地

林业　境内有林地6580公顷。主要树种有松、杉、油茶、南竹等。2014年，全镇森林覆盖率为42.5%。

工业　清末、民国时期，渣江盛产土纱布。民国32年（1943），有织染合作社7个，织机6000余台，从业者近8000人。据当时的《衡阳县经济概况》载：“渣江市周径12华里以内之地，一般农家凡十室之内九家必有机杼声”，年产白布、色布、印花布19万匹。

中华人民共和国成立后，镇内相继创办织布、印染、皮革等一批私营企业。1953—1956年，通过对私营工商业实行社会主义改造，全镇有手工业生产合作社5家，从业人员120余人，涉及织布、印染、皮革、铁器等行业。20世纪60年代至80年代末，先后有渣江大米厂、农具厂、造纸厂、砖瓦厂等一批县属国营、集体企业和社队企业相继建成投产，共有各类工业企业120余家（含原赤石、官埠、盐田乡），涉及机械、建材、食品、造纸、建筑等行业，从业人员3500余人。1996年，有工业企业43家，年工业总产值7500万元。2000年后，国营、集体企业实行体制改革，全部改制为民营企业，企业职工置换身份。2014年年末，全镇有小微型工业企业83家，从业人员2500余人，实现工业总值1.25亿元。

商贸服务 民国时期，渣江老街有私营商铺和饮食服务摊店140余家，从业人员350余人。有集贸市场2个。

中华人民共和国成立后，1952—1955年，先后设有供销合作社、肉食水产站、粮油购销站及粮食储运库等，供应生产、生活资料及收购农副产品。客货运码头（车站）年吞吐量在8万吨左右。1955年，境内有私营商户164户，粮商26户，从业人员328人。1958年，取消集市贸易和个体商贩，商贸服务由供销社或合作商店统一经营。1962年后，逐渐恢复集市贸易，但对商品经营种类仍有所限制。1965年6月，全国供销合作总社在渣江区供销社召开14个省、市、区代表参加的仓储管理经验交流会，号召“仓储工作学渣江”。1970年，镇内有国营、集体商业网点85个，从业人员1350余人。1982年后，实行改革开放，逐步放开市场，个体商业快速发展。1990年，有个体商店195家，从业人员450余人。此后，民营商业逐渐发展为流通领域的主体。2000年后，镇内国营、集体商业实行体制改革，改制为民营商业。2014年年末，镇内有各类商贸户1650余家，从业人员3210人；有集贸市场4个、超市3个，年社会消费品零售总额1.85亿元。

财政金融 中华人民共和国成立至1984年，镇乡（公社）财政由财粮委员或秘书兼管，实行报账制。1985年，设立镇财政所。是年，镇财政总收入485万元，主要为工商税和农业税收；财政总支出478万元，主要为支援农业、行政管理费和上解县财政。2004年，实施农村税费改革，国家取消农业税、农业特产税和各项涉农税费，当年共减少税金414.38万元。2014年年末，完成财政总收入1870.35万元，财政总支出1865万元。

清宣统末年（1911），渣江镇内有汪忠武开设的老当铺。民国初年，又增加凌北海开设的新当铺。当铺收取的抵押物品主要为金银、首饰、古董玩器及铜锡制品等物。中华人民共和国成立后，1952年设立中国人民银行渣江营业所，管理金融业务。1953年，建立渣江镇信用合作社（简称信用社）。1959年1月，信用社与县人民银行营业所合并，是年冬又析出分设。1985年1月，撤销人民银行营业所，由中国农业银行衡阳县支行营业所接管其金融业务。1990年，设立中国人民保险公司衡阳县支公司渣江代办处。1994年4月，成立镇（乡）农村合作基金会，其业务受县农村合作经济管理局管理。1999年4月，根据国务院〔1999〕3号文件精神，对农村合作基金会进行清盘关闭，其业务并入当地信用社。2008年，设立县邮政储蓄银行渣江营业所。2014年，镇内有农业银行、信用社、邮政储蓄银行3家金融机构、2个保险机构，年末存款余额5.5亿元，贷款余额1.25亿元。

基础设施

水利建设 1949年，辖区内有水塘3235口，总蓄水量约600万立方米。新中国成立后，人民政府把兴修水利作为发展农业、改善民生的大事来抓。1953—1957年，共整修扩建山平塘415口，新修水塘98口，蓄水总量增加到700万立方米。1958年10月至1960年10月，兴建石狮堰（中型）水库。库区淹没稻田90公顷，旱土284亩；拆迁房屋1170间，移民

1077人。水库总容量1264万立方米，有效库容993万立方米，灌溉农田1460公顷。灌区内有干渠1条长19.5千米，支渠12条长45千米。20世纪60年代至70年代，先后修建了秋陂塘（库容量26.4万立方米）、泉塘（库容量43万立方米）2座小二型水库和蒸水渣江河坝。20世纪80年代至2000年后，水利建设的重点是整修塘、库和疏通灌溉渠系。其间，共硬化山平塘450口，渠道35千米，整修堰坝3座以及石狮堰水库大坝除险加固。2014年年末，镇内共有中型水库1座、小二型水库2座、水塘4053口，总蓄水量4957万立方米。

石狮堰水库

交通运输　清代、民国时期，蒸水河道通航，渣江设有港口码头。陆路主要大道有渣江经驼背树、花滩、高真寺、杉桥至衡阳城区的官道。中华人民共和国成立后，致力于发展交通运输。1958年，分别修建渣江至西渡、渣江至界牌公路（合称西界线）。1959年，分别修建渣江至金溪庙、渣江至洪罗庙、渣江至溪江3条公路。同年，修通盐田桥至唐福、高真寺公路（今杲石线）。20世纪70年代至90年代，在改造已建公路的同时，致力于修建通村公路。2003—2010年，对镇内乡、村公路全面实施改造提质和水泥硬化。2014年年末，镇内有潭衡西高速公路过境，长11.6公里；县道4条，镇内长40公里；村道51条，总长150公

通村公路

里。全镇实现村村通水泥公路。

1958年，渣江开通长途客运班车。1974年，建立渣江汽车站。1975年，设官埠售票点。1981年，设驼背树售票点。1999年，建立渣江农村客运站。2014年年末，有民营客车20台，日发送乘客4800人次。

邮政电信　清光绪三十四年（1908）10月，设渣江邮政代办所。民国3年（1914）8月，改设渣江邮局。民国32年（1943）8月，分别在驼背树、唐福、盐田桥设立信柜。中华人民共和国成立后，1951年6月，唐福信柜改为邮政代办所。1952年7月，成立渣江邮电支局。1957年，分别设立驼背树、盐田桥、官埠邮政代办所。20世纪60年代起，在公社（乡）部分大队（村）设邮政投递点。2014年，镇内有邮政所1处，代办点3个。

1953年，渣江始通电话。1962年，赤石、渣江、官埠、盐田4个公社先后开通电话。20世纪70年代至90年代，公社（乡镇）自建通村电话网络，各大队（村）利用农村广播线路接通电话。1994年起，在集镇区内建设程控电话网络。1998年后，县电信、移动、联通公司分别在镇内建设移动电话基站。2014年年末，镇内有电信企业1家，固定电话用户1800余户；移动通信企业2家，共建移动基站13个，

信号覆盖率100%，有移动用户23000余户。

供电供水 1975年，在位于渣江公社五四大队（今沐林村）的蒸水河建成渣江河坝水电站，装机容量325千瓦，供区社机关照明用电。1980年5月，架设界牌至渣江35千伏高压输电线路，线路长16.3千米。此后，相继架设境内农村供电网络。至1995年，全镇村和村民小组通电率均为100%。2000年后，分批次对农村电网进行改造扩容。至2013年，先后完成对50个村的线改和户改，共改造和新增10千伏线路10千米，新增和更新10千伏变压器12台，完成户改3000余户。2014年年末，全镇有110千伏变电站1座，10千伏变压器290台，10千伏配电线路278千米；镇内2个社区、51个村、588个村（居）民小组全部供电，用电户19415户，供电率100%。

2009年建成镇自来水厂，年供水40万立方米，能满足城镇居民饮用水。

镇村建设 渣江历史悠久，为千年古镇。清代曾在此地设立县丞署。民国和新中国建立后，历为区、镇治驻地，后渐发展为中心小城镇。20世纪50年代末至70年代，建设2条街道。80年代后，城镇建设提速，城区面积不断拓展。至2014年，城区面积达1.1平方公里，有南正街、北正街、红卫路、红星路、东风路、牛角巷6条街道；形成集教育文化、商贸服务、医疗卫生、交通通信于一体，功能较为完备的现代小城镇。

2006年起，启动社会主义新农村建设，重点改造农村水利、电力、道路、饮水等基础设施。2011—2013年，对农村环境卫生实行综合整治，建设美丽乡村。至2014年，全镇村道路硬化率100%，电网改造率为85%，环境卫生达标率95%，农村安全饮水率达100%。行政村都有办公用房。

渣江街道

渣江蒸水大桥

社会事业

教育科技 清道光、同治年间，太学生陈常泰在官埠塘设馆授徒；彭玉麟捐银创办渣江彭氏义学。此外，境内较为出名的经馆、私塾有官埠的陈祠经馆及盐田桥的汤祠私塾等处。民国时期，1943年秋，屈子健与黄鹤乔在渣江彭祠创办光华初级中学（衡阳县一中前身），

衡阳县第二中学

当年招收学生45人；1948年，学校迁址赤石寺。1949年冬，光华中学由人民政府接管，朱岳为首任校长。

中华人民共和国成立后，人民政府接管乡中心国民小学及各保国民小学。1950年，境内有完全小学1所，初级小学13所。此后，在致力发展中小学教育的同时，广泛开展扫除青壮年文盲教育。至1956年，小学增至18所。是年，渣江完小附设初中班。1958年，渣江附中更名为县第二中学；唐福完小附设初中班。1974年，按照“一个大队办一所小学，一个公社办一所初中”的要求，全镇有小学51所、中学4所。1986年后，境内先后创办4所农民技术学校。同年，渣江、赤石、官埠、盐田中心小学开办学前班。1988—1990年，将原有51所小学合并为34所联校。1995年，经省、市考核验收，渣江镇率先实现国家规定的“两基”标准，被衡阳市人民政府授予“两基工作先进乡镇”称号。是年，洪冲村农民企业家陆秀和捐资273万元兴建洪冲小学，中央电视台以《赤子情怀》为题作了专题报道。2004—2008年，为进一步整合教育资源，提高教育质量，将34所小学整合为25所（含1个教学点）。2014年年末，全镇有幼儿园6所，在园幼儿2000余人，专任教师85人；小学25所，在校学生6156人，专任教师223人；初中3所，在校学生2478人，专任教师153人；高中1所，在校学生2157余人，专任教师124人。有洪冲小学、长岭完小、唐福完小、盐田中学、官埠中学5所县级合格学校。

1981年，建立镇（公社）农科站（后更名农技服务站），培训农民技术员近300名。1983年起，境内开办农民文化技术学校4所，向农民传授科学技术知识，累计培训农民2.6万人次。20世纪90年代初，建立科技示范户。2003年，镇内彭兴孝发明养生茶专利技术，获第十届中国新产品博览会创新奖。2012年，众拱村邓盛松被评为衡阳市“优秀星火科技示范户”。2014年年末，全镇有各类科技示范户320余户。

文化体育　民国时期，境内有花灯、龙灯及狮子灯数十坛，多在春节期间表演。清末，彭玉麟赋诗作联600余首（副），后人辑为《彭刚直公诗集》（共8卷）；画梅逾千幅，湖南省博物馆多有收藏。

新中国成立初，以农村俱乐部为文化活动

彭玉麟画作

阵地。1963年后，设立公社文化站和大队文化室。1966—1976年“文化大革命”期间，文化活动由“语录歌”“忠”字舞所替代。20世纪70年代末，农村文化渐趋活跃。1982年，官埠公社（今属渣江镇）乌冲村农民洪余庆制作并表演纸龙，获湖南省文艺会演二等奖。1987—1988年，刘定安（乌鸦村人）的散文《远山》、小说《柘里渡》，分别获湖南省第四、第五届青年文学创作二、三等奖。20世纪80年代初至90年代末，洪竹林（乌冲村人）策划、拍摄的电视文艺专题片《湘竹异彩》《益阳风流著三湘》《湘江北去》《山魂水魄壮三湘》等广获电视观众好评，其拍摄的《春温瑶山》，获全国电视少数民族题材最佳纪录片奖。2005—2013年，刘定安的散文集和短篇小说集《黑竹林》《在雨季》《农历》相继由中国文联出版社出版。2013年，刘牧黎（乌鸦村人）的散文集《那年那月》由中国文联出版社出版发行。2014年年末，全镇有文体站1个，专职工作人员1人；村文化活动中心51个，共有图书11.73万册；各类文化专业户35户，从业人员80余人；业余文艺创作人员45人。

社区居民在做健身操

1972年，建立公社广播站。是年，境内51个大队、580个生产队全部通广播，喇叭入户率31%。1975年，建立公社电影放映队，有放映机4台。1983年，渣江区电影院建成投入运营。1985年，乡镇广播站更名为广播电视站。20世纪90年代末，随着县广播电台调频道的覆盖，结束了有线广播的历史。1994年，广播电视站易名为有线电视站。年内，有数字电视用户180户。2014年年末，全镇有线电视网络35千米，用户1853户，无线数字电视用户2000余户；电视综合覆盖率100%。

1986年，渣江镇在县龙舟赛中获团体第一名。1993年，县二中建成体育馆。1997年，镇内中小学开始按《国家体育锻炼标准》教学，当年达标率32%。至2001年，达标率提高到93%。2003年，在县二中举行全县中学生田径运动会，参赛运动员380名。2014年年末，镇内学校和社区共有体育运动场所25个，总面积达1.8万平方米。

医疗卫生 清末民国时期，农村缺医少药，治疗疾病素以中医、中草药为主。民国28年（1939），设渣江卫生所，开展西医业务。1949年，境内有中医9人，西医3人。

中华人民共和国成立后，大力发展医疗卫生事业，医疗条件不断改善。1953年，建立渣江区卫生所，有医务人员4名。1956年，成立联合诊所。1962年，建立公社卫生院。是年，推行新法接生。1966年后，相继建立大队卫生室，分别配有1名“赤脚医生”和妇幼保健员。1968年，区联合诊所改为区医院。同年，设立衡阳县人民医院渣江分院。1969年，实行农村合作医疗制度。1970年，渣江区医院与县人民医院渣江分院合并为渣江地区医院（后更名为衡阳县第二人民医院）。1980年，对镇内0~7岁婴幼儿进行健康检查。1995年撤区并乡后，对原部分乡卫生院进行调整合并。2006年1月，启动新型农村合作医疗。当年参合率85%。此后参合人数逐年递增。2014年年末，镇内有医院1所，分院3所，村卫生室51个；有病床270余张，执业医务人员230余人；参加新型合作医疗5.54万人，参合率97.3%，补偿总金额1009万元。

社会保障　灾害救助　1995年6月29—30日，境内连降暴雨，雨量250毫米，损坏农作物1660公顷，倒塌房屋425间，造成直接经济损失3500余万元。时任中共湖南省纪委书记杨敏之赶赴渣江等乡镇指导救灾。县、镇及时发放钱物安置灾民，恢复生产，重建家园。

五保供养　20世纪60年代起，对孤寡老人和无劳动能力的残疾人实行“五保”，其生活费由所在生产队或大队统筹。20世纪80年代后纳入乡镇统筹。2005年起，城乡“五保”对象享受城乡最低生活保障待遇，其供养经费由县财政拨付。2012年，建成镇敬老院，集中供养部分“五保”老人。2014年年末，全镇有“五保”对象505人，其中集中供养40人，分散供养465人；共拨付供养金141.48万元，年人均2801元。是年，渣江镇被民政部授予“全国五保供养先进单位”荣誉称号。

渣江镇敬老院

大病救助　2006年起，实施城乡居民大病医疗救助。救助对象主要为罹患恶性肿瘤、白血病、尿毒症等大病的城乡低保户、“五保”对象。是年，救助160人次，共救助住院医疗费16万余元。2014年，救助1735人次，救助总金额128万余元。

城乡低保　2007年7月起，实行农村居民最低生活保障（简称低保）待遇。是年，镇内有低保对象414户、836人，年人均发放低保金360元，总金额30.9万元。此后，对低保对象实行动态管理，月人均发放标准不断提高。2014年年末，镇内有低保对象1849户、2775人，月人均标准110元，共发放低保金366.3万元。

养老保险　2011年7月，启动城乡居民社会养老保险。是年，镇内城乡居民登记参保人数20870人，征缴养老基金216.38万元；为9449名到龄居民发放7—12月份养老金313.2万元。2014年年末，镇内城乡居民登记参保人数20787人；征缴养老基金215.97万元；为10582名到龄居民发放养老金747.84万元。

人民生活　民国时期，境内人民绝大多数缺衣少食，居住简陋。新中国成立后，人民政府使“耕者有其田，居者有其屋”，组织人民群众兴修水利，发展生产，改善生活。至1957年，“吃饭”问题初步解决，部分少房户盖起新房。1959—1961年，由于自然灾害等因素，造成粮食短缺和饥荒。1964—1977年，居民生活水平整体较低，青年人结婚购置自行车、手表、缝纫机、收音机（俗称“三机一转”）属奢侈消费品。改革开放以后，经济不断发展，人民生活水平不断提高。1984年，境内居民人均纯收入385元，1990年达到660元。2000年提高到2580元。部分家庭购置电视机、洗衣机、摩托车，大部分农家由土砖茅屋换成红砖瓦房。2001—2014年，镇内居民生活水平显著提高。年人均可支配收入由2668元提高到12315元，分别是1990年的18倍、2000年的4.77倍。农村家庭多建有2~3层砖混结构小楼房，固定电话、移动电话、电脑、空调、汽车等进入寻常百姓家。人民生活质量全面提升。

特色地情

千年古镇

渣江　渣江地处蒸水中游东岸，素有历史重镇之称。自西汉始就在此设立航运码头和商埠，系古承阳、钟武、重安3县县治必经之地（3县故城遗址均在距渣江约5公里的三湖镇三湖町）。清乾隆二十年（1755）始，渣江设为衡阳县县丞署。咸丰年间增设渣江汛，派驻绿营官兵。民国至中华人民共和国成立迄今，历为区、镇治驻地。现已发展成为现代中心城镇。

历史人文

刘巴（约170—222），字子初，汉末蒸阳（今衡阳县渣江）人。三国时蜀汉政治家。出身于官宦家庭。初投荆州刺史刘表，荐为幕宾。刘表死后，再投曹操，为郡守幕僚。赤壁之战后，曹操派其游说长沙、零陵、桂阳3郡太守来降，无功而返。后绕道交趾途经四川，为益州刺史刘璋所留。刘璋派人迎刘备入川，刘巴极力反对。刘璋令刘备攻张鲁，刘巴又劝阻："若使刘备讨张鲁，是放虎于山林也。"刘璋不听。刘备攻取西蜀后，任命刘巴为左将军、西曹椽。并称赞刘巴："子初才智过人"。诸葛亮也说，"运筹策于帷幄之中，吾不如子初远矣！"东汉建安二十四年（219），刘巴任尚书。不久，代替法正为尚书令。

彭玉麟（1816—1890），字雪琴，渣江镇和睦村人。清末湘军将领。出生在安徽安庆做官的父亲任所，后随父母回籍。咸丰三年（1853），从曾国藩创办湘军水师。次年5月，参加湘潭之战获胜，以知县用。继随军陷岳州（今岳阳），升同知。又配合陆军破田家镇，焚毁太平军船只，以知府记名。1855年3月，援湖北武汉，授浙江金华知府，留营，又以道员记名。1856年2月，败太平军于樟树镇，擢广东惠潮嘉道，仍留营。1857年，同杨载福等攻下湖口，加按察使衔。次年，参加破九江，获布政使衔。1861年，援湖北，配合陆军攻占孝感，授广东按察使。又夺黄州（今黄冈），升安徽巡抚，力辞。次年，改任水师提督，复授兵部右侍郎。同治二年（1863），与杨载福等破江苏江浦、浦口、九洑洲。1864年，参与陷天京，加太子少保。1868年，会同曾国藩奏定长江水师营制。1869年春，回籍。1872年，奉命简阅长江水师。嗣后，每年奉命巡阅一次。光绪七年（1881），命署两江总督，再疏力辞，留督江、海防如故。1883年，擢兵部尚书。中法战争中，赴广东筹办防务，驻虎门、琼州，遣部将防钦州、灵山，上疏阻和言战。1855年，停战撤兵，疏请严备战守以毖后患。1888年，巡阅长江水师，至安庆后以病开缺回籍。光绪十六年（1890），逝于衡阳江东"退省庵"寓所。清廷追赠太子太保衔，谥"刚直"。生平善诗联，好画梅。

彭玉麟

历史事件

王甲火烧渣江县丞署　清咸丰五年（1855），县境洪罗庙人王甲、沈满等聚众起义。起义军持大刀梭镖从洪罗庙出发直奔渣江，将县丞署围住。县丞仓皇而逃，县丞署被起义军纵火焚烧。后遭清兵镇压，王甲逃脱，沈满、徐开、郭八等战死，其余300余人被坑杀。起义以失败告终。

文物古迹

春秋青铜提梁卣　1988年9月出土于渣江镇赤石村西冲组小鸡岭。口径24.4厘米，通高50厘米。直口，椭圆体垂腹，高圈足，弧形盖，尖顶方柱抓钮，龙形提梁，青铜铸造。通体以雷纹、“S”纹和几何纹为地纹，腹部以凸起的蛇和蛙纹辅以窃曲纹和类双肩钺纹为主纹。上腹两边各饰一蛇纹卷曲向下，中间缀一蛙纹，下腹中部双蛇逆行向上，与上腹蛇纹相呼应，直指蛙纹，形成四蛇戏蛙之精美构思图案。经湖南省青铜文物专家鉴定，属国家级珍贵文物。年代为春秋中期。现存衡阳市博物馆。

提梁卣

渣江赤石、洲上、东风、湖溪春秋古墓群　墓葬密集，多达千余座，分布面积约10~50万平方米。曾出土过春秋时期青铜器和各种陶器。

彭玉麟故居　位于渣江镇和睦村老屋组。始建于清代嘉庆年间，为土砖瓦房结构。同治年间改建为青砖瓦房，建式为3进6横，面积约460平方米，名曰“赐福堂”。堂屋正厅悬挂慈禧太后御赐匾额。1950年后，故居为他人所居，亦多损毁。2013年，村民自发捐资按原貌修复供游客观瞻。

彭玉麟故居

名优特产

渣江饮食文化独具特色，尤以米粉、假羊肉、土头碗3道美肴闻名遐迩，被誉为渣江“三绝”。

渣江米粉　清同治《衡阳县志》载：“渣江米粉色鲜而味美，食之者众多，为西乡一绝。”渣江米粉以优质籼米为原料，使用传统技艺，靠手工精制而成。主要经过选料、浸泡、磨酱、脱水、蒸坏压线等多道工序。其粉外观光滑，质地柔软，具有韧性，再配以新鲜排骨或鱼汤，加入适量葱、姜、辣椒粉等佐料即可食用。

渣江假羊肉　以新鲜猪头瘦肉、红薯荷折皮为主料，桂皮、花椒、红辣椒粉、葱蒜、精盐、味精等为调料。制作方法是：将猪头瘦肉置于锅内加水炖煮，待肉炖烂后取出，用手撕（不宜用刀切）成丝丝细条备用。然后，将桂皮、花椒熬成汤汁，再放入猪头肉、荷折皮及盐、味精等佐料。其口味具有咸、麻、辣、香等地方特色。

渣江土头碗　又名宝塔香腰、堆子香腰，一般有七层、九层之分，故又名七层楼或九层楼。其摆放顺序颇为讲究，由下而上依次为：垫底为大红甜枣，第二层为油炸虎皮鸡蛋，第三层水果丸子，第四层为黄雀肉，第五层为蛋片，第六层为鱼丸，最后一层是盖码。因其每一层的食料都系独立制作而成，且做工精细，工序复杂，故不作为家常菜出现，只是在生日喜庆时才派上用场。

土头碗

民俗风情

“赶八”　每年农历二月初八日，为渣江“赶八”的传统习俗。相传这天是寿佛爷的生日，故又称赶庙会。后来渐演变为进行物资交流的盛会，交易商品主要为农具、木制家具等生产、生活资料；其规模一般在一两万人左右，多时达三万余人，且至今仍经久不衰。2002 年，中央电视台、湖南卫视曾分别对渣江“赶八”作了采访报道。

历任乡镇（公社）党政主要负责人名录

渣　江　镇

（1956. 6—2015. 12）

中共渣江镇委员会

第一书记	姬阴山	1957. 4—1958. 9

中共渣江乡委员会

第一书记	宋伯恒	1956. 6—1957. 4
书　记	谭国良	1957. 10—1958. 9

中共群峰公社委员会

第一书记	宋伯恒	1958. 9—1959. 1

中共渣江公社委员会

书　记	宋伯恒	1959. 1—1960. 7
	刘本运	1960. 9—1961. 4
	李家儒	1961. 4—1961. 8
	周良松	1961. 8—1962. 5
	凌受厚	1962. 5—1964. 12
	夏传槐	1964. 12—

（注：1966 年 11 月，析出渣江公社一小部分重置渣江镇）

中共渣江镇委员会

书　记	刘良前	1971. 5—1972. 10
	唐代宣	1972. 10—1982. 2
	张丽华（女）	1982. 2—1982. 10
	王恭生	1982. 10—1984. 6

中共渣江公社委员会

书　记	陈谷生	1971. 4—1977. 11
	仇克才	1977. 12—1978. 10
	何盛书	1978. 10—1982. 12
	屈孝业	1982. 12—1984. 2

中共渣江乡委员会

书　记	王远政	1984. 2—1984. 6

（注：1984 年 6 月，渣江乡并入渣江镇）

中共渣江镇委员会

书　记	唐朝生（兼）	1984. 6—1985. 9

刘秋柏 1986.1—1987.12
罗兴章 1987.12—1989.11
吴永楚 1989.11—1993.4
凌均良 1993.5—1995.5

中共渣江镇工委

书 记 曾祥庚 1995.5—1995.9

中共渣江镇委员会

书 记 曾祥庚 1995.9—1998.1
谢九阳 1998.1—1999.2
屈维友 1999.2—1999.5
凌均良 1999.5—2001.1
聂晓黎 2001.1—2003.1
江玉平 2003.1—2003.11
刘运文 2003.11—2012.4
傅仁峰 2012.4—2013.9
蒋立冬 2013.10—

渣江乡人民政府

乡 长 邓高生 1956.6—1958.9

渣江镇人民政府

镇 长 蒋传柏 1957.1—1958.9

群峰人民公社

社 长 王 璠(兼) 1958.9—1959.1

渣江人民公社

社 长 罗斌然 1959.1—1961.4

渣江人民公社

社 长 胡贤平 1961.4—1961.8
胡贤平 1961.8—

渣江公社革委会

主 任 凌受珍 1968.3—1969.4
陈谷生 1969.4—1977.11
仇克才 1977.11—1978.10
何盛书 1978.10—1980.12
屈孝业 1980.12—1981.3

渣江公社管委会

主 任 曾广苏 1981.3—1982.4
黄承觉 1982.4—1982.10
王大细 1984.2—1984.4

渣江乡人民政府

乡 长 王大细 1984.4—1984.6

渣江镇革委会

主 任 刘良前 1970.9—1972.10
唐代宣 1972.10—1974.7
胡才贵 1974.7—1978.10
胡贤平 1978.10—1981.3

渣江镇人民政府

镇 长 胡贤平 1981.3—1982.1
彭显奇 1982.1—1984.2
屈孝业 1984.2—1984.8
邹星星 1984.8—1985.7
刘学群 1985.7—1986.1
唐景秋 1986.1—1989.11
廖森林 1989.11—1993.4
王大细 1993.5—1995.5

渣江镇行政管委会

主 任 凌均良 1995.5—1995.9

渣江镇人民政府

镇 长 凌均良 1995.10—1998.2
刘明亮 1998.2—2001.1
罗永忠 2001.1—2003.11
蒋宏乃 2003.11—2006.4
祝中华 2006.4—2008.12
廖桂球 2008.12—2013.9
庾仲伟 2013.9—

渣江镇人大主席团

主 席 王大国 1987.10—1989.11
陈康提 1989.11—1993.4
方代树 1993.5—1995.5
凌端成 1995.10—1998.2
谭昌谷 1998.2—2001.1
傅仁峰 2001.1—2003.1

	吕荫湘	2003.1—2006.4
	廖桂球	2006.4—2008.12
	屈汉荣	2008.12—2011.3
	蒋志成	2011.3—

渣江镇政协联工委

主　任	王益忠	1995.12—2001.1
	邓存良	2001.1—2006.4
	屈汉荣	2006.4—2008.12
	蒋志成	2008.12—2011.3
	彭文辉	2011.3—2013.9
	范伟生	2013.9—

唐福（盐田）乡

（1956.6—1995.5）

中共唐福乡委员会

第一书记	凌受厚	1956.6—1957.4
	陈怀武	1958.4—1958.9

中共唐福公社委员会

书　记	王远定	1964.1—1964.8

中共盐田公社委员会

书　记	唐荣隆	1961.8—1962.1
	赵书恒	1962.1—1963.1
	夏传槐	1963.1—1964.12
	陈谷生	1964.12—
	屈芝生	1971.3—1971.11
	凌生杞	1971.11—1974.2
	凌雅芳	1974.2—1982.10
	屈孝解	1982.10—1984.2
	黄承觉	1984.2—1984.4

中共盐田乡委员会

书　记	黄承觉	1984.4—1987.3
	廖腊生	1987.3—1991.1
	王永久	1991.1—1995.5

唐福乡人民政府

乡　长	汪仕海	1956.6—1957.4
	汤征东	1957.4—1958.9

唐福人民公社

社　长	龙理刚	1961.4—1961.8

盐田人民公社

社　长	龙理刚	1966.9—

盐田公社革委会

主　任	陈谷生	1968.3—1970.4
	屈芝生	1970.4—1971.9
	凌生杞	1971.9—1974.2
	廖宏斌	1980.1—1981.3

盐田公社管委会

主　任	廖宏斌	1981.3—1982.10
	黄承觉	1982.10—1984.2
	王拓荒	1984.2—1984.4

盐田乡人民政府

乡　长	王拓荒	1984.4—1985.3
	蒋年细	1985.3—1987.3
	凌云芝	1987.3—1988.3
	王永久	1988.3—1991.1
	王意生	1991.1—1993.5
	王才生	1993.5—1995.5

盐田乡人大主席团

主　席	洪吉团	1987.11—1995.5

官　埠　乡

（1956.6—1995.5）

中共官埠乡委员会

第一书记	屈芝生	1956.6—1958.5
	王　璠	1958.6—1958.9

中共官埠公社委员会

书　记	贺端良	1961.4—1961.8
	贺端良	1961.8—
	王大力	1970.10—1973.3
	李文和	1973.3—1976.11
	肖绍容	1976.11—1979.7

梁贤初 1979.7—1982.1
徐辉源 1982.1—1983.10

中共官埠乡委员会

书　记 凌端成 1983.10—1989.1
王益忠 1989.1—1995.5

官埠乡人民政府

乡　长 梁珩细 1956.6—1958.9

官埠人民公社

社　长 凌生杞 1961.4—1961.8
凌生杞 1961.8—

官埠公社革委会

主　任 贺端良 1968.3—1970.1
王大力 1970.1—1973.3
李文和 1973.3—1976.10
肖绍容 1976.11—1981.3

官埠公社管委会

主　任 徐辉源 1981.3—1982.1
凌端成 1982.1—1984.2
冯清平 1984.2—1984.4

官埠乡人民政府

乡　长 冯清平 1984.4—1985.3
彭显奇 1985.3—1987.12
王国保 1987.12—1989.1
唐华国 1989.1—1993.3
傅仁峰 1993.3—1995.5

官埠乡人大主席团

主　席 唐华国 1987.10—1989.3
欧　胜 1989.3—1995.5

赤　石　乡

（1961.8—1995.5）

中共赤石公社委员会

书　记 屈芝生 1961.8—1966.1
彭应余 1966.2—
魏书威 1971.2—1972.2
余干麟 1972.2—1973.1
成纯松 1973.1—1975.4
盛义廉 1975.5—1979.12
刘成谱 1979.12—1980.8
阳益生 1980.8—1984.4

中共赤石乡委员会

书　记 阳益生 1984.4—1987.7
彭朝辉 1987.7—1993.2
陈寿君 1993.2—1995.5

赤石人民公社

社　长 邓明才 1961.9—1966.1
龙理康 1966.1—

赤石公社革委会

主　任 彭应余 1968.3—1970.7
魏书威 1970.7—1972.3
余干麟 1972.3—1973.1
成纯松 1973.1—1975.4
盛义廉 1975.4—1979.12
刘成谱 1979.12—1980.8
王阳生 1980.8—1981.3

赤石公社管委会

主　任 凌端成 1981.3—1982.2
汪吉祥 1982.2—1984.2
凌日生 1984.2—1984.4

赤石乡人民政府

乡　长 凌日生 1984.4—1989.11
王兴良 1989.11—1992.2
陈寿君 1992.2—1993.2
胡兴良 1993.2—1995.5

赤石乡人大主席团

主　席 王兴良 1987.10—1989.11
陈寿君 1989.11—1992.2
方小春 1992.2—1995.5

表 16 渣江镇村级行政区划调整概况表

新村（社区）名	人口数	合并的原村（社区）名
玉麟村	1502	和睦村
荷溪村	1329	荷溪村
群星村	3935	水东村、谢桥村、洪冲村
黄冈村	2991	马山村、石羔村、明冲村
水波村	2198	水波村、铺堂村
红旗村	2768	大湖村、秋溪村
沐林村	2928	沐林村、五四村
长岭村	1837	长岭村
新锦村	1084	新锦村
官埠塘村	2562	同庆村、官一村
官埠村	2660	乌雅村、官埠村
瓦铺村	2756	水山村、乌冲村
群峰村	3378	井塘村、诗波村、江冲村
三马新村	2359	三合村、白马村
盐田村	1667	盐田村
周冲村	1828	周冲村
众拱村	4235	众拱村、谭溪村、香冲村
唐福村	2328	唐福村
六印村	1160	六印村
文德村	3060	太源村、文德村
七星村	2400	七星村、石金村
仁皇村	2349	仁合村、黄柏村
松市村	2740	松市村、大光村
秋夏村	1815	秋夏村
东洲村	2680	洲上村、东风村
赤石村	2600	赤石村、湖溪村
文昌村	1680	联谊村、山塘村
双兴村	2390	何兴村、同心村
南正街社区	2236	南正街社区
北正街社区	1961	北正街社区

说明：原有 51 个村 2 个社区，2015 年调整合并为 28 个村 2 个社区。

三湖镇行政区划图

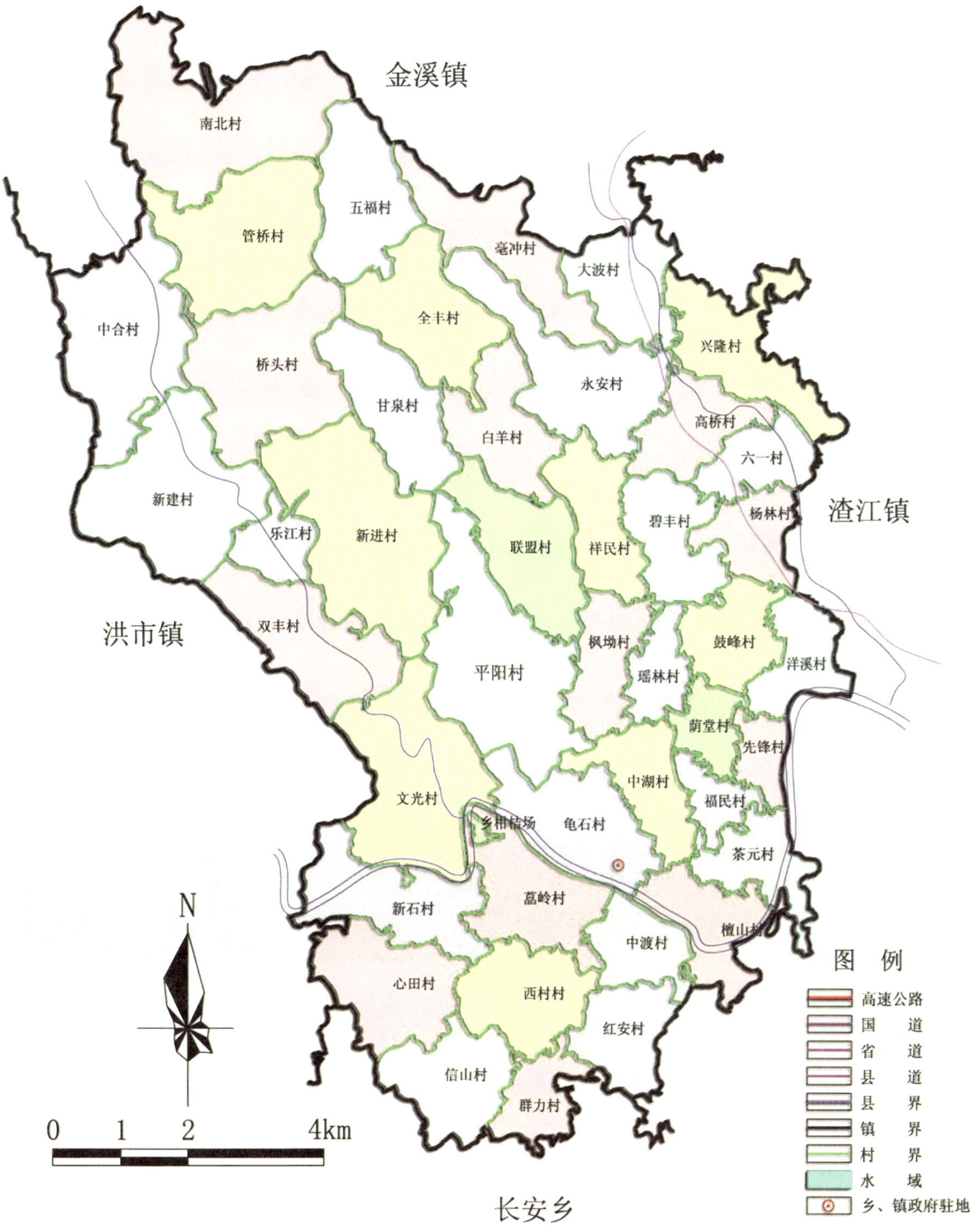
金溪镇
渣江镇
洪市镇
长安乡
南北村
管桥村
五福村
毫冲村
大波村
中合村
全丰村
兴隆村
桥头村
永安村
甘泉村
高桥村
白羊村
六一村
新建村
碧丰村
杨林村
乐江村
新进村
联盟村
祥民村
双丰村
枫坳村
鼓峰村
平阳村
洋溪村
瑶林村
荫堂村
先锋村
中湖村
文光村
福民村
乡相桔场
龟石村
茶元村
新石村
荔岭村
檀山村
中渡村
心田村
西村村
红安村
信山村
群力村
N
0
1
2
4km
图 例
高速公路
国 道
省 道
县 道
县 界
镇 界
村 界
水 域
乡、镇政府驻地

三湖镇

区域概况

位置面积 三湖镇因境内“三湖町”得名。位于北纬27°7′7″~27°16′4″，东经112°16′38″~112°23′47″。地处县境中部偏北，东邻渣江镇，南毗长安乡，西连洪市镇，北接金溪镇。镇人民政府驻龟石渡社区新街组。距县城36公里。

辖区东西最大直线距离13.9公里，南北最大直线距离16.2公里，总面积112.56平方公里。

三湖町

建置沿革 明洪武三年（1370年），三湖属永福乡。清康熙三十年（1691年），撤乡置都，三湖属第十三都。清同治十年（1871年），去都置乡镇，属重安镇。民国32年（1943年），设区辖乡，属第七区福安乡。中华人民共和国成立初，仍沿袭民国旧制。1950年3月，撤福安乡，分置鼓峰、碧峰、永安、甘泉、乐西、福民、龟石、新石、西村乡，同属第七区。1952年7月，衡阳、衡南分县后，重新调整区乡政区，设福民、鼓峰、碧峰、高桥、永安、甘泉、管桥、桥头、龟石、西村、乐西、新石乡，属第十一区（后更名三湖区）。1956年5月，撤区并乡，并龟石、福民、西村、新石、鼓峰、碧峰、高桥为三湖乡，将桥头、管桥、永安、乐西并入甘泉乡。1958年9月，建立人民公社，撤三湖乡、甘泉乡，建和平人民公社。1959年，和平公社改称三湖公社。1961年8月，设区分社，置三湖、鼓峰、甘泉人民公社，属渣江区。1984年5月，人民公社改为乡镇。1995年5月，再次撤区并乡，将三湖乡、鼓峰乡、甘泉乡合并为三湖乡。1996年10

月撤乡设镇，改称三湖镇。至2014年年末，政区无变更。

行政区划 2014年，政区辖龟石渡1个社区和龟石、中湖、福民、茶园、檀山、中渡、薤岭、西村、红安、群力、信山、新田、新石、文光、杨林、六一、兴隆、大波、亳冲、永安、高桥、碧峰、祥民、枫坳、瑶林、荫堂、先锋、鼓峰、洋溪、南北、管桥、桥头、甘泉、五福、全丰、白洋、联盟、平阳、新进、双峰、乐江、新建、中合43个村，下设5个居民小组、448个村民小组。

2015年2月，调整辖区内村级行政区划，将43个村合并为24个村。至是年末，辖龟石渡1个社区和新阳、群信、红渡、西村、龟石、福兴、檀山、中湖、福城、鼓峰、塘坳、祥丰、大波、永安、枫坳、洋溪、杨林、新丰、新建、联洋、全福、甘泉、管桥、南北24个建制村，下设5个居民小组、448个村民小组。

自然环境 全境属丘陵与山地结合区。西北部多山地，东南部丘陵起伏，中东部平町相间。地势西北高东南低。最高山雷祖岭主峰海拔963米，最大的平原三湖町，地域广袤，纵横约7.5平方公里。境内属蒸水水系，蒸水河自新石村瓦屋组入境，自西向东从洋溪村徐巩组出境。主要河流有文光河、王霸河、西河、柿竹河等，均流入蒸水，境内河道总长32.4公里。境域处亚热带季风湿润气候区，气温四季分明，年平均气温16.5℃，年平均降水量1316毫米，降水集中在每年4—9月。属高气压控制区，容易出现干旱。常年主导风为北风，夏季为东南风，并有雷电气象。境内土壤分为水稻土、黄壤土、紫壤土三大类。历史上曾发生过有感地震（最近有1980年1月、1986年11月）。

人口民族 据1949年10月3日档案资料统计，福安乡（今三湖镇）有人口5012户、24962人。1982年第三次全国人口普查，辖区户籍总人口（以下称总人口）46077人。1990年第四次全国人口普查总人口46847人。2000年第五次全国人口普查总人口48276人。2010年第六次全国人口普查的总人口48156人。2014年年末，辖区总人口54225人，其中常住人口48850人，城镇化率21.9%。总人口中，男性28708人，占52.9%；女性25517人，占47.1%；0~14岁10320人，占19.3%；15~59岁35095人，占64.72%；60岁以上8810人，占16.25%。2014年年末，人口出生率12.11‰，死亡率7.8‰，自然增长率5.3‰。

境内有少数民族67人。

经济发展

农业 种植业 2014年，全镇有耕地面积2140公顷，其中水田1866公顷。农作物以水稻为主，其他作物有红薯、大豆、棉花、油菜、蔬菜、水果等。民国时期，农业生产水平低下，粮食亩产仅200公斤。

中华人民共和国成立后，1950—1951年，农村实行土地改革，接着组织农民兴修水利，增强抗干旱能力，粮食连年丰收。1957年平均亩产达到255公斤。1958年成立人民公社，搞“一平二调”，办公共食堂，后又遭遇三年自然灾害，粮食严重减产。1962年，实行以生产队为基本核算单位，推广“五定”（定任务、定产量、定成本、定工分、定报酬）责任制，贯彻农业“八字宪法”（水、肥、土、种、密、保、管、工），改进耕作技术，加强病虫害防治，粮食产量回升。1969年，双季稻面积达到1306公顷，占水田面积的70%，亩产粮食350公斤。1976年，开始试种杂交晚稻。1980年，县派工作组在三湖公社檀山大队试行农业生产责任制。1982年，普遍实行家庭联产承包经营，农民生产积极性空前高涨。是年，晚稻平均亩产400公斤。1996年，全镇种植水稻2630公顷，亩产524公斤，总产量2.43万吨。2007—2014年，连续8年创建省级双季稻万亩高产示范片，并涌现一批种粮大户。荫堂村王水斌运用机械化、规模化、集约化等现代经营手段，流转土地190公顷种植水稻，产粮食1414吨，被评为全国种粮大户。2014年年末，全镇种植水稻3053公顷，亩产622公斤，总产量2.85万吨；棉花213公顷，总产量441吨；油菜1380公顷，总产量3248吨；蔬菜244公顷，总产量2850吨；农业总产值1.74亿元。

林业　境内有林地6180公顷。主要树种有松、杉、樟、南竹、油茶、板栗、蜜橘等。2014年，林产品总值2550万元，森林覆盖率75%。

养殖业　境内素有养殖猪、牛、鸡、鸭、鱼等畜禽水产习惯。民国以前，乡民养牛皆为役用，其余所养畜禽多为出售或兑换油盐等日常生活、生产用品。中华人民共和国成立后，政府鼓励农民饲养家禽家畜，畜禽数量渐多。1958年，实行“一大二公”，不准农民私养生猪。20世纪70年代提出“一亩田土一头猪”的目标。1990年，实现亩平一头猪。是年，开始出现养猪专业户。2004年，成立红安养殖协会，为养殖户提供产供销服务。2012年，润宇养殖场建成投产，年出栏生猪6000余头。2014年年末，全镇有300头以上养殖大户6户；出栏生猪5.1万头，年末存栏2.9万头；出笼家禽87万羽；水域面积348公顷，出水鲜鱼260吨，养殖业总产值1.62亿元。

工业　民国时期，境内土纱土布纺织颇有名气。中华人民共和国成立后，1950年，三湖有织染厂80余家，成立同业公会，实行联产联销。1958年停业。20世纪60年代后期，社队企业开始起步，大井大队（今信山村）创办石灰厂和红卫鱼种场。1972年，兴办三湖、鼓峰、甘泉三个公社综合厂，经营农具加工维修、农机修理、造纸印刷等。1982年，创办三湖纺织印染厂，1988年改为衡阳县棉织二厂。1996年，组建衡阳县第十建筑工程公司。2004年后，乡镇企业改制为民营企业。2014年年末，镇内有民营工业企业22家，工业总产值1.42亿元。

商贸服务　民国时期，三湖老街有商铺十余家。中华人民共和国成立后，1954—1957年，先后设立供销合作社、肉食水产站、粮油购销站等，供应生产、生活资料和收购农副产品。1958年，取消集市贸易和个体商贩，商贸服务统一由供销社和合作商店经营。1980年后，逐步放开市场，个体商业得到发展，并逐步成为流通领域的主体。2014年，镇内有各类商贸户301家，从业人员504人，社会消费品零售总额1.24亿元。

财政金融　中华人民共和国成立至1984年，乡（社）财政实行报账制，由县财政部门管理。1985年，成立乡财政所，负责辖区内财政工作，县对乡实行“定收定支，收入上缴，支出下拨，超收分成，短收分担，超支不补，节余留用”。1995年，乡财政总收入386.5万元，总支出346.6万元。2004年，实行农村税费改革，国家取消农户缴纳农业税、农业特产税及教育附加共304.53万元。2014年财政总收入907万元，财政总支出904万元。

1954年，境内建立三湖、鼓峰、甘泉3个信用合作社，吸纳社员入股。1994年，建立农村合作基金会、互助储金会（简称“两会”）。1997年，取缔农村“两会”。2014年，境内有金融机构2家，年末储蓄存款余额2.27亿元，贷款余额0.86亿元。

基础设施

水利建设 民国时期，三湖水利基础设施十分薄弱，仅有山平塘近3000口，蓄水总量不足250万立方米。中华人民共和国成立后，广泛发动群众兴修水利设施，改善灌溉条件。1958年9月，建成柿竹水库，总库容2300万立方米。1958—1959年，先后建成王家岭、七步湾、兴隆3座小二型水库，总库容139万立方米，灌溉农田245公顷。1969年，建成檀山河坝，坝高5.3米，坝轴长93米，灌田30余公顷。20世纪70年代起，陆续新建37处机埠灌溉。2011—2013年，分别对王家岭、七步湾、兴隆水库进行除险加固，同时对部分山平塘清淤扩容。2014年年末，镇内有中型水库1座，小二型水库3座，山平塘3142口，机埠37处，水库干渠1条、长16.5千米，总蓄引提水量1300万立方米。

交通运输 民国以前，蒸水是境内主要航道，并分别设有瓦屋、紫塘、塘洲、马滩、长征五个渡口。

龟石渡蒸水大桥

中华人民共和国成立后，1959年，建成鼓峰至洪罗庙公路，境内长12.5公里。同年，渣江至九峰公路竣工，境内长7公里。1976年，台源至雷祖岭公路建成通车，境内长2.5公里。1983年，开通西渡至三湖、甘泉客运班车。1987年，开始发展个体运输户。20世纪80年代至90年代，陆续建成通村公路。2000年后，实施乡村道路硬化工程。其间，先后硬化渣江至三湖、陈坳至枫坳、化怀堂至甘泉、台源至雷祖岭4条县乡公路。2006—2011年，对镇内村道进行改造提质和水泥硬化。2014年年末，镇内有县道2条、乡道2条，共长29.5公里；村道43条，总长115.2公里。

邮政电信 1957年，设立龟石渡邮政代办所。是年，三湖乡政府通电话，线路长13千米。20世纪60年代起，公社、大队均设有邮政投递点，邮路单程83千米。80年代末，境内村村通邮路。1994年，开通程控电话。1998年邮电体制改革，邮政与电信分设。2003年开始，在境内建设移动电话基站。2007年，县电信分公司在鼓峰村建农村综合信息服务站。2014年年末，境内有邮政所1处，电信企业2家，固定电话用户2200户；移动电话基站6个，移动电话用户2.7万户。

供电饮水 1983年，檀山河坝建成发电，供电范围限于檀山大队及公社驻地。1988年，国家电网开始供电。至1995年，村通电率100%。2001年后，分期分批实施电网改造，先后对43个村、1个社区进行线改和户改。至2014年年末，全镇453个村（居）民小组全部供电，供电率100%。

2012年，投入资金829万元在大波村李家组建成三湖水厂，日供水2200吨，可解决21个村居民生活用水。

镇村建设 1995年，乡政府在红卫组征地2公顷，启动三湖镇集镇建设。1999年，建成镇计划生育服务所。2002年，硬化龟石渡街道1.5公里。2003年起，逐步完善镇机关会堂、食堂等配套设施。2006年起，启动社会主义新农村建设，重点改造水、电、路等基础设施。2011年起，实施农村环境卫生综合整治，建设美丽乡村。2012年，整合资源，建成三湖镇站所综合楼和财政所办公楼。2014年起，实施“千灯工程”（即在全镇各村安装1000盏以上路灯），年内完成17个村的400余盏路灯安装。至2014年年末，全镇电网改造率、乡村道路硬化率、居民饮水安全率均为100%，环境卫生综合达标率88%。行政村都有办公用房。

社会事业

教育科技 民国初期为私塾教育。民国后期废私塾，提倡新式教育，小学和族校并存。民国37年（1948年），刘玉林、刘辉阳等在塘坳刘祠创办刚直中学。1949年，境内有王氏公祠、刘氏公祠、梁氏公祠等12所保国民小学和族校。

鼓峰中学

中华人民共和国成立后，大力发展教育事业，废族校办乡校，同时开展扫除青壮年文盲教育。1958年，在福城寺创办三湖附中，同时在鼓峰梅白建立农业中学。1969年，农业中学并入三湖公社中学。1974年，按照“一个公社办一所初中，一个大队办一所小学”的办学要求，境内有中学5所、小学43所。1981年，实施《全日制五年小学教学计划》。1986年，开始实施普及九年制义务教育（简称“普九”）规划。是年，中心小学开办学前班。1995年，境内有初中5所，小学32所。1997年，新建三湖农校。是年，全镇通过“普九”验收。1999年，三湖镇“两基”验收合格。是年，西村村民梁光柏捐资23万元新建西村小学。同年，开始整合教育资源，调整学校布局，撤销管桥中学。2002年，创办“开心”和“拾贝”2所幼儿园。2003年，并福城中学、文峰中学为三湖镇中心学校，迁址鼓峰岭。2005年，国家实行免除义务教育阶段学杂费。2014年年末，全镇有幼儿园7所，在园幼儿585人，专任教师21人；小学14所，在校学生3012人，专任教师149人；初中3所，在校学生1671人，专任教师108人；17所中小学全部为县级合格学校。

1981年，建立公社农科站（后更名镇农技服务站），培训农民技术员43人。1983年起，开办3所农民文化技术学校，传授农业科技知识。至1998年，累计培训4500余人次。20世纪90年代起，建立科技示范户。2010年，全丰村王告生被评为衡阳市“优秀星火科技示范户”。2014 年年末，全镇有各类科技示范户 320 户。

文化体育 民国时期，境内流行龙灯、狮灯等灯舞，至今仍经久不衰。

中华人民共和国成立初期，流行顺口溜、打油诗。“文化大革命”期间推行“忠”字舞，各大队成立毛泽东思想文艺宣传队，演出样板戏、花鼓戏、三句半等文艺节目。20 世纪 60 年代至 90 年代，旅台女作家琼瑶（兴隆村兰芝堂人），先后出版《寻梦园》《窗外》《一颗红豆》等近百部中、长篇小说，其中《几度夕阳红》《在水一方》《还珠格格》等 40 余部小说改编成影视剧搬上荧屏。1981 年，刘德润（杨林村人）的美术作品《血肉相连》获湖南省优秀作品奖；次年，其创作的剪纸连环画《淡水养鱼八诀》获湖南省科普美术作品二等奖。1992 年，梁贤之（鼓峰村人）创作的故事《奇怪的盗窃案》获《故事世界》创作一等奖；1994 年，其小说《王船山外传》获文化部艺术出版社创作一等奖。2002 年，成立“夕阳诗社”。2010 年，唐松喜（福民村人）的诗集《菊兰诗影》出版。2012 年，建成三湖镇综合文化楼。2014 年年末，全镇有村文化活动室 44 个，图书 5 万册。

1972 年，三湖、鼓峰、甘泉公社先后建立有线广播站。1995 年，分别在境内龟石渡和塘坳建立微波接收站。1999 年秋，建成卫星电视地面接收站。2014 年年末，全镇有线电视用户 549 户。

1997 年，镇内中小学开始按《国家体育锻炼标准》教学，当年学生达标率 26.5%。至 2005 年，达标率提高到 93.8%。2008 年后，镇内居民兴起健身操。2012 年，镇组建代表队参加全县健身操比赛。2014 年年末，全镇有体育健身场所 27 个。

医疗卫生 民国时期，境内缺医少药，医治疾病素以中医、中草药为主。

中华人民共和国成立后，1956 年成立三湖联合诊所。1959 年建立三湖公社卫生院。20 世纪 60 年代，逐步建立大队卫生室。1969 年，农村实行合作医疗制度，大队设立合作医疗站（卫生室），配有 1 名“赤脚医生”。2006 年，启动新型农村合作医疗，当年参合率 79%。2010 年，三湖卫生院邹建团被卫生部授予“全国乡镇卫生院优秀院长”称号。次年，邹建团被媒体评为“中国最具影响力新闻人物”。2014 年年末，境内有卫生院 1 所，执业医务人员 31 人，床位 60 张，村卫生室 44 个；参加新型农村合作医疗人数 46172 人，参合率 98%。

社会保障 灾害救助 1954 年 5—6 月，境内连续遭受多次洪水灾害，山塘冲毁，民房倒塌，农作物受损。区乡发动群众生产自救，下拨粮食救济灾民。2007 年 2 月，桥头村龙冲组发生火灾，死亡 5 人，镇拨付救助款 10 万元，帮助修复损坏房屋。

五保供养 20 世纪 60 年代起，对孤寡老人实行“五保”，其生活费由所在生产队统筹。80 年代，“五保”供养纳入乡统筹。2003 年，将原文峰中学改造为三湖镇敬老院，集中供养部分“五保”老人。2005 年起，“五保”对象享受城乡居民最低生活保障待遇，其供养经费由县财政拨付。2014 年年末，全镇有“五保”对象 464 人，其中集中供养 38 人；共拨付总金额 131.46 万元，年人均 2833 元。

大病救助 2006 年开始，实施城乡居民大病医疗救助。2014 年，共救助 946 人，救助医疗费 40.37 万元。

城乡低保 2007 年，实行城乡居民最低生活保障待遇，并对低保对象实行动态管理。2009 年，全镇有低保对象 767 户、1591 人，共

三湖镇敬老院

补助171.828万元，年人均1080元。2014年，低保对象1255户、2510人，共补助370.5万元，年人均1476元。实行了应保尽保。

养老保险　2011年7月，启动城乡居民社会养老保险。当年，全镇登记参保18501人，征缴养老基金191.93万元；为7671名到龄居民发放7—12月份养老金253.14万元。2014年年末，参保18501人，征缴养老基金191.93万元，为8580名到龄居民发放养老金566.28万元。

人民生活　民国以前，境内绝大多数人民生活贫困，缺衣少食，居住简陋。中华人民共和国成立后，农村实行土地改革，使耕者有其田，人民生活不断改善。至1957年，“吃饭”问题基本解决。1959—1961年，由于工作上的严重失误，加之连年受灾，造成粮食短缺和饥荒。1964—1977年，人民生活水平逐渐向好。改革开放后，经济快速发展，人民生活水平进一步提高。1990年，境内农村居民年人均可支配收入650元，2000年达到2550元，翻了近两番。部分家庭购置有电视机、摩托车，大部分家庭由土砖茅屋换成红砖瓦房。2001—2014年，人民生活水平显著提高，农民人均可支配收入由2680元增加到12250元，为2000年的4.8倍。农村家庭多建有2~3层砖混结构小楼房，少数家庭建起了小别墅，移动电话、电脑、空调、小汽车等进入普通百姓家，人民生活质量大幅提升。

农村居民住宅

特色地情

历史人文

陈墨西（1869—1960）名贞瑞，号潜斋，三湖镇兴隆村人。民国元老、辛亥革命先驱、民主革命家、社会活动家、教育家。清光绪十六年（1890），乡试授廪贡生。1909年，留学日本，结识孙中山，加入同盟会。1911年12月，随孙中山回国。次年任甘肃临时军政府秘书长兼教育司司长。后回衡阳南路师范学堂教书，凡8年。1923年，任广州革命政府大元帅府咨议。1924年，随孙中山赴北京同段祺瑞等谈判。1925年，任广东惠阳县县长。1926年开始北伐，任北伐军总司令部政治顾问。是年底，任湖南宁远县县长。蒋介石发动“四一二”政变后，愤然辞去公职，赴北京辅仁大学任教数年。1932 年任浙江省政府顾问。1936 年，复归故里从事教育，先后在衡阳省立高中、省立衡阳女中、衡阳市二中、衡山南华中学等校任教。1943 年任湖南省政府顾问。1952 年，受聘衡阳县志编撰委员会主任委员，同年夏，被聘为湖南省文物管理委员会委员，并当选为湖南省第一、二届人大代表。1953 年，任湖南省人民政府参事室参事。1954 年，任湖南省文史研究馆馆员。平生推崇船山学术思想，著有《王夫之学术之探论》《船山祠堂及坟墓沿革》。擅诗文，撰有《潜斋文集》6 卷、《诗存》6 卷、《随笔》2 卷、《大学新义》1 卷等著述。

梁栋（1901—1979），字少秦，号直轮，三湖镇高桥村人。国民党政要。早年留学美国密西根大学，获法学博士学位。1922 年归国后，历任行政院参政、内政部参事、国民党中央党部设计员等职。抗日战争结束后，任松江省教育厅厅长。1948 年当选为立法委员。1949 年去台湾，以“立法院”立法委员终其一生。

琼瑶（1938—），女，姓陈名喆，小字凤凰，三湖镇兴隆村人。当代著名言情小说家、编剧家和歌词创作家。1949 年随父母去台湾。从小酷爱文学，16 岁时在《晨光》杂志上发表短篇小说。高考落榜后，致力于文学创作，先后著有短篇小说《幸运草》《寻梦园》等 100 余篇。1962 年，出版第一部长篇小说《窗外》，从此蜚声文坛。之后佳作不断，先后出版小说 50 余部。因其作品大多描写男女爱情，其中一部名为《一颗红豆》，故文学界称其作品为“一树红豆”。20 世纪 80 年代起，琼瑶在创作小说的同时，又将其作品改编成影视剧，计有《几度夕阳红》《庭院深深》《在水一方》《月朦胧鸟朦胧》《还珠格格》等 40 余部，在国内外反响强烈。1981 年后，琼瑶多次回大陆。1989 年 5 月 7 日，曾偕同丈夫平鑫涛回到其祖居地三湖镇兴隆村兰芝堂省亲祭祖。

琼瑶

文物古迹

东汉钟武故城遗址　位于三湖镇荫堂村，为东汉（9—128 年）钟武县（侯国）都城遗址。据清乾隆《衡阳县志》载：“钟武故城在郡西八十里，汉置县，属零陵郡。三湖町有遗址可验，其民居有县堂里、仓门前诸名目。”1982 年，文物调查时发现，钟武故城遗址位于荫堂村蒸水与王母河交汇的台地上。城址呈长方形，南向，东西残长约 300 米，南北残宽约 230 米。西南面残存夯土城墙约 70 米，宽约 9 米，高约 3 米，护城河遗迹尚存。城址内采集有汉代筒瓦、板瓦、瓦当、青砖和陶器残片，纹饰有米字纹、方格纹、绳纹等。1987 年，被列为衡阳县首批县级文物保护单位。

鼓峰汉代古墓群　位于三湖镇鼓峰村，分布面积约 4000 平方米，封堆残高 2~5 米，底径 4~10 米，部分墓口已暴露，有土坑坐穴墓及券顶砖室墓两类。墓区内曾出土有战国铜剑和汉代陶鼎等。1987 年，被列为衡阳县首批县级文物保护单位。

王夫之遗稿　1977 年，三湖公社茶园大队马滩生产队发现王夫之遗稿一件，经湖南省博物馆鉴定为国家一级文物。原稿存省博物馆。

历任乡镇（公社）党政主要负责人名录

三　湖　镇

（1956.6—2015.12）

中共三湖乡委员会

第一书记　曾广苏　1956.6—1957.4
　　　　　洪善守　1957.4—1958.9

中共和平公社委员会

第一书记　刘本运　1958.9—1959.1
书　　记　刘本运　1959.1—1960.9
　　　　　刘敏忠　1960.10—1961.4
　　　　　刘敏忠　1961.4—1961.8
　　　　　曾广申　1961.8—1962.5
　　　　　王远定　1962.5—1965.8
　　　　　方云腊　1965.8—
　　　　　方云腊　1970.10—1976.10
　　　　　凌雅芳　1976.10—1977.1
　　　　　王友生　1977.1—1982.1
　　　　　曾昭俭　1982.1—1984.4

中共三湖乡委员会

书　　记　曾昭俭　1984.4—1986.1
　　　　　冯清平　1986.1—1988.3
　　　　　凌均良　1988.3—1993.5
　　　　　王意生　1993.5—1995.5

中共三湖乡工委

书　　记　曾祥庚　1995.5—1995.9

中共三湖镇委员会

书　　记　蒋昭永　1995.9—1998.1
　　　　　凌均良　1998.1—1999.5
　　　　　王永久　1999.5—1999.12
　　　　　杨秋良　1999.12—2003.1
　　　　　陈文胜　2003.1—2005.10
　　　　　傅仁峰　2006.1—2012.4
　　　　　唐春晖（女）2012.4—

三湖乡人民政府

乡　　长　龙理刚　1956.6—1957.9
　　　　　曾广苏　1957.9—1958.9

和平人民公社

社　　长　曾广苏（兼）1958.9—1959.1

三湖人民公社

社　　长　傅宜仕　1959.1—1961.4
　　　　　王远志　1961.8—1966.1
　　　　　邓明才　1966.1—

三湖公社革委会

主　　任　方云腊　1968.3—1974.2
　　　　　凌雅芳　1974.2—1977.1
　　　　　王友生　1977.1—1981.3

三湖公社管委会

主　　任　曾昭俭　1981.3—1982.4
　　　　　龙四生　1982.4—1984.4

三湖乡人民政府

乡　　长　龙四生　1984.4—1986.12
　　　　　凌均良　1987.3—1988.3
　　　　　凌云芝　1988.3—1992.6
　　　　　王才生　1992.6—1993.2
　　　　　曾广祥　1993.2—1995.5

三湖乡行政管委会

主　　任　冯清平　1995.5—1995.10

三湖镇人民政府

镇　　长　冯清平　1995.10—1995.12
　　　　　王永久　1998.1—1999.5
　　　　　王腊生　1999.5—1999.12
　　　　　姚宇旺　2000.3—2001.1

陈文胜 2001.1—2003.10
傅仁峰 2003.1—2006.4
唐春晖 2006.4—2012.4
贺一琪 2012.4—

三湖乡人大主席团

主　席 王益忠 1987.10—1989.1
刘美林 1989.1—1991.1
丁正学 1991.1—1995.5

三湖镇人大主席团

主　席 王意生 1959.10—1995.12
江玉平 1995.12—1998.3
罗友叶 1998.3—1999.1
续先腊 1999.5—2000.3
刘华吉 2000.3—2003.1
唐龙翔 2003.1—2006.4
肖晓林 2006.4—2011.3
蒋辉亮 2011.3—

三湖镇政协联工委

主　任 唐华国 1998.10—2000.3
唐龙翔 2001.1—2003.1
鄢明德 2003.1—2006.4
王水清 2006.4—2008.12
蒋辉亮 2008.12—2011.3
凌扩军 2011.3—

甘　泉　乡

（1956.6—1995.5）

中共甘泉乡委员会

第一书记 傅宜仕 1956.6—1958.9

中共甘泉公社委员会

书　记 颜安林 1961.4—1961.8
颜安林 1961.8—1965.4
陈康提 1965.4—
陈康提 1970.10—1984.2
彭春生 1984.2—1984.4

中共甘泉乡委员会

书　记 彭春生 1984.4—1991.1
范迪宏 1991.1—1995.5

甘泉乡人民政府

乡　长 杨春江 1956.6—1959.9

甘泉人民公社

社　长 王远禄 1961.4—1961.8
王远禄 1961.8—

甘泉公社革委会

主　任 陈康提 1968.3—1981.3

甘泉公社管委会

主　任 李永华 1981.3—1984.2
祝冬柏 1984.2—1984.4

甘泉乡人民政府

乡　长 祝冬柏 1984.4—1985.3
汪吉祥 1985.3—1986.1
陈佑谷 1986.1—1987.3
范迪宏 1987.3—1991.1
曾广祥 1991.1—1993.2
陈凝荣 1993.2—1995.5

甘泉乡人大主席团

主　席 王兴民 1987.10—1994.10

鼓　峰　乡

（1961.8—1995.5）

中共鼓峰公社委员会

书　记 王兴财 1961.8—1962.9
曾广申 1962.9—1965.8
凌益林 1965.8—
谭邦才 1971.9—1972.10
杜孝云 1972.10—1976.2
梁贤初 1976.2—1979.7
王大国 1979.7—1985.3

中共鼓峰乡委员会

书　记 欧万忠 1985.3—1986.9

	廖腊生	1986.9—1987.3
	凌夏生	1987.3—1990.4
	丁正理	1991.1—1992.2
	王正元(兼)	1992.2—1993.2
	唐华国	1993.2—1995.5

鼓峰人民公社

社　长	梁祚书	1961.8—

鼓峰公社革委会

主　任	凌益林	1968.3—1970.8
	谭邦才	1970.8—1972.10
	杜孝云	1972.10—1976.2
	梁贤初	1976.2—1979.12
	汪吉祥	1979.12—1981.3

鼓峰公社管委会

主　任	汪吉祥	1981.3—1982.2
	欧万忠	1982.4—1984.4

鼓峰乡人民政府

乡　长	欧万忠	1984.4—1985.3
	廖腊生	1985.3—1986.9
	凌云芝	1986.9—1987.3
	蒋恒祝	1987.3—1989.1
	丁正理	1989.1—1991.1
	方小春	1991.1—1992.12
	王告生	1992.12—1993.2
	彭先吐	1993.2—1995.5

鼓峰乡人大主席团

主　席	龙理元	1987.10—1995.5

表 17　　三湖镇村级行政区划调整概况表

新村（社区）名	人口数	合并的原村（社区）名
新阳村	1885	新田村、新石村
群信村	1753	群力村、信山村
红渡村	1703	红安村、中渡村
西村村	1918	西村村、薤岭村
龟石村	2758	文光村、龟石村
福兴村	2370	福民村、茶园村
檀山村	1812	檀山村
中湖村	1972	中湖村
福城村	2227	荫塘村、先锋村
鼓峰村	2136	鼓峰村、瑶林村
塘坳村	3244	高桥村、六一村
祥丰村	2154	祥民村、碧峰村
大波村	1760	大波村、兴隆村
永安村	2453	永安村、毫冲村
枫坳村	2765	枫坳村、平阳村
洋溪村	2002	洋溪村
杨林村	1480	杨林村
新丰村	2848	新进村、双丰村
新建村	3181	新建村、中合村、乐江村
联洋村	3013	联盟村、白洋村
全福村	2147	全丰村、五福村
甘泉村	2202	桥头村、甘泉村
管桥村	1330	管桥村
南北村	1838	南北村
龟石渡居委会	1047	龟石渡居委会

说明：原有 43 个村 1 个社区，2015 年调整合并为 24 个村 1 个社区。

台源镇行政区划图

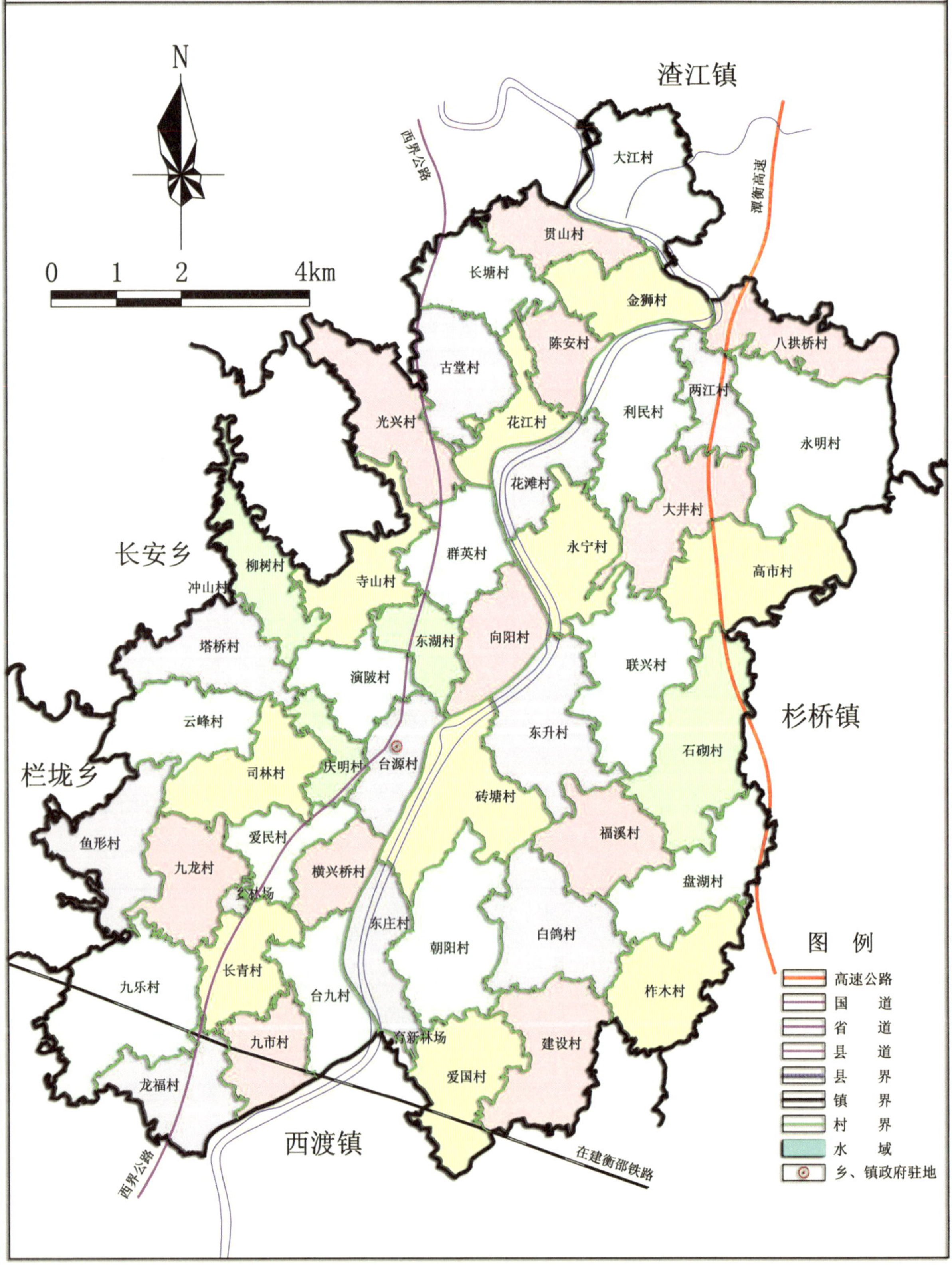
N
0 1 2 4km
渣江镇
长安乡
栏垅乡
杉桥镇
西渡镇
西界公路
潭衡高速
在建衡邵铁路
大江村
贯山村
长塘村
金狮村
八拱桥村
陈安村
古堂村
光兴村
花江村
利民村
两江村
永明村
花滩村
大井村
群英村
永宁村
高市村
长安乡
柳树村
寺山村
冲山村
塔桥村
东湖村
向阳村
联兴村
演陂村
云峰村
东升村
台源村
庆明村
司林村
石砌村
砖塘村
鱼形村
爱民村
福溪村
九龙村
横兴桥村
盘湖村
东庄村
朝阳村
白鹤村
长青村
九乐村
台九村
柞木村
育新林场
九市村
建设村
爱国村
龙福村
图例
高速公路
国道
省道
县道
县界
镇界
村界
水域
乡、镇政府驻地

台 源 镇

区域概况

地域名片 1995年，台源镇获湖南省文化厅授予“民间艺术（稻草龙）之乡”称号。

位置面积 台源镇因驻地“台源寺”得名。位于北纬27°0′19″~27°8′52″，东经112°20′56″~112°29′5″。地处县境中部，东毗杉桥镇，南邻西渡镇，西接长安乡、栏垅乡，北抵渣江镇。镇人民政府驻台源寺社区，距县城西渡13公里。

辖区东西最大直线距离13.3公里，南北最大直线距离18.66公里，总面积118.95平方公里。

建置沿革 明洪武三年（1370），台源属光政乡。清康熙三十年（1691）撤乡设都，台源属第十六、第十七都。清同治十年（1871），去都置乡，隶属紫霞镇。中华人民共和国成立初，仍沿袭民国旧制。1950年3月，撤紫霞镇，分置寺山、仁爱、爱吾、九乐、妙山、长安、大胜、狮麟、牌楼、百亩、福溪、高真、

台源寺街道

两江乡，隶属第六区。1952年7月，衡阳、衡南分县后，重置区乡政区，设寺山、九市、爱民、台源、百亩、福溪、狮麟、九乐、牌楼、花滩、仁爱、爱吾、两江、高真乡，属第五区（后更名台源区）。1956年5月，撤区并乡，将江山、花江（原属渣江区）、两江、高真乡并入花滩乡；将百亩、狮麟、福溪、仁爱、爱民、九市、寺山、九乐乡并入台源乡。1958年9月，建立人民公社（以下简称公社），撤台源、花滩乡建东方红公社。1961年8月，设区分社，分置台源、福溪、九市、花滩、高真公社，同属台源区。1984年5月，改公社为乡镇。是年6月，台源乡改名台源寺镇。1995年5月，再次撤区并乡，台源寺镇、九市乡、福溪乡、高真乡、花滩乡合并为台源镇。至2014年，政区无变更。

行政区划 2014年，政区辖台源寺社区和台源、柳树、东湖、寺山、云峰、庆明、向阳、塔桥、演陂、群英、文星、台九、爱民、九垅、司林、九市、渔形、龙福、九乐、长青、东升、建设、柞木、盘湖、福溪、白鸽、东庄、朝阳、爱国、砖塘、高市、大井、永明、八拱、石砌、利民、花滩、永宁、两江、联兴、花江、金狮、贯山、光兴、古塘、长塘、陈安、大江48个村，下设3个居民小组、537个村民小组。

2015年7月，调整辖区内村级行政区划，将48个村合并为20个村。至是年末，辖台源寺社区和紫霞、前进、群向、东湖寺、师民、三鑫、九市、台九、东成、磐江、福溪、东阳、高真、三和、花滩、联兴、长塘、江山、花江、新福20个建制村，下设11个居民小组、529个村民小组。

自然环境 镇域属紫色页岩丘陵地貌。地势东北部偏高、西南部略低，蒸水河沿岸为小平原。境域处大陆性中亚热带季风湿润气候区，气温四季分明，春季气温平均在10℃以上，期间冷暖空气交替频繁，多阴雨；夏季气温平均在30℃以上，多东南风，并有雷电气象；秋季气温平均在25℃以上，呈波状形下降；冬季气温平均在15℃以下，多偏北风，间有雨雪冰冻天气。年平均气温17.8℃。雨季旱季明显，年均降水量1329毫米，春夏降水量多于秋冬。全境属蒸水水系，蒸水自北向南经台源流经西渡汇入湘江，境内流程18公里。

人口民族 1982年第三次全国人口普查，辖区户籍总人口（以下称总人口）50772人。1990年第四次全国人口普查总人口53354人。2010年第六次全国人口普查总人口57384人（内含2004年接收重庆市忠县移民34户154人）。2014年年末，辖区总人口60257人，其中常住人口53430人，城镇化率30.1%。总人口中，男性31455人，占52.2%；女性28802人，占47.8%。0~14岁11851人，占19.7%；15~59岁38986人，占64.7%；60岁以上9420人，占15.6%。2014年，人口出生率12.17‰，死亡率5.96‰，自然增长率6.21‰。

境内人口均系汉族。

经济发展

农业 种植业 2014年，全镇耕地面积4000公顷，其中水田3420公顷。主要农作物有水稻、红薯、棉花、大豆、蔬菜、乌莲、水果等。民国时期，农业生产水平低下，加之缺

油菜基地

乌莲基地

乏抗御旱涝、病虫灾害能力，粮食亩产仅160公斤。

中华人民共和国成立后，1950年实行土地改革，1953年组织农业合作社，粮食增产丰收，平均亩产提高到220公斤。1958年，成立人民公社后，搞“一平二调”，后又连遇三年自然灾害，粮食减产歉收。1962年后，实行以生产队为核算单位，贯彻按劳分配原则，改进耕作技术，扩大双季稻种植面积，粮食生产持续发展。1969年，种植双季稻1713公顷，占水田面积50%；两季平均亩产321公斤，总产量8300吨，1976年，试种杂交晚稻13公顷，亩产310公斤，比常规晚稻平均亩增产120公斤。1984年，全镇杂交晚稻面积2760公顷，亩产400公斤，总产1.66万吨，实现晚稻总产超过1969年全年粮食总产量。2005年，全面推广种植双季杂交稻。2014年，全镇水稻种植面积3053公顷，总产2.23万吨；油菜1726公顷，总产量4484吨；蔬菜226公顷，总产量3460吨；水果面积93公顷，总产量2267吨。农业总产值1.61亿元。

养殖业　境内素有养殖猪、牛、羊、鸡、鸭、鱼等畜禽水产习惯。民国时期，农户饲养耕牛皆为役用，养猪年户均不足1头，养鱼基本上不投放饵料，故产量低，亩均水面产鲜鱼约13公斤。中华人民共和国成立后，政府鼓励农民饲养家畜家禽。1955年，开始发展池塘养鱼。1958年成立人民公社后，一度限制农户饲养家禽家畜。20世纪60年代至70年代末，池塘水库养鱼由生产队集体经营，确定专人负责放养，平均每亩水面产鱼43公斤。1982年，农村改革开放后，养殖业快速发展。是年，全镇出栏生猪1.7万头，家禽50万羽。2005年，养殖专业户邓明树投资600万元在镇内创办农牧发展公司（后更名为信旺公司），建猪舍面积4.54万平方米，分设3个生猪养殖场、5个人工授精场，员工210人；饲养种猪（含母猪）1200头，年出栏生猪3.2万头，年产值5000万元。2014年年末，全镇有各类专业养殖户45户，出笼家禽120万羽，出栏生猪3.85万头，产鲜鱼150吨；实现养殖业总产值1.25亿元。

信旺生猪养殖场

林业　境内有山地4130公顷，多为紫色页岩。主要树种有松、樟、油茶等。民国时期，台源寺、九里渡有369户农户种植油桐树125

公顷。新中国成立后，20世纪60年代至80年代，开发紫色页岩，累计造林700余公顷。2000—2004年，实施退耕还林和绿化荒山工程，完成造林面积300余公顷。2014年，全镇有林地面积2140公顷，实现林产品总值6.53万元，森林覆盖率45%。

群英蜜柚基地

工业 民国时期，境内民间有铁器、木器、油榨、泥瓦等手工业数十家，从业人员近百人。

中华人民共和国成立后，1956年，成立台源手工业生产合作社（后更名台源农机厂），有从业人员10人。20世纪60年代至70年代，先后创办红砖厂、石灰厂、“920”农药厂等集体工业企业。20世纪70年代末至80年代，兴办乡镇企业，镇内有建材、建筑、农产品加工等工业企业15家，从业人员210人，年总产值3000万元。90年代后，民营工业逐渐取代乡镇企业。2014年年末，镇内有民营工业企业40家，从业人员520人，工业总产值4600万元。

金狮建材

商贸服务 民国时期，台源寺老街和九里渡、高真寺等地有商铺20余家，从业人员30余人，主要从事日用杂货、布匹、餐饮等经营。

中华人民共和国成立后，1953—1957年，先后设立供销合作社、肉食水产站、粮油购销站及粮食储运库等，供应生产生活资料和收购农副产品。1958—1962年，一度取消集市贸易，商贸服务由供销社和国营商业统一经营。1978年末，境内有商业网点25个，从业人员135人。1982年后，实行改革开放，逐步开放市场，个体商贸不断发展。1995年，有个体商贸户76户。2000年后，国有商业和集体商业逐渐改制为民营商业。2014年年末，镇内有各类商贸户165家，从业人员320人，涉及日杂、餐饮、运输、金融、通信、文化、医疗、药品、保险等行业。有集贸市场1个，社会消费品零售总额0.9亿元。

财政金融 中华人民共和国成立至1984年，乡（社）财政实行报账制，由秘书兼管。1985年，成立镇财政所，统管财政收支。1996年，镇财政总收入450万元，主要为工商税和农业税；财政总支出410万元，主要为支援农业、行政管理和上解县财政。2003年，共征收农业税和农业特产税384.54万元，按当年人均77元。2004年，实行农村税费改革，国家取消农业税和农业特产税及各项涉农上交提留。是年，全镇完成财政总收入600万元，财政总支出590万元。2014年年末，实现财政总收入1100万元，财政总支出1100万元。

1952年，设立中国人民银行台源营业所，管理境内金融业务。1954年，成立台源信用合作社。1962年，设九市、花滩、高真、福溪4个信用分社。1982年，中国农业银行营业所入驻台源。

1985年1月，撤销人民银行台源营业所，其金融业务移交农业银行营业所。1991年，成立农村合作基金会。1997年4月，合作基金会被撤销，其账户移交县农村合作经济管理局。2009年，设立中国邮政储蓄银行台源营业处。2014年年末，镇内有金融机构3家，职工25人，年末各项存款余额3.3亿元，贷款余额1.1亿元。

基础设施

水利建设 古代，境内有建于东汉时期的“略塘”（即今台源镇群英村贤陂塘水库前身）。民国时期，贤陂塘扩建为小型水库，蓄水量约80万立方米。1949年，境内有山平塘约2560口，蓄水总量约300万立方米。

贤陂塘水库

中华人民共和国成立后，1953—1957年，大力兴修水利，共整修扩建山平塘1500余口。1957年10月，贤陂塘扩建为小一型水库，蓄水量增至198万立方米，灌溉面积300公顷。1967年，修建台源河坝，坝高6.5米，坝轴长125米，安装水轮泵5台，灌田1160公顷。与此同时，修建斜陂堰中型水库灌区干渠1条，境内长13.8千米。1978年，建成花滩河坝，坝长6.5米，坝轴长228米，安装水轮泵4台，灌田530余公顷。20世纪90年代至2012年，着力搞好山平塘清淤、渠道硬化防渗和小型水库除险加固。其间，共硬化塘坝185口、渠道16千米。2014年年末，境内有小一型水库1座，小二型水库4座，河坝2座，水塘2520口，总蓄引提水量1250万立方米。

交通运输 1958年，建成台源寺至西渡、台源寺至渣江公路。1959年，高真寺至杉桥、盐田桥公路贯通。20世纪70年代末至80年代，先后修建台源寺至九里渡、长安、花滩、高真寺4条乡道。20世纪90年代后，陆续畅通境内通村公路。2006—2010年，对镇内乡村道路分批次实施改造提质和水泥硬化。2014年年末，镇内有县道2条，乡道5条，村道48条，总里程80.1公里。

1958年，台源寺通行长途客班车。1985年，设立台源汽车站。2012年，开通西渡至台源2路公交车。

村级公路

邮政电信 民国6年（1917）3月，设立台源寺邮政代办所。民国32年（1943）8月，设花滩、高真寺、九里渡3处信柜。

中华人民共和国成立后，1957年，设台源邮电支局。是年，架设台源寺电话线路。20世纪60年代起，公社、大队均设有邮政投递点。20世纪80年代后，部分乡镇自设电话总机，利用有线广播线路开通村际电话。1998年，开通程控电话。2000年后，移动、联通公司分别在镇内建立移动通信基站。2014年年末，镇内有邮政企业1家，发行报纸杂志0.8万份；电信企业3家，程控电话交换机4000万门，固定电话用户2960户；移动电话基站4个，移动用户2万户，互联网用户960户。

供电饮水 1967年，台源河坝发电，装机容量250千瓦，供区机关照明和农产品加工用电。1985年，国家电网开始向境内农村供电。1991年，建成台源变电站。至1995年，全镇有10千伏配电线路42千米，10千伏变压器48台，总容量3840千伏安；有低压用电线路总长192千米，村和村民小组通电率100%。2000年后，分批次实施电网改造，先后对48个村进行线改和户改，改造和新增10千伏线路31千米，更新10千伏变压器48台。2014年年末，全镇有10千伏配电线路4条，线路总长42千米，49个村（社区）540个村（居）民小组全部通电，用电户100%。

镇自来水厂

2012年，投入资金535万元建成镇自来水厂，日供水能力2200吨，可满足城镇和周边13个村2500户居民饮用水。

镇村建设 20世纪50年代初，台源寺仅有一条长约200米长的街道。50年代末至70年代末，随着区（公社）机关的入驻，陆续建设一批企业、事业单位和商贸门店，城镇面积约0.3平方公里。20世纪90年代后，小城镇建设提速，先后新建了4条街道和大批商品住宅。与此同时，水、电、路、集贸市场及环境卫生等基础设施亦渐趋完善。2014年年末，城镇面积达1平方公里。

长青村活动中心

2006年起，启动社会主义新农村建设，重点改造农村水利、电力、道路等基础设施。2010年，群英村被认定为省级新农村建设示范村。2011—2013年，对农村环境卫生实行综合整治，建设美丽乡村。2014年年末，全镇村道硬化率、电网改造率、农村居民饮水安全率均为100%；环境卫生达标率97%，行政村都有办公用房。

社会事业

教育科技 1944年6月，衡阳市沦陷，城区道南、新民、建德、青年等中学组成联合中学西迁台源寺。次年，衡阳光复，各学校陆续回城。1949年，境内有国民小学和私立小学6所。

花滩中学

中华人民共和国成立后，在大力发展小学教育的同时，开展农民识字教育，扫除青壮年文盲。1956年，境内有完全小学1所，初小10所。1958年，台源完小附设初中班。1964年，推行全日制与半日制、公办与民办两种教育制度并举，境内有农业中学2所，民办小学15所。1969年，农业中学和民办小学分别并入公办中学和公办小学。1974年，红卫中学附设高中班，学制2年。1978年，境内有初中4所，小学35所。1982年，撤销台源中学（前红卫中学）高中班。1998年，台源通过省、市考核验收，达到国家“两基”标准。1998—2002年，整合教育资源，合理调整农村小学布局，至2003年，镇内有初中4所，小学15所。2014年年末，全镇有幼儿园10所，在园幼儿1060人，专任教师48人；小学15所，在校学生3650人，专任教师150人；初中4所，在校学生1780人，专任教师136人。有台源中心小学、台源中学、花滩完小、高真完小、福溪完小5所县级合格学校。

1981年，建立公社农科站（后更名镇农技服务站），培训农民技术员48人。1983年起，开办5所农民文化技术学校，传授农业科技知识。至1995年，累计培训5100余人次。20世纪90年代起，建立科技示范户。1995年，群英村评为湖南省科普示范村。2012年，台源镇鳜鱼繁殖基地的翘嘴鲌系列育苗研究及演陂村的优质油菜新品种高产栽培技术被列入省科研项目。2014年，全镇各类科技示范户365户。

文化体育 清末、民国时期，境内民间流行布龙、稻草龙、狮灯等灯舞。此外，有九市（今台源镇）张廷玉等组建的花鼓戏班，从艺者10余人。

中华人民共和国成立初期，以农村俱乐部为主要文化活动阵地。1968年，设立公社文化站，配文化辅导员1名，负责文化宣传工作。“文化大革命”期间，农村文化活动单一，大多为革命歌曲和“样板戏”所代替。1974年，九市公社业余文艺宣传队参加省农村文艺会

广场舞比赛

演，表演的歌舞《采药山歌》《我们工厂女工多》分别获创作、表演奖。中共十一届三中全会后，农村文化趋向多样化。1984年，王晨牧（光兴村人）的诗集《向旷野这边开一个窗子》由湖南出版社出版。1988年9月，九市乡稻草龙获"北京国际旅游年舞龙大赛"三等奖。1995年，台源镇获湖南省"民间艺术之乡"称号。2007年，镇文化站更名为文体站。2011年，投入资金24万元建设综合文化楼，建筑面积500平方米。2013年，许持之（白鸽村人）的诗歌集《萤歌》由中国戏剧出版社出版。是年，省文化厅确认台源镇文体站为全省二级综合文化站。2014年年末，全镇有综合文化站1个，村文化活动中心48个，共有图书6万册，各类文化专业户63户，业余文艺创作人员15人。

1972年，建立公社广播站，实现队队通广播，喇叭入户率76%。1975年，组建公社电影放映队，有16毫米放映机4台。1985年，乡广播站更名为广播电视站。20世纪90年代后，随着县广播电台调频道的开通，结束有线广播的历史。1994年，广播电视站易名为有线电视站。2014年年末，全镇有线电视网络3320米，用户869户。电视综合覆盖率96%。

1989年，台源镇中学学生王春红获湖南省少年柔道赛男子60公斤级第一名。1990年，台源中学体育教师贺济平被评为全国（农村）千名"优秀体育教师"。1991年，王春红入选省体工队；1994年入选国家队男子柔道集训队。1998年，台源镇获"全国亿万农民健身活动先进乡镇"称号。2014年，镇内有体育健身场所45个，总面积2.2万平方米。

医疗卫生 民国时期，境内缺医少药，治疗病患素以中草药为主。中华人民共和国成立后，医疗卫生事业不断发展。1953年，成立台源联合诊所，有中医8人。1962年，建立公社卫生院。是年，推行新法接生。1968年后，大队卫生室相继建立，分别配有"赤脚医生"和妇幼保健员。1969年，实行农村合作医疗制度。1980年，对0~7岁儿童作健康检查，患病儿童全部实行免费治疗。2006年，启动新型农村合作医疗，当年全镇参合人数25634人，参合率45%，全年共补偿870人次，补偿总金额44万元。2007年，投入资金1200万元新建卫生院，面积1000平方米，并添置病床和医疗检测仪器。2014年年末，镇内有医疗卫生机构2所，门诊站2个，村卫生室49个，病床86张，执业医务人员95人；参加新农合48035人，参合率95%，共补偿兑付10069人次，补偿总金额535.5万元。

社会保障 灾害救助　民国38年（1949）7月，境内遭遇特大洪涝灾害，蒸水河两岸村庄倒塌30%，农作物绝收，灾民外出逃荒者3500余人。

中华人民共和国成立后，1982年6月12~17日，连降暴雨，降水量316毫米，摧毁农作物1200余公顷，倒塌房屋520间，县区社拨付钱粮物救济重灾户，并组织群众恢复生产，重建家园。

五保供养　20世纪60年代起，对孤寡老人和无劳动能力的残疾人实行"五保"，其生活费由所在生产队统筹。80年代后，"五保"供养纳入乡统筹。1998年，建成九市敬老院，集中供养部分"五保"老人。2005年，城乡"五保"对象享受城乡最低生活保障待遇，其供养经费由县财政拨付。2014年年末，全镇有"五保"对象499人，集中供养41人，共拨付供养金140.72万元，年人均2820元。

大病救助　2006年起，实施城乡居民大病医疗救助，救助对象主要为罹患恶性肿瘤、白血病、尿毒症等大病的城乡低保户、五保户。是年，救助对象196人次，共救助住院医疗费17.73万元。2014年，救助1326人次，救助金额57.35万元。

城乡低保　2007年7月起，实行城乡居民最低生活保障待遇。是年，镇内有低保对象169户、825人，占居民总户数0.3%，年人均发放低保金360元，共发放金额29.7万元。此后，对低保对象实行动态管理，补助标准亦渐次提高。2014年年末，镇内有低保对象1221户、2443人，年人均标准1476元，总金额360.59万元。

养老保险　2011年7月，启动城乡居民社会养老保险。是年，镇内16~60周岁城乡居民登记参保人数19084人，参保率为75%，征缴养老基金201.14万元，为8112名到龄居民发放7—12月养老金269.53万元。2014年年末，城乡居民登记参保人数19084人，征缴养老基金201.14万元，为9343名到龄居民发放养老金649.39万元。

人民生活　民国时期，境内人民绝大多数缺衣少食，居住简陋。中华人民共和国成立后，人民政府使“耕者有其田，居者有其屋”，组织人民群众兴修水利，发展生产，境内人民生活逐步改善，至1957年“吃饭”问题初步解决，部分少房户盖起新房。1959—1961年，由于自然灾害等原因，造成粮食短缺和饥荒。1964—1977年，居民生活明显向好，但整体较低，少数户购置自行车、手表、缝纫机、收音机属奢侈消费品。改革开放后，经济快速发展，人民生活水平不断提高。1984年，境内农村居民人均纯收入350元，1990年达到625元，2000年提高到2520元。部分家庭购置电视机、洗衣机、摩托车，大部分农家由土砖茅屋换成红砖瓦房。2001—2014年，镇内居民生活显著提高。年人均可支配收入由2630元提高到11850元。农村家庭多建有2~3层砖混结构小楼房，固定电话、移动电话、电脑、空调、汽车等进入寻常百姓家，人民生活质量全面提升。

新建的农村住宅

特色地情

历史人文

谢文炳（1882—1949），字炎煊，台源镇爱民村人。民国将领。少年家贫，流浪到衡阳街头，以做零工度日。后投军，受训于广州讲武堂，加入同盟会。辛亥革命，参加敢死队攻打两广总督衙门，失败被俘，后营救脱险，任下级指挥官。民国6年（1917），任粤军营长，担任广州护法军政府警卫。次年，在东征福建中立下战功，升为统领。民国9年（1920），奉命赴福建天门寨剿匪，以一营之众历时三个月荡平匪穴。是年秋，任粤军第九支队司令官（上校军衔）。此后，任粤军第七旅旅长。民国10年，升为第十师师长。其间，曾脱离广州革命政府，先投北洋军阀吴佩孚，继跟孙传芳，后又追随张宗昌同北伐军对阵。不久，蒋介石任命其为国民革命军第四十八军军长。第二次北伐结束后，任集团军副司令。宁汉议和后，任国民政府军事参议院中将参议，闲居苏州和衡阳。抗日战争开始，出席南岳军事会议，请缨抗日，遭蒋介石拒绝。衡阳沦陷后，寄居东安唐生智老家，直至1949年去世。

夏建寅（1899—1983），名传述，字亦亚，台源镇人。国民军军事将领。中央陆军军官学校毕业，后留学日本炮兵学校。民国9年（1920），投粤军谢文炳部任军事委员。同年秋，任龙川县财政科科长并代理县长。嗣后，历任川边镇守使署少校军务科长、湘军第五军警卫司令、湘军总司令部参议。北伐中，任第二军炮兵营长、江阴要塞司令部上校参谋、蒋介石南昌行营少将训练委员。之后，任陕北保安司令兼安定县县长、中央军校少将高级教官。抗战中，任第六战区挺进军总指挥部少将军事处长兼参谋长、第二十四方面军少将突击司令等职。1950年定居香港九龙。1983年病故。

文物古迹

金山岭新石器时代遗址　位于台源镇东庄村金山岭，分布面积约8000平方米。1976年考古试掘，文化堆积厚度0.1~0.45米，分为上、下两层。上层出土遗存物主要有生产工具和生活用具两类；生产工具有石斧、石锛、石刀、石镞（箭头）、砺石、陶纺轮等，器形较小，有的磨制很精致，有的仅磨制刃部。生活用具主要有鼎、罐、瓿、器盖、盘、杯、豆、碗及圈足器。陶质以夹砂陶为主，其次有夹砂红陶、泥质灰陶、泥质红陶、泥质黄陶。陶器以素面为主，纹饰多为方格纹，另有少量绳纹、弦纹及回纹。下层出土生产工具有石斧、石镞等，器形较小，多经精磨；生活用具有罐、盆、尊、圈足器及平底器等。金山岭遗址下层遗存物具有龙山文化的特点，属新石器时代晚期；上层遗存物则具有吴城商代文化的因素，属商周时期。遗址大部分保存完好。

水斗冲东周遗址　位于台源镇花江村廖屋组。遗址分布面积约6万平方米，文化堆积厚度约0.4米。文物普查采集有罐、缸、钵等陶器残片。2012年，被公布为县级文物保护单位。

东汉铜马　1976年11月出土于衡阳县福溪公社（今台源镇爱国村李木冲）道子坪一座砖室古墓，为东汉晚期（约147—220）墓葬。发掘有两套铜牵马俑和马俑，其中一套存湖南省博物馆，另一套存衡阳市博物馆收藏。铜马俑系牡马，高52厘米，长54厘米，四足蹬地，昂首挺胸，鬃毛飞扬，束尾向上弯曲，双目圆瞪，张口呈嘶鸣状，额上有“触角”。铜马采用浑铸工艺，一次铸成，造型敦实，栩栩如生。1994年12月，经国家文物局专家组鉴定，东汉铜马被确认为一级文物。

福溪人民公社道子坪出土的东汉铜马

贞节牌坊　坐落于台源镇柳树村祖堂组。建于民国初期，石质结构，高15米，占地面积100平方米，保存完好。为省级文物保护单位。

贞节牌坊

民俗风情

台源九市稻草龙　发源于台九村肖大屋，始于清代康熙年间。相传某年夏秋之际，当地蝗虫成灾，啮食禾稼，肖氏百姓心急如焚。幸在此时天降龙卷风，顿时飞沙走石，将蝗虫席卷而去，虫害消除。自此以后，当地便兴起了舞稻草龙灯的风俗，祈求风调雨顺、五谷丰登。每年腊月八日之后，村里就召集男女老少，选用上等稻草，精心编制稻草龙灯。从农历正月初六兴灯至元宵节为灯期，节后再把龙身拿到稻田烧掉。年年如此，沿袭至今，成了当地独具特色的农耕文化。2012 年 8 月，九市稻草龙被列入湖南省第三批非物质文化遗产保护名录。

台源九市稻草龙

历任乡镇（公社）党政主要负责人名录

台　源　镇

（1956. 6—2015. 12）

中共台源乡委员会

第一书记	刘南湘	1956. 12—1958. 9

中共东方红公社委员会

第一书记	刘南湘	1958. 9—1959. 1

中共台源公社委员会

书　记	刘南湘	1959. 1—1961. 4
	周在位	1961. 4—1961. 8
	何中华	1961. 8—1962. 5
	刘华森	1962. 5—1964. 3
	赵书恒	1964. 3—
	李培享	1970. 10—1974. 9
	刘成谱	1974. 9—1979. 12
	凌　环	1979. 12—1984. 12

中共台源寺镇委员会

书　记	凌　环	1984. 12—1987. 12
	刘康文	1987. 12—1993. 2
	刘华春	1993. 2—1995. 5

中共台源镇工委

书　记	肖绍展	1995. 5—1995. 9

中共台源镇委员会

书　记	肖绍展	1995. 9—1998. 1
	谭大鸣	1998. 1—2001. 1
	刘明亮	2001. 1—2003. 1
	易承铁	2003. 1—2004. 4
	彭先吐	2004. 6—2008. 12

傅介平　2008.12—2013.9
朱　斌　2013.9—

台源乡人民政府

乡　长　刘贤良　1956.6—1958.9

东方红人民公社

社　长　万克钧(兼)　1958.9—1959.1

台源人民公社

社　长　万克钧　1959.1—1961.4
肖富兴　1961.4—1961.8
周云端　1961.8—1962.5
任敖祖　1962.5—1966.2
王大峨　1966.2—

台源公社革委会

主　任　赵书恒　1968.3—1970.8
李培享　1970.8—1973.9
刘成谱　1973.9—1979.12
凌　环　1979.12—1981.3

台源公社管委会

主　任　邓汝舟　1981.3—1984.2
王大芸　1984.2—1984.4

台源寺镇人民政府

镇　长　王大芸　1984.4—1986.1
肖富兴　1986.1—1987.12
杨应水　1987.12—1993.2
肖冬生　1993.2—1995.1
曾献文　1995.1—1995.5

台源镇行政管委会

主　任　刘华春　1995.5—1995.9

台源镇人民政府

镇　长　刘华春　1995.10—1997.3
廖瑞云　1997.3—1998.1
廖　祎　1998.1—1998.8
刘明亮　1998.8—2001.1
凌晓城　2001.1—2002.1
李生菊　2002.10—2006.4
傅介平　2006.4—2008.12
刘飞跃　2008.12—2013.9
刘鸿雁(女)　2013.9—

台源寺镇人大主席团

主　席　廖新民　1987.10—1987.12
王金元　1987.12—1995.5

台源镇人大主席团

主　席　周茂生　1995.10—1996.4
胡德轩　1996.4—2001.1
李生菊　2001.1—2002.10
曾宪文　2002.10—2006.4
刘飞跃　2006.4—2008.12
刘鸿雁　2008.12—2013.9
邹　勇　2013.10—

台源镇政协联工委

主　任　朱向文　1995.12—1998.2
黄明福　1998.2—1998.10
聂明生　1998.10—2001.1
魏祥辉　2001.1—2003.1
邹顺初　2003.1—2003.11
刘飞跃　2004.1—2006.4
华连刚　2006.4—2008.12
万　瑾　2008.12—2013.9
曾胜利　2013.10—

花　滩　乡

(1956.6—1995.5)

中共花滩乡委员会

第一书记　熊正初　1956.6—1957.4
万克钧　1957.4—1958.9

中共花滩公社委员会

书　记　唐耀松　1961.4—1961.8
杨　柱　1961.8—1962.5
杨召松　1962.5—1963.9
邹发江　1963.9—

胡发甫　1970.10—1975.2
高友寿　1975.2—1976.11
刘芳富　1976.11—1984.4

中共花滩乡委员会

书　记　刘芳富　1984.4—1985.3
凌夏生　1985.3—1987.2
刘明志　1987.2—1989.1
胡文学　1989.1—1992.2
冯晓华　1992.2—1995.5

花滩乡人民政府

乡　长　李宁文　1956.6—1958.9

花滩人民公社

社　长　刘才友　1961.8—1962.5
邹发章　1962.5—1963.9
王景山　1963.9—

花滩公社革委会

主　任　邹发章　1968.3—1970.8
胡发甫　1970.8—1970.10
贺谷成　1970.10—1972.2
高友寿　1972.2—1976.11
刘芳富　1976.11—1981.3

花滩公社管委会

主　任　廖正格　1981.3—1984.2
王金元　1984.2—1984.4

花滩乡人民政府

乡　长　王金元　1984.4—1986.1
邱明信　1986.1—1987.2
钟和平　1987.2—1987.12
黄云开　1987.12—1989.1
廖米生　1989.1—1995.5

花滩乡人大主席团

主　席　夏传文　1987.10—1989.11
夏德和　1989.11—1995.5

九　市　乡

(1961.8—1995.5)

中共九市公社委员会

书　记　全宏开　1961.8—1962.3

中共九市公社委员会

书　记　周在位　1962.6—
周在位　1970.9—1981.12
王海涛　1981.12—1984.2
邓克连　1984.2—1984.4

中共九市乡委员会

书　记　邓克连　1984.4—1986.1
任子健　1986.1—1987.12
左高社　1987.12—1989.11
夏良祝　1989.11—1991.1
谭善宇　1991.1—1995.5

九市人民公社

社　长　刘学超　1961.8—1962.5
邹朝初　1962.5—1963.9
肖富伸　1963.9—

九市公社革委会

主　任　周在位　1968.4—1981.3

九市公社管委会

主　任　周在位　1981.3—1981.12
范千阳　1982.7—1984.2
谭家炎　1984.2—1984.4

九市乡人民政府

乡　长　谭家炎　1984.4—1985.3
胡文学　1985.3—1989.1
王楚南　1989.1—1992.2
凌再鸣　1992.2—1994.3
廖瑞云　1994.4—1995.5

九市乡人大主席团

主　席　刘友生　1987.10—1995.5

福溪乡

（1961.8—1995.5）

中共福溪公社委员会

书记	唐代宣	1961.8—1963.2
	邹恒初	1963.2—
	王庸鹏	1971.9—1977.10
	戈时正	1977.10—1979.12
	刘雅峰	1980.1—1982.10
	洪元芳	1982.10—1984.4

中共福溪乡委员会

书记	洪元芳	1984.4—1986.1
	王正元	1986.1—1987.7
	刘华春	1987.7—1990.6
	戈寿生	1990.6—1993.2
	黄明福	1993.2—1995.5

福溪人民公社

社长	蒋定芳	1961.8—1962.5
	刘寅	1962.5—1963.5
	刘运禄	1963.5—1965.6
	王修身	1966.1—1966.2
	王庸鹏	1966.2—

福溪公社革委会

主任	邹恒初	1968.3—1970.9
	王庸鹏	1970.9—1977.10
	戈时正	1977.10—1979.12
	刘雅峰	1979.12—1981.3

福溪公社管委会

主任	杨应水	1981.3—1984.2
	王正元	1984.2—1984.4

福溪乡人民政府

乡长	王正元	1984.4—1986.1
	刘华春	1986.1—1987.12
	戈寿生	1987.12—1991.1
	凌再鸣	1991.1—1992.2
	徐步华	1992.2—1995.5

福溪乡人大主席团

主席	刘学柏	1987.10—1989.11
	邓公一	1989.11—1995.5

高真乡

（1961.8—1995.5）

中共高真公社委员会

书记	邹恒初	1961.8—1962.9
	唐耀松	1962.9—
	唐耀松	1971.2—1981.12

中共高真乡委员会

书记	任子健	1981.12—1986.1
	谢志福	1986.1—1989.11
	屈维恒	1989.11—1992.2
	屈孝松	1992.2—1994.3
	凌再鸣	1994.3—1995.5

高真人民公社

社长	王济仁	1961.8—1962.5
	王继成	1962.5—1963.9
	彭秀生	1963.9—

高真公社革委会

主任	唐耀松	1968.3—1981.3

高真公社管委会

主任	曾庆利	1981.3—1982.1
	冯加新	1982.1—1983.8
	刘华春	1983.8—1984.4

高真乡人民政府

乡长	刘华春	1984.4—1986.1
	王金元	1986.1—1987.12
	夏德和	1987.12—1989.11
	邓柏顺	1989.11—1991.1
	徐步华	1991.1—1992.2
	邹建	1992.2—1994.3
	王庆梁	1994.3—1995.5

高真乡人大主席团

主　　席　　屈维恒　　1987.10—1989.11

廖　轼　　1989.11—1993.3

左文楚　　1993.3—1995.5

表 18　　台源镇村级行政区划调整概况表

新村（社区）名	人口数	合并的原村（社区）名
紫霞村	1718	庆明村、演陂村
前进村	3065	云峰村、塔桥村、柳树村
东湖寺村	1905	东湖村、寺山村
群向村	2652	群英村、向阳村
师民村	2125	爱民村、司林村
台九村	2731	横兴村、台九村
九市村	3536	九市村、龙福村、九乐村
三鑫村	3147	长青村、渔形村、九垅村
新福村	4635	东升村、砖塘村
东阳村	2696	东庄村、朝阳村
东成村	1587	爱国村、建设村
磐江村	2161	盘湖村、柞木村
福溪村	2078	福溪村、白鸽村
三和村	3001	两江村、永明村、八拱村
高真村	2397	高市村、大井村
花滩村	3584	花滩村、利民村、永宁村
联兴村	2594	联兴村、石砌村
长塘村	3490	长塘村、古塘村、光兴村
花江村	1772	陈安村、花江村
江山村	4276	贯山村、金狮村、大江村
台源寺社区	3914	台源寺社区、台源村

说明：原有 48 个村 1 个社区，2015 年调整合并为 20 个村 1 个社区。

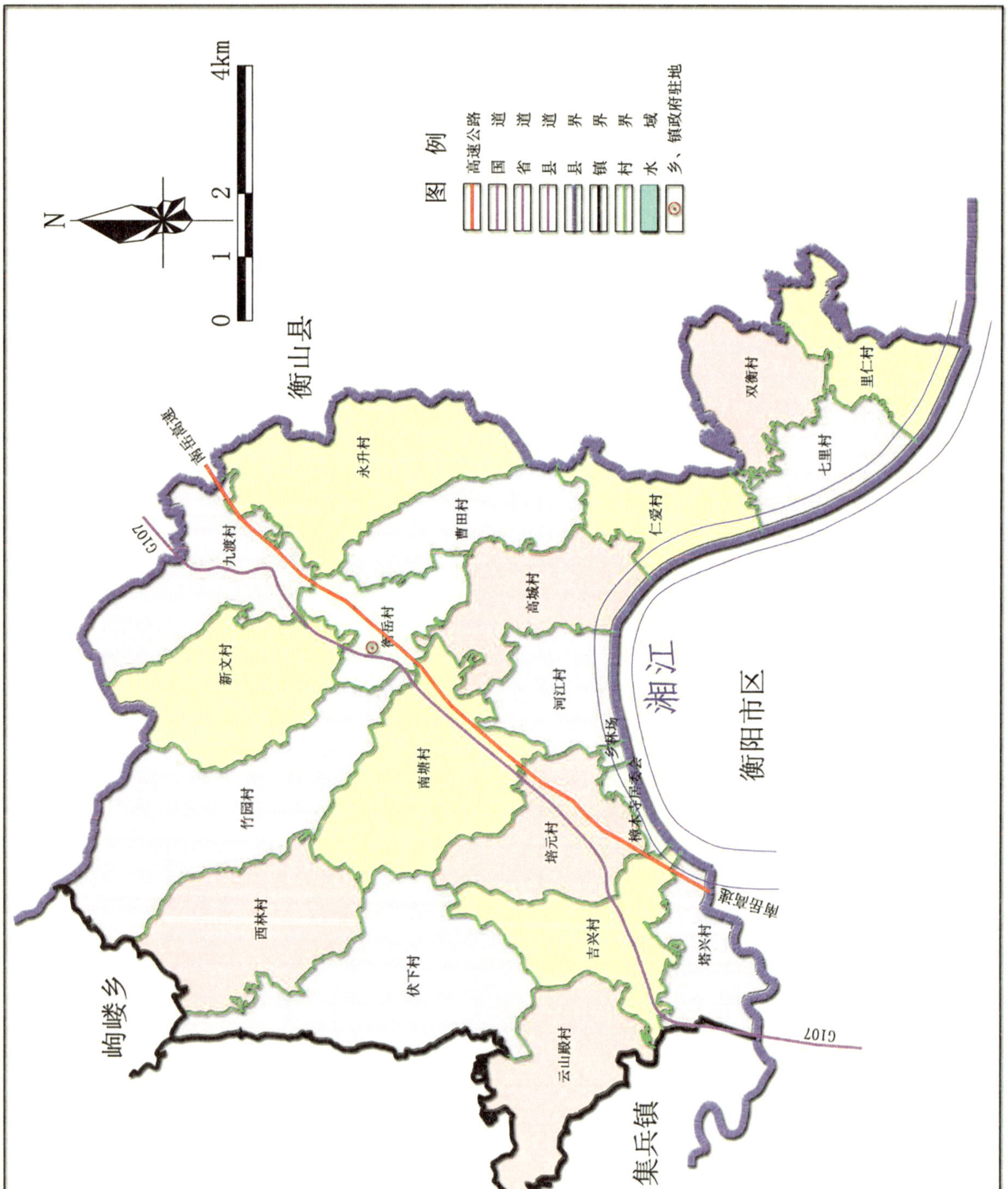

N
0 1 2 4km
图例
高速公路
国道
省道
县道
县界
镇界
村界
水域
乡、镇政府驻地
衡山县
衡阳市区
湘江
岣嵝乡
集兵镇
G107
永丰村
九渡村
曹田村
仁爱村
双衡村
里仁村
七里村
高城村
衡岳村
新文村
河江村
南塘村
竹园村
培元村
西林村
伏下村
吉兴村
塔兴村
云山殿村

樟木乡行政区划图

樟木乡

区域概况

位置面积 樟木乡因境内“樟木寺”得名。位于北纬26°58′44″~27°6′47″，东经112°35′48″~112°44′49″。地处县境东部，政区南面以湘江为自然分界线，东临衡山县萱洲镇、店门镇，南毗珠晖区茶山坳镇、石鼓区松木乡，西接集兵镇，北抵岣嵝乡。乡人民政府驻白鹭坳社区，距县城西渡38公里。

辖区东西最大直线距离13.8公里，南北最大直线距离10.2公里，总面积90.3平方公里。

建置沿革 清同治年间（1862—1875），属衡阳县岣嵝镇地。民国31年（1942）属礼义乡。中华人民共和国建立初仍沿袭民国旧制。1950年，撤销礼义乡，分别设里仁、仁爱、和平、爵禄、竹园、正乳、伏下7个乡，属第三区。1956年5月，撤区并乡，前述7个乡合并为樟木乡。1958年9月，建立人民公社（简称公社），属红旗公社。1961年12月，析社设区，分置樟木、里仁公社，属集兵区。1984年5月，公社改称乡镇，称樟木、里仁乡。1995年5月，再次撤区并乡，樟木乡、里仁乡合并为樟木乡。至2014年，政区无变更。

行政区划 2014年，辖樟木寺1个社区和培元、里仁、双衡、七里、仁爱、曹田、永升、高城、九渡、新文、衡岳、竹园、南塘、河江、西林、吉兴、塔兴、云山殿、伏下19个村，下设2个居民小组、238个村民小组。

2015年7月，调整辖区内村级行政区划，将19个村合并为8个村1个社区。至是年末，辖樟木寺、白鹭坳2个社区和里仁、仁爱、九渡、迎水、东林、塔兴、永升、高城8个村，下设32个居民小组、208个村民小组。

自然环境 全境属山地、丘岗、平原结合地区。西北部偏高，东南部偏低。湘江沿岸多为平原，东、西部丘岗与平地相间，北部地处岣嵝峰南麓。乡域处亚热带季风气候区，气温四季分明，年平均气温17℃~18℃，极端最低气温-8.3℃（1972年2月9日），极端最高气温40.8℃（2010年8月5日）。年平均降水量1267毫米，降水日数约151天，最多年份达187天（1970），最少年份92天（1963）；极端年最大降水量1801毫米（1970），极端年最少降水量953毫米（1963）。降水集中在每年4—9月，5、6月最多。常年主导风为北风，夏季为东南风，并有雷电气象。境内土壤分为水稻土、红壤土、紫色土、潮土四大类。全境属湘江水系，横江河、樟木河、白鹭港河3条河流皆系湘江一级支流，境内总长12公里。

人口民族 1982年第三次全国人口普查，

辖区户籍总人口（以下称总人口）21660人。1990年第四次全国人口普查总人口24966人。2010年第六次全国人口普查总人口29806人。“六普”人口分别比“三普”“四普”增加8146人、4840人。2014年年末，辖区总人口30221人，其中常住人口27860人。总人口中，男性15627人，占51.71%；女性14594人，占48.29%；0~14岁6458人，占21.37%；15~59岁19456人，占64.38%；60岁以上4271人，占14.25%。2014年人口出生率14.61‰，死亡率7.22‰，自然增长率7.39‰。

境内有少数民族人口81人。

经济发展

农业 种植业 2014年，全乡耕地面积1700公顷，其中水田1540公顷。主要农作物有水稻、红薯、大豆、蔬菜、水果等。民国时期，农业生产水平低下，加之缺乏抗御旱涝、病虫灾害能力，粮食亩产仅200公斤。中华人民共和国成立后，1950年，实行农村土地改革。1953年，组织农业生产合作社，粮食增产丰收，平均亩产提高到250公斤。1958年，成立人民公社，搞“一大二公”，后连遇三年自然灾害，粮食减产歉收。1962年后，实行以生产队为核算单位，同时改进耕作技术，扩大双季稻种植面积，加强水稻病虫害防治，粮食生产得到恢复和发展。1969年，种植双季稻1240公顷，占水田面积85%，平均亩产粮食400公斤，总产量7440吨。1976年，开始试种杂交晚稻，后逐年扩大种植面积。至1984年，全乡种植杂交晚稻1233公顷，亩产410公斤，总产7585吨，实现晚稻一季总产超过1969年粮食总产量。1996年，水稻种植面积2100公顷，粮食总产量1.73万吨，亩产550公斤。2005年，在全乡种植双季杂交稻。2014年，全乡水稻种植面积2230公顷，总产量1.88万吨；油菜面积730公顷，总产量700吨；蔬菜面积200公顷，总产量0.35万吨；水果面积266公顷，总产量0.32万吨；农业总产值1.53亿元。

养殖业 境内素有养殖猪、牛、鸡、鸭、鱼等畜禽水产习惯。民国时期，乡内农户饲养耕牛皆为役用；养猪则多为换钱，所产禽、蛋除少量自食外，余皆出售或兑换油盐等物。养鱼基本上不投放饵料，故产量很低。1949年，平均每亩水面产鲜鱼9.2公斤。中华人民共和国成立后，政府鼓励农民饲养家畜家禽。1955年，开始发展池塘养鱼，养猪养鸡农户逐渐增多。1958年成立人民公社后，限制农户饲养家禽家畜。20世纪60年代至70年代末，池塘水库养鱼由生产队集体经营，确定专人负责放养，鲜鱼产量不断提高，亩产28.5公斤。1979—1981年，推行“六定”（定人员、定鱼种、定成本、定产量、定报酬、定奖罚）责任制，鲜鱼产量大幅提高，亩均产鱼48.5公斤。1982年，农村实行改革开放后，养殖业快速发展。是年，全乡共出栏生猪9500头，家禽11.5万羽。1990年，境内出现养猪专业户。1996年后，养殖业逐渐向规模化、专业化发展。塔兴村兴办大型养殖场，饲养母猪185头，“杜长大”种猪1头，繁殖饲养生猪2520头，并有一台饲料粉碎机加工配制饲料。1997年，里仁猪场建成投产，当年饲养生猪500头。2000—2010年，先后建成投产的有南塘村养鸡场、中天牧业、西林村黑香猪和黑山羊养殖基地等专业养殖场。2014年，全乡有各类专业养殖户45户，出栏生猪4.3万头，年末存栏2.85万头；出栏羊2100头，年末存栏810只；出笼鸡18万羽。有养鱼水面330公顷，产鲜鱼250吨。实现养殖业总产值0.8亿元。

林业　境内有宜林山地4530公顷。主要树种有松、杉、樟、油茶、南竹等。1949年以前，林地为私人所有制。1950年，实行土地改革，重新确定山林权属。1958年后，林权归集体所有。由于“大办钢铁”和“公共食堂”，大量砍伐林木，山林受毁。1962—1972年，采取集体造林、封山育林和禁止乱砍滥伐等措施，森林覆盖率逐渐提高。1973—1977年，塔兴、吉兴、永升、新文等17个大队先后创办大队林场，共有林地面积80公顷，主要营造杉、松、油茶、南竹等树木。1982年，山林权属确定到农户。2000—2004年，实施退耕还林工程，全乡共完成造林面积330公顷。2014年，全乡有林地面积4330公顷，实现林产品总值1500万元。森林覆盖率91.5%。

工业　清朝、民国时期，境内有铁器、木器、竹器、造纸、纸伞等手工作坊数十家。中华人民共和国成立后，1953—1956年，通过对私营工商业实行社会主义改造，全乡有手工业生产合作社3家，主要制造纸伞、竹木器等，从业人员20余人。1958—1960年，先后兴办造船厂、化肥厂。20世纪80年代至90年代，兴办乡镇企业，乡内有建材、建筑、化工、竹木器加工等工业企业10家，从业人员130余人，年总产值9870万元。2004年后，乡办企业改制为民营企业。2014年，乡内有民营工业企业23家，工业总产值1.18亿元。

商贸服务　唐代，境内樟木寺设有湘江航运码头。明、清至民国时期，樟木寺逐步发展成为街道，有商铺数十家。中华人民共和国成立后，乡人民政府驻樟木寺老街，先后设有供销合作社、肉食水产站、粮油购销站及粮食储运库等，供应生产、生活资料和收购农副产品。客货运码头年吞吐量15万吨以上。1955年，乡内有私营商贸户75户，从业人员150余人。1958年，取消集市贸易和个体商贩，商贸服务统一由供销社或合作商店经营。1962年后，逐渐恢复集贸市场，但对经营商品种类仍有所限制。1970年，乡内有国营、集体商业网点20个，从业人员180多人。20世纪80年代后，实行改革开放，逐步放开市场，个体商业得到发展。1995年，个体商贸户发展到78户，165人。此后，民营商业成为流通领域的主体。2014年，乡内有各类商贸户183家，从业人员1050人，涉及餐饮、运输、金融、通信、文化、医疗、药品、保险、旅游、休闲娱乐等行业，社会消费品零售总额0.53亿元。

铁霸创艺

财政金融　中华人民共和国成立至1984年，乡（社）财政实行报账制，由财粮委员或秘书兼管。1985年成立乡财政所，负责辖区内的财政税收工作。1995年撤区并乡，当年，乡财政总收入211.7万元，主要为工商税和农业税收；财政总支出174.1万元，主要为支援农业、行政管理费和上解县财政。2004年，农村税费改革，取消农业税、农业特产税及各项涉农收费183.63万元，农民人均得实惠79.5元。2014年年末，实现财政总收入640.7万元，财政总支出640.7万元。

1956年，建立樟木乡信用合作社。1962年，设樟木、里仁2个信用分社。1994年，成立农村合作基金会。1997年，清理整顿农村"两会"（合作基金会、互助储金会），合作基金会被撤销，其账务移交县农村合作经济管理局。2014年，乡内有乡信用社1家，职工14人；年末储蓄存款余额2.2亿元，贷款余额1.4亿元。

基础设施

水利建设 1949年，境内有水塘815口，蓄水总量约100万立方米。中华人民共和国成立后，人民政府把兴修水利作为发展农业、改善民生的大事来抓。1953—1957年，共整修扩建水塘815口，新建水塘近100口，蓄水总量200万立方米。1959年10月至1960年12月，建成竹园（小一型）水库，库容量310万立方米，改善灌溉面积800公顷。20世纪60年代至70年代，先后兴建董冲、曾冲、二字皂、琵琶塘、竹叶等5座小二型水库，总蓄水量90万立方米。同时建成里仁排灌站。80年代至90年代，在整修扩建水塘的同时，加固湘江防洪堤6.9千米。2014年年末，乡内有小一型水库1座，小二型水库5座，水塘1138口，干渠3条，总长24.6千米，总蓄引提水量750万立方米。

竹园水库

交通运输 唐代至民国，湘江河道通航，境内设有樟木寺、白露港、站门前3处船运码头和渡口。1930年，潭衡公路建成通车，境内长12.98公里。中华人民共和国成立后。1965年，修建南塘至西林公路。1978年，建成白（露坳）里（仁）公路。20世纪80年代至90年代，先后修通九界、双衡、七里、永升、云山、伏下等17条村道。2001年，王才智投资20万元建设樟木寺码头，年货物吞吐量5万吨。2006—2010年，对乡内村道路分批进行提质改造和水泥硬化。2014年，乡境内有国道（107线）1条，高速公路1条，乡道1条，村道20条，总长度127.74公里。

邮政电信 明、清时期，衡州至湘潭驿道途经境内，设有九渡、迎水2个驿铺。民国6年（1917）3月，在樟木寺设邮政代办所。民国32年（1943）2月，设白鹭坳信柜。新中国成立后，邮政业务属集兵滩邮政支局管理。1957 年，设立樟木邮电所、白鹭坳邮政代办所。20 世纪 60 年代起，公社（乡）、大队（村）均设有邮政投递点，邮路单程 75 公里。2014 年，有邮政所 1 处，代办点 2 处。

1956 年，樟木乡始通电话，明线长 12 对千米。1962 年，架设樟木至里仁公社电话线路，长约 11 对千米。1980 年后，有部分村通电话。1998 年开始，在境内建移动电话基站。2014 年，乡内有电信企业 1 家，程控交换机容量 0.5 万门，固定电话用户 420 户；移动电话基站 3 个，覆盖率达 100%，移动用户 18000 户。

供电饮水 1987 年，乡内开始供电。此后，供电范围逐步扩大。至 1995 年，全乡有 10 千伏配电线路 36.18 千米，10 千伏变压器 20 台，总容量 1300 千伏安；有低压用电线路总长 138.6 千米，村通电率 100%，村民小组通电率 80%。2000 年后，分期分批实施电网改造，先后对 19 个村、1 个居委会进行线改和户改，共改造和新增 10 千伏线路 17.9 千米，新增和更新 10 千伏变压器 19 台，完成户改 5680 户。2014 年，全乡有 10 千伏配电线路 1 条，长 83.75 千米；10 千伏变压器 73 台，总容量 7800 千伏安；低压用电线路长 411.5 千米。20 个村（社区）、240 个村（居）民小组全部通电，用电户 6289 户，占总户数的 98.6%。

竹园自来水厂

2012 年，投资 500 万元建设竹园水厂，取水点位于竹园水库上游 2.8 千米。日供水 1500 吨，可解决全乡近 1.6 万人的饮水需求。

乡村建设 1995 年，乡政府投入资金 50 万元硬化白鹭坳街道。1998 年，投资 100 万元建设计划生育服务所，建筑面积 1500 平方米。2003 年，乡机关驻地从培元寺迁址白鹭坳，乡计生服务所改为乡机关办公用房。此后，逐步完善食堂、澡堂、会议室等配套设施。2006 年起，启动社会主义新农村建设，重点改造农村水利、电力、道路等基础设施。2011—2013 年，对农村环境卫生实行综合整治，建设文明乡村。2014 年年末，全乡村道硬化率、电网改造率、村民饮水安全率均为 100%，环境卫生综合达标率 80%。

社会事业

教育科技 清代为私塾教育。民国时期，仍有私塾，后国民政府废私塾，提倡新式教育，境内小学渐增。至民国 38 年（1949），有樟木寺、尹祠等 8 所保国民小学和族校。

中华人民共和国成立后，在发展小学教育的同时，开展扫除青壮年文盲教育。1956 年，境内有完全小学1所，初小11所。1958年，樟木完小附设初中班，同时创建樟木民办中学（后改称农业中学）。1964年，推行全日制与半日制、公办与民办“两种教育制度”并举，境内有农业中学2所，民办小学9所。1970年，农业中学并入公办中学，民办小学并入公办小学。1974年，按照“一个公社办1所初中，一个大队办1所小学”的布局，境内有初中2所，小学20所。1998年，樟木乡通过省、市考核验收达到国家“两基”标准。2001—2002年，整合教育资源，合理调整农村小学布局。至2003年，乡内有村联合小学11所。2004年，乡中学新建校舍落成，从樟木寺迁址白鹭坳。是年，里仁中学并入樟木中学。2014年年末，全乡有幼儿园3所，在园幼儿848人，专任教师38人；小学11所，在校学生1423人，专任教师96人；初中1所，在校学生651人，专任教师64人。有乡中学及高城小学、永升小学、九渡小学、里仁完小、乡中心小学等6所县级合格学校。

1981年，建立公社农科站（后更名乡农技服务站），培训农民技术员19名。1983年起，开办2所农民文化技术学校，传授农业科技知识。至1998年，累计培训1630人。20世纪90年代起，建立科技示范户。2012年，九渡村李建华被评为衡阳市“优秀星火科技示范户”。2014年年末，全乡有各类科技示范户118户。

文化体育 民国时期，境内有龙灯、狮舞。中华人民共和国建立初，以俱乐部为文化活动阵地。1968年，设立公社文化站，配文化辅导员1名，负责文化宣传活动等工作。“文化大革命”期间，农村文化活动单一，大多为“语录歌”“样板戏”“忠”字舞。中共十一届三中全会后，农村文化趋向多样化。2000年，西林村周济的书法作品集《西林翰墨》出版。2007年8月，乡文化站更名为文体站。2011年，投入资金210万元建成乡文体站，面积1200平方米。2014年年末，有文体站1个，工作人员5名；村文化活动中心19个，共有图书2.9万册；各类文化专业户23户，从业人员78人；业余文艺创作人员12人。

1972年，建立公社广播站，配工作人员2名。是年，19个大队、236个生产队实现队队通广播；线路总长85千米，喇叭入户率28%。1975年，建立公社电影放映队，有放映机2台。1985年，乡广播站更名为广播电视站。20世纪90年代后，随着县广播电台调频道的开通，结束了有线广播的历史。1994年，广播电视站易名为有线电视站。2014年年末，全乡有线电视网络12.2千米，用户1136户；无线电视用户1830户，电视综合覆盖率100%，

1997年，境内中小学开始按《国家体育锻炼标准》教学，当年达标率30%。至2000年，达标率提高到91%。2014年年末，乡内学校共有运动场所7个，总面积0.36万平方米。

医疗卫生 民国时期，境内缺医少药，治疗病患者素以中草药为主。新中国成立后，医疗卫生事业不断发展。1953年，成立乡联合诊所，有中医5人。1962年，建立公社卫生院。是年，推行新法接生，当年新法接生率18%。1968年，建立大队卫生室，分别配有“赤脚医生”和妇幼保健员。是年，实行农村合作医疗制度。1980年，对0~7岁儿童作健康检查，发现有19%的儿童患病，全部实行免费治疗。2006年1月，启动新型农村合作医疗。此后，参合人数逐年增加。2007年，投入资金248万元，新建乡卫生院，建筑面积2480平方米，并添置病床和医疗检测仪器。2014年年末，全乡有卫生院1所，门诊部2个，村卫生室19个，病床60张，执业医务人员20人；参加合作医

疗人数22728人，参合率98.5%。

社会保障　灾害救助　1954年5—6月，境内连续5次遭受洪涝灾害，县乡发动群众以工代赈，修复水毁工程，下拨粮食救济灾民。1982年6月，境内湘江防洪堤决口，里仁、曹田、七里等7个村严重受灾，死亡1人。县、乡共拨付救灾款物10万元，组织抢修河堤，恢复生产。2008年1月，乡内6户村民因严重冰雪灾害造成房屋倒塌，县、乡拨救灾款4万元，帮助重建新居。

五保供养　20世纪60年代起，对孤寡老人和无劳动能力的残疾人实行“五保”，其生活费由所在生产队统筹。20世纪80年代后，“五保”供养纳入乡统筹。2005年起，城乡“五保”对象享受城乡最低生活保障待遇，其供养经费由县财政拨付。2009年，建成乡敬老院，集中供养部分“五保”老人。2014年，全乡有“五保”对象98人，其中集中供养15人；共拨付供养金28.42万元，年人均2900元。

大病救助　2006年起，实施城乡居民大病医疗救助。救助对象主要为罹患恶性肿瘤、白血病、尿毒症等大病的城乡低保户、五保户。是年，救助对象15人次，共救助住院医疗费1.6万元。2007—2014年，救助215人次，救助总金额22.6万元。

城乡低保　2007年7月起，实行城乡居民最低生活保障待遇。是年，乡内有低保对象117户、225人，年人均发放低保金360元，共发放金额8.1万元。此后，对低保对象实行动态管理，补助标准亦渐次提高。2008—2013年，全乡共计发放低保金428.2万元。2014年年末，乡内有低保对象372户、747人，月人均补助123元，共发放低保金110.26万元。

养老保险　2011年7月，启动城乡居民社会养老保险。是年，乡内城乡居民登记参保人数7496人，参保率为80.5%；征缴养老基金83.79万元；为3042名到龄居民发放7—12月份养老金99.4万元。至2014年年末，城乡居民登记参保人数11929人，参保率92%；征缴养老基金116.54万元；为3803名到龄居民发放养老金265.78万元。

樟木敬老院

人民生活　民国时期，境内人民绝大多数缺衣少食，居住简陋。新中国成立后，人民政府使“耕者有其田，居者有其屋”，组织人民群众兴修水利，增强抵御自然灾害能力，乡内人民生活逐步改善。至1957年，“吃饭”问题初步解决，部分少房户盖起新房。1959—1961年，由于天灾人祸等原因，造成粮食严重短缺而导致饥荒。1964—1977年，居民生活逐渐向好，但整体水平较低，青年人结婚购置自行车、手表、缝纫机、收音机（俗称“三机一转”）属奢侈消费品。改革开放以后，经济不断发展，人民生活水平不断提高。1984年，全乡农村居民人均纯收入389元，1990年达到657元，2000年提高到2568元。部分家庭购置电视机、洗衣机、摩托车，大部分农家由土砖茅屋换成红砖瓦房。2001—2013年，乡内居民生活显著提高。年人均可支配收入由2668元提高到11830元，分别是1990年的18倍、2000年的4.6倍。农村家庭多建有2~3层砖混结构小楼房，固定电话、移动电话、电脑、空调、汽车等进入寻常百姓家。2014 年，农民人均可支配收入 12210 元。人民生活质量全面提升。

特色地情

历史人文

程商霖（1847—1924），字和祥，号息叟。晚清盐道。原住衡阳城四牌楼东华门。廪贡生出身。初授东路转运使，继任淮南、北皖盐道，湖南榷运使，湖北江汉关监督。后因受排挤，改任光禄大夫。清光绪三十二年（1906）辞官归稳，于西林村建“麟凤山庄”。自后以诗书自娱，不再复出。晚年热心公益事业，衡阳船山书院、“同仁堂”“救济院”等均有其捐赠的田租。

罗学平（1944—　），樟木乡伏下村人。中国人民解放军少将。1961 年应征入伍。历任衡阳军分区警卫战士、班长、排长、军务参谋等职，负责武器装备安全保卫工作。“文化大革命”期间，一些群众组织企图冲击军事机关哄抢武器弹药。罗学平尽职尽责，衡阳军分区未丢失一枪一弹，因此受到中央军委的通令嘉奖。1972—1977 年，任湖南省军区作训处副处长。1978—1979 年，入中国人民解放军军事学院学习。1983 年后，任长沙警备区司令员、湖南省军区参谋长。1995—1998 年，洞庭湖连续 4 年夏季发生特大洪涝灾害。罗学平每次都率领部队战斗在抗洪抢险第一线，为确保人民群众生命财产安全做出了积极贡献。1998 年，荣获全国、全军“抗洪抢险先进个人”称号，中央电视台《东方之子》栏目对其先进事迹作了专题报道。2004 年退休。

名胜古迹

樟木寺古街　位于樟木乡樟木寺社区湘江河畔。始于唐代，历经宋、元、明、清不断拓展，遂成街道。古街依山傍水、店铺相连，商贾云集，经贸繁荣，历为衡阳北乡水陆交通要道。20 世纪 60 年代后，陆路运输网络逐渐形成，此处虽不再是商品集散地，但古街往昔风采依旧，各类建筑物基本完好，极具观光旅游开发价值。

程公馆　又名麟凤山庄，为晚清光禄大夫

程公馆

程商霖归隐后所建豪宅。该庄园于1893年动工，1906年竣工，历时13载，耗银400万两。房屋为青砖木质瓦房结构，分为楼、地2层，造型古朴典雅，规模宏大，占地面积10余亩，分别由“诰封楼”“五云馆”“八柏轩”“九松堂”“退默斋”“慕陶庐”“知止阁”“百顺堂”及宗庙、“栖碧山房”“琅环小筑”“福留有余之处”等部分构成。1950年将庄园收归公有。1965年至1978年用作空军某通信大队营房，后被当地村民占用。因长期未作修缮，房屋内大部分结构受损毁。

西陵寺　位于樟木乡西林村，为岣嵝峰48座寺庵之一。相传西陵氏（古姓氏）居住于此，生女嫘祖嫁给黄帝为妻。故寺以“西陵”得名。该寺建于明代，设计大气，雕梁画栋，规模宏大，鼎盛时有住僧60余人。1944年侵华日军攻占衡阳城时，国民党增援部队一位师长曾暂住寺中。后寺院被焚毁，仅留下气势壮观的寺门。

彭玉麟墓　位于樟木乡南塘村涂家组彭祖山。墓坐北朝南，山下有墓庐。墓制宏伟，为麻石结构，方圆150平方米。墓前置有峨碑、华表、翁仲、石马、石狮等石雕。1969年，墓地部分设施被损毁，翁仲倒地，仅存华表1对。1988年，墓穴被盗掘。掘出墓志铭2方，为汉白玉石质，呈正方形，周边各70厘米，系上下重合置放。墓志铭文为郭嵩焘所撰，刻于重合的上下方，经文物专家鉴定为一级文物。

西陵寺遗址

马殷墓　位于樟木乡衡岳村白鹭坳。马殷（852—930），字霸图，河南鄢陵人，五代十国时楚国建立者。朱温建立梁国，马殷受封楚王，据有潭、衡、桂、岭南等12州。后唐长兴元年（930）病逝于衡阳。《资治通鉴》载：“后唐长兴三年（932）冬十二月庚申，葬武穆王（马殷）于衡。”《新五代史》载：“葬殷上潢。”1983年文物普查时，当地群众反映：马殷墓在白鹭坳，墓地土堆一米多高，107国道改道时夷为平地，墓在路基下。

历任乡镇（公社）党政主要负责人名录

樟　木　乡

（1956.6—2015.12）

中共樟木乡委员会

第一书记	唐仲扬	1956.6—1957.4
	熊玉祥	1957.4—1958.2

中共樟木公社委员会

书　记	刘才凡	1959.1—1960.9
	罗友云	1960.9—1961.4
	何发勋	1961.4—1961.8

	许定友	1961.8—1962.11
	罗哲楚(兼)	1962.11—1963.5
	吴瑞丰	1963.5—
	黄厚礼	1971.11—1978.10
	王芳发	1978.10—1981.8
	唐家构	1981.8—1984.2
	李家宣	1984.2—1984.4

中共樟木乡委员会

书　记	李家宣	1984.4—1985.3
	陈炳生	1985.3—1986.12
	肖三定	1986.12—1990.4
	易承发	1990.5—1995.5

中共樟木乡工委

书　记	李自元	1995.5—1995.9

中共樟木乡委员会

书　记	李自元	1995.9—1998.1
	王　鹏	1998.1—2001.1
	钟家洋	2001.1—2008.12
	张东坡	2008.12—2009.10
	肖四军	2009.12—2015.9
	王春霖	2015.9—

樟木乡人民政府

乡　长	彭桂林	1956.6—1958.9

樟木人民公社

社　长	洪善守	1959.1—1961.4
	吴斌端	1961.4—1961.8
	唐代铸(兼)	1962.12—1966.2
	刘衡灿	1966.2—

樟木公社革委会

主　任	吴瑞丰	1968.3—1970.8
	黄厚礼	1970.8—1978.10
	王芳发	1978.10—1981.3

樟木公社管委会

主　任	王仁初	1981.3—1982.4
	李家宣	1982.4—1984.2
	陈如国	1984.2—1984.4

樟木乡人民政府

乡　长	陈如国	1984.4—1985.3
	许祖海	1985.3—1985.10
	梁积欢	1985.10—1988.1
	宋友和	1988.1—1994.3
	黄才亮	1994.4—1995.5

樟木乡行政管理委员会

主　任	易承发	1995.5—1995.9

樟木乡人民政府

乡　长	易承发	1995.9—1997.2
	王　鹏	1997.2—1998.1
	钟家洋	1998.1—2001.1
	张柏林	2001.1—2008.12
	廖俊魁	2008.12—2015.2
	陈吉斌	2015.2—

樟木乡人大主席团

主　席	朱平均	1987.10—1987.12
	许刚友	1987.12—1992.2
	尹立雁	1992.2—1995.5
	陈儒国	1995.9—1998.2
	何友忠	1998.2—2003.1
	麻小华	2003.1—2011.3
	刘亦闻	2011.3—2012.10
	刘健康	2012.10—2013.9
	朱荣晖	2013.9—

樟木乡政协联工委

主　任	何友忠	1995.12—1998.1
	邱明胜	1998.1—2001.1
	陈秋生	2001.1—2003.1
	蒋建平	2003.1—2011.3
	刘健康	2011.3—2012.10
	凌均高	2012.10—

里　仁　乡

（1961.8—1995.5）

中共里仁公社委员会

书　记	阎先瑜	1961.8—1964.12
	李仁德	1964.12—
	刘德贵	1970.9—1981.8
	唐贵富	1981.8—1984.2
	陈友生	1984.2—1987.12
	祝家仲	1987.12—1991.2
	何友忠	1991.2—1995.5

里仁人民公社

社　长	王大峨	1961.8—1963.10
	伍嗣君	1963.0—1965.8
	叶衡法	1966.2—

里仁公社革委会

主　任	李仁德	1968.3—1970.8
	刘德贵	1970.8—1976.8
	朱宏祥	1976.8—1981.3

里仁公社管委会

主　任	李家义	1981.3—1982.4
	何友忠	1982.4—1983.3
	祝家仲	1984.2—1984.4

里仁乡人民政府

乡　长	祝家仲	1984.4—1987.12
	黄富华	1988.1—1992.2
	夏兰初	1992.2—1993.2
	陈盟生	1993.2—1995.5

里仁乡人大主席团

主　席	王德元	1987.10—1991.1
	阳田生	1991.1—1993.2

表 19　樟木乡村级行政区划调整概况表

新村（社区）名	人口数	合并的原村（社区）名
里仁村	3695	里仁村、七里村、双衡村
仁爱村	2700	仁爱村、曹田村
九渡村	2759	新文村、九渡村
迎水村	2157	南塘村、培元村（除陆家组、樟木组）
东林村	2588	西林村、伏下村
塔兴村	3094	塔兴村、云山村、吉兴村（除朝阳组、沿江组）
高城村	1827	高城村
永升村	2693	永升村
樟木寺社区	3043	樟木寺社区、河江村
白露坳社区	3177	衡岳村、竹园村

说明：原有 19 个村 1 个社区，2015 年调整合并为 8 个村 2 个社区。

岣嵝乡行政区划图

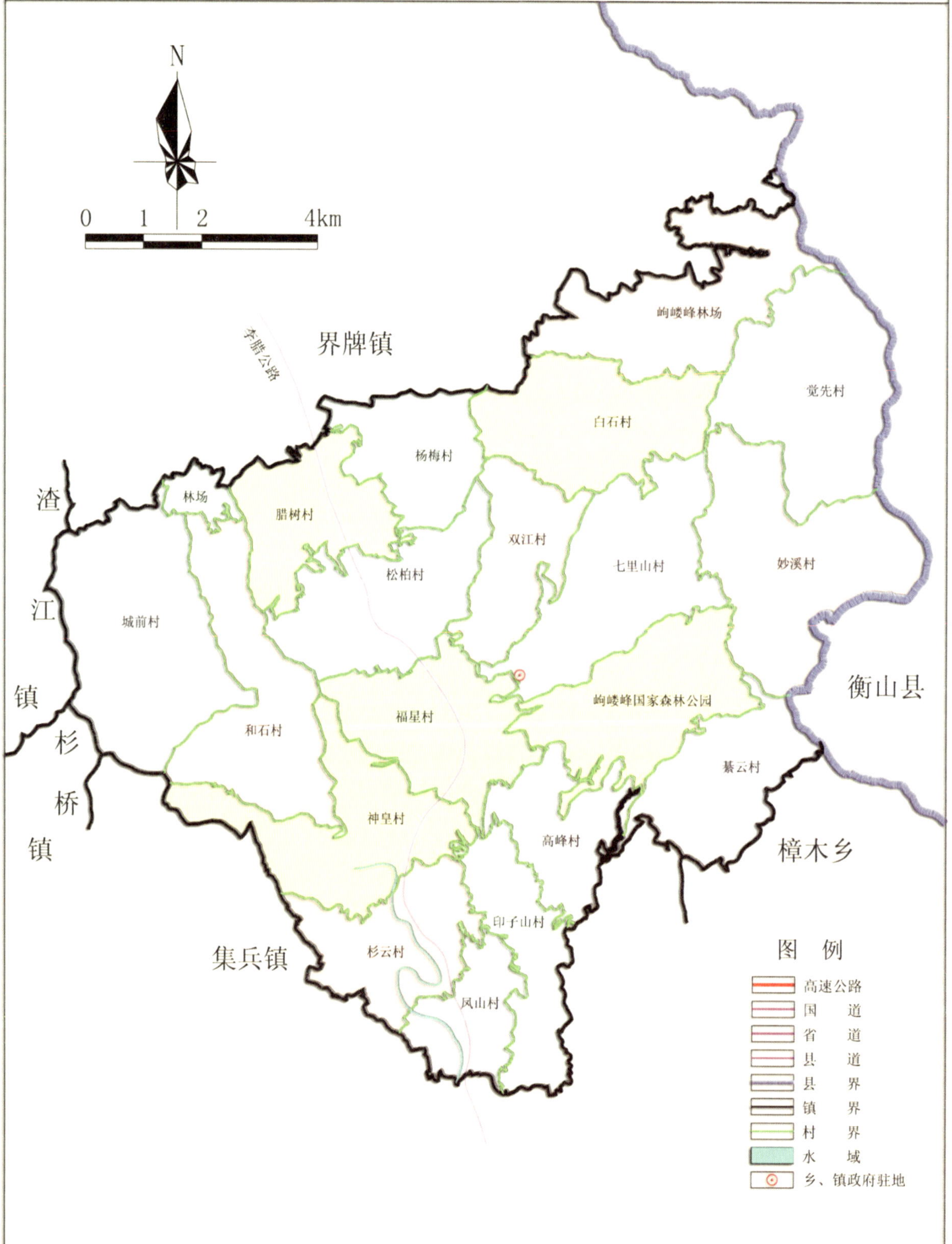
N
0 1 2 4km
界牌镇
李腊公路
岣嵝峰林场
觉先村
白石村
杨梅村
林场
腊树村
渣江镇
双江村
七里山村
妙溪村
松柏村
城前村
岣嵝峰国家森林公园
衡山县
福星村
和石村
杉桥镇
綦云村
神皇村
高峰村
樟木乡
印子山村
集兵镇
杉云村
凤山村
图 例
高速公路
国 道
省 道
县 道
县 界
镇 界
村 界
水 域
乡、镇政府驻地

岣 嵝 乡

区域概况

位置面积 岣嵝乡因境内岣嵝峰得名。位于北纬27°3′37″~27°11′55″，东经112°30′50″~112°39′59″。地处县境东部，东接樟木乡及衡山县店门镇，南连集兵镇，西毗渣江镇、杉桥镇，北抵界牌镇。乡人民政府驻杉云村宋湾组，距县城西渡32.5公里。

辖区东西最大直线距离11.6公里，南北最大直线距离12.7公里，总面积120.24平方公里。

建置沿革 明洪武三年（1370），岣嵝属衡阳县正义乡。清康熙三十年（1691），废乡设都，属第四十一都。同治十年（1871），置岣嵝镇。民国元年（1912），改称岣嵝乡。民国31年（1942），岣嵝乡隶属衡阳县第三区。中华人民共和国成立初，仍沿袭民国旧置。1950年3月，废岣嵝乡，分置云麓、凤山、神皇、松柏、腊树、双江、白石、妙溪8个乡，属第三区。1952年7月，衡阳、衡南分县后，重置区、乡政区，设立大霞、双峰、妙溪、麓山、印法、神皇6个乡，属第十五区（后更名集兵区）。1956年5月，撤区并乡，前述6个乡合并为神皇乡。1958年9月，建立人民公社（以下简称公社），神皇乡并入红旗公社。1961年8月，分社设区，置神皇、岣嵝、松柏公社，属集兵区。1984年5月，撤公社恢复乡镇，改原松柏公社为江柏堰乡。1995年5月，再次撤区并乡，岣嵝、神皇、江柏堰3个乡合并为岣嵝乡。至2014年政区无异动。

行政区划 2014年，乡辖凤山、杉云、神皇、福星、印子山、高峰、集云、和石、城前、松柏、杨梅、腊树、双江、七里山、白石、觉先、

岣嵝峰全貌

妙溪17个村，下设243个村民小组。

2015年2月，调整村级行政区划，将17个村合并为10个村。至是年末，辖凤山、杉云、神皇、福星、腊树、环洞、觉先、白石、高峰、松柏10个建制村，下设243个村民小组。

自然环境 境内属山地与丘陵结合区，以山地为主。东、西、北三面多山，中部和南部为丘陵，最高山峰白石峰海拔1101米。乡域处亚热带季风气候区，气温四季分明，年平均气温15℃~17℃，极端最低气温-8.9℃（1972年2月9日），极端最高气温39.8℃（2010年8月5日）。年平均降水量1300毫米，降水日数为153天，最多年份达187天（1970），最少年份95天（1963）；极端年最多降水量1850毫米（1970），极端年最少降水量1032毫米（1963）。降水集中在每年4—9月，5、6、7月最多。常年主导风为北风，夏季为东南风，并有雷电气象。境内土壤分为水稻土、红壤土、紫色土三大类。全境属湘江水系，环洞河、江柏堰、双江河、妙溪河皆为湘江二级支流，境内总长15.6公里。

人口民族 1982年第三次全国人口普查，辖区户籍总人口（以下称总人口）20743人。1990年第四次全国人口普查，总人口22109人。2010年第六次全国人口普查的总人口21154人。2014年年末，辖区总人口23986人，其中常住人口21362人。总人口中，男性12546人，占52.31%；女性11440人，占47.69%；0~14岁4963人，占20.7%；15~59岁15328人，占63.9%；60岁以上3659人，占15.4%。2014年年末，全乡人口出生率12.32‰，死亡率5.47‰，自然增长率6.85‰。

辖区内有少数民族人口13人。

经济发展

农业 种植业 2014年，全乡有耕地面积1588公顷，其中水田1327公顷。主要农作物有水稻、红薯、蔬菜、油菜等。民国时期，农业生产力水平低下，加之受自然灾害影响，粮食亩产近200公斤。中华人民共和国成立后，1950年，农村实行土地改革后，农民种田积极性高涨，粮食连年丰收。至1956年，粮食亩产达240公斤。1958年，成立人民公社，后遇三年自然灾害，粮食减产歉收。1962年后，贯彻以生产队为基本核算单位，实行“按劳计酬、多劳多得”的分配政策，同时扩大双季稻种植面积，不断改进耕作技术，农业生产持续发展。1969年，双季稻面积占水田总面积的85%，两季平均亩产达到410公斤。1976年，试种杂交晚稻40亩，亩产310公斤。1983年，种植杂交晚稻1246公顷，亩产415公斤，总产7750吨，实现了晚稻单产和总产超过早稻。1990—2005年，全乡水稻年播种面积稳定在1240公顷左右，亩平均产量661公斤，年总产量1.23万吨。2014年，全乡水稻种植面积1245公顷，总产1.24万吨；种植油菜600公顷，产菜籽1125吨；蔬菜100公顷，总产量450吨。实现农业总产值1.1亿元。

养殖业 乡内历来有养殖家畜家禽习惯。民国时期，农户养牛皆为耕牛，养猪养鸡除少量自食外，余皆出售换取零花钱。中华人民共和国成立后，人民政府鼓励农民发展禽畜养殖，牛、猪、鸡逐年增多。1958年，成立公社后，限制农户饲养禽畜，耕牛和池塘养鱼由集体放养。1982年后，农村实行改革开放政策，养殖业逐渐向规模化、专业化发展，境内先后出现一批规模养殖户。1990年，全乡有各类养殖户3500户，共出栏生猪1.5万头，出笼家禽8万羽，出水鲜鱼6.5吨。2003—2005年，神皇村陈诗林、宾益生创办的2个专业养殖场相继投产。2014年，全乡有各类规模养殖户19户，出栏生猪0.6万头，年末存栏0.3万头；出笼家禽16万羽，年末存笼2万羽；出水鲜鱼12吨。

林业　境内有宜林山地7000公顷。主要树种有松、杉、油茶、南竹、樟、银杏等。1957年以前，林地为私人所有。1958年成立人民公社后，山林收归集体。是年，创办县属峋嵝峰林场，营造人工林1220公顷。20世纪70年代，相继建立社、队林场，共营造杉木林70余公顷。1982年，山林经营权下放到户，并实行封山育林。2000—2005年，实施退耕还林工程，全乡共营造生态林260余公顷。2014年，全乡林地面积7880公顷，实现林产品总值1100万元，森林覆盖率达85%。

工业　民国时期，境内民间有铁器、木器、竹器、土纸等加工作坊数十家。中华人民共和国成立初，在维持既有私营手工业的同时，兴办国营和集体工业。1957年，建立县办峋嵝钾长石矿。1958年秋，在境内福星村建神皇铁厂，有民工3000余名，因未炼出生铁，于次年2月停办。20世纪80年代至90年代，境内有建筑、建材、竹木器加工等乡办工业企业24家，年工业总产值约1.15亿元。2000年后，乡办企业改制为民营企业。2001—2013年，先后有大丰瓷泥、界江瓷泥、湘雁矿业、昆峰道路材料、鸿盛竹木制品等5家民营企业建成投产。2014年年末，全乡有民营工业企业6家，从业人员320人，实现工业总产值1.5亿元，完成税收2100万元。

商贸服务　清末民国时期，境内神皇山、凤山坳、江柏堰、妙溪共设有店铺30余家，从业人员50余人。中华人民共和国成立后至1956年，商贸仍由个体私营。1958年后，分别在神皇山、江柏堰、新桥、妙溪设立供销分社或代购代销点及粮食储运仓库，供应生产生活资料和收购农林产品。1959—1961年，一度取消农村集贸市场。1962年后逐渐恢复，但对上市销售的商品仍有所限制。1970年，境内有国营、集体商业网点8个，从业人员60余人。1980年后，实行改革开放，搞活商品流通，个体商业逐渐发展。至2000年，全乡个体商贸发展到280户，从业人员460人。2014年年末，全乡有各类商贸户296家，从业人员525人，涉及服装、餐饮、运输、金融、医药、化肥农药等行业；有集贸市场1个，年社会消费品零售总额1.5亿元。

财政金融　中华人民共和国成立后至1984年，乡（社）财政收支实行报账制，由财粮委员或秘书兼管。1985年，成立乡财政所，统管乡财政收支。是年，乡财政总收入186万元，主要为工商税和农业税；财政总支出186万元，主要为支援农业、行政管理费和上解县财政。2004年，实行农村税费改革，取消农业税、农业特产税及各项涉农税费，共计税金153.19万元，农民人均得实惠73元。2014年年末，全乡财政总收入545万元，总支出545万元。

1956年，成立神皇乡信用合作社。1962年，分别设立神皇、峋嵝、松柏3个公社信用社。1996年，前述3个信用社合并为峋嵝乡信用社。2014年年末，乡内有金融机构1个，年末各项存款余额1.1亿元，贷款余额7896万元。

基础设施

水利建设 1949年，境内有山平塘600余口，蓄水总量约80万立方米。中华人民共和国成立后，人民政府把兴修水利作为发展农业的大事来抓。1953—1957年，共整修扩建山塘350余口，蓄水总量增加到120万立方米。1958年10月至1959年10月，修建山峙门（小一型）水库，蓄水量450万立方米。1960—1966年，先后修建畔塘、牛冲、四清、黑塘、李子园等5座小二型水库。1974年9月至1975年1月，山峙门水库扩建为中型水库，蓄水量增加到1281.4万立方米；库区淹没稻田276亩，拆迁房屋593间，移民98户、432人。灌区内有干渠2条长69.6千米，支渠11条长33.5千米，灌溉面积2130公顷。1981—2000年，重点加强对塘坝、渠道的清淤和水库除险加固工作。2010年，完成了山峙门水库大坝的加固防渗。2014年年末，乡内有中型水库1座，小型水库7座，山平塘1151口，总蓄水量1390万立方米。

山峙门水库

交通运输 清代至民国时期，境内有衡州至界牌的石板大道过境。1958年10月，建成李家坳至神皇铁厂公路。1964年，续建神皇铁厂至腊树蔸公路。20世纪70年代，先后畅通神皇铁厂至新桥、麻家岭至岣嵝峰林场2条公路。1987年，腊树蔸至界牌公路建成通车。20世纪80年代至90年代，重点实施村道工程。2000—2013年，对乡内的县、乡、村道分期分批进行改造和水泥硬化。至2014年年末，境内有县道1条，共长13.5公里；乡道3条长33.63公里；村道17条，总长45.16公里，实现村村通水泥公路。

乡境内有界牌至衡阳市客运班车经过，设有神皇山、铁厂、江柏堰停靠点。

邮政电信 1950年，设立神皇山邮政代办所。1963年，升格为神皇山邮电所，邮件分别投递到大队（村），邮路单程65公里。2014年年末，有邮政所1处，年投送报刊邮件等2.45万份。

1956年，乡政府驻地开通电话，明线长5千米。1962年，架设神皇、岣嵝、松柏3个公社电话，线路长10.5千米。1980年后，公社自办电话网络，部分大队（村）利用有线广播线路通电话。1999年，程控电话逐渐替代手摇电话。同年，开始建设移动电话基站。2014年年末，乡内有电信企业1家，固定电话用户1000户；有移动基站3座，信号覆盖率达85%，移动电话用户3000户。

供电 1984年起，境内陆续供电。至1995年，全乡有10千伏配电线路1条、长25.48千米，10千伏变压器

17台，总容量950千伏安；村通电率100%，村民小组通电率90%。2000—2013年，对农村电网实行分期改造，先后完成17个村的线改和户改，共改造10千伏线路4条48.5千米，新增和更新10千伏变压器25台，完成户改4738户。2014年年末，全乡有10千伏配电线路4条，长57.34千米，10千伏变压器35台，总容量5770千伏安；有低压用电线路总长433.58千米。全乡17个村、243个村民小组全部通电，用电户5103户，占总户数98%。

乡村建设 2006年起，以高峰村为示范点，启动社会主义新农村建设，重点改造农村饮水、电力、道路等基础设施。与此同时，加强农村环境卫生综合整治，建设美丽乡村。至2014年，全乡农村道路硬化率、电网改造率、农村居民饮水安全率均为100%，环境卫生综合达标率80%。行政村都有办公用房。

社会事业

教育科技 清代，当地较著名的有岣嵝书堂。民国时期，废私塾提倡新式教育。1949年，境内有神皇董祠，杉云陈祠、朱祠，妙溪周祠，环洞赵祠以及江柏堰屈祠等7所小学。中华人民共和国成立后，废族校办乡校，同时大力开展扫除青壮年文盲教育。1956年，境内有完全小学1所，初级小学10所。1968年，小学增加到16所。1969年，神皇、松柏、岣嵝3个公社分别建立初级中学。1983年，按照省定普及初等教育的八项标准，着力抓好“一无两有”（即校校无危房，班班有教室，人人有桌凳）和中心小学建设。1985年，经过省市验收，各学校均达到“一无两有”标准。是年底，全乡7—12周岁儿童入学率99.1%，年巩固率99.32%，毕业率93.45%；13~15岁儿童初中教育普及率98.5%。1995年，对境内中、小学布局作相应调整，将神皇中学、岣嵝中学、江柏堰（松柏）中学合并为岣嵝乡中学；小学由16所整合为7所。2014年年末，全乡有幼儿园1所，在园幼儿200人，专任教师6人；小学7所，在校学生1430人，专任教师90人；初中1所，在校学生510人，专任教师40人。有岣嵝乡中学、杉云中心小学、神皇小学、福星小学、高峰小学、妙溪小学、松柏小学等7所县级合格学校。

岣嵝乡中心小学

1981年，建立公社农科站（后更名乡农技服务站），培训农民技术员17人。1983年起，开办3所农民文化技术学校，向农民传授农业科技知识。至1998年，累计培训1220人次。20世纪90年代起，建立科技示范户。2010年，妙溪村张朝林发明的“PCB板收扳机可调推力推杆”获国家专利。2014年年末，全乡有各类科技示范户 85 户。

文化体育 清初，僧弥高创立岣嵝诗社，著有《游岳诗草》。民国时期，境内民间有龙灯、狮灯、花灯数坛，多在春节期间表演。中华人民共和国成立初，以农村俱乐部为文化活动阵地。20 世纪 60 年代中期，成立公社文化辅导站，配有文化专干 1 名。1966—1976 年，农村文化为毛泽东思想文艺宣传队所替代。20 世纪 80 年代至 90 年代，农村文化呈现多元化，修族谱、唱花鼓等在民间盛行。2007 年，乡文化站更名为文体站。2014 年年末，全乡有文体站 1 个，工作人员 4 人；村文化活动中心 17 个，共有图书 1.5 万余册；各类文化专业户 5 户，从业人员 57 人。

1972 年，建立公社广播站，有工作人员 3 名。是年，17 个大队、243 个生产队通广播，喇叭入户率 25%。1975 年，建立公社电影放映队，有电影放映机 3 台。1985 年，乡广播站更名为广播电视站。1994 年，广播电视站易名为有线电视站。2014 年年末，全乡有有线电视网络 8 千米，有线电视用户 1000 户。

1997 年，乡内中小学开始按《国家体育锻炼标准》教学，当年达标率 27%。至 2005 年，达标率提高到 94%。2014 年年末，全乡中小学共有运动场 8 个，总面积 1.58 万平方米。

医疗卫生 1949 年以前，境内仅有个体中医 3 家，从业人员 4 名；农村缺医少药，农民患病素以中草药治疗为主。中华人民共和国成立后，医疗卫生条件不断改善。1956 年，成立神皇乡联合诊所，有中医 4 名。1962 年，分别成立神皇、岣嵝、松柏公社卫生院，共有中西医 10 名。1968 年，建立大队卫生室，分别配有 1 名“赤脚医生”和妇幼保健员。1969 年，实行农村合作医疗制度。20 世纪 60 年代至 80 年代，加强流行性疾病和传染病的预防工作。1995 年撤区并乡后，调整医院布局，将原神皇、岣嵝、江柏堰 3 所卫生院合并为岣嵝乡卫生院。2000 年，投入资金 110 万元改建乡卫生院及添置医疗卫生器械。2006 年 1 月，启动新型农村合作医疗，当年参合人数 20012 人，参合率 96%；共补偿兑付 2050 人，补偿总金额 46 万元。2014 年年末，全乡有卫生院 1 个，病床 20 张，医护人员 25 名；有村卫生室 17 个，卫生员 20 人；参加新农合 20042 人，参合率 98%，共补偿兑付 2100 人，补偿总金额 381.4 万元。

社会保障 五保供养 20 世纪 60 年代起，对孤寡老人和无劳动能力的残疾人实行“五保”，其供养费由所在生产队统筹。1980 年后，“五保”供养纳入社（乡）统筹。2003 年，建立乡敬老院。2005 年起，“五保”对象享受农村最低生活保障待遇，其供养经费纳入县财政统筹。2014 年年末，全乡有“五保”对象 136 人，其中分散供养 112 人，集中供养 24 人；年人均供养金 3057 元，总金额 41.58 万元。

大病救助 2006 年起，实行城乡居民大病医疗救助，救助对象主要为罹患恶性肿瘤、白血病、尿毒症的城低保户、困难户。2014 年，共救助 197 人，救助总金额 14.23 万元。

城乡低保 2007 年 7 月起，实行农村居民最低生活保障（简称低保）。2009 年，全乡有低保对象 331 户、728 人，年人均低保补助金 1080 元，共补助金额 78.62 万元。2014 年，全乡低保对象 689 户、1396 人，年人均补助 1476 元，补助总金额 206.5 万元。

养老保险 2011 年 7 月，启动城乡居民社会养老保险。是年，全乡登记参保人数 7374 人，参保率 49%，征缴养老基金 83.18 万元；为 3205 名到龄居民发放 7—12 月份养老金 105.76 万元。2014 年年末，全乡居民登记参保人数 10800 人，参保率 80%，征缴养老基金

86.4 万元，为 3659 名到龄居民发放养老金 246.74 万元。

人民生活　民国时期，境内人民绝大多数缺衣少食，居住简陋。中华人民共和国成立后，人民政府组织人民群众兴修水利，增强抵御自然灾害能力，乡内人民生活逐步改善。至 1957 年，“吃饭”问题初步解决，部分少房户盖起新房。1959—1961 年，由于自然灾害等原因，造成粮食短缺，甚至出现饥荒。1964—1977 年，居民生活逐渐向好，但整体较低，少数人购置自行车、手表、缝纫机、收音机属奢侈消费品。改革开放以后，农村实行土地承包经营责任制，生产潜能充分释放，经济不断发展，人民生活水平不断提高。1984 年，全乡农村居民人均纯收入 389 元，1990 年达到 657 元，2000 年提高到 2568 元。部分家庭购置电视机、洗衣机、摩托车，大部分农家由土砖茅屋换成红砖瓦房。2001—2013 年，乡内居民生活水平显著提高。年人均可支配收入由 2568 元提高到 11830 元，分别是 1990 年的 18 倍、2000 年的 4.6 倍。农村家庭多建有 2~3 层砖混结构小楼房，固定电话、移动电话、电脑、空调、汽车等进入寻常百姓家，2014 年，农民人均可支配收入 12255 元。人民生活质量全面提升。

特色地情

历史人文

屈森澄（1887—1961），岣嵝乡松柏村人。红军将领。1924 年加入中国共产党。历任衡阳县第九乡农民协会主席，衡阳总工会组织部长。1927 年赴江西参加南昌起义。同年 10 月参加湘南暴动。1928 年 2 月，奉命回衡阳组建工农革命军第七师，任师长。1930 年至 1934 年，先后参加围攻长沙和掩护中央红六军团西征。1937 年，七师奉命编入国民革命军新编第四军，开赴抗日前线。1938 年，去延安中央干部休养所疗养。1950 年后，历任中南军政委员会顾问、湖南省参事室参事。

屈凤梧（1896—1946），字德一，岣嵝乡松柏村人。先后就读于中山大学和美国哈佛大学。1925 年后，任黄埔军校政治教官及教导处处长（少将军衔）、军校特别党部书记长。1943 年，任湖南省党部监察委员兼衡阳县参议会议长。其间，组织议员投入抗日，慰问伤亡将士。1945 年 8 月日本投降后，任湘潭县县长。同年 9 月 21 日，从衡阳返回老家，途经石狮坳（今集兵镇石狮村）时，被 3 个蒙面人杀害。

肖觉先（1899—1928），岣嵝乡红家村（今觉先村）人，革命先烈。1924 年冬在省立第三师范由毛达湘（毛泽建）介绍加入中国共产党。1926 年春，受党组织派遣与戴今吾回乡开展农民运动，发展 12 名中共党员，于同年 3 月建立衡阳县第一个党的农村基层组织——中共神皇支部，肖任支部书记。是年 6 月，成立衡阳县农民协会，任执行委员。1927 年 5 月 27 日，衡阳发生“沁日事变”后，“挨户团”开展大规模“清乡铲共”活动。6 月下旬，肖觉先、戴今吾在妙溪周祠组建边防暴动队（后改称衡北游击师），任暴动队队长。同年 11 月，任中共衡山县农委书记兼岳北区委书记。1928 年 2 月，任工农革命军第七师四团团长。同年

7月，被叛徒出卖在环洞口被捕，8月12日在衡阳演武坪英勇就义。

戴今吾（1901—1927），今岣嵝乡福星村人，革命先烈。1924年冬在省立第三师范由毛达湘（毛泽建）介绍加入中国共产党，1926年春，受党组织派遣回乡开展农民运动。同年6月，任衡阳县农民协会执行委员兼宣传部部长。8~9月，组建神皇山农民协会，任委员长。1927年2月，邀请毛达湘在集兵滩钟家花园开办农运骨干讲习班。农民运动如火如荼，神皇乡农协曾获“模范农协会”称号。5月27日衡阳“沁日事变”后，“挨户团”大肆搜捕农运骨干。6月下旬，戴今吾与肖觉先在妙溪组建边防暴动队，任中共支部书记。后由于叛徒告密，于12月20日在岣嵝峰禹王殿被捕，三天后惨遭杀害。

陈维亚（1907—1975），号侠隐，岣嵝乡凤山村人。国民党起义将领。1926年6月入唐生智部当兵，同年参加北伐。历任文书、参谋、连长、营长、中校参谋等职。1930年12月，在参与唐生智反对蒋介石的军事斗争中失败，被俘送返乡。1931—1947年，先后任湖南军事特派员兼独立十二旅上校副旅长、军事参议院上校主任科员、少将编纂科长、军事参议院咨议等职，曾参与《海陆空军刑法》《军事集志》《抗战辑要》《大事年表》等军事史志的撰写工作。1948年5月以超少将衔调任云南军管区主任监察官和第八军（军长李弥）主任监察官。1949年12月24日，同卢汉等在云南通电起义。

名胜古迹

岣嵝峰　南岳七十二峰之一，主峰海拔951.5米。据《水经注》载：“岣嵝山，南岳衡山也。”故岣嵝峰又有衡山之别称。清同治《衡阳县志》载：“雷祖峰西，一峰亚之，望若俯背，故名‘佝偻’”。后人因“佝偻”不雅遂改为“岣嵝”，沿用至今。峰上有嫘祖（黄帝之妻）坟、禹碑、禹王殿、禹泉、望日亭、望江亭以及清兵部侍郎、山东巡抚陈士杰（1824—1893）墓等人文景观。相传大禹治水曾登临岣嵝峰。后人为纪念其治水的劳绩，于宋代在此峰修建禹王殿，后因年久坍塌。清同治九年（1870）重修，时任兵部侍郎彭玉麟曾为之撰写《重修禹王殿记》碑文。后殿宇毁于火灾。1994年，衡阳县人民政府斥资修复，并重塑大禹雕像。禹碑位于岣嵝峰国家森林公园之禹王殿前左侧的巨石上。碑高2.1米，宽1.4米，厚0.1米。传说大禹治水得金简玉牒之书勒于石碑，碑文77字，形似蝌蚪文，亦若鸟篆体。自唐宋明清以来，历代文人学者研究禹碑碑文者甚众，最著名的有杨慎、沈镒、杨时乔等。唐代文学家韩愈曾有诗文言及此碑：“岣嵝山尖神禹碑，字青石赤形模奇。蝌蚪拳身薤倒披，鸾飘凤泊拿虎螭……”现为县级重点文物保护单位。山上建有国有林场，有营林面积530余公顷。1995年，经林业部专家组考察批准为国家级森林公园，并有星级宾馆及登山公路等旅游设施，是休闲观景的理想之地。

白石峰　与岣嵝峰隔山相峙，为南岳七十二峰之一，主峰海拔1101米。因山体表面遍布云母矿石，故名白石峰。传说道家创始者老聃（老子，又名李耳）曾骑青牛到此取石炼云，留下青牛足迹，故又得名老子崖。峰上怪石嶙峋，灌木丛生；冬春云雾缭绕，夏秋凉风习习，为登山览胜之佳境。

岣嵝峰森林公园大门

禹王殿

禹王碑

白石峰

禹泉

神皇山农民协会旧址　位于岣嵝乡神皇村神皇村民小组。1926年3月由中共党员肖觉先、戴今吾发动并建立农会组织。农会骨干经常在此开会。会址有房屋5间，为土木青砖结构，占地面积105平方米。为县级文件保护单位。

历史事件

妙溪边防暴动　又称边防起义。1927年6月下旬，由时任衡阳县农民协会执行委员肖觉先、戴今吾，组织200余名农会会员在妙溪周祠召开会议，成立边防暴动队（后更名为衡北游击师），肖觉先任队（师）长，戴今吾任党支部书记。队伍活动于衡阳、衡山2县及南岳交界地的山区，与当地民团做斗争。1928年2月16日，奉湘南特委指示，衡北游击师在界牌将军庙（今将军村）整编，组建衡阳工农革命军第七师，屈淼澄任师长，何修寅为党代表，朱克敏、肖觉先分别任三、四团团长。部队整编后，攻打南岳团防局，缴获枪支数十支。

历任乡镇（公社）党政主要负责人名录

岣　嵝　乡

（1961.8—2015.12）

中共岣嵝公社委员会

书　　记	胡诗寿	1961.8—1962.5
	唐仲扬	1962.5—1964.4
	谭邦才	1966.2—
	刘仁第	1971.4—1974.3
	欧迪元	1974.3—1978.11
	陈兴芝	1978.11—1982.10
	肖三定	1982.10—1984.8

中共岣嵝乡委员会

书　　记	陈炳生	1984.8—1985.3
	陈儒国	1985.3—1987.12
	易承发	1987.12—1990.5
	彭清泉	1990.5—1991.8
	刘宏生	1991.8—1995.5

中共岣嵝乡工委

书　　记	王　强	1995.5—1995.9

中共岣嵝乡委员会

书　　记	王　强	1995.9—1997.2
	肖三定	1997.2—1998.1
	刘耀德	1998.1—2001.1
	刘端生	2001.1—2003.1
	朱清赞	2003.1—2006.1
	刘俊辉	2006.2—2013.9
	陈新能(女)	2013.9—

岣嵝乡人民公社

社　　长	祝家佑	1962.2—1966.2
	刘仁第	1966.2—

岣嵝公社革委会

主　　任	刘仁第	1968.3—1971.4
	唐福松	1971.4—1974.3
	欧迪元	1974.3—1978.10
	陈兴芝	1978.10—1981.3

岣嵝公社管委会

主　　任	许刚友	1981.3—1984.2
	王家恒	1984.2—1984.4

岣嵝乡人民政府

乡　　长	王家恒	1984.4—1991.1
	莫尚林	1991.1—1992.2
	欧解放	1992.2—1993.2

刘春福　1993.2—1995.5

岣嵝乡行政管理委员会

主　任　肖三定　1995.5—1995.10

岣嵝乡人民政府

乡　长　肖三定　1995.10—1997.2
李逢丁　1997.2—1998.1
刘端生　1998.1—2001.1
胡书祥　2001.1—2006.1
陈新能(女)　2006.2—2013.9
龙　骁　2013.9—

岣嵝乡人大主席团

主　席　莫尚林　1987.10—1991.1
祝培才　1991.1—1995.5
王　鹏　1995.10—1997.2
刘端生　1997.3—1998.1
夏兰初　1998.2—2003.1
邓双柏　2003.1—2006.4
庾仲伟　2006.4—2008.12
王成生　2008.12—2013.9
蔡旭辉　2013.9—

岣嵝乡政协联工委

主　任　刘端生　1995.12—1997.3
宋友和　1997.3—2001.1
邓双柏　2001.1—2003.1
朱清赞　2003.3—2004.1
王成生　2004.1—2008.12
蔡旭辉　2008.12—2013.9
欧召武　2015.2—

神　皇　乡

(1956.6—1995.5)

中共神皇乡委员会

第一书记　许定友　1956.6—1957.4
唐代理　1957.4—1958.9

中共神皇公社委员会

书　记　罗友云（兼）1961.8—1962.5
钟名益　1962.5—1963.9
唐代宣　1963.9—1966.2
贺昌元　1966.2—1971.10
李家玉　1971.10—1979.2
杜仲元　1979.2—1983.3
谭运湖　1983.3—1984.8

中共神皇乡委员会

书　记　肖三定　1984.8—1986.12
周达平　1986.12—1995.5

神皇乡人民政府

乡　长　祝家佑　1956.6—1957.4
代乡长　盛忠玉　1957.4—1958.9

神皇人民公社

社　长　廖洪照　1962.5—1963.11
李传涛　1964.8—

神皇公社革委会

主　任　贺昌元　1968.3—1971.9
李家玉　1971.9—1981.3

神皇公社管委会

主　任　龙开元　1981.3—1984.2
欧解放　1984.2—1984.4

神皇乡人民政府

乡　长　欧解放　1984.4—1985.7
胡书庚　1985.7—1986.1
王家和　1986.1—1987.3
钟家洋　1987.3—1992.2
王志诚　1992.2—1993.2
夏兰初　1993.2—1995.5

神皇乡人大主席团

主　席　刘春福　1987.10—1993.2
许纯斌　1993.2—1995.5

江柏堰（松柏）乡

(1961.8—1995.5)

中共松柏公社委员会

书　　记　朱洪祥　1961.8—1964.2
王大宣　1964.2—1964.6
杨臣林　1964.6—
陈兴芝　1970.9—1978.10
王三多　1978.10—1979.12
屈良新　1979.12—1984.2

中共江柏堰乡委员会

书　　记　易承发　1984.2—1987.12
陈友生　1987.12—1988.1
梁积欢　1988.1—1988.8
范千礼　1989.1—1990.8
王德元　1991.1—1995.5

松柏人民公社

社　　长　曹志刚　1962.5—1963.3
宋康芳　1963.3—1965.1

松柏公社革委会

主　　任　汪南祥　1968.3—1970.8
陈兴芝　1970.8—1978.10
王三多　1978.10—1979.12
屈良新　1979.12—1981.3

江柏堰公社管委会

主　　任　陶国朝　1981.3—1982.4
邱忠廉　1982.4—1984.2
许祖海　1984.2—1984.4

江柏堰乡人民政府

乡　　长　许祖海　1984.4—1985.3
唐家构　1985.3—1986.12
范千礼　1987.3—1989.3
欧解放　1989.3—1989.11
陈小保　1989.11—1995.5

江柏堰乡人大主席团

主　　席　吴　鑫　1987.10—1988.1
欧解放　1988.1—1989.1
尹立雁　1989.1—1992.2
成领祥　1992.2—1995.5

表 20　峋嵝乡村级行政区划调整概况表

新村（社区）名	人口数	合并的原村（社区）名
觉先村	2384	觉先村、妙溪村
腊树村	2220	腊树村、杨梅村
环洞村	1984	和石村、城前村
高峰村	3391	高峰村、集云村、印山村
白石峰村	2465	白石村、七里山村、双江村
杉云村	1789	杉云村
福星村	1958	福星村
松柏村	1802	松柏村
凤山村	1630	凤山村
神皇村	1640	神皇村

说明：原有 17 个村，2015 年调整合并为 10 个村。

潮江乡行政区划图

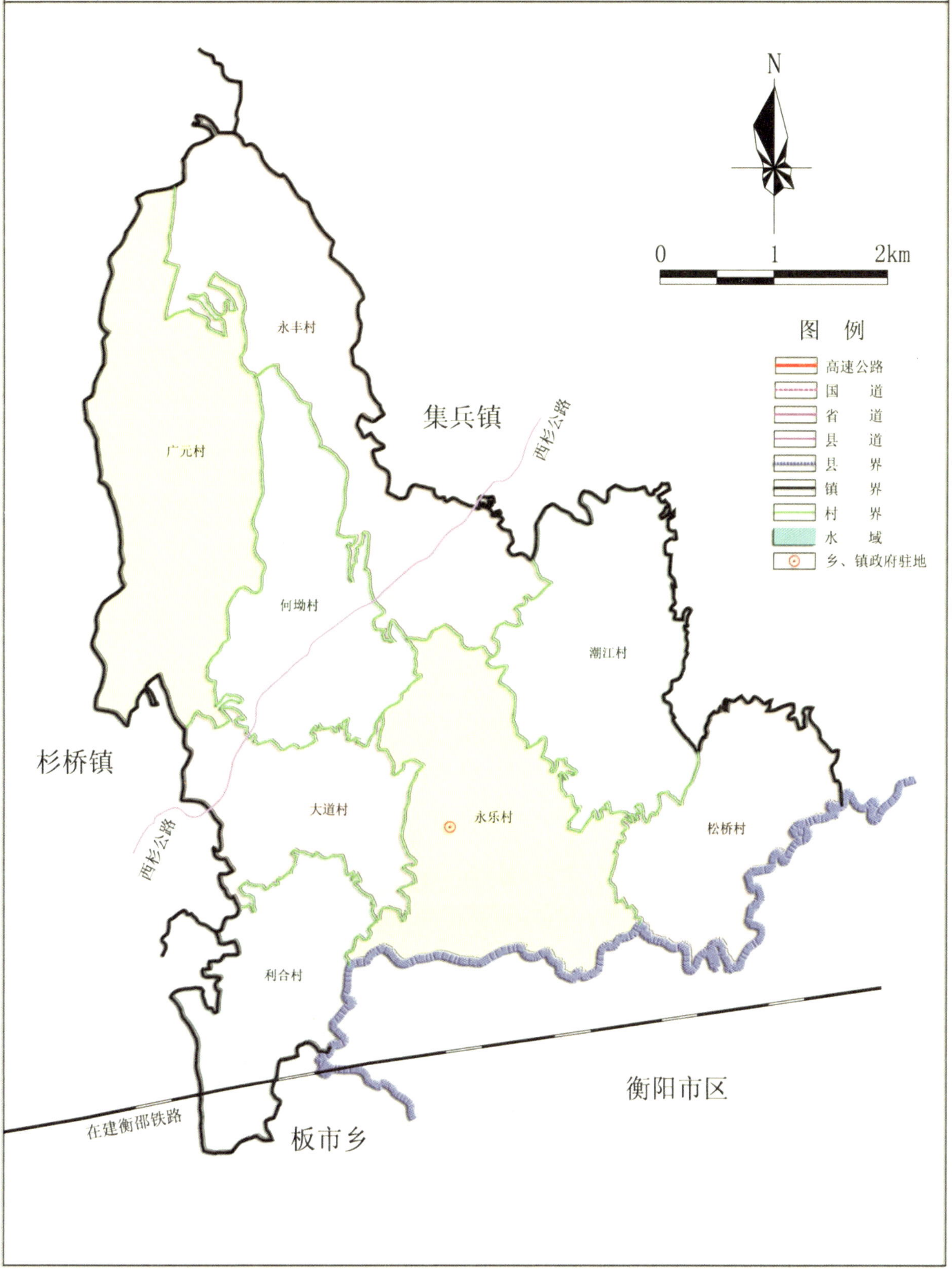
N
0
1
2km
图 例
高速公路
国 道
省 道
县 道
县 界
镇 界
村 界
水 域
乡、镇政府驻地
永丰村
广元村
集兵镇
西杉公路
何坳村
潮江村
杉桥镇
大道村
永乐村
松桥村
西杉公路
利合村
衡阳市区
在建衡邵铁路
板市乡

潮江乡

区域概况

位置面积 乡以境内小河“潮江”得名。位于北纬26°59′08″~27°03′45″，东经112°30′25″~112°34′18″。地处县境东南部，东临集兵镇，南界衡阳市石鼓区角山乡，西南抵板市乡，西北连杉桥镇。乡人民政府驻永乐村，距县城西渡23公里。

辖区东西最大直线距离8公里，南北最大直线距离5公里，总面积26.75平方公里。

建置沿革 明洪武三年（1370），潮江属衡阳县慕化乡。清康熙三十年（1691），撤乡设都，属第四十二都。同治十年（1871），属义化镇。民国32年（1943），属衡阳县第三区义化乡。新中国成立初，仍沿袭民国旧置。1950年3月，去义化乡，置潮江、永乐乡，隶属第三区。1952年7月，衡阳、衡南分县后，重新设置政区，置潮江乡，属衡阳县第十六区（后改名为角山坪区）。1956年5月，撤区并乡，潮江并入角山乡。1958年9月，建立人民公社（简称公社），属跃进公社。1961年8月，分社设区，设潮江公社，隶属板桥区（后易名为呆鹰岭区）。1984年5月，改公社为乡镇，称潮江乡。1995年5月，撤区并乡，潮江复并入角山乡。2000年12月，再次从角山乡析出，重置潮江乡。2015年11月，调整乡镇区划，撤销潮江乡，原所辖的4个建制村并入集兵镇。

行政区划 2014年，辖潮江、松桥、永乐、大道、利合、广元、何坳、永丰8个村，下设88个村民小组。

2015年7月，调整辖区内行政区划，将8个村合并为4个村。至是年11月，辖永乐、潮江、白马、大利4个建制村，下设88个村民小组。

自然环境 全境属山地与丘陵结合地区，东

乡政府办公楼

南部多丘陵，西北部多山地。乡域属亚热带气候区，气温四季分明，年平均气温17℃，极端最低气温-8.2℃（1972年2月9日），极端最高气温40℃（2010年8月5日）。年平均降水量1220毫米，降水日数153天，最多年份达198天（1970），最少年份121.5天（1986），降水集中在4—9月，5、6月最多。常年主导风为北风，夏季为东南风，并有雷电气象。境内属蒸水水系，潮江河汇入杉旭河流入蒸水，境内长12公里。

人口民族　1982年第三次全国人口普查（以下分别简称“四普”“六普”），辖区户籍总人口（以下简称总人口）8801人；1990年“四普”8650人；2010年“六普”9275人。“六普”人口分别比“三普”增加474人，比“四普”增加625人。2014年年末，辖区总人口9586人，其中常住人口8495人。总人口中，男性5048人，占52.66%；女性4538人，占47.34%；0~14岁1939人，占20.2%；15~59岁6251人，占64.8%；60岁以上1448人，占15%。2014年，全乡人口出生率13.53‰，死亡率5.36‰，自然增长率8.17‰。

辖区内人口均为汉族。

经济发展

农业　种植业　2014年，全乡耕地面积618公顷，其中水田570公顷。主要农作物有水稻、油菜、蔬菜。民国时期，农业生产水平低下，加之水利条件差，粮食平均亩产不足200公斤。中华人民共和国成立后，政府发动群众兴修水利，改善生产条件，粮食产量逐年递增。1957年，平均每亩达到270公斤。1958年，成立人民公社，搞“一大二公”，后又连遇三年自然灾害，粮食减产歉收。1961年，调整公社管理体制，实行以生产队为核算单位，贯彻“按劳计酬、多劳多得”分配政策。与此同时，扩大双季稻种植面积，改良耕作技术，农业生产持续发展。1969年，种植双季稻540公顷，占水田面积的90%，两季平均亩产390公斤，总产量3150吨。1976年，试种杂交晚稻50亩，平均亩产320公斤。1983年，杂交晚稻占水田总面积的98%，亩均产量410公斤。1990—2005年，全乡水稻年复种面积稳定在1000公顷左右，亩均产量450公斤，年总产量6750吨。2014年，播种水稻1060公顷，总产7680吨；油菜130公顷，产菜籽600吨；蔬菜20公顷，总产量250吨。实现农业总产值2600万元。

养殖业　乡内历来有饲养禽畜习惯。民国时期，由于粮食紧缺，禽畜饲养量极少，养猪年户均不过一头，养牛为耕田用，饲养鸡鸭仅为生蛋换取油盐，故有“养猪为过年，养鸡换油盐”之说。中华人民共和国成立后，禽畜数量逐渐增多。1958年成立人民公社后，曾一度禁止农户饲养家禽家畜，鱼塘和耕牛由生产队集体放养。1962年后，允许农户饲养少量鸡鸭。1982年后，实行改革开放、搞活农村经济，养殖业快速发展，并逐

肉用牛养殖场

步向规模化、专业化经营发展。1990 年，全乡有各类规模养殖户 7 户，共出栏生猪 4100 头，出笼禽 2 万羽，出水鲜鱼 8 吨。1997 年，建成永乐丰养殖场，年出栏生猪 500 余头，出水鲜鱼 4 吨。2014 年年末，全乡共有各类规模养殖户 32 户，出栏生猪 5000 头，出笼家禽 5 万羽，出水鲜鱼 12 吨；养殖业总产值 2300 万元。

林业　境内有林地 1400 公顷，主要树种有松、杉、樟、油茶、南竹等。1956 年以前，林地为农民私人所有。1958 年成立人民公社后，林权收归集体。1982 年实行土地承包经营，林权下放到户。此后，通过实施植树造林、封山育林和退耕还林等措施，共营造生态林 530 余公顷。2014 年年末，全乡林地面积 1400 公顷，森林覆盖率 75%。

工业　民国时期，境内民间有木匠、篾匠、砌匠、泥瓦匠等手工从业人员数十人。中华人民共和国成立至 20 世纪 80 年代，乡内无工业企业。1994 年，利合村农民任志成创办角山大米厂（后改称角山米业有限责任公司），其生产的“角山”牌优质大米获湖南省名牌商标，年产值 5000 万元。2001—2012 年，先后有青源家具、百欣机械等 2 家民营工业建成投产。2014 年年末，全乡有工业企业 3 家，从业人员 635 人，工业总产值 0.75 亿元。

商贸服务　1962 年，建立供销社代购代销点，供应生产生活资料和收购农副产品。1995 年后，在乡机关驻地附近逐步建设门店，有商店 25 家，供应日常生产生活用品。2014 年年末，全乡有各类个体商贸户 103 家，从业人员 309 人，年社会消费品零售总额 721 万元。

潮江街道商贸门店

财政金融　中华人民共和国成立至 1984 年，乡（公社）财政收支实行报账制，由财粮委员或秘书兼管。1985 年，成立乡财政所，统管乡财政收支。2001 年，乡财政总收入 210 万元，主要为农业税、农业特产税等税收；财政总支出 210 万元，主要为支援农业、行政管理和上缴县财政。2004 年，实行农村税费改革，国家取消向农户征收农业税（含附加）、农业特产税及其他涉农税费，共计 70.10 万元，农民人均得实惠 81.5 元。2014 年年末，全乡完成财政总收入 300.59 万元，财政总支出 300.59 万元。

1962 年，成立潮江公社信用社。2014 年年末，乡内有金融机构一家，年末各项存款余额 7540 万元，贷款余额 1500 万元。

角山米业

基础设施

水利建设　1949年，境内有山平塘约300口，蓄水总量近60万立方米。中华人民共和国成立后，人民政府动员和组织群众兴修水利。1953—1957年，全乡共新修扩建山平塘350余口，蓄水总量增加到90万立方米。1959—1961年，先后建成永乐丰、龙潭冲、小冲3座小型水库，总蓄水量280万立方米。1963年，修通斜陂堰水库灌区引水干渠，境内长3.5千米，扩大灌溉面积150公顷。20世纪90年代至2009年，水利建设的重点是塘坝清淤、水库除险加固及渠道硬化防渗。2014年年末，全乡有山平塘340口，水库3座，引水渠道5条长7千米，总蓄引水量450万立方米。

永乐丰水库

交通运输　1979年，建成潮江至角山坪公路，境内长7公里。1987年，杉桥至集兵滩公路建成通车，境内长4公里。次年，畅通燕子窝至潮江乡政府驻地公路。20世纪90年代，重点实施村道建设工程，全乡8个村先后修通泥沙公路。2001—2005年，对乡、村道路进行提质改造和水泥硬化。至2006年，全乡8个村的村道全部硬化。与此同时，全乡有38个村民小组硬化道路20公里。是年，潮江乡获“湖南省乡村道路建设先进单位”称号。2014年，全乡有县道1条长4公里，乡道1条长7公里，村道8条长18.88公里，组道88条长124公里。

1988年，开通西渡至集兵滩客运班车，境内燕子窝设停靠点。2004年12月，开通衡阳市城区至潮江161路公交车，日开24个班次，日发送乘客500余人次。

邮政电信　1962年，潮江公社设邮政代办点。同年，架设电话线路，明线长3.7千米；1980年后，公社自建电话网络，部分大队利用有线广播通电话。1996年，开通程控电话。2001年，建立移动通信基站。2014年年末，全乡有邮政所1家，电信营业厅1家；程控电话网络35千米，电话用户600户；有移动通信基站3个，移动用户2000户。

供电　1984年起，境内居民陆续供电。1995年，全乡有10千伏配电线路3条、长7千米，10千伏变压器7台，总容量400千伏安；村通电率100%，村民小组通电率85%。2000—2013年，对农村电网实施分批次改造，先后完成8个村的线改和户改，共改造10千伏线路4条、长13千米；更新和新增10千伏变压器13台，总容量1300千伏安，完成户改2253户。2014年年末，全乡有10千伏配电线路4条、长13千米，10千伏变压器20台，总容量1300千伏安；有低压用电线路总长65千米。全乡8个村、88个村民小组全部供电，有用电户2253户，占总户数的100%。

乡村建设 2006年，启动社会主义新农村建设，重点改造农村电力、道路、水利等基础设施。与此同时，加强农村环境卫生综合整治，建设文明乡村。至2014年年末，全乡村道硬化率100%，电网改造率99%，环境卫生达标率85%，居民饮水安全率100%。行政村都有办公用房。

利合村村部

社会事业

教育科技 民国时期，境内天主堂设有教会学校。1949年，境内有小学3所。中华人民共和国成立初，在接管旧学校的同时，大力开展扫除青壮年文盲教育。1956年，乡内有小学5所。1974年，按照“一个大队办一所小学，一个公社办一所中学”的要求，是年有小学7所，中学1所。1983—1985年，重点抓好初等教育普及工作。经过三年努力，全乡7—12周岁儿童入学率99.5%，年巩固率99.45%，毕业率96.3%；13~15周岁儿童初中教育普及率99%。1992—2003年，共改建危房2200平方米、新建1000平方米。与此同时，为整合教育资源，提高教育质量，将原有7所村小学并为5所。2014年年末，全乡有幼儿园1所，在园幼儿127人，专任教师4人；小学5所，校舍面积5660平方米，在校学生458人，专任教师35人；中学1所，校舍2400平方米，在校学生193人，专任教师23人。有潮江乡中心学校、潮江乡中心小学2所县级合格学校。

潮江乡中心学校

1981年，建立公社农科站（后更名农技服务站），培训农民技术员45名。1983年起，开办农民文化技术学校，传授相关农业科技知识，累计培训3500人次。1997年，潮江乡被确定为县级科普示范乡。同年有科技示范户160余户。2014年年末，全乡有各类科技示范户215户。

文化体育 民国时期，境内有狮灯、龙灯数坛。中华人民共和国成立后，仍流行要灯习俗。1964年，先后建立公社文化站和大队文化室。1972年，建立公社广播站。是年，全社8个大队、88个生产队通广播，喇叭入户率25%。1975年，成立公社电影放映队，有放映

利合村健身广场

机1台。1985年，乡广播站更名为广播电视站。1994年易名为有线电视站。2007年，乡文化站改名文体站。2010年，新建成乡文体站投入使用。2014年年末，全乡有文体站、有线电视站各1个，有职工2人；村文化活动中心8个，共有图书4500册；各类文化专业户10户，从业人员10人；有数字电视用户600户。

1997年，乡内中小学开始按《国家体育锻炼标准》教学，当年达标率28%。至2005年，提高到96%。2014年年末，全乡中小学共有运动场5个，总面积250平方米。

医疗卫生 民国时期，境内缺医少药，患者治病素以草药为主。中华人民共和国成立后，医疗卫生事业不断发展。1956年，成立乡联合诊所。1962年，建立公社卫生院，有医务人员4名。是年，推行新法接生。1968年，建立大队卫生室，配“赤脚医生”和妇幼保健员各1名。是年，实施农村合作医疗制度。2006年1月，启动新型农村合作医疗，当年参合率达95%，共补偿兑付650人，补偿医疗费16万元。2012年，新建成的乡卫生院投入使用。2014年年末，乡内有卫生所1所、村卫生室8个，有病床10张，执业医务人员9名；参加新农合8579人，参合率99%，补偿兑付1068人，共补偿兑付医疗费15.8万元。

社会保障 五保供养 20世纪60年代起，对孤独老人和无劳动能力的残疾人实行“五保”，其供养费由所在生产队统筹。1980年后，供养费纳入社（乡）统筹。2005年起，“五保”对象享受城乡最低生活保障待遇，供养费纳入县财政统筹。2014年年末，全乡有“五保”对象45人，年人均供养金（不含穿衣、治病）2970元，总金额13.37万元。

大病救助 2006年起，实行城乡居民大病医疗救助。救助对象主要为罹患恶性肿瘤、白血病、尿毒症的城乡低保户、困难户。2014年，共救助75人，救助医疗费6.6万元。

城乡低保 2007年7月起，实行农村居民最低生活保障（简称低保），对低保对象实行动态管理。2009年，全乡有低保对象113户、324人，人均年补助标准1080元，补助总金额34.99万元。2014年，低保对象238户、476

潮江乡卫生院

人，年人均补助1476元，总金额70.25万元。

养老保险 2011年7月起，启动城乡居民社会养老保险。当年，全乡登记参保人数4218人，参保率84.7%；征缴养老基金35.73万元，为1227名到龄居民发放7—12月份养老金40.49万元。2014年年末，全乡登记参保人数4100人，参保率90%；征缴养老基金38.1万元，为1448名到龄居民发放养老金100.49万元。

人民生活 民国时期，境内绝大多数人缺衣少食，居住简陋。新中国成立后，人民政府使“耕者有其田，居者有其屋”，组织群众兴修水利，增强抵御自然灾害能力，乡内人民生活逐步改善。至1957年，“吃饭”问题初步解决，部分少房户盖起新房。1959—1961年，由于工作失误，加之连年自然灾害，导致粮食严重短缺而遭受饥荒。1964—1977年，居民生活逐渐向好，但整体较低，青年人结婚购置自行车、手表、缝纫机、收音机（俗称“三机一转”）属奢侈消费品。改革开放以后，经济不断发展，人民生活水平不断提高。1984年，全乡居民年人均纯收入385元，1990年达到660元，2000年提高到2580元。部分家庭购置电视机、洗衣机、摩托车，大部分农家由土砖茅屋换成红砖瓦房。2001—2013年，乡内居民生活水平显著提高。年人均可支配收入由2668元提高到11830元，分别是1990年的18倍、2000年的4.6倍。农村家庭多建有2~3层砖混结构小楼房，固定电话、移动电话、电脑、空调、汽车等进入寻常百姓家。2014年，农民人均可支配收入12315元。人民生活质量全面提升。

历任乡镇（公社）党政主要负责人名录

潮江乡

（1961.8—2015.12）

中共潮江公社委员会

书记	王炎生	1961.8—1962.5
	祝家诚	1962.5—1964.3
	杨臣基	1964.3—1966.5
	罗义初	1966.5—
	罗义初	1971.5—1974.2
	刘春棠	1974.2—1975.4
	欧吉清	1975.4—1975.12
	刘德坚	1975.12—1978.8
	刘绍康	1978.8—1984.2

中共潮江乡委员会

书记	任先体	1984.2—1986.12
	刘隆选	1987.4—1987.12
	颜昌发	1987.12—1993.2
	唐华礼	1993.2—1995.5
	蒋云新	2001.6—2005.5
	汤明亮	2005.7—2006.1
	胡小刚	2006.4—2007.11
	刘载宋	2008.12—2013.9
	蒋建平	2013.9—

潮江人民公社

社长	杨臣基	1961.8—1964.2
	陈启球	1964.3—1966.3
	刘德坚	1966.3—

潮江公社革委会

主任	罗义初	1968.3—1974.2
	刘春棠	1974.2—1975.4

欧吉清　1975.4—1975.12
刘德坚　1975.12—1978.2
刘绍康　1978.2—1981.3

潮江公社管委会

主　任　王仕孝　1981.3—1984.2
肖文庆　1984.2—1984.4

潮江乡人民政府

乡　长　肖文庆　1984.4—1986.1
刘隆选　1986.1—1987.4
汤春武　1987.4—1989.11
唐德宝　1989.11—1995.5
汤明亮　2001.6—2005.7
刘载宋　2005.7—2008.12
谢理国　2008.12—2012.10
王溢珅　2012.11—

潮江乡人大主席团

主　席　刘隆选(兼) 1987.10—1987.12
黄道足　1988.3—1989.11
李家发　1989.11—1995.5
蒋云新　2001.6—2003.1
邱和平　2003.1—2005.7
朱福生　2005.7—2006.4
陈向群　2006.4—2013.9
罗友运　2013.9—

潮江乡政协联工委

主　任　邱和平　2001.6—2003.1
朱福生　2003.1—2006.4
彭文辉　2006.4—2011.3
龙　涓　2011.3—2013.9

表 21　潮江乡村级行政区划调整概况表

新村（社区）名	人口数	合并的原村（社区）名
白马村	2381	广元村、何坳村、永丰村
大利村	2446	大道村、利合村
潮江村	2735	松桥村、潮江村
永乐村	2047	永乐村

说明：原有 8 个村，2015 年调整合并为 4 个村。

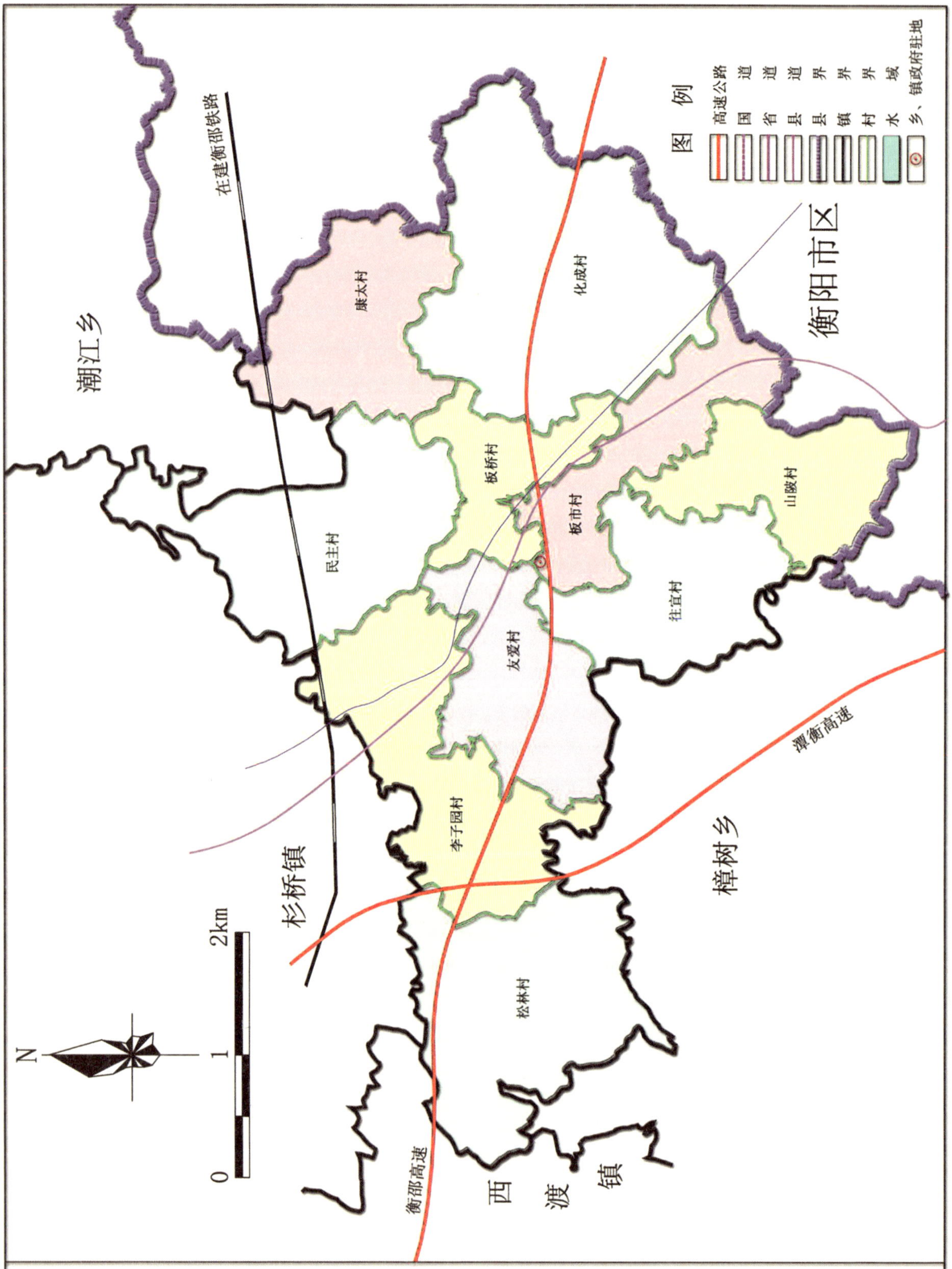
图例
高速公路
国道
省道
县道
县界
镇界
村界
水域
乡、镇政府驻地
衡阳市区
潮江乡
杉桥镇
樟树乡
西渡镇
在建衡邵铁路
潭衡高速
衡邵高速
康太村
化成村
板桥村
板市村
山陂村
民主村
往宜村
友爱村
李子园村
松林村
N
0
1
2km

板市乡行政区划图

板 市 乡

区域概况

位置面积 板市乡因驻地原名“板桥”得名。位于北纬 26°56′30″～27°0′12″，东经 112°27′37″～112°33′1″。地处县境东部，东临衡阳市石鼓区角山乡，南抵蒸湘区呆鹰岭镇，西接樟树乡、西渡镇，北连杉桥镇、潮江乡。乡政府驻板市村，距县城西渡 17 公里。

乡政府办公楼

辖区东西最大直线距离 8.4 公里，南北最大直线距离 7 公里，总面积 24.35 平方公里。

建置沿革 明洪武三年（1370），板市属募化乡。清康熙三十年（1691），去乡设都，属第四十二都。同治十年（1871），属义化镇。民国 32 年（1943），属第三区义化乡。中华人民共和国成立初，仍沿袭民国旧置。1950 年 3 月，撤义化乡，分置板桥、山陂、往宜、子园 4 个，属第三区。1952 年 7 月，衡阳、衡南分县后，重置区乡政区，设板桥、民主乡，隶属衡阳县第十七区（后更名板桥区）。1956 年 5 月，撤区并乡，民主乡并入板桥乡。1958 年 9 月，建立人民公社（简称公社），板桥乡并入东风公社。1961 年 8 月，分社设区，置板桥公社，属板桥区（后易名为呆鹰岭区）。1984 年 5 月，撤公社复称乡镇，改称板市乡。1995 年 5 月，再次撤区并乡，板市乡并入呆鹰岭镇。2001 年 5 月，析出呆鹰岭镇复置板市乡。至 2014 年，政区无变更。

行政区划 2014 年年末，辖板市、板桥、民主、友爱、山陂、往宜、化成、子园、康太、松林 10 个村，下设 117 个村民小组。

2015 年 8 月，调整辖区内村级行政区划，将 10 个村合并为 6 个村。至是年末，辖板桥、和友、民康、同心、化成、松林 6 个建制村，下设 117 个村民小组。

自然环境 全境属丘陵与平原结合地区。东西部为丘陵，南北和中部为小平原。属亚热带气候区，气温四季分明，年平均气温18℃，极端最低气温-8.3℃（1972年2月9日），极端最高气温40℃（2010年8月5日）。年平均降水量1221毫米，降水日数153天，最多年份达196天（1970），最少年份121天（1986），降水集中在4—9月，5、6月最多。常年主导风为北风，夏季为东南风，并有雷电气象。境内土壤分为水稻土、紫色土两大类。全境属蒸水水系，杉旭河系蒸水一级支流，境内流程7公里。

人口民族 1982年第三次全国人口普查（以下简称“四普”和“六普”），辖区户籍总人口（以下称总人口）15209人；1990年“四普”总人口16391人。2010年“六普”总人口12958人。2014年年末，全乡总人口14892人，其中常住人口13086人。总人口中，男性7822人，占52.52%；女性7070人，占47.48%；0~14岁2989人，占20.6%；15~59岁9553人，占64.1%；60岁以上2350人，占15.3%。2014年年末，全乡人口出生率12.86‰，死亡率7.4‰，自然增长率5.82‰。

辖区内有少数民族人口25人。

经济发展

农业 种植业 2014年，全乡耕地面积1100公顷，其中水田970公顷。主要农作物有水稻、油菜、莲藕、蔬菜、水果等。民国时期，农业生产水平低下，粮食产量亩均约200公斤。中华人民共和国成立后，致力于改变生产条件，粮食产量不断上升。1957年平均亩产达到280公斤。1958年，成立人民公社（简称公社），搞“一大二公”，后又连遇三年自然灾害，粮食减产歉收。1961年，调整公社规模，实行以生产队为核算单位。与此同时，扩大双季稻种植面积，改进耕作技术，推广良种良法，农业生产持续发展。1969年，全公社双季稻面积800公顷，占水田总面积的90%，两季平均亩产385公斤，粮食总产量4620吨。1976年，试种杂交晚稻3公顷，亩均330公斤，比常规稻亩产增产90公斤。1983年，种植杂交晚稻920公顷，亩产415公斤，总产量5727吨，实现晚稻产量超过1969年全年粮食总产。1990—2005年，全乡水稻年种植面积稳定在950公顷左右。2012—2013年，投入840万元，对乡内360公

莲藕基地

顷农田进行整理改造。2014年，全乡种植水稻730公顷，总产量7175吨；油菜670公顷，产菜籽1056吨；蔬菜水果180公顷，总产5200吨。实现农业总产值3170万元。

养殖业　乡内素有养殖禽畜习惯。民国时期，由于饲料紧缺，禽畜饲养数量很少。中华人民共和国成立初，养殖业有所发展，禽畜逐渐增多。1958年成立人民公社后，一度禁止农户饲养家禽家畜。1962年后，准许农户饲养禽畜，但对数量仍有所限制。1982年后，实行改革开放，搞活农村经济，养殖业快速发展，并逐步向规模化、专业化、市场化经营发展。乡内陆续出现以松林、民主、子园、友爱等村为龙头的湘黄鸡规模养殖区。2014年年末，全乡有各类规模养殖户25户，出栏生猪1.5万头，出笼家禽22.26万羽，养殖业总产值4550万元。

湘黄鸡养殖基地

林业　境内山地大多为紫色页岩区，有宜林山地78公顷。主要树种有松、苦楝、樟等。1956年以前，林地为农民私人所有。1958年后收归集体经营。1982年实行土地承包经营责任制，林权下放由农户经营。此后，通过植树造林、封山育林和退耕还林，森林面积逐渐增加。2014年，全乡林地面积810公顷，森林覆盖率28.4%。

酥脆枣基地

工业　中华人民共和国成立至20世纪70年代末，境内无社队工业企业。20世纪80年代至90年代，陆续建立队办红砖厂。2001—2013年，先后有鸿康纸塑、康泰绳网厂、紫色页岩机砖厂、鸿创纸碗厂等民营工业企业建成投产。2014年年末，乡内有民营工业7家，从业人员287人，工业总产值2198万元，实现税收317万元。

商贸服务　民国时期，板桥老街有店铺十余家，经营杂货、餐饮、旅店等行业，从业者20余人；并设有集贸市场。中华人民共和国成立至1956年，商贸主要由个体经营。1957年，成立板桥供销分社和合作商店。1958年成立人民公社后，曾一度取消集市贸易，生产、生活资料由供销社统一经营。1964年，恢复集贸市场。1978年，境内有供销社、代购代销店、门市部、仓储、集贸市场等商业网点13个，从业人员近50人。1982年后，实行改革开放、搞活商品流通，一批个体商户进入流通市场。1990年，个体商贸户发展到10家、从业人员20余人。1995—2013年，集体商业完成改制，置换成民营商业。2014年年末，全乡有各类商贸服务业318家，从业人员4535人；有集贸市场1个。年社会消费品零售总额1574万元。

财政金融　中华人民共和国成立至1984

年，乡（社）财政实行报账制，由财粮委员或秘书兼管。1985年成立乡财政所，统管财政收支。2001年，乡财政总收入39万元，主要为农业税、农业特产税及工商营业等税收；财政总支出39万元，主要为支持“三农”（农业、农民、农村）、行政管理费及上解县财政。2004年，实行农村税费改革，取消农业税（含附加）及农业特产税，金额93.88万元，农民人均73元。2014年年末，全乡完成财政总收入271万元，财政总支出271万元。

1956年，成立板市乡信用合作社。1995年撤区并乡后，板市信用社并入呆鹰岭镇信用社。2001年从呆鹰岭镇析出复置板市乡信用社。2014年年末，乡内有金融机构1家，年末各项存款余额1.45亿元，贷款余额496万元。

基础设施

水利建设 1949年，境内有山平塘约450口，蓄水总量约80万立方米。中华人民共和国成立后，人民政府组织群众兴修水利。1953—1956年，共整修扩建塘坝240余口，蓄水量增加到100万立方米。1957年，修建何家垅（小二型）水库，蓄水量150万立方米。1962—1963年，修建斜陂堰（中型）水库灌区支渠4条，境内长10.5千米。20世纪90年代至2011年，水利建设的重点是塘坝清淤和渠道硬化。其间共完成山平塘清淤40余口，硬化渠道4.5千米。2012年，投入450万元完成何家垅水库除险加固工程。2014年年末，全乡有水库1座，山平塘1028口，渠道4条、长10.5千米，蓄、引总水量456万立方米。

交通运输 1959年，呆方（呆鹰岭至方家大屋）公路建成通车，境内长7公里。1974年，板桥至角山坪公路竣工，境内长6.5公里。20世纪80年代至90年代，先后畅通了友爱、板市、康太、山陂等10个村的村道。2005年起，分批实施乡村（组）道路改造硬化工程。2006年，康太村村民任志生捐款60万元水泥硬化村道5公里。2011年，途经板市的潭衡西和衡邵2条高速公路先后竣工通车，在境内子园村设有互通，共长9.46公里。至2012年，全乡乡村道路全部实现水泥硬化。2014年年末，境内有乡道2条长10公里，村道10条长22公里。

邮政电信 民国32年（1943）8月，设立板桥邮政所。1957年，改为板桥邮电所。是年，板桥乡架通电话，线路长6对千米。1980年后，公社（乡）自建通村电话网络，部分村利用有线广播线路开通电话。2002年，建设程控电话网络。2005—2008年，移动公司、联通公司先后在板市建设通信基站。2014年年末，乡内有电信、移动、联通营业厅各1家，程控网络11千米，固定电话用户201户；通信基站2个，移动电话用户3150户。

供电 1984年起，境内居民陆续供电。至2001年，全乡有10千伏配电线路6条、长14千米，10千伏变压器13台、总容量650千伏安；村、组通电率均为100%。2001—2013年，对农村电网实行分批次改造，先后完成9个村的线改和户改，共新增、改造10千伏线路4条、长8.5千米；更新和新增10千伏变压器14台、总容量1400千伏安；完成户改3168户。2014年年末，全乡共有10千伏配电线路8条、长21.5千米，10千伏变压器35台、总容量3800千伏安；共有低压用电线路141千米。全乡10个村、117个村民小组全部通电，用电户3500户，占总户数的100%。

乡村建设　2006年，启动社会主义新农村建设，重点改造农村电力、道路、水利、环境卫生等基础设施。至2014年年末，全乡电网改造率达100%，乡村道路硬化率100%，居民饮水安全率100%，环境卫生综合达标率80%。行政村都有办公用房。

农村居民住宅小区

社会事业

教育科技　清代及以前为私塾教育。清末废私塾兴办学堂。民国初，改学堂为学校。1949年，境内有保国民学校及私立族校4所。新中国成立初，在接管旧学校的同时，开办农民识字夜校，扫除青壮年文盲。1957年，境内有初级小学7所，完全小学1所。1974年，按照“一个公社办一所中学、一个大队办一所小学”的布局，全公社有小学9所、中学1所。1983—1985年，重点抓好普及初等教育。经过三年努力，至1985年年底，全乡7—12周岁儿童入学率98%，年巩固率达98.5%，毕业率96%；13~15周岁儿童初中教育普及率98.5%。

友爱学校

1992—2003年，实施中小学危房改造工程，创建合格学校。至2004年，全乡共改建、新建校舍2120平方米。与此同时，为整合教育资源，提高教育质量，将原有9所小学整合为4所村联校。2014年年末，全乡有幼儿园2所，在园幼儿335人，专任教师21人；小学4所，在校学生789人，专任教师39人；中学1所，在校学生363人，专任教师40人。有板市小学、板市中心小学2所县级合格学校。

1981年，建立公社农科站（后更名农技服务站），培训农民技术员43人。1993

年，在乡内创建6公顷良种辣椒示范基地。20世纪90年代起，建立养殖业和种植业科技示范户。2012年，子园村肖俊伟被评为衡阳市“优秀星火科技示范户”。2014年年末，全乡有各类科技示范67户。

文化体育 民国时期，境内民间有舞龙耍灯习俗。中华人民共和国成立初，以农村俱乐部为文化活动阵地。1964年，建立公社文化站。1965年，建立大队文化室。1972年，公社广播站正式投入使用。是年，全社10个大队、117个生产队通广播，喇叭入户率23%。1975年，成立公社电影放映队，有放映机1台。1985年，广播站更名为广播电视站。2011年，启动无线数字电视“户户通”工程。当年开通用户530户。2012年，乡文体站办公楼竣工交付使用。2014年年末，有文体站1个，职工1人；农家书屋10个，共有图书1.3万册。

1997年，乡内中小学开始按《国家体育锻炼标准》教学，当年达标率27%。至2005年，达标率提高至95%。2014年年末，全乡中小学（含教学点）有运动场4个，总面积8010平方米。

医疗卫生 民国时期，境内缺医少药，大多数患者治病皆以草药为主。中华人民共和国成立后，1956年，成立乡联合诊所，有医卫人员5名。1962年，建立公社卫生院，有医师4名。此后，各大队相继建立卫生室，有“赤脚医生”和妇幼保健员各1名。1969年，建立农村合作医疗制度。2006年1月，启动新型农村合作医疗，当年参合率78%，共补偿兑付医疗费2706人，兑付金额72万元。2008年，改建后的乡卫生院投入使用，面积1750平方米。2014年年末，乡内有卫生院1所，村卫生室9个，病床18张，有执业医生8人，村专业卫生人员9人；新农合参合率97%，补偿兑付医疗费3059人，兑付总金额412万元。

社会保障 五保供养 20世纪60年代起，对年满60岁的孤寡老人和无劳动能力的残疾人实行“五保”，其供养费由所在生产队统筹。1980年后，改由公社（乡镇）统筹。2005年起，“五保”供养对象享受城乡最低生活保障待遇，其供养经费由县财政拨付。2011年，建成敬老院，面积1600平方米。2014年年末，全乡有“五保”对象100人，其中分散供养60人，集中供养40人；年人均供养费（不含衣被和医疗费）3584元，总金额35.84万元。

板市乡敬老院

大病救助 2006年起，实行城乡居民大病医疗救助。救助对象主要为罹患恶性肿瘤、白血病、尿毒症等城乡低保户、困难户。2014年，共救助347人，救助医疗费16.17万元。

城乡低保 2007年7月起，实行农村居民最低生活保障。对低保对象实行动态管理。2009年，全乡低保对象253户、487人，年人均补差1080元，总金额52.59万元。2014年，低保对象627户、1303人，年人均补差1476元，总金额192.32万元。

养老保险 2011年7月起，启动城乡居民社会养老保险。当年，全乡登记参保人数6647人，参保率90%；征缴养老保险基金73.92万元，为1891名到龄居民发放7—12月份养老金

61.38 万元。2014 年年末，全乡登记参保 6604 人，参保率 90%；征缴养老保险基金 73.1 万元，为 2300 名到龄居民发放养老金 157.9 万元。

新建的农村居民住宅

人民生活　民国时期，境内居民绝大多数缺衣少食，居住简陋。新中国成立后，人民政府使“耕者有其田，居者有其屋”，组织人民群众兴修水利，鼓励开荒造田，乡内人民生活逐步改善。至 1957 年，“吃饭”问题初步解决，部分少房户盖起新房。1959—1961 年，由于天灾人祸造成粮食严重短缺而发生饥荒。1964—1977 年，居民生活向好，但整体较低，青年人结婚购置自行车、手表、缝纫机、收音机（俗称“三机一转”）属奢侈消费品。改革开放以后，经济不断发展，人民生活水平不断提高。1984 年，全乡农村居民人均收入 375 元。1990 年达到 628 元，2000 年提高到 2550 元。部分家庭购置电视机、洗衣机、摩托车、冰箱，大部分农家由土砖茅屋换成红砖瓦房。2001—2013 年，乡内居民生活水平显著提高，年人均可支配收入由 2678 元提高 11850 元。农村家庭多建有 2~3 层砖混结构小楼房，固定电话、移动电话、电脑、空调、汽车等进入寻常百姓家。2014 年，人均可支配收入 12250 元。人民生活质量全面提升。

历任乡镇（公社）党政主要负责人名录

板　市　乡

（1956.8—2015.12）

中共板桥乡委员会

第一书记　肖德俭　1956.6—1957.4

中共东风公社委员会

第一书记　刘德谓　1958.9—1959.1

中共板桥公社委员会

书　记　刘德谓　1959.1—1960.9
　　　　肖祖贤　1960.9—1961.4
　　　　李传扬　1961.4—1961.8
　　　　万孝柏（兼）1961.8—1965.6
　　　　肖德俭　1965.6—
　　　　刘春棠　1970.10—1974.2
　　　　林才冬　1974.2—1979.12
　　　　胡国初　1979.12—1982.1

中共板市乡（公社）委员会

书　记　肖高生　1982.1—1986.1

中共板市乡委员会

书　记　肖启茂　1986.1—1989.1

邹赐军　1989.1—1991.1
傅爱生　1991.1—1991.12
肖启光　1992.2—1995.5
尹寒林　2001.6—2003.1
唐德宝　2003.1—2005.7
刘卫国　2005.7—2008.12
周新生　2008.12—2013.9
周建军　2013.9—

板桥乡人民政府

乡　长　刘耀璠　1956.6—1958.9

东风人民公社

社　长　肖祖贤　1958.9—1959.1

板桥人民公社

社　长　肖祖贤　1959.1—1960.9
熊诗寿　1961.4—1961.8
祝芳来　1961.8—1966.2
刘柏荣　1966.2—

板桥公社革委会

主　任　邱忠明　1969.5—1970.6
刘春棠　1970.6—1974.2
林才冬　1974.2—1979.12
胡国初　1979.12—1981.3

板市公社管委会

主　任　任先体　1981.3—1984.4

板市乡人民政府

乡　长　毛柏生　1984.4—1986.6
肖启仁　1986.6—1989.11
肖远桔　1989.11—1991.1
肖高新　1991.4—1992.2
范再明　1992.2—1995.5
刘琼林　2001.6—2003.1
蒋益忠　2003.1—2005.7
王春霖　2005.7—2011.3
蒋永红　2011.3—2013.9
周绍友　2013.9—

板市乡人大主席团

主　席　杨荣发　1987.10—1989.11
肖远礼　1989.11—1992.7
肖启仁　1992.10—1993.2
尹寒林　2001.6—2003.1
唐甲初　2003.1—2005.7
蒋永红　2005.7—2011.3
刘　盛　2011.3—

板市乡政协联工委

主　任　许启银　2001.6—2005.7
何新平　2006.4—2008.12
杨寒秋　2008.12—2010.6
刘光明　2011.3—

表22　板市乡村级行政区划调整概况表

新村（社区）名	人口数	合并的原村（社区）名
板桥村	2392	板市村、板桥村
民康村	2662	民主村、康太村
和友村	3567	子园村、友爱村
同兴村	2288	往宜村、山陂村
化成村	2434	化成村
松林村	1135	松林村

说明：原有10个村，2015年调整合并为6个村。

樟树乡行政区划图

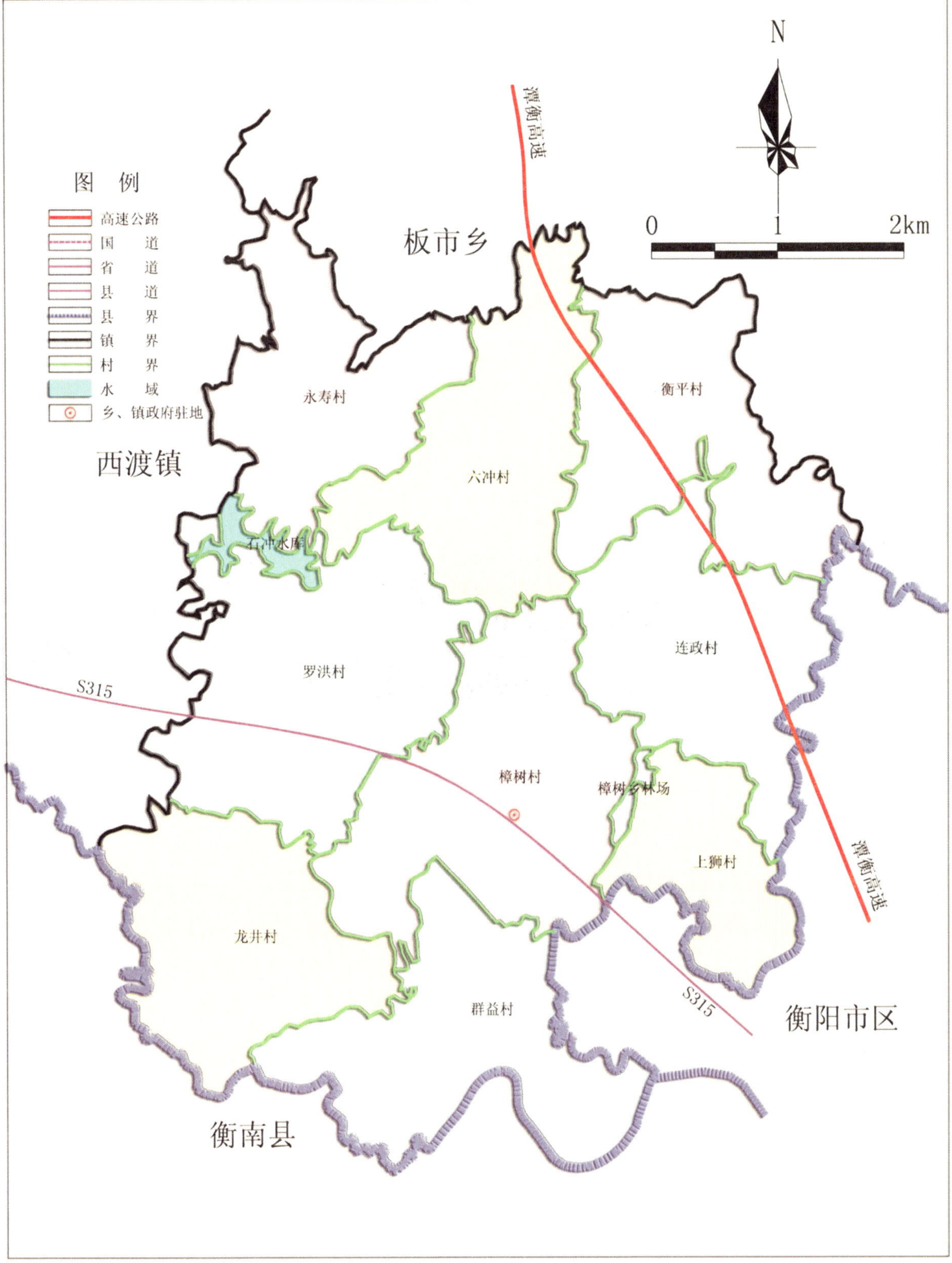
N
0
1
2km
潭衡高速
图 例
高速公路
国　　道
省　　道
县　　道
县　　界
镇　　界
村　　界
水　　域
乡、镇政府驻地
板市乡
西渡镇
永寿村
六冲村
衡平村
石冲水库
连政村
罗洪村
S315
樟树村
樟树乡林场
上狮村
龙井村
群益村
衡阳市区
衡南县
潭衡高速
S315

樟 树 乡

区域概况

位置面积 樟树乡因驻地“樟树坳”得名。位于北纬 26°54′18″～26°58′24″，东经 112°26′58″～112°30′36″。地处县境东南部，东与衡阳市蒸湘区呆鹰岭镇接界，南以衡南县三塘镇为邻，西连西渡镇，北接板市乡。乡政府驻樟树坳社区，距县城西渡 13 公里。

樟树坳

辖区东西最大直线距离 4.9 公里，南北最大直线距离 6.1 公里，总面积 28.34 平方公里。

建置沿革 明洪武三年（1370），樟树属慕化乡。清康熙三十年（1691），废乡设都，属第四十二都。同治十年（1871），属义化镇。民国 32 年（1943），属第三区义化乡。中华人民共和国成立初，仍沿袭民国旧置。1950 年 3 月，撤义化乡，分置樟树、群益、罗洪、连政 4 个乡，隶属第三区。1952 年 7 月，衡阳、衡南分县后，调整区乡行政区划，设永寿、连政乡，隶属衡阳县第十七区（后更名为板桥区）。1956 年 5 月撤区并乡，永寿乡并入集福乡；连政乡并入板桥乡。1958 年 9 月，建立人民公社（简称公社），属东风公社。1961 年 8 月，设区分社，置樟树公社，属板桥区（后易名为呆鹰岭区）。1984 年 5 月，公社改为乡镇。1995 年 5 月，再次撤区并乡建镇，樟树乡并入呆鹰岭镇。2000 年 12 月，从呆鹰岭镇析出复置樟树乡。至 2014 年年末，政区无变更。

行政区划 2014 年，辖利衡、樟树坳 2 个社区和樟树、龙井、群益、上狮、衡平、连政、六冲、永寿、罗洪 9 个村，下设 6 个居民小组、113 个村民小组。

2015 年 7 月，调整辖区内村级行政区划，将 9 个村 2 个社区并为 5 个村、1 个社区。至是年末，辖樟树坳社区和樟树、罗洪、连政、永禄、群益5个建制村，下设6个居民小组、113个村民小组。

自然环境　境域属丘陵区。系亚热带气候区，气温四季分明，年平均气温18℃左右，极端最低气温-7.3℃（1972年2月9日），极端最高气温40.8℃（2010年8月5日）。年平均降水量1212毫米，降水日数152.5天，最多年份达196天（1970），最少年份120天（1986），降水量集中在4—9月，4、5、6月最多。常年主导风为北风，夏季为东南风，并有雷电气象。境内土壤分为水稻土、紫色土、红壤土三大类。全境属蒸水水系，大桥铺河为蒸水一级支流，境内长4.6公里。

人口民族　1982年第三次全国人口普查（以下简称“四普”和“六普”），辖区户籍总人口（以下称总人口）9594人。1990年“四普”总人口10208人。2010年“六普”总人口12985人（内含2001年和2004年接收重庆市忠县和开县移民共33户、162人）。2014年年末，辖区总人口14192人，其中常住人口13160人。总人口中，男性7363人，占51.88%；女性6829人，占48.12%；0～14岁2799人，占19.6%；15～59岁9440人，占66.4%；60岁以上1953人，占14%。2014年，全乡人口出生率15.87‰；死亡率7.26‰，自然增长率8.61‰。

辖区内人口均为汉族。

经济发展

农业　种植业　2014年，全乡耕地面积1120公顷，其中水田713公顷。主要农作物有水稻、油菜、棉花、蔬菜等。民国时期，农业耕作粗放，加之水利条件差，粮食亩产不足200公斤。

中华人民共和国成立后，注重兴修水利改善灌溉条件，粮食连年增产丰收。1957年，平均亩产达到270公斤。1958年，成立人民公社，搞“一大二公”，后又连遇三年自然灾害，粮食减产歉收。1961年，调整公社管理体制，确定以生产队为核算单位。与此同时，扩大双季稻种植面积，实行科学种田，农业生产持续发展。1969年，全社双季稻占水田总面积的87%，两季平均亩产达到405公斤。1976年，全社试种杂交晚稻13公顷，平均亩产325公斤，比常规晚稻亩产高115公斤。是年10月，全国杂交水稻会议在衡阳召开，与会人员到樟树公社参观杂交晚稻现场。1983年，杂交晚稻种植面积占水田总面积的98%，平均亩产420公斤。1990—2005年，全乡水稻年种植面积稳定在660公顷左右，亩平均产量750公斤，年总产量7500吨。2011年，永寿村被列为国家优质棉花生产基地。2014年，全乡种植水稻600公顷，总产7200吨；油菜260公顷，产菜籽1200吨；棉花130公顷，产籽棉200吨；蔬菜200公顷，总产量1500吨。实现农业产值9500万元。

养殖业　乡内素有饲养禽畜习惯。民国时期，由于粮食紧缺，禽畜饲养量极少。养猪户年均不过一头；养鸡鸭仅为换取油盐。中华人民共和国成立后，政府鼓励农户发展养殖业，禽畜逐年增多。1958年成立人民公社后，曾一度限制社员私人养鸡养猪，池塘养鱼则由集体经营。1962年后，允许农户饲养少量家畜家禽。1982年，实行改革开放、搞活农村经济，养殖业逐渐向规模化、专业化发展。1990年，全乡有各类规模养殖户68户，出栏生猪8750余头，出笼家禽4.53万羽，出水鲜鱼7.5吨。1996—2012年，湘南良种猪养殖场、杉益养殖场等5个大型养殖场相继建成投产，并形成六冲、衡平、永寿、群益等4个各具特色的规模养殖村。2014年年末，全乡有各类规模养殖户186户，出笼家禽20万羽，出栏生猪1.5万头，出水鲜鱼10吨，养殖业总产值0.5亿元。

湘南良种猪养殖场

林业　境内多紫色页岩，有宜林山地840公顷，主要树种有松、樟、刺槐、枣及各种小灌木。2014年，全乡有林地面积900公顷，森林覆盖率40%。

工业　民国时期，境内民间有铁匠、木匠、泥瓦匠、砌匠等小手工业从业人员数十名。中华人民共和国成立后，至20世纪70年代末，境内无集体工业企业。80年代初，创办樟树安瓿厂，有职工20余名，年产值50余万元。90年代至2012年，以西渡高新技术产业园区为信托，大力招商引资，先后有中天云立电梯、云天锅炉、利德有陶瓷、光伏太阳能电站、长鑫建材、云尔输变电等19家规模民营工业企业在境内落户，形成了装备制造、建筑材料、光伏能源等三大产业集群。2014年年末，全乡有工业企业21家，总产值12.5亿元，实现税收0.8亿元。

商贸服务　1962年，建立供销点和粮食储备库，供应生产生活资料和收购农副产品。1995年后，在樟树坳公路旁陆续建设门店，有商户20余家，供应日用生活用品。2009年，建成农贸市场。2014年年末，全乡有各类个体商贸户698家，从业人员1216人，涉及日用百货、交通运输、建筑材料、化肥农药等行业；有集贸市场1个，年社会消费品零售总额3500万元。

财政金融　中华人民共和国成立至1984年，乡（社）财政实行报账制，由财粮委员或秘书兼管。1985年，成立乡财政所，统管财政收支。2000年，乡财政总收入109.8万元，主要为农业税；财政总支出89.1万元，主要为支持“三农”、行政管理和上解县财政。2004年，实行农村税费改革，国家取消农业税（含附加）、农业特产税及其他涉农税费共计90.46万

俊虹光伏太阳能电站

云天锅炉公司

元，农民人均82元。2014年年末，全乡完成财政总收入526.55万元，财政总支出516.68万元。

1962年，成立樟树公社信用合作社。2014年年末，全乡有金融机构1家，年末各项存款余额1.42亿元，贷款余额0.45亿元。

基础设施

水利建设 1949年，境内有山平塘近400口，蓄水总量70万立方米。中华人民共和国成立后，人民政府动员和组织广大农民群众大修水利。1953—1957年，全乡共新修扩建山平塘380余口，蓄水总量增加到120万立方米。1958年，建成石冲水库，蓄水量97万立方米。1963—1965年，先后建成斜陂堰灌区渠道引水工程，总长9.6千米，扩大灌溉面积260公顷。20世纪90年代至2012年，着力做好山平塘和渠道的清淤加固，先后共硬化塘坝80余口、渠道12.6千米。2012年，完成石冲水库大坝及渠道的除险加固。2014年年末，全乡有山平塘920口，小二型水库1座，引水干渠2条共长9.6千米，总蓄、引水量950万立方米。

石冲水库

交通运输 清代，有衡州至宝庆（今邵阳市）大道过境。民国28年（1939），衡邵公路建成通车，境内长4.6公里。1995年，衡邵公路樟树乡段改建为省道315线。20世纪80年代至90年代，实施村道建设工程，全乡9个村先后建成泥沙公路。2003—2012年，对乡内村道进行提质改造和水泥硬化。2014年年末，乡内有省道1条长4.6公里；乡道2条，村道9条，总长46公里。

2008年，开通西渡至樟树坳公交车。2009年，开通衡阳市至樟树坳公交车，日发送乘客0.3万人次。

邮政电信 明嘉靖十五年（1536），衡宝驿道在境内大桥铺（今罗洪村）设立驿铺。民国32年（1943）8月，设樟树坳信柜。1956年，设樟树邮政代办所。2001年，设立邮政所。2014年，共发行报刊12600份。

1962年，樟树公社开通电话，明线长3.5千米。1980年后，公社（乡）自建电话网络，部分大队（村）利用广播线路通电话。1995年，开通程控电话。1996年，建设移动电话基站。2014年年末，全乡有程控电话1260户；移动电话基站2座，信号覆盖率100%，移动电话用户9000户。

供电供水 1985年起，国家电网陆续向境内供电。至1995年，全乡有10千伏配电线路3条、长6.8千米，10千伏变压器9台，总容量4500千伏安，村组通电率100%。2000—2012年，对农村电网实行分批次改造，先后完成9个村的线改和户改，共改造10千伏配电线路2条、长4.5千米；更新和新增10千伏变压器14台，总容量1400千伏安。2014年年末，全乡有10千伏配电线路5条、长11.3千米，10千伏变压器23台，总容量2300千伏安。全乡9个村、119个村（居）民小组全部供电，供电率100%。

2008年，建成自来水厂，日产水2000吨。

乡村建设 2006年起，启动社会主义新农村建设，重点改造农村饮水、电力、道路等基础设施。与此同时，加强农村环境卫生综合整治，建设文明乡村。至2014年，全乡村道硬化率100%，电网改造率99.8%，环境卫生达标率85%，农村居民饮水安全率达100%；行政村都有办公用房。

社会事业

教育科技 清代为私塾教育，较为著名的有梅庵书堂。民国时期，废私塾，兴办保校、族校。1949年，境内有小学5所。中华人民共和国成立后，在发展小学教育的同时，开展扫除青壮年文盲教育。1956年，境内有小学7所。1974年，按照“一个大队办一所小学，一个公社办一所中学”的要求，全公社有小学9所，中学1所。1983—1985年，致力于普及初等教育。至1985年底，经过省市考核验收，全乡7—12周岁儿童入学率99.5%，巩固率99.45%，毕业率95.6%；13~15周岁儿童初中教育普及率99.1%。1993—2003年，突出搞好学校危房改造，实现“一无两有”（即校校无危房，班班有教室，人人有桌凳），至2003年，全乡共新建校舍840平方米，总面积由1993年的3800平方米增加到4640平方米。2009年，为整合教育资源，提高教育质量，将原有8所小学合并为3所。2014年年末，全乡有幼儿园3所，在园幼儿255人，专任教师15人；小学3所，在校学生1061人，专任教师62人；中学1所，在校学生338人，专任教师55人。有罗洪小学、樟树中心小学2所县级合格学校。

1981年，建立公社农科站（后更名农技服务站），培训农民技术员50余名。1983年起，开办农民文化技术学校，传授种植业和养殖业等农业科技知识。至1999年，累计培训农民1800余人次。20世纪90年代起，建立科技示范户。2010年，罗洪村黄祖信被评为衡阳市“优秀星火科技示范户”。2014年年末，全乡有各类科技示范户近200户。

文化体育 民国时期，境内有狮舞、龙灯数坛。中华人民共和国成立后，在继续保留舞龙耍灯习俗的同时，成立农村俱乐部。1964年，成立公社文化站和大队文化室。1966—1976年“文化大革命”期间，农村文化为革命歌曲和“样板戏”所替代。20世纪80年代至90年代，文化活动呈现多样化。2007年，乡文化站更名为文体站。2014年年末，全乡有文体站1个，工作人员3名；村文化活动中心9个，共有图书36800册；各类文化专业户37户，从业人员123人。

1972年，建立公社广播站，有工作人员1名。是年，全社9个大队、113个生产队通广播，喇叭入户率26%。1975年，建立公社电影放映队，有放映机1台。1985年，乡广播站更名为广播电视站。1994年，广播电视站易名为有线电视站。2014年年末，全乡有有线电视网络7千米，有线电视用户420户。

1997年，乡内中小学开始按《国家体育锻炼标准》教学，当年达标率28%。至2005年，达标率提高到96%。2014年年末，全乡中小学共有运动场4个。

医疗卫生 民国时期，农村缺医少药，患者治病素以中草药为主。中华人民共和国成立后，医疗卫生条件不断改善。1962年，建立公社卫生院和大队卫生室，分别配有4名西医和9名“赤脚医生”。与此同时，加强对妇女儿童的医疗保健和传染病的防治工作。1969年，实行农村合作医疗制度，20世纪80年代初中止。2006年1月，启动新型农村合作医疗，当年全乡参合人数9137人，参合率71%；全年共补偿兑付734人，补偿医疗费52万元。2014年年末，全乡有卫生院1所，村卫生室9个，共有病床12张，医卫工作人员37名（其中村卫生员9名）；参加新农合12360人，参合率96%，补偿兑付1093人，共补偿医疗费375万元。

社会保障 五保供养 20世纪60年代起，对孤寡老人和无劳动能力的残疾人实行“五保”，其供养费由所在生产队统筹。1980年后，供养费纳入社（乡）统筹。2005年起，“五保”对象享受农村最低生活保障待遇，其供养费纳入县财政统筹。2012年，投入300万元建成乡敬老院，建筑面积1600平方米，当年入住“五保”老人53人。2014年年末，全乡有“五保”对象99人（集中供养27人，分散供养72人），年人均供养金（不含被服和治病）3284元，总金额32.1万元。

大病救助 2006年起，实行农村居民大病医疗救助。救助对象主要为罹患恶性肿瘤、白血病、尿毒症的农村低保户、困难户。2014年，共救助373人，医疗费22.25万元。

大病救助 2007年7月起，实施农村居民最低生活保障（简称低保），并实行动态管理。

樟树乡敬老院

2009年，全乡有低保对象218户、467人，年人均补助1080元，补助总金额50.43万元。2014年年末，全乡低保对象422户、845人，年人均补助1476元，补助总金额124.72万元。

养老保险 2011年7月，启动城乡居民社会养老保险。当年，全乡登记参保5276人，参保率85%；征缴养老基金58.74万元，为1621名到龄居民发放7—12月份养老金63.22万元。2014年年末，全乡居民登记参保人数5343人，参保率90.3%，征缴养老基金62.67万元，为1884名到龄居民发放养老金131.51万元。

人民生活 民国时期，境内居民绝大多数缺衣少食，居住简陋。中华人民共和国成立后，人民政府使“耕者有其田，居者有其屋”，组织人民群众兴修水利，鼓励开荒造田，乡内居民生活逐步改善。至1957年，“吃饭”问题初步解决，部分少房户盖起新房。1959—1961年，由于天灾人祸造成粮食短缺以致出现饥荒。1964—1977年，居民生活逐渐向好，但整体较低，青年人结婚购置自行车、手表、缝纫机、收音机（俗称“三机一转”）属奢侈消费品。改革开放以后，经济快速发展，人民生活水平不断提高。1984年，全乡居民人均纯收入375元，1990年达到635元，2000年提高到2615元。部分家庭购置电视机、洗衣机、摩托车、冰箱，大部分农家由土砖茅屋换成红砖瓦房。2001—2014年，乡内居民生活水平显著提高，年人均可支配收入由2678元提高到12330元。农村家庭多建有2~3层砖混结构小楼房，固定电话、移动电话、电脑、空调、汽车等进入寻常百姓家。人民生活质量全面提升。

特色地情

历史人文

王云霖（1910—1993），名庆华，樟树乡樟树村人。中华人民共和国开国少将。1926年6月，入北伐军叶挺独立团当兵。1928年8月1日参加南昌起义。后跟随朱德与毛泽东会师井冈山。经历过长征、抗日战争和解放战争，长期从事军队医疗工作。历任井冈山红军医院看护班班长、外科主任，红四军后方医院外科主任、院长，第三后方医院所长、院长，第三野战预备医院院长，红四方面军附属医院所长，红一方面军第二兵站医院院长，八路军医院院长，晋冀鲁豫边区总卫生部部长，纵队卫生部政委等职。曾与加拿大籍医生白求恩有过合作共事的经历。中华人民共和国成立后，任华北军区后勤部副部长兼卫生部长、华北军区补训兵团卫生部长。1955年获中国人民解放军少将军衔。曾是中国人民政治协商会议第三届全国委员会委员。

蒋寿林（1903—1990），女，樟树乡罗洪村人。全国劳动模范。祖籍溆浦，因家贫卖给新桥（今属西渡镇）一蒋姓家做佣人，遂改姓蒋。17岁嫁给罗洪村一肖姓男子为妻。1944年，日军陷衡，因饱受战乱与饥饿，一家7口死亡5人，剩下她与儿子流浪为生。1949年10月，衡阳解放后，蒋积极投身于土地改革、支援抗美援朝、农业合作化等运动。1951年加入中国共产党，并担任乡、村干部。在兴修水利中，她发动和带领群众，新修和扩建山塘60余口，修建1座小型水库和蒸水防洪堤。1952—1958年，先后被评为衡阳专区、湖南省、中南局农业劳动模范。1959年1月，荣膺全国劳动模范，并出席全国劳模群英大会，受到毛泽东等党和国家领导人的接见。1979年3月，获全国"三八红旗手"称号。曾是中共衡阳县第四届候补委员。

历任乡镇（公社）党政主要负责人名录

樟　树　乡

（1961.8—2015.12）

中共樟树公社委员会

书　记	符云生	1961.8—1964.2
	邹春生	1964.2—1966.1
	刘才亨	1966.1—
	周良松	1971.7—1976.12
	刘春棠	1977.1—1978.2
	肖长春	1978.2—1984.2

中共樟树乡委员会

书　记	刘构君	1984.2—1985.9

张玉林 1985.9—1987.8
邓水生 1987.8—1989.3
朱尧求 1989.3—1993.4
阳孝告 1993.4—1995.5
旷　成 2001.6—2011.3
蒋立冬 2011.3—2013.9
邹立新 2013.9—

樟树人民公社

社　长 何斌山 1961.8—1962.5
曹希林 1962.5—1965.4
刘良前 1966.2—1966.7
张爱传 1966.11—

樟树公社革委会

主　任 刘才享 1968.3—1970.9
周良松 1970.9—1977.1

樟树公社革委会

主　任 刘春棠 1977.1—1978.2
肖长春 1978.2—1981.3

樟树公社管委会

主　任 刘逵贻 1981.3—1984.2
张玉林 1984.2—1984.4

樟树乡人民政府

乡　长 张玉林 1984.4—1985.9
肖远礼 1985.9—1986.12
阳孝告 1987.2—1993.4
蒋恒祝 1993.4—1995.5
刘　云 2001.6—2003.1
周新生 2003.1—2006.4
廖志鹏 2006.4—2013.9
陈　昊 2013.9—

樟树乡人大主席团

主　席 李贤增 1987.10—1989.11
戈应文 1989.11—1995.5
旷　成 2001.6—2003.1
祝中华 2003.1—2006.4
彭爱国 2006.4—

樟树乡政协联工委

主　任 唐德宝 2001.6—2003.1
范　景 2003.1—2006.4
胡华忠 2006.4—2013.9
龚响亮 2013.9—

表 23　樟树乡村级行政区划调整概况表

新村（社区）名	人口数	合并的原村（社区）名
樟树村	3315	樟树村、上狮村
罗洪村	3040	罗洪村、龙井村
连政村	3001	连政村、衡平村
永禄村	2718	永寿村、六冲村
群益村	1721	群益村
樟树坳社区	6411	樟树坳社区、利衡社区

说明：原有 9 个村 2 个社区，2015 年调整合并为 5 个村 1 个社区。

栏垅乡行政区划图

洪市镇
大安乡
长安乡
台源镇
演陂镇
西渡镇
鹿鸣村
建塘村
东水村
白水村
荷陂村
长冲村
寺松村
关庙村
召冲村
上春村
栏市村
枫树村
泉口村
东库村
新门前村
新垅塘村
竹山村
大石村
均陂村
在建衡邵铁路
衡邵高速
N
0
1
2km
图 例
高速公路
国 道
省 道
县 道
县 界
镇 界
村 界
水 域
乡、镇政府驻地

栏垅乡

区域概况

位置面积 栏垅乡因境内“栏垅铺”得名。位于北纬27°1′19″~27°6′51″，东经112°15′57″~112°21′56″。地处县境中部，东临台源镇，南接西渡镇，西连演陂镇、大安乡，北邻洪市镇、长安乡。乡政府驻栏市村集镇，距县城西渡9公里。

辖区东西最大直线距离8.3公里，南北最大直线距离12.8公里，总面积51.35平方公里。

建置沿革 明洪武三年（1370），栏垅属长乐乡。清康熙三十年（1691），撤乡设都，属第三都。清同治十年（1871），去都置乡镇，属乾安镇。民国32年（1943），设区辖乡，属第六区乾安乡。中华人民共和国成立初，仍沿袭民国旧制。1950年3月，撤乾安乡，分置贞一、栏垅乡，同属第五区。1952年7月，衡阳析分为衡阳县、衡南县后，重设区、乡政区，隶属第六区（后更名演陂区）贞一、枫树、栏垅乡。1956年5月，撤区并乡，将白水、管洲、贞一、枫树乡并入栏垅乡。1958年9月，建立人民公社（简称公社），撤栏垅、长安乡设光明公社。1961年8月，设区分社，置栏垅、白水公社，同属演陂区。1984年5月，公社改称乡镇。1995年5月，再次撤区并乡，白水乡并入栏垅乡。至2014年，政区无变更。

行政区划 2014年，乡辖栏市、枫树、上春、均陂、新垅塘、大石、新门前、竹山、东库、召冲、泉口、关庙、寺松、荷陂、鹿鸣、东水、建塘、白水、长冲19个村，下设249个村民小组。

2015年1月，调整村级行政区划，将19个村合并为11个村。至是年末，辖均龙、三和、贞一、东井、白水、荷鸣、栏市、枫树、

栏垅铺

上春、关庙、寺松11个建制村，下设249个村民小组。

自然环境　辖区属丘陵、平原地区，多紫色页岩。乡域处亚热带季风气候区，气温四季分明，年平均气温17℃~18℃，极端最低气温-8.3℃（1972年2月9日），极端最高气温40.8℃（2010年8月5日）。年平均降水量1267毫米，降水日数约151天，最多年份达187天（1970），最少年份92天（1963）；极端年最大降水量1801毫米（1970），极端年最少降水量953毫米（1963）。降水集中在4月至9月，5、6月最多。常年主导风为北风，夏季为东南风，并有雷电气象。境内土壤分为水稻土、红壤土、紫色土、潮土四大类。栏垅河属蒸水一级支流，境内长11.8公里。

人口民族　1982年第三次全国人口普查，辖区户籍总人口（以下称总人口）20468人。1990年第四次全国人口普查总人口20686人。2010年第六次全国人口普查总人口21394人。"六普"人口分别比"三普""四普"增加926人、708人。2014年年末，辖区总人口24167人，其中常住人口22100人。总人口中，男性12652人，占52.35%；女性11515人，占47.65%；0~14岁4867人，占20.14%；15~59岁15327人，占63.42%；60岁以上3973人，占16.44%。2014年，人口出生率12.17‰，死亡率6.25‰，自然增长率5.92‰。

辖区内人口均为汉族。

经济发展

农业　种植业　2014年，耕地面积1390公顷，人均0.86亩。农作物以种植水稻、油菜、棉花、烟叶为主。民国时期，由于农业生产条件落后，粮食产量低，亩产不足200公斤。中华人民共和国成立后，1950年，实行农村土地改革。1953年，组织农业生产合作社，粮食增产丰收。至1957年，粮食平均亩产提高到250公斤。1958年，成立人民公社，"吃大锅饭"，后连遇三年自然灾害，粮食减产歉收。1962年，调整公社管理体制，贯彻以生产队为核算单位和按劳计酬的分配政策，不断改进耕作技术，扩大双季稻种植面积，粮食生产持续发展。1970年亩产达到340公斤。1976年，试种杂交晚稻2公顷，平均产300公斤。此后种植面积逐年扩大。1983年杂交晚稻占水田总面积的90%，平均亩产380公斤。1991—2006年，全乡双季稻年种植面积稳定在1070公顷左右。2014年，种植水稻1130公顷，总产1.2万吨；棉花170公顷，产皮棉260吨；油菜1200公顷，产菜籽1800吨。实现农业总产值0.85亿元。

油菜基地

养殖业　境内素有养殖猪、牛、鸡、鸭、鱼等畜禽水产习惯。民国时期，乡内农户饲养家禽家畜数量极少；养鱼基本上不投放饵料，靠其自生自长，故产量很低。中华人民共和国成立后，1959—1980年，养殖业多为集体经营，发展较为缓慢。1982年后，随着农村土地承包经营责任制的建立和“开放搞活”方针政策的贯彻实施，国家大力扶持和鼓励农民发展养殖业，涌现一批规模养殖户。1983年，栏垅公社农民开孵房6家，孵鸡鸭苗150万只。2001—2012年，先后有鸿兴生态农业科技发展有限公司、千里马生态有限公司、心怡生态农业有限公司、万象生态农业开发有限公司、宏兴农业科技发展有限公司、国美生态农牧有限公司6家专业养殖企业建成投产。2014年，全乡有规模养殖户8户，出栏生猪1.56万头，年末存栏1.22万头；出笼家禽26万羽，年末存笼17万羽。

生猪养殖场

林业　境内有宜林山地236公顷。主要树种有松、杉、樟、油茶等。民国及以前，林地为私人所有制。1958年，成立人民公社后，林权归集体所有。1964年，创办白水公社林场，有营林面积50公顷。1982年，实行土地承包经营责任制，林权确定到农户。是年，白水林场建立苗圃，年育苗木70亩，年提供松树苗280万株。2004年，完成退耕还林面积20公顷，至2014年年末，全乡森林覆盖率65%。

生态农庄

工业　民国时期，境内民间有木梳作坊10余户，年产木梳约10万件。中华人民共和国成立后至1957年，木梳生产户增加到15户。1958—1980年，禁止私人从事梳篦生产经营。20世纪80年代，召冲村刘九生率先创办木梳厂，并逐步发展成为“天天见梳篦”实业集团，其产品畅销国内外，2003年获湖南省第五届农博会金奖；2009年，“天天见梳篦”被国家工商总局授予“中国驰名商标”称号。2011—2013年，鑫源梳厂、华銮梳厂相继建成投产。2014年年末，全乡有各类工业企业6家，从业人员300余名，实现工业总产值0.61亿元。

商贸服务　民国时期，境内栏垅铺有店铺10余家，并设有集市进行商贸活动。1956年，成立栏垅乡供销社。1958年，取消私营商贸服务，由供销社和国家粮油购销部门统一经营。1978年，境内有各类商贸门店、网点15个，从业人员50余人。1985年后，实行改革开放，允许个体商户进入流通市场。至1996年，全乡有个体商贸户80家，从业人员140人。2014年年末，全乡有各类商贸户126家，从业人员

261人，涉及餐饮、运输、金融、通信、文化、医疗、药品、保险、休闲娱乐等行业；有集贸市场1个，社会消费品零售总额0.85亿元。

财政金融 中华人民共和国成立后至1984年，乡（社）财政实行报账制，其收支由财粮委员或秘书兼管。1985年，建立乡财政所。2004年，农村税费改革，取消农业税、农业特产税和各项涉农税费共146.19万元，农民人均得实惠73元。2010年，乡财政总收入471万元，主要为工商税收及上级专项拨款；财政总支出465万元，主要为支持“三农”、行政管理和上解税收。2014年年末，财政总收入736万，财政总支出723万元。

1955年，建立栏垅乡信用合作社。2009年，设立中国邮政储蓄银行栏垅乡营业厅。2014年年末，乡内有金融机构2家，职工12人；年末各项存款余额0.75亿元，贷款余额850万元。

基础设施

水利建设 1949年，境内有水塘432口，蓄水总量约80万立方米。1952—1957年，整修新修山平塘1300余口，增加蓄水量300余万立方米。1957年，建成八亩亭小型水库，库容量74.5万立方米。20世纪90年代至2012年，致力于加强塘坝、渠道硬化清淤和水库除险加固。其间，共硬化山平塘200余口、渠道11千米。2014年年末，境内有小二型水库1座；山平塘1300口，总蓄水量345.6万立方米。

八亩亭水库

交通运输 1968年，境内西荷公路建成通车，长19.2公里。20世纪80年代至90年代，19个村的村道相继畅通。2003—2009年，实施乡村公路提质改造工程，先后对西荷线及栏市、枫树、上春、寺松、白水、长冲等19个村的村道进行水泥硬化。2014年年末，全乡有乡道1条、村道19条、组道150余条，总长152公里，形成了乡、村、组联通的农村公路网络。

栏铺大道

邮政电信 民国32年（1943）8月，设立栏垅铺信柜。1956年6月，栏垅乡通电话。1963年，设栏垅铺邮电所。2000年后，建设移动电话发射塔。2014年年末，境内有邮政所1处，邮政业务总量435万元，发行报纸杂志1.15万份；有电信服务网点3个，固定电话用户850户，移动电话用户2360户，互联网用户620户。

供电饮水　1988年，乡内开始供电。此后，供电范围逐步扩大。至1995年，全乡村通电率100%，村民小组通电率90.5%。2000年后，分期分批实施电网改造，先后对10个村进行线改，共改造和新增10千伏线路30千米，新增和更新10千伏变压器8台。2014年，全乡19个村、249个村民小组全部通电，用电户3845户，占总户数的92%。

2011年，投资500万元建成栏垅乡自来水厂，解决了11个村的居民饮水需求。

乡村建设　2006年，启动社会主义新农村建设，重点改造农村电网、道路、水利、环境卫生等设施。至2014年年末，全乡电网改造率54%，乡村道路硬化率100%，村组环境卫生综合达标率88%，居民饮水安全率100%；行政村都有办公用房。

社会事业

教育科技　清代为私塾教育。民国时期废私塾，提倡新式教育。1949年，境内有小学5所。中华人民共和国成立后，大力发展小学教育，同时开展扫除青壮年文盲教育。至1956年，全乡有小学11所。1958年，搞教育“大跃进”，推行“全日制与半日制”“公办与民办”两种教育制度并举，境内有农业中学1所，公办小学11所，民办小学5所。1962年，适当压缩办学规模，小学数量有所减少。1969年，农业中学与公办中学合并，民办小学并入公办小学，民办教师相继转为公办教师。1974年，按照“读小学不出大队”的布局，小学数量增至16所。20世纪80年代至90年代，在抓好初中教育普及率的同时，突出中小学危房改造，建设合格学校。其间，全乡共改建和新建中小学校舍4500余平方米，占总面积的27%。2001年后，着眼于整合教育资源，提高教育质量，将原有16所小学整合为6所。2014年年末，全乡有幼儿园5所（其中公办幼儿园2所，民办幼儿园3所），在园幼儿485人，专任教师24人；小学6所，在校学生1500人，专任教师78人；初中2所，在校学生655人，专任教师48人。有栏垅中学、白水中学、栏垅中心小学3所县级合格学校。

栏垅上春小学

1981年，建立公社农科站（后更名农技服务站）培训农民技术员18人。1983年起，开办农民文化技术学校，帮助农民学习科学文化知识。至1998年，累计培训650人次。20世纪90年代起，建立科技示范户。2010—2011年，新门前村熊群谊、栏市村张朝阳先后被评为衡阳市"优秀科技示范户"。2014年年末，全乡有各类科技示范户88户。

文化体育 民国时期，境内民间有龙灯、狮灯数坛。中华人民共和国成立至1957年，俱乐部成为农村文化活动阵地。1958年，刘文恒（召冲村人）改编的花鼓传统小戏《打鞭进城》由湖南人民出版社出版。1964年，建立公社文化站，各大队相继建立文化室。1972年，设立公社广播站。此后，境内19个大队、249个生产队陆续通广播。1975年，成立电影放映队，有16毫米放映机2台。1985年，广播站更名为广播电视站。2014年年末，全乡有文化站、广播电视站各1个，村级文化活动中心5个，村图书室19个，藏书14200册；各类文化专业户15户，从业人员50人；有线电视用户950户，无线数字电视用户2640户。

1997年，乡内中小学开始按《国家体育锻炼标准》教学，当年达标率26%。至2004年，达标率提高到94%。2014年年末，全乡拥有体育健身场地17个。

医疗卫生 民国时期，境内缺医少药，治疗病患者素以中草药为主。中华人民共和国成立后，1956年，成立乡联合诊所，有中医4名。1962年，建立公社卫生院，有专业医师5名。1969年，实行农村合作医疗制度，并相继建立大队卫生室，配有"赤脚医生"和妇幼保健员各1名。2006年1月，启动新型农村合作医疗。当年参合人数15482人，参合率78%；此后参合人数逐年递增。2014年年末，全乡有卫生院1个，村卫生室19个；有专业医务人员32人，拥有病床45张；参加新型农村合作医疗20488人，参合率100%。

社会保障 五保供养 20世纪60年代起，对孤寡老人和无劳动能力的残疾人实行"五保"，其生活费由所在生产队统筹。1980年后，"五保"供养纳入乡（社）统筹。2005年起，"五保"对象享受城乡最低生活保障待遇，其供养经费由县财政统筹。2014年年末，全乡有"五保"供养对象210人，其中乡敬老院集中供养28人，分散供养182人。年人均供养费（不含衣被和医疗费）3200元，总金额67.2万元。

大病救助 2006年起，实施城乡居民大病医疗救助。救助对象主要为罹患恶性肿瘤、白血病、尿毒症等大病的城乡低保户、五保户。2014年，共救助452人次，救助总金额28.89万元。

城乡低保 2007年7月起，实行城乡居民最低生活保障，并对低保对象实施动态管理。2009年，全乡有低保对象434户、716人，年人均补助1080元，总金额77.33万元。2014年年末，全乡有城镇低保16户22人，发放补助金41400元，年人均1890元；农村低保707户809人，发放补助金119.4万元，人均1476元。

养老保险 2011年7月，启动城乡居民社会养老保险。当年，全乡登记参保人数6940人，参保率46.3%；征缴养老基金75.96万元，为3452名到龄居民发放7—12月份养老金114.5万元。2014年年末，登记参保6938人，参保率46.3%；征缴养老基金91万元，为3927名到龄居民发放养老金274.72万元。

人民生活 民国时期，境内人民绝大多数缺衣少食，居住简陋。中华人民共和国成立后，人民政府使"耕者有其田，居者有其屋"，组织人民群众兴修水利，增强抵御自然灾害能力，乡内人民生活逐步改善。至1957年，"吃饭"问题初步解决，部分少房户盖起新房。1959—1961年，由于自然灾害和人为所致，造成粮食短缺甚至饥荒。1964—1977年，居民生活逐渐向好，但整体较低，少数人购置自行车、手表、缝纫机、收音机属奢侈消费品。改革开放以后，农村实行土地承包经营责任制，经济不断发展，人民生活水平不断提高。1984年，全乡农村居民人均纯收入325元，1990年达到612元。至2000年，人均纯收入提高到2010元。部分家庭购置电视机、洗衣机、摩托车，大部分农家由土砖茅屋换成红砖瓦房。2001—2013年，乡内居民生活显著提高。年人均可支配收入由2250元提高到10250元，分别是1990年的17倍、2000年的5.1倍。农村家庭多建有2~3层砖混结构小楼房，固定电话、移动电话、电脑、空调、汽车等进入寻常百姓家。2014年，农民人均可支配收入12980元。人民生活质量全面提升。

特色地情

历史人文

周乐群（1934—2014），栏垅乡新民村马村组人。中国人民解放军少将。1950年12月应征入伍，任衡阳军分区守机员。1951—1954年，随中国人民志愿军赴朝鲜参加抗美援朝战争。其间，在抢修安顺和新义州机场以及临津守备战中，冒着敌军的弹雨抢修前沿电话线路，确保了通信线路的畅通，两次荣立三等功。1956—1982年，先后任空军某场站通信导航连排长、连副指导员、指导员，空军航空兵某师宣传科干事、副科长、科长，空军某站副政治委员（简称副政委）、政委，航空兵某师副政委。1983—1986年，任新疆军区空军乌鲁木齐指挥所政治部副主任、副政委。1987年5月，任兰州军区空军后勤部政委。1988年9月，授予空军少将军衔。1994年退休。周乐群关心家乡教育事业，曾捐资在栏垅乡中学设立“优秀师生奖励基金”。2014年4月14日，在西安逝世，享年80岁。

名优特产

“天天见”梳篦　始产于栏垅乡栏垅铺，迄今有近两百年历史。20世纪90年代，组建为衡阳市天天见梳篦实业集团有限公司，落户衡阳县西渡经济技术开发区（今西渡高新技术产业园区）。其产品素以工艺精湛，美观实用而著称，深受国内外消费者的青睐，曾先后获湖南省农博会金奖和湖南省“百强”民营企业称号。2009年，“天天见”梳篦被国家工商总局授予“中国驰名商标”称号。

出土文物

春秋青铜甬钟　1979年4月出土于栏垅公社泉口大队泉口生产队。甬钟身高44厘米，长29.5厘米，铣间宽28厘米，乳钉36枚，重14公斤；纹饰有兽面纹，鼓部饰夔龙纹、几何纹等。经文物专家鉴定该甬钟系春秋青铜器，现存县文物管理局。

历任乡镇（公社）党政主要负责人名录

栏垅乡

（1956.6—2015.12）

中共栏垅乡委员会

第一书记	沈启仕	1956.6—1957.4
书　记	沈启仕	1957.4—1958.9

中共光明公社委员会

第一书记	万友生	1958.9—1959.1

中共栏垅公社委员会

书　记	阳国旺	1961.4—1961.8
	周伯福	1961.8—1962.1
	朱振惠	1962.1—1962.3
	王庸高	1962.3—1962.10
	黄华能	1963.1—1963.5
	戴云程	1963.5—1964.2
	廖俊儒	1964.2—1965.3
	陈远讨	1965.3—1966.1
	李君云	1966.1—
	廖声振	1970.10—1979.12
	董爱群	1979.12—1982.10
	罗兴章	1982.10—1984.4

中共栏垅乡委员会

书　记	罗兴章	1984.4—1986.9
	赵国运	1986.9—1990.4
	邹金华	1991.1—1992.2
	王太告	1992.2—1995.5

中共栏垅乡工委

书　记	蒋艳初	1995.5—1995.9

中共栏垅乡委员会

书　记	蒋艳初	1995.9—1998.1
	贺仕吉	1998.1—2003.1
	李灿定	2003.1—2005.7
	邹铁合	2005.7—2013.9
	肖志龙	2013.9—

栏垅乡人民政府

乡　长	傅高福	1956.6—1957.4
	周伯福	1957.4—1958.9

光明人民公社

社　长	沈启仕（兼）	1958.9—1959.1

栏垅人民公社

社　长	夏怡生	1961.4—1961.8
	傅高恒	1961.8—1962.5
	夏怡生	1962.5—1963.5
	王益生	1963.5—

栏垅公社革委会

主　任	李君云	1968.3—1969.1
	廖声振	1969.1—1979.12
	董爱群	1979.12—1981.3

栏垅公社管委会

主　任	罗兴章	1981.3—1982.10
	黄福元	1982.10—1984.4

栏垅乡人民政府

乡　长	黄福元	1984.4—1986.1
	赵国运	1986.1—1986.9
	戴金屏	1986.9—1989.1
	邹金华	1989.1—1991.1
	王太告	1991.1—1992.2
	屈　斌	1992.2—1995.5

栏垅乡行政管委会

主　任	刘耀德	1995.5—1995.9

栏垅乡人民政府

乡　长	刘耀德	1995.10—1998.1

	刘运文	1998.1—2001.1
	徐甫生	2001.1—2001.10
	李灿定	2001.10—2003.1
	杨晓梅(女)	2003.1—2006.4
	熊国梓	2006.4—2012.10
	龙显蓉	2012.10—

栏垅乡人大主席团

主　席	刘运友	1987.10—1989.12
	赵国运	1989.12—1991.1
	陈卫宏	1991.1—1995.5
	肖自赞	1995.10—1998.10
	王国平	1998.10—1999.5
	欧名初	1999.5—2005.7
	戴出新	2005.7—2006.4
	罗宏逵	2006.4—

栏垅乡政协联工委

主　任	王诗德	1995.12—1998.2
	蒋玖荣	1998.2—1998.12
	欧名初	1998.12—2001.1
	彭先吐	2001.1—2003.1
	戴出新	2003.1—2006.4
	陈晓明	2006.4—2012.10
	聂燕青	2012.10—

白　水　乡

(1961.8—1995.5)

中共白水公社委员会

书　记	何康纪	1961.8—1962.5
	廖宏奏	1962.5—1964.10
	王大力	1964.10—
	万忠展	1970.9—1972.10
	刘良亨	1972.10—1973.10
	唐维凯	1973.10—1975.9
	邹振良	1975.9—1978.10
	陈积玉	1978.10—1984.2

中共白水乡委员会

书　记	邓水生	1984.2—1985.9
	蒋艳初	1985.9—1991.1
	陈嗣明	1991.11—1995.5

白水人民公社

社　长	刘纯芳	1961.8—1962.5
	蒋定芳	1962.5—1963.2
	邓孝力	1963.2—

白水公社革委会

主　任	万忠展	1969.4—1972.10
	刘良亨	1972.10—1973.10
	唐维凯	1973.10—1975.9
	邹振良	1975.9—1978.10
	陈积玉	1978.10—1981.3

白水公社管委会

主　任	李季秋	1981.3—1984.2
	王仕孝	1984.2—1984.4

白水乡人民政府

乡　长	王仕孝	1984.4—1987.3
	陈嗣明	1987.3—1991.1
	徐甫生	1991.1—1995.5

白水乡人大主席团

主　席	蒋艳初(兼)	1987.10—1989.3
	肖自赞	1989.3—1995.5

表 24　栏垅乡村级行政区划调整概况表

新村（社区）名	人口数	合并的原村（社区）名
栏市村	2286	栏市村
枫树村	1523	枫树村
上春村	1338	上春村
白水村	2499	白水村、长冲村
三和村	3261	大石村、新门前村、竹山村
均龙村	2261	均陂村、龙塘村
贞一村	2398	泉口村、东库村、召冲村
关庙村	1750	关庙村
寺松村	1320	寺松村
荷鸣村	2241	荷陂村、鹿鸣村
东井村	2369	东水村、建塘村

说明：原有 19 个村，2015 年调整合并为 11 个村。

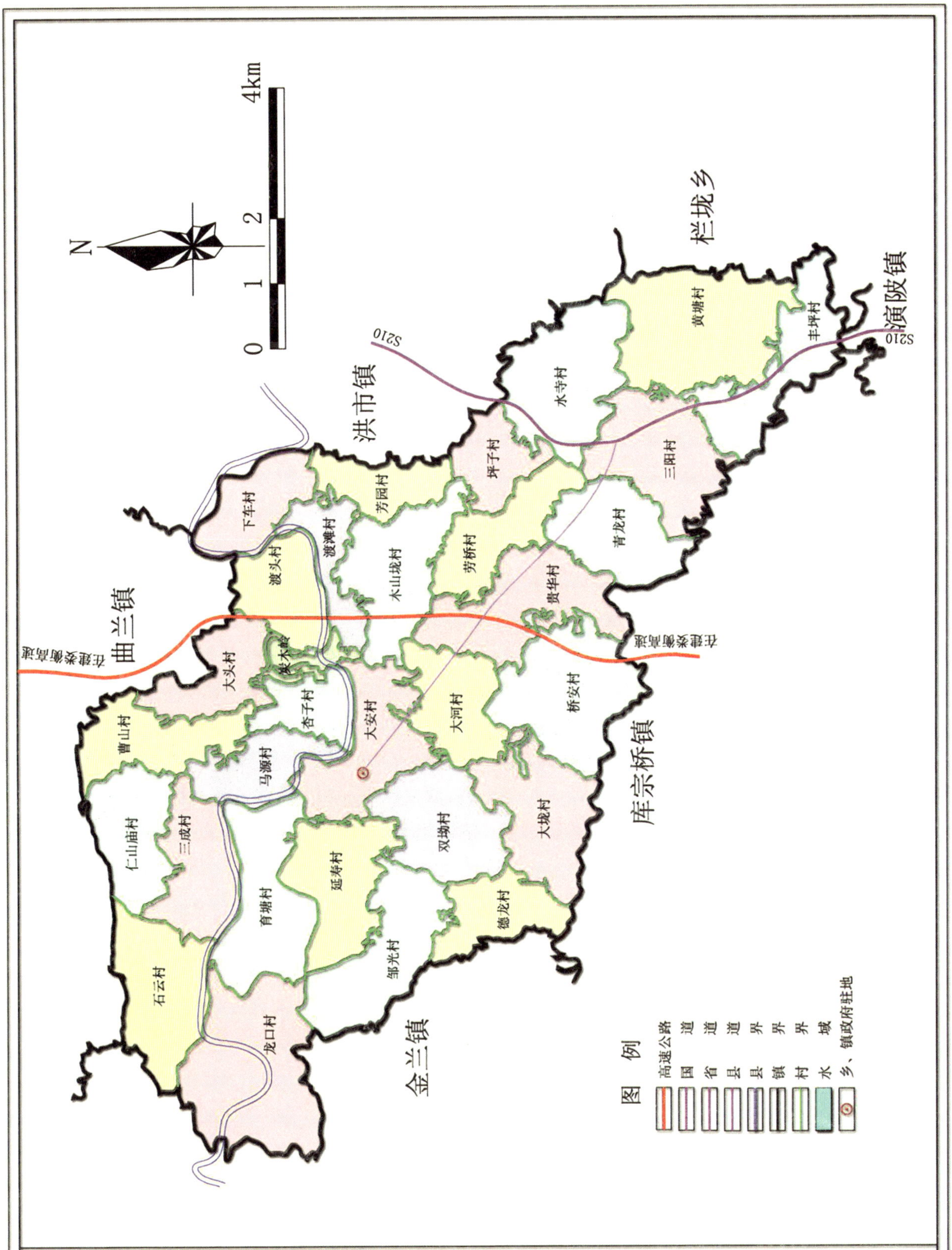
N
0
1
2
4km
洪市镇
栏垅乡
滨陵镇
曲兰镇
库宗桥镇
金兰镇
S210
长湘高速
黄塘村
丰坪村
水寺村
坪子村
三阳村
芳园村
下车村
渡滩村
木山垅村
劳桥村
青龙村
渡头村
贵华村
大头村
朱木岭
杏子村
大安村
大河村
桥安村
曹山村
马源村
仁山庙村
三成村
双坳村
大垅村
延寿村
青塘村
德龙村
邹光村
石云村
龙口村
图例
高速公路
国道
省道
县道
县界
镇界
村界
水域
乡、镇政府驻地

大安乡行政区划图

大 安 乡

区域概况

位置面积 大安乡驻地俗称“火安堂”。1951年雕刻乡政府公章时误将“火”字刻为“大”字，遂以“大安”得名。位于北纬27°4′26″~27°11′4″，东经112°8′21″~112°16′46″。地处县境西北部，东邻栏垅乡、洪市镇，南界库宗桥镇、演陂镇，西毗金兰镇，北抵曲兰镇。人民政府驻大安村火安塘，距县城35公里。

大安新区

辖区东西最大直线距离20公里，南北最大直线距离9公里，总面积79.6平方公里。

建置沿革 明洪武三年（1370），大安属金兰乡。清康熙三十年（1691），撤乡置都，大安属第十一都。清同治十年（1871），去都置镇，属船山镇。民国32年（1943），设区辖乡，分属第七区船山乡、湘西乡。中华人民共和国成立初，撤船山、湘西乡，分置渡头、水寺、黄堂、劳桥乡，同属第七区。1952年7月，衡阳析为衡阳县、衡南县后，重新调整区乡区划，设为第九区（后更名洪罗区），辖大安、延寿、水口、渡头、木山、马源乡。1956年5月，撤区并乡，前述6个乡合并为大安乡。1958年9月，建立人民公社，撤大安乡设火炬公社。1961年8月，设区分社，置大安、水寺公社，同属洪市区。1984年5月，改公社为乡。1995年5月，再次撤区并乡，水寺乡并入大安乡。至2014年年末，政区无变更。

行政区划 2014年年末，辖大安、大河、双坳、大垅、延寿、德垅、邹光、育塘、龙口、石云、三成、仁山庙、曹山、马源、杏子、大头、渡头、炭木岭、渡滩、下车、芳园、枫坪、黄塘、三阳、青龙、桥安、贵华亭、木山垅、劳桥、坪子、水寺31个村，下设396个村民小组。

2015年7月，调整辖区内村级行政区划，将31个村合并为15个村1个社区。至是年末，辖黄塘、水寺、河龙、双隆、龙云、育塘、马源、三义、渡头滩、大兴、延寿、邹岗、三阳、贵华、龙桥15个村和大安社区，下设376个村民小组，20个居民小组。

自然环境 全境属丘陵地形，西北部偏高，东南部略低，最高点邹岗山海拔341.5米。乡域处亚热带季风气候区，气温四季分明，年平均气温18℃～20℃，极端最低气温-6.5℃（1970年2月10日），极端最高气温41.5℃（2010年8月6日）。年平均降水量1265毫米，降水日数约150天，最多年份达190天（1970），最少年份90天（1963），极端年最大降水量1800毫米（1970），极端年最少降水量950毫米（1963），降水集中在每年4至9月，5、6月最多。常年主导风为北风，夏季为东南风，并有雷电现象。境内土壤分为红壤土、水稻土两大类。境内属湘江水系。蒸水河由西向东自龙口村入境经下车村出境，全长12公里。

人口民族 1982年第三次全国人口普查，辖区户籍总人口（以下称总人口）35987人。1990年第四次全国人口普查，总人口38245人。2010年第六次全国人口普查，总人口42027人。2014年年末，总人口43804人，其中常住人口41368人。总人口中，男性22952人，占52.4%；女性20852人，占47.6%；0～14岁9020人，占20.5%；15～59岁28072人，占64.1%；60岁以上6712人，占15.4%。人口以汉族为主，2014年年末，人口出生率12.36‰，死亡率5.43‰，自然增长率6.93‰。

辖区内有藏族、土家族2个少数民族共13人。。

经济发展

农业 种植业 2014年，全乡耕地1630公顷，其中水田1340公顷。主要农作物有水稻、油菜、红薯、大豆、荸荠等。民国时期，农业生产水平低下，粮食亩产约180公斤。1950年，农村实行土地改革。1953年起，大力兴修水利，增强抗旱能力，粮食增产丰收。至1957年，亩产量达220公斤。1958年，成立人民公社，搞“一平二调”后，又遭受三年自然灾害，粮食减产歉收。1962年后，实行以生产队为核算单位，同时改进耕作技术，扩大双季稻种植面积，粮食生产得到恢复和发展。1969年，亩产提高到350公斤。1976年，试种杂交稻晚稻6公顷，平均亩产300公斤，比常规晚稻每亩增产120公斤。1983年，杂交晚稻面积扩大到1200公顷，占水田总面积的90%，亩产400公斤，总产量7200吨，实现晚稻产量超过1969年全年粮食总产量。2005年起，大面积种植杂交早稻。2014年，全乡种植双季稻杂交水稻1660公顷，总产量1.88万吨，油菜1330公顷，总产量1400吨；红薯200公顷，总产量3000吨；荸荠33公顷，总产量400吨。农业总产值1.65亿元。

养殖业 境内有养殖猪、牛、鸡、鸭、鱼等禽畜水产习惯。民国时期，养殖业普遍落后，养猪年户均不足一头，养牛仅为耕作，养鸡除少量禽蛋自食外，主要为换取零用钱，养鱼不投放饵料，故产量很低。中华人民共和国成立后，鼓励农民饲养家禽家畜，产量逐年增多。1958年后，限制农户饲养畜禽，养鱼则由集体经营，亩产约40公斤。1982年，实行改革开放后，养殖业快速发展，并逐渐出现规模养殖户。是年，全乡出栏生猪约9000头，家禽约12万羽。1996年后，养殖业开始向规模化、专业化发展。2014年年末，全乡有各类养殖专业户50户；出栏生猪3.5万头，出笼鸡鸭25万羽；有养鱼水面192公顷，产鲜鱼150吨，养殖业总产值4500万元。

林业　境内有宜林山地2300公顷。主要树种有松、杉、樟、油茶等。1957年以前，林地为私人所有制。1958年后，林权收归集体。由于"大办钢铁"和"公共食堂"，大量砍伐林木致使山林受毁。1962年，林权固定到生产队后，采取集体造林、封山育林等措施，森林覆盖率逐渐提高。其间，境内有集体林场17个，共营造松、杉等960余公顷。1982年，山林经营权固定到农户。2000年后，实施退耕还林工程，营造生态林253公顷。2014年年末，全乡有林地面积1980公顷，森林覆盖率48%。

工业　民国9年（1920），邵阳人申裕贤来水寺开办天裕煤炭公司，建矿井2个，因老窿穿水淹死12人后停办。中华人民共和国成立后，1956年9月，建立县水寺煤矿。至1962年3月停办时止，共采煤61万吨。20世纪60年代至70年代，境内有大队石灰厂15个，年产石灰2万余吨，从业人员200余人。20世纪80年代至90年代，兴办乡镇企业。乡内有纸袋、石灰、建材、竹木加工等工业企业6家，从业人员120余人，年总产值1980万元。2000年后，乡镇企业改制为民营企业。2014年年末，乡内有民营工业企业54家，从业人员1508人，工业总产值1.2亿元。

商贸服务　清代至民国时期，火安塘逐步发展成为街道，有商铺6家。中华人民共和国成立后，1954—1957年，先后在火安堂（今称大安街）设立供销合作社、肉食水产站、粮油购销站及粮食储运库等，供应生产、生活资料和收购农副产品。1979年年末，境内有国营、集体商业网点20个，从业人员180余人。1982年后，实行改革开放，逐步开放市场，个体商业不断发展。2014年年末，乡内有民营商贸服务业175户、360人，涉及餐饮、金融、通信、文化、医疗、药品、保险、娱乐等行业；有集贸市场2个，年社会消费品零售总额1.5亿元。

财政金融　中华人民共和国成立至1984年，乡（社）财政实行报账制，其收支由财粮委员或秘书兼管。1985年，成立乡财政所，负责辖区内财政税收工作。1995年，乡财政总收入351.5万元。主要为工商、农业税收；财政总支出315.6万元，主要为支援农业、行政管理费和上解县财政。2004年，农村税费改革，国家取消农业税、农业特产税及各种涉农税费共243.53万元，农民人均得实惠55.2元。2014年年末，全乡实现财政总收入650.5万元，财政总支出650.5万元。

1954年，建立大安乡信用合作社。1962年，设立大安、水寺2个信用分社。1994年，成立农村合作基金会、互助储金会（简称"两会"）。1997年，清理撤销农村"两会"，其账户分别移交县农村合作经济管理局和县民政局。2009年，设立中国邮政储蓄银行大安营业处。2014年，乡内有金融机构2家，职工7人，年末存款余额1.5亿元，贷款余额0.5亿元。

基础设施

水利建设　民国末期，境内有山平塘近3000口，蓄水量约180万立方米。中华人民共和国成立后，1953—1957年，先后修建桥头、洪冲等4座小型水库，总蓄水量320万立方米。与此同时，修筑蒸水河两岸引水渠30千米，整修扩建山平塘约580口。1970年，建成龙口河坝，坝高6.6米，坝轴长100米，灌田1000公顷。至2014年，乡内有小二型水库4座，水塘3082口，干渠30千米，排灌站1处，总蓄引提水量1620万立方米。

龙口蒸水河坝

交通运输　1958年，建成水大公路（水寺至大安），长7.3公里。1981年，大安开通客运班车。20世纪80年代至90年代，相继修通境内村道。2004年后，分批次对乡村道路进行提质改造和水泥硬化。至2013年，硬化工程全部结束。2014年年末，乡内有省道（S210线）、县道各1条，总长22公里；村道31条，总长120公里。

邮政电信　民国32年（1943年）8月，设立火安塘信柜。1956年，设立大安邮电所。是年，大安乡通电话。1980年后，有部分村利用广播线路接通电话。2004年，移动、联通公司分别在境内建设移动通信基站。2014年年末，乡内有邮政所1家，电信企业3家，固定电话1127户，移动电话用户1.6万户，电信覆盖率100%。

供电饮水　1987年，乡内农村开始供电。至1996年，全乡村通电率100%，户通电率80%。2000年，分批次实施电网改造，先后对25个村进行线改和户改。至2014年年末，全乡有10千伏配电线路长约50千米，10千伏变压器51台，31个村、396个村民小组全部通电，用电户12132户，供电率100%。

2012年，投资1000万建设大安水厂，日供水1600吨，可满足乡内1.8万人口饮水需求。

乡村建设　1996年，乡政府投入资金60万元新建财政所；投资40万元硬化大安街道。1998年，投入28万元改造乡计划生育服务所。2006年，启动社会主义新农村建设，重点改造农村水利、电力、道路等基础设施。2012年，启动小城镇建设项目，投入8000万元新建大安街新区安康花苑，建筑面积4.8万平方米，共有商铺、住房500余套。与此同时，实施农村环境卫生综合治理，建设美丽乡村。2014年，投入资金500万元对大安街道进行油化、亮化和美化。2014年年末，全乡农村电网改造率、乡村道路硬化率、村民饮水安全率均为100%，环境卫生综合达标率85%。行政村都有办公用房。

社会事业

教育科技 民国时期至1949年，境内有曾祠、陶田、木山等6所保国民小学和族校。中华人民共和国成立后，在大力发展小学教育事业的同时，开展扫除青壮年文盲教育。1956年，境内有完全小学1所，初小3所。1958年，大安完小附设初中班，同时创建大安民办中学。1964年，推行“全日制与半日制”“公办与民办”两种教育制度并举，其时境内有民办中学2所，民办小学15所。1969年，民办中学和民办小学分别并入公办中学和公办小学。1970年，境内有初中2所，小学29所。1998年，整合教育资源，调整小学布局，撤并小学15所。是年，大安乡通过省、市考核验收达到国家“两基”标准。2014年年末，全乡有幼儿园2所，在园幼儿678人，专任教师32人；小学10所，在校学生2530人，专任教师144人；初中2所，在校学生1447人，专任教师102人。有大安中学、水寺完小、劳桥小学等6所县级合格学校。

1981年，建立公社农科站（后更名乡农技服务站），培训大队农民技术员30余名。1983年起，开办农民文化技术学校。至1998年，累计培训农民2600余人次。20世纪90年代起，建立科技示范户。2012年，三阳村龙晓春、龙口村龙和平2人被评选为衡阳市“星火科技示范户”。2014年年末，全乡有各类科技示范户47户。

大安中学

文化体育 民国时期，境内民间有武灯、龙灯、狮舞。中华人民共和国成立初期，以俱乐部为文化活动阵地。1964年后，设公社文化站，有文化辅导员1人，负责文化宣传工作。2011年，建成乡文体站，面积约500平方米。2014年年末，乡内有文体站1个，工作人员2人，有村级文化活动中心20处，农家书屋25个，藏书5万册。各类文化专业户8户，从业人员90人。

1972年，建立公社广播站，配工作人员2人。是年，31个大队，396个生产队实现队队通广播，线路总长185千米，喇叭入户率30%。1975年，建立公社电影放映队，有放映机2台。1985年，乡广播站更名为广播电视站。1994年，广播电视站易名为有线电视站。2014年年末，全乡有线电视用户1580户。

1997年，境内中小学开始按《国家体育锻炼标准》教学，当年达标率35%。至2000年，达标率提高到90%。2014年年末，乡内学校共有运动场12个，村级健身体育场8个。

医疗卫生 民国时期，境内缺

医少药，治疗患病者素以草药为主。中华人民共和国成立后，医疗卫生不断发展。1953年，成立乡联合诊所，有中医10人。1962年，建立公社卫生院。是年，推行新法接生，当年接生率达25%。1968年后，大队卫生室相继成立，分别配有“赤脚医生”和妇幼保健员。1969年，建立农村合作医疗制度。2006年1月，启动新型农村合作医疗，当年参合率80%。此后，参合人数逐年增加。2014年年末，辖区内有卫生院1所，门诊部2个，有床位50张，村卫生室20个，专业医卫人员54人，完成诊疗1.46万人次；参加新农合39480人，参合率99%。

社会保障 灾害救助 1958年5—6月，境内遭受洪涝灾害，蒸水沿岸9个村严重受灾，死亡7人，倒塌房屋20余户。政府下拨钱粮救济灾民，同时组织群众修复水毁工程，恢复生产，重建家园。至2014年，境内先后遭受重大洪涝灾害15次，县乡拨专项救灾款和粮物累计185万元。

五保供养 20世纪60年代起，对孤寡老人和无劳动能力的残疾人实行“五保”，其生活费由所在生产队统筹。80年代后，“五保”供养纳入乡统筹。2005年起，城乡“五保”对象享受城乡最低生活保障待遇，其供养经费由县财政拨付。2000年，新建乡敬老院，集中供养部分“五保”老人。2014年年末，全乡有“五保”对象397人，其中集中供养32人。共拨付供养金112.35万元，年人均2830元。

大病救助 2006年起，实施城乡居民大病医疗救助。救助对象主要为罹患恶性肿瘤、白血病、尿毒症等大病的城乡低保户、五保户。是年，共救助25人次，金额2.85万元。2014年年末，共救助423人次，救助总金额24.2万元。

城乡低保 2007年7月起，实行农村居民最低生活保障待遇。2009年，乡内有低保对象562户、1234人，年人均低保金1080元，发放金额133.27万元。2014年年末，低保对象1051户、2101人，年人均补助1476元，总金额310.11万元。

养老保险 2011年7月，启动城乡居民社会养老保险。是年，乡内16~60岁居民登记参保12878人，参保率65%，征缴养老基金146.51万元；为6118名到龄居民发放7—12月养老金198.92万元。2014年年末，登记参保12878人，征缴养老基金146.51万元；为6712名到龄居民发放养老金463.79万元。

人民生活 民国时期，境内人民缺衣少食，居住简陋，绝大多数人生活贫困。中华人民共和国成立初，实行土地改革，使耕者有其田，居者有其屋，人民生活有所改善。至1957年，初步解决“吃饭”问题。1959—1961年，由于自然灾害和人为等因素，造成粮食短缺甚至饥荒。1964—1977年，人民生活向好，但整体较低，少数户购买单车、手表、缝纫机属奢侈消费品。改革开放后，经济快速发展，人民生活水平不断提高。1984年，全乡农村居民人均纯收入408元，1990年达到700元，至2000年，人均可支配收入提高到2580元。部分家庭购置电视机、摩托车、洗衣机，大部分农家由土砖茅屋换成红砖瓦房。2001—2014年，乡内居民生活显著提高，年人均可支配收入由2680元提高到12500元，分别是1990年的17.8倍，2000年的4.8倍。农村家庭多建有2~3层砖混结构小楼房，固定电话、移动电话、电脑、空调、汽车等进入寻常百姓家，人民生活质量全面提升。

历任乡镇（公社）党政主要负责人名录

大安乡

（1956.6—2015.12）

中共大安乡委员会

第一书记　贺昌菊　1956.6—1958.9

中共红专公社委员会

书　记　阳世学　1958.9—1959.1

中共大安公社委员会

书　记　彭儒生　1961.4—1961.8

彭儒生　1961.8—1961.11

王恭生　1961.11—1963.12

曾汉松　1963.12—

曾汉松　1970.9—1973.9

廖俊儒　1973.9—1978.7

朱向前　1978.7—1980.9

欧智铭　1980.9—1983.9

龙法生　1983.9—1984.4

中共大安乡委员会

书　记　龙法生　1984.4—1985.3

廖亮生　1985.3—1987.12

彭显奇　1987.12—1991.1

陈新龙　1991.1—1995.5

中共大安乡工委

书　记　胡隆友　1995.5—1995.9

中共大安乡委员会

书　记　胡隆友　1995.9—1998.1

廖卯生　1998.1—1999.1

罗友叶　1999.1—2001.1

许耀新　2001.1—2003.1

王朝阳　2003.1—2005.7

欧亚洲　2005.7—2010.3

龙　华(女)　2011.3—2012.7

刘载宋　2013.9—

大安乡人民政府

乡　长　李自生　1956.6—1958.9

红专人民公社

社　长　贺昌菊(兼)　1958.9—1959.1

大安人民公社

社　长　刘可清　1965.4—

大安公社革委会

主　任　曾汉松　1968.3—1970.1

李壬癸　1970.1—1971.9

廖俊儒　1971.9—1978.9

朱向前　1978.9—1980.9

大安公社管委会

主　任　陈沅江　1981.3—1984.2

李桂生　1984.2—1984.4

大安乡人民政府

乡　长　李桂生　1984.4—1985.12

李保华　1986.1—1989.11

陈桂云　1989.11—1995.5

大安乡行政管委会

主　任　王庸意　1995.5—1995.9

大安乡人民政府

乡　长　王庸意　1995.10—1996.4

麻三元　1996.4—1998.1

彭太平　1998.1—1999.5

江玉平　1999.5—2003.1

欧亚洲　2003.1—2005.7

李荣和　2005.7—2009.12

龙　华(女)　2009.12—2011.3

蒋建平　2011.3—2013.9

	陈吉斌	2013.9—2015.2
	贺小姣(女)	2015.2—

大安乡人大主席团

主　席	颜丁元	1987.10—1989.11
	陈积容	1989.11—1995.5
	李保华	1995.9—1999.4
	李支稿	1999.4—2001.1
	欧亚洲	2001.1—2003.1
	廖志鹏	2003.1—2006.4
	陈吉斌	2006.4—2013.9
	王　伟	2013.9—

大安乡政协联工委

主　任	易善衡	1995.12—2001.1
	周启正	2001.1—2006.4
	贺一琪	2006.4—2010.3
	王　伟	2011.3—2013.9
	肖恒富	2013.9—

水　寺　乡

(1956.6—1995.5)

中共水寺乡委员会

第一书记	杨义桂	1956.6—1957.4
书　记	杨义桂	1957.4—1958.9

中共水寺公社委员会

书　记	李自然	1961.8—1964.12
	袁孝义	1964.12—
	戴魁秋	1971.4—1981.10
	蔡敦诚	1982.2—1983.9
	邹修仲	1983.9—1984.4

中共大安乡委员会

书　记	邹修仲	1984.4—1985.1
	罗召春	1986.1—1989.1
	宋桂初	1989.1—1991.1
	易善衡	1991.1—1995.5

水寺乡人民政府

乡　长	蒋万宏	1956.6—1958.9

水寺人民公社

社　长	廖庆猷	1961.8—

水寺公社革委会

主　任	戴魁秋	1970.1—1981.3

水寺公社管委会

主　任	赵清堂	1981.3—1984.4

水寺乡人民政府

乡　长	赵清堂	1984.4—1987.4
	邹金华	1987.4—1989.1
	王贵荣	1989.1—1991.1
	旷　成	1991.1—1994.3
	王运初	1994.4—1995.5

水寺乡人大主席团

主　席	赵清堂	1987.10—1987.12
	聂如锦	1987.12—1988.3
	罗召春(兼)	1988.3—1989.1
	朱新生	1989.11—1992.2
	王庸迪	1992.2—1995.5

表 25　　大安乡村级行政区划调整概况表

新村（社区）名	人口数	合并的原村（社区）名
黄塘村	2698	黄塘村、枫坪村
水寺村	2682	水寺村、坪子村
河龙村	2700	大河村、大垅村
双隆村	2431	双坳村、德隆村
育塘村	2590	育塘村、三成村
龙云村	2853	龙口村、石云村
马源村	2974	马源村、仁山村、曹山村
三义村	2674	杏子村、大头村、炭木村
渡头滩村	2256	渡头村、渡滩村
三阳村	1722	三阳村
贵华村	3333	桥安村、贵华村
邹岗村	1601	邹岗村
延寿村	1398	延寿村
大兴村	3813	下车村、芳园村、木山村
龙桥村	2713	青龙村、劳桥村
大安社区	3050	大安社区、大安村

说明：原有 31 个村，2015 年调整合并为 15 个村 1 个社区。

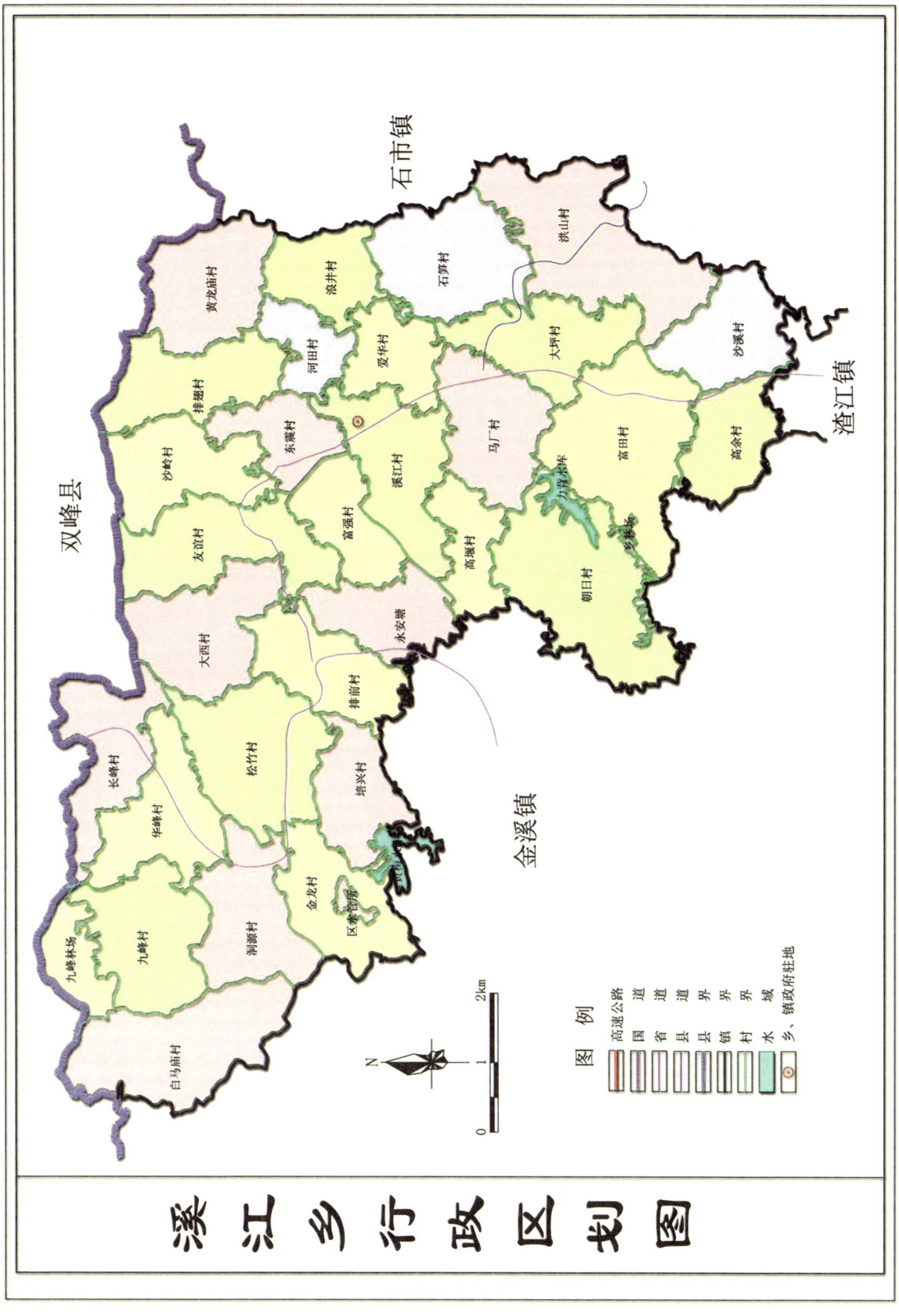
石市镇
渣江镇
金溪镇
双峰县
黄龙庙村
浪井村
石笋村
洪山村
河田村
爱华村
大坪村
沙溪村
排翅村
东霞村
马厂村
富田村
高金村
沙岭村
溪江村
力青水库
友谊村
富强村
高垅村
乡林场
朝日村
大西村
永安塘
排前村
长峰村
松竹村
华峰村
培兴村
金龙村
区水管所
九峰林场
九峰村
洞源村
白马庙村
N
0
1
2km
图 例
高速公路
国 道
省 道
县 道
县 界
镇 界
村 界
水 域
乡、镇政府驻地

溪江乡行政区划图

溪江乡

区域概况

位置面积 溪江乡因境内岳沙河俗名“溪江”得名。位于北纬27°16′15″~27°22′24″，东经112°18′2″~112°26′23″。地处县境西北部，东临石市镇，南接渣江镇，西抵金溪镇，北界娄底市双峰县荷叶镇。乡政府驻岳沙社区，距县城西渡47公里。

乡政府驻地

辖区东西最大直线距离10.3公里，南北最大直线距离18.6公里，总面积84.22平方公里。

建置沿革 明洪武三年（1370），溪江属永福乡。清康熙三十年（1691），撤乡设都，溪江属第十五都。清同治十年（1871），去都置乡，隶属永福乡。民国32年（1943），设区辖乡，属第八区永靖乡。中华人民共和国成立初，仍沿袭民国旧制。1950年3月，撤永靖乡，分置洞源、松竹、沙岭、溪江、排翅、连防、石笋乡，属第八区。1952年7月，衡阳、衡南分县后，重置区、乡政区，设溪江、洞源、排翅、松竹、连防、石笋、沙岭乡，隶属第十三区（后更名金溪区）。1956年5月，撤区并乡，将沙岭、洞源、连防、松竹、石笋、排翅乡并入溪江乡。1958年9月，建立人民公社（简称公社），撤溪江、上峰乡建鹏程公社。1961年8月，设区分社，置溪江、富田、九峰公社，隶属金溪区。1984年5月，改公社为乡。1995年5月，再次撤区并乡，富田乡、九峰乡并入溪江乡。至2014年年末，政区无变更。

行政区划 2014年年末，辖岳沙1个社区和长峰、华峰、洞源、九峰、白马庙、金龙、培兴、松竹、排前、永安、大西、友谊、沙岭、东震、富强、溪江、高堰、爱华、河田、黄龙庙、排翅、浪井、马厂、大坪、石笋、富田、洪山、朝日、沙溪、高余30个村，下设4个居民小组、310个村民小组。

2015年7月，调整辖区内村级行政区划，将30个村合并为16个村。至是年末，辖华峰、九峰山、松竹、排前、友谊、富强、河田、排翅、溪江、连防、沙溪、金龙、石笋、洪山、富田、朝日16个建制村和岳沙社区，下设310个村民小组、4个居民小组。

自然环境　全境属山区，地势由北向南倾斜，最高山九峰山主峰海拔750.4米，为双峰、衡阳两县的分水岭。乡域处亚热带季风气候区，气温四季分明，年平均气温16℃。一月最低，日均气温4.5℃，常有雾凇奇观；七月最高，日平均为34.5℃。雨季旱季明显，年平均降水量在1200毫米以上，春夏降水量多于秋冬。雨季（4~6月）降水量占全年的45%；旱季（7~9月）降水量约占全年的10%。极端年最大降水量1800毫米（1970），极端年最少降水量960毫米（1986）。常年主导风为北风，夏季为东南风，并有雷电气象。境内土壤分为水稻土、红壤土两大类。岳沙河发源于九峰山南麓，为蒸水一级支流，境内流程18.5公里。

人口民族　1982年第三次全国人口普查（以下简称“四普”和“六普”），辖区户籍总人口（以下称总人口）31080人。1990年“四普”总人口32674人。2010年“六普”总人口38318人。“六普”人口分别比“三普”“四普”增加7238人、5644人。2014年年末，辖区总人口38580人，其中常住人口33250人。总人口中，男性20268人，占52.53%；女性18312人，占47.47%；0~14岁8438人，占21.9%；15~59岁22090人，占57.37%；60岁以上8052人，占20.73%。人口皆属汉族。2014年，人口出生率12.9‰，死亡率7.61‰，自然增长率4.48‰。

辖区内人口均为汉族。

经济发展

农业　种植业　2014年，全乡耕地面积1970公顷。主要农作物有水稻、油菜、蔬菜、红薯等。民国时期，由于农业生产条件差，粮食亩产不足200公斤。

中华人民共和国成立后，致力于兴修水利，努力改善生产条件，粮食产量不断提高。1957年平均亩产达到250公斤。1958年成立人民公社，搞“一大二公”，后又连遇三年自然灾害，粮食减产歉收。1961年，调整公社规模和经营管理机制，实行以生产队为核算单位；与此同时，扩大双季稻种植面积，改进耕作技术，农业生产稳步发展。1969年，双季稻种植面积占全乡水田总面积的80%，两季平均亩产稻谷340公斤。1976年，试种杂交晚稻3公顷，平均亩产300公斤，比常规晚稻亩产高100公斤。1983年，杂交晚稻占水田总面积90%以上，亩均达400公斤。1990—2006年，全乡水稻年种植面积稳定在1900公顷左右，亩产450公斤。2013年，浪井村种植有机稻66公顷，亩产1300公斤，生产“九峰山有机米”品牌。2014年，全乡种植水稻3400公顷（复种），亩产440公斤，总产22440吨；油菜490公顷，产菜籽808吨；蔬菜90公顷，总产147吨。种植业总产值0.88亿元。

养殖业　乡内历来有养殖禽畜习惯。民国时期，饲养禽畜数量少，养猪年户均不足一头，养牛仅供耕田，养鸡亦为自食或产蛋换取油盐。中华人民共和国成立初，养殖业有所发

黑山羊专业养殖户

展。1958—1961年，一度禁止农户养猪养鸡。1962—1978年，实行公养私养并举，养殖业逐渐发展。1982年，实行土地承包经营责任制后，养殖业快速发展，并逐步走向规模化、专业化。1996年，全乡出栏生猪8975头，出笼家禽7万羽，出水鲜鱼4.82吨；有各类规模养殖户38户。2001—2012年，先后有溪江村何德军、大西村彭小斌、马厂村陶怡楚、大坪村范召冬等养殖户的规模养殖场建成投产。2014年年末，全乡出栏生猪1.6万头，出笼家禽13万羽，出塘鲜鱼14吨；养殖业总产值5754万元。

林业　境内有山林面积4466公顷，主要树种为松、杉、南竹、樟、银杏等。1957年以前，山林权属为私所有。1958年9月，建立县属九峰林场，面积154公顷，以营造杉树、南竹为主。同年9月成立人民公社后，林权收归集体。1982年，实行土地承包经营责任制，林权与耕地由农户承包经营。此后，通过封山育林、植树造林、退耕还林等综合措施，林业有长足发展。2014年年末，全乡森林覆盖率96%。实现林产品总值240万元。

工业　民国时期，境内民间有木工、篾工、砌工、雕匠等数十人。中华人民共和国建立至1989年，先后创办九峰鞭炮厂、溪江瓷厂、富田五七工厂等集体工业企业。1991—1993年，创办富田皮件厂和九峰凉席厂。不久，均因市场销路不畅和经营管理不善而倒闭。1996—2012年，乡内刨木厂、采石场、竹木加工厂、羽毛球厂、长峰玩具及制衣厂等一批小微民营企业先后建成投产。2014年年末，全乡有民营企业13家，实现工业总产值1600万元，完成税收15万元。

商贸服务　民国时期，境内仅有石洞口一处集贸市场。中华人民共和国成立后至1956年，成立溪江乡供销社。1958年后，取消私营商贸业，其生产生活资料由供销社统一经营。1962年，设立公社供销分社及代购代销点。1978年，境内有各类商贸门店、网点36个，从业人员210人。1985年后，实行改革开放，搞活商品流通，一批个体商贸户进入流通市场。1996年，全乡有集体商业5家、个体商业户360家，共有从业人员635人。2005年后，集体商业经过改革改制，转换为民营商业。2014年年末，全乡有各类民营商贸户774户，从业人员946人；有集贸市场4个。实现社会消费品零售总额8562万元。

溪江九峰竹林

财政金融 中华人民共和国成立至1984年，乡（公社）财政实行报账制，由财粮委员或秘书兼管。1985年，成立乡财政所，统管财政收支。2000年，乡财政总收入382万元，主要为农业税、农业特产税及其他税费收入；财政总支出380万元，主要为支持“三农”、行政管理和上缴税费。2004年起，实行农村税费改革，国家取消向农户征收农业税（含附加）及农业特产税。当年全乡两项税金总额207.21万元，农民人均得实惠62元。2014年年末，全乡完成财政总收入410万元，财政总支出408万元。

1956年，成立溪江乡信用合作社（简称信用社）。1961年，分别成立溪江、富田、九峰公社信用社。1996年，九峰、富田信用社并入溪江信用社。2013年，设立中国邮政储蓄银行九峰、溪江、富田代办点。2014年年末，乡内有金融机构2家，年末各项存款余额1.25亿元，贷款余额0.45亿元。

基础设施

水利建设 1949年，境内有山塘约2500口，蓄水总量约350万立方米。中华人民共和国成立后，人民政府组织群众大办水利，修建塘坝水库。1953—1957年，共整修扩建山塘410口，蓄水总量增加到400万立方米。1965年，建成力背水库，库容量156万立方米。1966年，友谊水库建成，库容量151万立方米。1977年，黄梅水库竣工蓄水，库容量330万立方米。此后，相继建成庙塘、古塘、卫星3座水库。20世纪90年代至2013年，水利建设的重点是加强塘坝、渠道硬化防渗和水库除险加固。其间，先后对黄梅、友谊、力背、过路堂5座水库大坝进行除险加固和岳沙河治理改造。2014年年末，全乡有小一型水库3座、小二型水库12座、山塘2590口，有干渠和支渠35条、总长82.7千米，总蓄水量1170万立方米。

黄梅水库渡槽

交通运输 1959年，分别建成溪江至九峰（溪九线）、渣江至溪江（渣溪线）2条公路，境内长24.5公里。20世纪70年代末至90年代，相继畅通了境内30个村的村道。2003—2013年，重点实施乡村道路改造硬化工程，先后硬化了溪九、渣溪2条县道和溪江、浪井、友谊、大西、东震、朝日、富田、松竹、洞源、九峰、长峰、华峰、富强、石笋等30个村的村道，实现村村通水泥公路。2014年年末，乡内有县道2条，长24.5公里；村道34条，长68.7公里。

1961年，溪江通行长途客运班车，设九峰售票点。1976年，增设富田售票点。1988年，设溪江售票点。2008年，溪江客运站建成投入运营，日发送12个班次，日载客量800人次。

邮政电信 民国32年（1943）8月，设立溪江信柜。1957年，分别设立溪江、石洞口邮政代办所。是年，溪江乡架设电话线路。1962年，境内九峰、富田2个公社开通电话，线路长50对千米。1980年后，公社（乡）建立通村电话网络，利用有线广播专线通电话。2005—2008年，先后在九峰、富田、排前建立移动通信基站。2014年年末，乡内有联通、电信、移动营业厅各1个，固定电话用户1018户，移动电话用户19852户、互联网用户721户。

供电饮水 1989年，建成富田35千伏变电站。此后，境内居民陆续供电。至1999年，乡内有35千伏高压线路1条、长6千米；10千伏配电线路3条、长20千米；10千伏变压器52台，总容量782千伏安；村和村居民小组通电率均为100%，户通电率100%。2000—2013年，对农村电网实行分批次改造，先后完成对31个村的线改和户改，共改造和更新10千伏线路7条、长46千米；更新和新增10千伏变压器12台，总容量1280千伏安。2014年年末，全乡有35千伏变电站1个，35千伏变压器2台，总容量3240千伏安；10千伏配电线路6条，长35千米，10千伏变压器64台，总容量5760千伏安；有低压用电线路总长105千米。全乡30个村、314个村（居）民小组全部实现供电，用电户12596户，供电率100%。

2013年，建成溪江自来水厂，日供水量5000吨，可满足4500户居民生活用水。2014年12月，溪江街道居民和单位实现供水。

乡村建设 2006年，启动社会主义新农村建设，重点改造农村电网、道路、水利、环境卫生等基础设施，建设美丽乡村。2010年，投入资金580万元，拆除原乡政府老旧办公楼，新建面积3570平方米的办公楼，于2011年1月交付使用。2012年乡财政所、民政办、司法所、劳务站、农经站、林业站等站所共同筹集资金190万元，建成站所综合办公楼。2013年，离休人员邱水云捐资2万元，购买观赏性桃花树苗植于溪江村至高堰村的公路两旁，长约3千米。2014年10月，投入资金300万，对溪江街道进行提质改造，并对周围环境实施油化、亮化、绿化和美化。与此同时，富田、溪江、九峰、排前、华峰、松竹、洞源等10个村实施亮化工程，安装路灯810盏。至2014年年末，全乡电网改造率达95%，乡村道路硬化率100%，村组环境卫生综合达标率90%，居民饮水安全率100%；各建制村都有办公用房。

社会事业

教育科技 民国初，改学堂为学校。1949年，境内有保国民小学3所，私立初小8所。

中华人民共和国成立初，在发展小学教育的同时，大力开办农民识字夜校，扫除青壮年文盲。1957年，境内有初级小学12所，完全小学1所。境内有小学28所、初中3所。1983—1985年，重点抓好普及初等教育，经过三年努力，全乡7—12周岁儿童入学率99%。1992—2005年，突出中小学危房改造，建设合格小学。其间，全乡完成改建和新建学校面积7618平方米，占校舍总面积16860平方米的45.3%。与此同时，为整合教育资源，提高教

友谊学校

育质量，将原有 20 所小学合并为 15 所村联合小学。2014 年年末，全乡有幼儿园 4 所，在园幼儿 436 人，专任教师 10 人；小学 15 所，在校学生 2379 人，专任教师 117 人；中学 2 所，在校学生 1089 人，专任教师 71 人。有溪江中学、富田中学、乡中心小学、富田小学等 8 所县级合格学校。

1975 年，境内富田公社创建白蜡（虫）丰产技术科研基地，营造蜡林（女贞树）60 余公顷。至 1985 年，共培育蜡种 5.62 吨、产蜡 3.64 吨。是年，该项目获商业部科技成果三等奖，并由潇湘电影制片厂摄制成《虫白蜡》科教片。20 世纪 90 年代起，培训科技示范户。2012 年，马厂村陶怡楚、黄龙村彭昌云被评为衡阳市“星火科技示范户”。2014 年年末，全乡有各类科技示范户 38 户。

文化体育 民国时期，境内民间有龙灯、狮灯和木偶戏。中华人民共和国成立至 1957 年，有农村俱乐部从事文化宣传活动。1964 年，建立公社文化站，大队设立文化室。1972 年，建成公社广播站。是年，境内 30 个大队、310 个生产队实现队队通广播。1975 年，成立公社电影放映队，有 16 毫米放映机 3 台。1985 年，广播站更名为广播电视站。20 世纪 90 年代后，文艺创作盛行。2002 年，彭绍章（爱华村人）的散文集《望星空》由湖南文艺出版社出版。2009 年，欧阳强（排前村人）的散文集《野稗》由中国文联出版社出版。2010 年，邱初开（松竹村人）的诗集《九峰疏花》；彭国伟（大西村人）的诗集《小草微吟》相继面世。2011 年，欧阳强的短篇小说集《小的们》《老东老西》由团结出版社出版。2012 年，彭绍章的短篇小说集《逝水流云》《桃花行》先后由中国文联出版社出版。2014 年年末，乡内有文体站、电影放映队、有线电视站各 1 个，共有职工 5 人；有线和无线数字电视用户 540 户；村文化活动中心 31 个，共有图书 46500 册；九峰女子龙灯队 1 个，队员 13 人；各类文化专业户 108 户，从业人员 126 人。

溪江乡洞源村汤学旺，先后于 1996 年、1999 年、2003 年参加湖南省第一、二、三届农民运动会，分别获男子 20 公里自行车载重赛第二名、第三名和 30 公里自行车载重赛第二名。2014 年年末，全乡有体育健身场地 23 个，面积 1.3 万平方米。

木偶戏艺人

医疗卫生 民国时期，境内缺医少药，患者治病素以草药为主。中华人民共和国成立后，1956 年，建立乡联合诊所，有医师 5 名。1962 年，建立公社卫生院，配医务人员 8 名。

此后，相继建立大队卫生室，各配1名“赤脚医生”和妇幼保健员。1969年，实行农村合作医疗制度。2006年1月，启动新型农村合作医疗（简称新农合），当年参加新农合2.3万人，参合率75%；受益金额82.3万元。2008年，新建的乡卫生院投入使用，共有医疗用房面积2100平方米。2014年年末，辖区有卫生院1所，门诊所2个，村卫生室22个；有执业医生18人、村卫生员22人，病床40张；参加新农合3.9万人，参保报销10517人次，受益总金额928万元。

社会保障 五保供养 20世纪60年代起，对孤寡老人和无劳动能力的残疾人实行“五保”，其供养费由所在生产队统筹。1980年后，供养费纳入社（乡）统筹。2005年起，全乡“五保”对象享受城乡最低生活保障，供养费由县财政统筹。2014年年末，“五保”供养对象292人，其中分散供养267人，集中供养25人；年人均供养费（不含衣被和医疗费）2842元，总金额82.99万元。

溪江乡敬老院

大病救助 2006年起，启动城乡居民大病医疗救助。救助对象主要为罹患恶性肿瘤、白血病、尿毒症的城乡低保户、困难户。2014年，共救助1233人，救助总金额50.2万元。

城乡低保 2007年7月起，启动农村居民最低生活保障，并对低保对象实行动态管理。2009年，全乡有低保对象486户、1445人，年人均补助1080元，总金额156.6万元。2014年年末，全乡低保对象996户、1992人，年人均补助1476元，总金额294.2万元。

养老保险 2011年7月起，启动城乡居民社会养老保险。当年，全乡登记参保人数10125人，参保率38%；征缴养老基金101万元，为5410名到龄居民发放7—12月份养老金178.5万元。2014年年末，全乡登记参保12032人，参保率40%；征缴养老基金144.38万元，为8052名到龄居民发放养老金724.7万元。

人民生活 民国时期，境内人民绝大多数缺衣少食，居住简陋。中华人民共和国成立后，人民政府使“耕者有其田，居者有其屋”；组织人民群众发展经济，乡内人民生活逐步改善。至1957年，“吃饭”问题初步解决，部分少房户盖起新房。1959—1961年，由于自然灾害和工作上严重失误，导致粮食短缺和饥荒。1964—1977年，居民生活逐渐向好，但整体较低，极少数人购置自行车、手表、缝纫机属奢侈消费品。改革开放以后，农村实行土地承包经营责任制，生产潜能充分释放，经济不断发展，人民生活水平不断提高。1984年，全乡农村居民人均纯收入375元，1990年达到647元。至2000年，人均纯收入提高到2450元，部分家庭购置电视机、洗衣机、摩托车，大部分农家由土砖茅屋换成红砖瓦房。2001—2014年，乡内居民生活水平显著提高。年人均可支配收入由2568元提高到12150元，分别是1990年的18倍、2000年的5倍。农村家庭多建有2~3层砖混结构小楼房，固定电话、移动电话、冰箱、电脑、空调、汽车等进入寻常百姓家，人民生活质量全面提升。

特色地情

历史人文

唐代宗（1923—1953），溪江乡富田村人。革命英烈。1945年9月，被国民党掳去当兵。1947年5月，在山东孟良崮战斗中参加中国人民解放军。历任班长、副排长、爆破组长、连指导员。在挺进鲁西南的多次战斗中屡立战功，被授予战斗英雄称号。1950年9月，出席全国第一届战斗英雄劳动模范代表大会，受到毛泽东主席和朱德总司令的接见。1952年9月，参加抗美援朝。1953年7月8日在朝鲜砚洞北山战斗中英勇牺牲。

风景名胜

九峰山　位于县境北部溪江乡境内，为衡阳、双峰二县的分水岭，距县城西渡55千米。其山起伏绵延，由飞神山、铁钉寨、双乳峰、正托峰、新亭子、乌飞山、钵盂岭、岳沙岭、雷殿峰九个山峰组合而成，主峰正托峰海拔750.4米。山上建有国营林场，竹海茫茫，古木参天，1990年被定为省级森林公园。主要景点有36弯、竹海、美女梳头、48脚庵、月亮树等。

九峰山

历任乡镇（公社）党政主要负责人名录

溪江乡

（1956.6—2015.12）

中共溪江乡委员会

第一书记 谭伯太 1956.6—1957.4
夏年生 1958.6—1958.9

中共鹏程公社委员会

第一书记 杨良礼 1958.9—1959.1

中共溪江公社委员会

书记 李增武 1961.4—1961.8
欧阳忠明 1961.8—1962.12
黄晓初 1962.12—1963.5
李增田 1963.5—
李增田 1970.2—1971.10
朱宏雁 1971.10—1975.9
李培享 1975.9—1978.1
洪元芳 1978.1—1982.10
张传龙 1982.10—1984.2
朱联元 1984.2—1984.4

中共溪江乡委员会

书记 朱联元 1984.4—1986.1
李培荣 1986.1—1988.1
阳仁芳 1988.1—1993.4
吴尧廷 1993.5—1995.5

中共溪江乡工委

书记 周新铭 1995.5—1995.9

中共溪江乡委员会

书记 周新铭 1995.9—1997.2
王友良 1997.2—1998.1
胡平 1998.1—2001.1
彭友明 2001.1—2005.7
张东坡 2005.7—2008.12
阳武元 2008.12—2013.9
王志宏 2013.9—

溪江乡人民政府

乡长 彭仁初 1956.6—1957.9
曾汉松 1957.9—1958.9

鹏程人民公社

社长 朱开禧（兼）1958.9—1959.1

溪江人民公社

社长 陈习金 1961.8—1962.2
朱宏雁 1962.2—1963.9
彭存德 1963.9—

溪江公社革委会

主任 李增田 1968.9—1971.9
朱宏雁 1971.9—1976.2
李培享 1976.2—1978.1
洪元芳 1978.1—1981.3

溪江公社管委会

主任 唐康寿 1981.3—1984.2
范召初 1984.2—1984.4

溪江乡人民政府

乡长 范召初 1984.4—1989.11
唐代初 1989.11—1992.2
吴尧廷 1992.2—1993.5
李培解 1993.5—1995.5

溪江乡行政管委会

主任 唐建华 1995.5—1995.10

溪江乡人民政府

乡长 唐建华 1995.10—1997.2
胡平 1997.2—1998.1
汤九生 1998.1—1998.10

	彭友明	1998.10—2001.1
	魏书健	2001.1—2003.1
	魏　彪	2003.1—2005.7
	阳武元	2005.7—2008.12
	王志宏	2008.12—2013.9
	胡华忠	2013.9—

溪江乡人大主席团

主　席	樊朝轩	1987.10—1995.5
	张绪元	1995.10—1998.2
	吴尧廷	1998.2—2004.6
	蒋永红	2004.6—2005.7
	汪　轲	2005.7—2011.3
	李培成	2011.3—

溪江乡政协联工委

主　任	吴尧廷	1995.12—1998.2
	李培解	1998.2—2001.1
	彭友明	2001.1—2001.10
	周孝国	2001.10—2003.1
	李培成	2003.1—2011.3
	刘　剑	2011.3—

九　峰　乡

（1961.8—1995.5）

中共九峰公社委员会

书　记	陈桂秋	1961.8—
	陈桂秋	1970.9—1975.9
	唐维凯	1975.9—1978.2
	李仁德	1978.2—1979.12
	杨修斌	1979.12—1984.4

中共九峰乡委员会

书　记	杨修斌	1984.4—1986.12
	唐康寿	1986.12—1992.2
	唐丙癸	1992.2—1993.2
	魏祥辉	1993.2—1995.5

九峰人民公社

社　长	李积梅	1963.9—

九峰公社革委会

主　任	陈桂秋	1968.3—1975.9
	唐维凯	1975.9—1978.2
	李仁德	1978.2—1979.12
	杨修斌	1979.12—1981.3

九峰公社管委会

主　任	彭存德	1981.3—1984.2
	唐康寿	1984.2—1984.4

九峰乡人民政府

乡　长	唐康寿	1984.4—1986.12
	邱忠廉	1986.12—1989.11
	唐丙癸	1989.11—1992.2
	彭友明	1992.2—1995.5

九峰乡人大主席团

主　席	杨纪元	1987.12—1989.11
	吴尧廷	1989.11—1992.2
	魏祥辉	1992.2—1994.4
	魏书满	1994.4—1995.2

富　田　乡

（1961.8—1995.5）

中共富田公社委员会

书　记	王长生	1961.8—1963.1
	熊成秋	1963.1—1966.1
	丁俊修	1966.1—
	朱宏雁	1971.4—1971.10
	李积梅	1971.10—1976.11
	蒋载荣	1976.11—1980.9
	蒋亮成	1980.9—1984.2
	李培沃	1984.2—1984.4

中共富田乡委员会

书　记	李培沃	1984.4—1990.4
	唐佐倦	1991.1—1995.5

富田人民公社

社　长	雷贤菊	1961.8—1963.9
	范盛才	1963.9—

富田公社革委会

主　任	丁俊修	1968.3—1969.4
	许纯宣	1969.4—1970.9
	朱宏雁	1970.9—1971.9
	李积梅	1971.9—1976.10
	蒋载荣	1976.11—1980.9

富田公社管委会

主　任	魏诗贤	1981.3—1982.10
	李培沃	1982.10—1984.2
	谭昌谷	1984.2—1984.4

富田乡人民政府

乡　长	谭昌谷	1984.4—1989.1
	唐佐佬	1989.1—1991.1
	陈步宋	1991.1—1995.5

富田乡人大主席团

主　席	王金楚	1987.10—1989.1
	陈步宋	1989.1—1991.1
	李益友	1991.1—1993.2
	魏书满	1993.2—1994.3
	李培源	1994.3—1995.5

表 26　溪江乡村级行政区划调整概况表

新村（社区）名	人口数	合并的原村（社区）名
华峰村	2835	长峰村、华峰村
九峰山村	2571	九峰村、洞源村、白马村
金龙村	1248	金龙村
松竹村	2644	培兴村、松竹村
排前村	2379	排前村、永安村
友谊村	3804	大溪村、友谊村、沙岭村
富强村	1597	东震村一部、富强村
溪江村	1805	溪江村（8 个组）、高堰村
排翅村	2442	排翅村、黄龙村
河田村	2411	河田村、浪井村、爱华村
连防村	3045	马厂村、大坪村
沙溪村	2145	沙溪村、高余村
石笋村	1595	石笋村
洪山村	1943	洪山村
朝日村	2307	朝日村
富田村	2599	富田村
岳沙社区	1443	岳沙社区、东震村一部、溪江村一部

说明：原有 30 个村 1 个社区，2015 年调整合并为 16 个村 1 个社区。

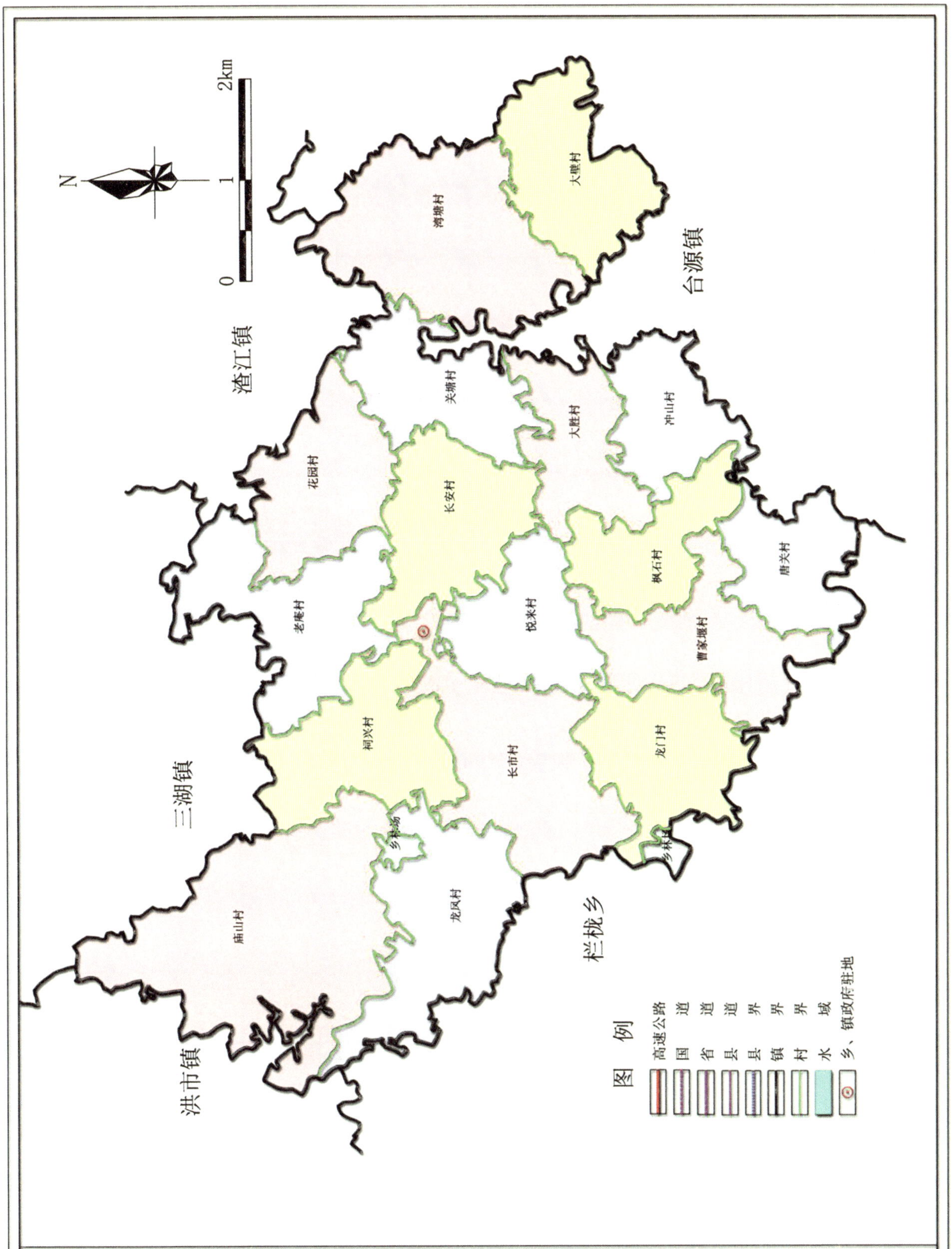
渣江镇
台源镇
三湖镇
洪市镇
栏栊乡
湾塘村
花园村
长安村
老庵村
悦来村
冲山村
大胜村
枫石村
曹家堰村
祠兴村
长市村
龙门村
庙山村
龙凤村
N
0
1
2km
图例
高速公路
国道
省道
县道
县界
镇界
村界
水域
乡、镇政府驻地

长安乡行政区划图

长安乡

区域概况

位置面积　长安乡因驻地附近“长塘铺”得名。地处县境中部，位于北纬27°3′54″~27°8′18″，东经112°18′19″~112°24′30″。东靠台源镇，北邻渣江镇、三湖镇，西连洪市镇，南接栏垅乡。乡政府驻长市社区江山坳，距县城西渡21公里。

辖区东西最大直线距离9公里，南北最大直线距离7公里，总面积38.94平方公里。

建置沿革　明洪武三年（1370），长安属光政乡。清康熙三十年（1691），撤乡设都，属第十八都。清同治十年（1871），去都设乡，隶属紫霞镇。民国32年（1943），设区辖乡镇，属第九区紫霞镇。中华人民共和国成立初，仍沿袭民国旧制。1950年3月，撤紫霞镇，分置妙山、长安、大胜、牌楼乡，隶属第六区。1952年7月，衡阳、衡南分县后，属衡阳县第五区（后更名台源区）。1956年5月，撤区并乡，大胜、妙山、牌楼3乡并入长安乡。1958年9月，建立人民公社（以下简称公社），撤长安、栏垅乡组建光明公社。1961年8月，设区分社，分置长安、大胜公社，隶属台源区。1984年5月，公社改称乡，大队、生产队改称村、组。1995年5月，再次撤区并乡，大胜乡并入长安乡。至2014年，政区无变更。

长塘铺

行政区划 2014年，辖长安、悦来、龙门、曹家、塘关、长市、龙凤、祠兴、老庵、湾塘、大壁、庙山、大胜、冲山、枫石、关塘、花园17个行政村，下设201个村民小组。

2014年8月，调整政区内村级行政区划，将17个村合并为8个村1个社区。至是年末，全乡辖龙家潭、长龙、长安、兴安、湾牌、庙山、大胜、观花8个建制村和长市社区共9个村级单位，下设192个村民小组、9个居民小组。

自然环境 全境属山地、丘岗结合地区，丘陵平町相间。境内西北多小山，东南多紫色页岩丘陵，地面高程一般在海拔98～101米。乡域属亚热带季风气候区，气候四季分明，年平均气温16℃～18℃，极端最低气温-8℃（1972年2月9日），极端最高气温40.8℃（2010年8月5日）。年平均降水量1240毫米，降水日数约146天，最多年份为178天（1970），最少年份89天（1963）；极端年最大降水量1783毫米（1970），极端年最少降水量848毫米（1963）。降水集中在每年的4—9月，5、6月份最多。常年主导风为北风，夏季为东南风。地处衡邵干旱走廊，境内无主要河流。

人口民族 1982年第三次全国人口普查，辖区户籍总人口（以下称总人口）16631人。1990年第四次全国人口普查，总人口16661人。2010年第六次全国人口普查，总人口15432人。2014年年末，辖区总人口18187人，其中常住人口16420人。总人口中，男性9543人，占52.47%；女性8644人，占47.53%；0～14岁3595人，占19.7%；15～59岁11826人，占65%；60岁以上2766人，占15.3%。2014年年末，人口出生率12.39‰，死亡率7.25‰，自然增长率为5.14‰。

辖区内有少数民族55人。

经济发展

农业 种植业 2014年，全乡耕地1120公顷，其中水田1066公顷。农作物以种植水稻、棉花、油菜、大豆、红薯为主。民国时期，由于农业生产水平低下，加之水利条件恶劣，粮食亩产丰年在150公斤左右，遭遇干旱亩产甚至不足100公斤。

金银花基地

中华人民共和国成立后，人民政府组织群众兴修水利，努力改善生产条件。1957年，粮食平均亩产达到240公斤。1962—1975年，随着水利条件的不断改善和耕作技术的提高，双季稻种植面积大量增加，粮食亩产提高到350公斤。1976年，开始试种杂交晚稻3.5公顷，平均亩产310公斤，比常规晚稻每亩增产110公斤。1983年，杂交晚稻种植面积占水田面积的95%，单季平均亩产400公斤。2005年后，大面积推广种植双季杂交稻，两季平均亩产达到750公斤。2014年年末，全乡水稻复种面积1400公顷，总产1.53万吨；油菜770公顷，总产2320吨；棉花200公顷，总产850吨；蔬菜80公顷，总产600吨。实现农业总产值0.5亿元。

养殖业　以牛、猪、鸡、鸭等畜禽为主。民国时期，生猪饲养量很少，年户均约为1头，养牛仅供役用，饲养鸡鸭生蛋除少量自食外，主要是兑换油盐钱。中华人民共和国成立初，养殖业有所发展。1958年成立公社后，限制农户饲养家禽家畜，鱼塘则由生队集体经营。1983年，农村改革开放后，养殖业快速发展，家家户户基本上都饲养猪和家禽。20世纪90年代初，出现一批规模养殖户。由于受市场经济制约，产量起伏较大，年平均产生猪1.82万头，山羊及肉用牛800头，鸡鸭26万羽，鲜鱼7.5吨。2014年年末，饲养生猪2.3万头，山羊及肉用牛3100头，家禽30万羽，蜂蜜3.8吨，鲜鱼9.3吨。

养羊专业户

林业　境内有宜林山地1180公顷。主要树种有杉、松、柏、樟等。1949年前，山地为私人所有。1958年，成立人民公社后，林权收归集体，由于疏于管理，林木严重受损。1974年，庙山、龙凤、龙门等大队先后创办林场，造林约150公顷。1982年，山林经营权确定到农户。2000—2004年，实施退耕还林工程，共营造生态林305公顷，荒山造林180公顷。2014年年末，全乡森林覆盖率46%。

三林梳篦

工业　自明末清初开始，境内长塘铺就有生产梳篦的传统习惯。民国时期，梳篦产业保持稳定发展。中华人民共和国成立初达到鼎盛时期。1952年，长塘铺一带有梳篦作坊400多家，从事梳篦生产加工贩运者多达2000余人，年产梳篦10.3万件。是年，组建木梳联销处。1956年，通过对私营工商业实行社会主义改造，境内有梳篦合作社2家。1959年，木梳生产合作社停办。“文化大革命”期间，限制家庭副业，木梳生产一度冷落。20世纪80年代初，兴办乡镇企业，其时，境内有木梳、砖瓦、石灰、纺织、麻草袋、建筑业等企业21家。1995年后，集体企业相继改制为民营企业。此后，木梳成为乡内支柱产业。至1999年，境内有规模梳篦企业38家，家庭初加工作坊200余家，年产值达0.75亿元。2005年开始，企业进行全面重组，且传统木梳工艺逐渐为现代化生产所取代，形成以三林梳业、交云梳厂、丝彩堂梳业等为骨干的高档工艺梳篦生产企业。2014年年末，全乡有各类工业企业245家，实现工业总产值1.15亿元。

商贸服务　民国时期，长塘铺街道有店铺20余家，主要经营南杂、烟酒、餐饮、伙铺（小旅店）、茶座等。中华人民共和国成立后，

1956年，先后设立长安供销社、粮食储运库、食品站，供应生产生活资料和收购农副产品。1958年，取消个体商贸服务，统一由供销社和合作商店经营。1982年后，实行改革开放，逐步放开市场，个体商贸恢复多样性。2000年起，乡内国营商业、集体商业相继改制为民营商业。2013年6月，投资2100万元建设综合农贸市场，次年竣工投入运营。2014年年末，乡内有商贸网点105个，集贸市场1个，社会消费品零售总额0.35亿元。

长塘铺市场

财政金融　中华人民共和国成立至1984年，乡（社）财政实行报账制，其收支由财粮委员（行政会计）或秘书兼管。1985年，成立乡财政所，负责财政收支工作。1995年，乡财政总收入181.5万元，主要为工商税和农业税收；财政总支出153.1万元，主要用于支援农业、行政管理费和上解县财政。2004年起，取消农业税、农业特产税及各种涉农税费，当年两项税金115.74万元，农民人均得实惠63.6元。2014年年末，实现财政总收入665.1万元，财政总支出665.1万元。

1962年，分别设立长安、大胜信用分社，开展存、贷业务。1994年，成立农村合作基金会。1997年，清理整顿农村“两会”（合作基金会、互助储金会），合作基金会撤销，其账务分别移交县农村合作经济管理局和县民政局。2008年10月，成立长安邮政储蓄所，开展储蓄业务。2009年，长安、大胜2个信用分社合并为长安信用社，设长安、大胜2个营业厅。2014年年末，乡内有农村信用社1家，职工7人，年末储蓄存款余额1.12亿元，贷款余额6696万元；邮政储蓄银行1家，职工5人，年末储蓄存款余额1.6亿元。

基础设施

水利建设　长安乡历来旱涝频繁，俗有“夏晴半月旱成灾，雨下五天涝为患，种地十年九无收”之说。1949年，境内有山平塘942口，蓄水量约60万立方米。中华人民共和国成立至1957年，开始大规模开展以新修和扩建山平塘为重点的水利建设。其间，共新修骨干塘11座、山平塘800余口，蓄水量增加到250万立方米。1959年，建成富新小二型水库，库容量316万立方米。1976年，建成柿竹水库长安灌区渠道3条，总长28.45千米，改善灌溉面积800公顷。1987—1993年，先后建成丰石、花园等14座排灌站，同时硬化渠道15千米、骨干塘38口。2003—2013年，重点加强水利设施清淤防渗工程建设，对241口骨干塘和山平塘进行扩容和防渗硬化。2014年年末，境内有水库1座，山平塘2268口；灌溉渠道3条、长28千米；排灌站8处、装机240千瓦。总蓄引提水量约800万立方米。

交通运输　民国时期，境内长塘铺有一条

乡村水泥道路

通往台源寺的石板大道。中华人民共和国成立后，致力于加强交通设施建设。1976年，建成台源至雷祖岭公路，总长16.68公里，其中境内路段长9.36公里。1980年，长安通客车。1984—1995年，陆续修通17个村的村道。2001—2010年，分期分批实施乡村道路改造硬化工程。与此同时，全乡有90%以上的村民小组畅通水泥公路，形成了县、乡、村、组四级公路网的交通格局。2014年年末，全乡有乡级公路4条，长31.2公里；村级公路23条，长176公里；通组公路223条，总长340公里。

2014年年末，全乡有各类运输车辆65台，年运输能力28.9万吨；客运车辆8辆，年运送旅客3.5万人次。

邮政电信　民国32年（1943）8月，设长塘铺信柜。1956年，架设长安乡电话线路，明线长14对千米。2000年，境内建移动电话基站。2012年，建设移动、联通信号发射塔。2014年年末，乡内有邮政、移动、联通、电信企业4家，移动电话信号发射塔10座，程控电话交换机0.5万门；有固定电话用户430户，移动用户10600户，互联网用户560户；邮政年收发包裹1.9万件。

供电供水　1984年，启动农村电力建设，农村居民户陆续供电。至1996年，全乡17个村、201个组全部通电，供电入户率87.6%；共有10千伏配电线路40千米，10千伏变压器22台。2001年起，分批次实施农村网电改造。至2012年底，先后完成17个村的线改和户改，新增和更新10千伏变压器11台（其中新增变压器8台），新增和更新线路16.3千米，并实行同网同价。2014年年末，全乡有10千伏变压器30台，总容量3000千伏安；村组配电线路总长60千米，用电户和户改率均为100%。

2013年8月，投资258万元启动自来水厂建设。2014年9月正式供水，日供水600吨，可满足174个村民小组1.2万居民饮水需求。

长安自来水公司

乡村建设　1996年年初，实施长安街道水泥硬化工程。2002年，建成大胜上街集市。2005年，乡计划生育服务所竣工交付使用。此后，乡农技站、畜牧检疫站、广播电视站、司法所、派出所等单位办公用房相继建成。2014年6月，投资2100万元的综合农贸市场竣工交付运营。至2014年年末，长安集市建成区面积达0.6平方公里。各建制村都有办公用房。

社会事业

教育科技 1949年，境内有保国民小学5所。中华人民共和国成立初，接收保校办乡校，同时开展扫除青壮年文盲教育。1957年，小学增至8所。1968—1978年，境内有小学17所、中学2所；由于生源、师资和教育设施严重不足，致使教育质量下降。1988年，将原有17所村小学整合为10所联校。1997年，长安中学从长安村廖祖堂迁址悦来村江山坳。是年，大胜中学并入长安中学。2004—2006年，为整合教育资源，提高教育质量，将原有10所联校合并为4所小学。2014年年末，全乡有幼儿园6所，在园幼儿430人，专任教师15名；小学4所，在校学生1276人，专任教师59名；中学1所，在校学生455人，专任教师39名。有长安中学、大胜完小、长安中心小学、庙山小学4所县级合格学校。

长安中学

1981年，建立公社农科站（后更名乡农技服务站），有农业技术员4名。1983年起，设立农民文化技术学校，为农民传授农业科技知识，年平均培训850余人次。2000年，长安乡农校被评为衡阳市示范性农校。2001年后，建立科技示范户。至2014年年末，全乡有各类科技示范户41户。

文化体育 清代，境内民间有舞龙灯、狮灯、武灯、皮影戏、唱马灯等传统文化习俗。民国时期，民间艺人张瑶廷、伍满吉等组成花鼓戏班，有艺人10余名。此外，还有国术竞技艺人组成武灯班，利用耍龙舞狮后进行武术表演。

中华人民共和国建立初，以俱乐部为文化活动阵地。1962年后，设立公社文化站，配文化辅导员1名，负责文化宣传工作。与此同时，相继建立大队文化室。1966—1976年，“文化大革命”期间，农村文化活动为毛泽东思想文艺宣传队所替代。20世纪80年代后，电影电视进村入户，丰富了农村居民的业余文化生活。2002年，乡内龙凤村（今长龙村）雕刻艺人杨奇尚的木雕作品《关公》获全国工艺美术大赛金奖。2011年，新建乡文化站，面积1200平方米。2012年8月，杨奇尚的木雕作品《关公》参加北京“促进祖国完全统一”书画工艺大展赛，获“千年和平”金奖。2014年，杨奇

杨奇尚和他的作品《关公》

尚入选为衡阳市市级非物质文化遗产传承人。2014年年末，全乡有农家书屋9个，有各类图书1万余册，村文化活动中心17个。

农家书屋阅览室

1972年，成立公社广播站，配工作人员2名。随后，架设大队、生产队广播线路，总长91千米，喇叭入户率34%。1976年，成立乡电影队，有放映员5人。1980年，大胜、长安电影院投入使用。1985年，广播站更名为广播电视站，20世纪90年代后，县广播电台开通调频节目，从此有线广播退出历史舞台。1996年9月，广播站开通有线电视，分别以大胜上街和长塘铺为中心，辐射周边5个村，有用户460户。翌年10月，开通无线数字电视。2014年年末，全乡共有有线电视和无线数字电视用户2137户，电视综合覆盖率100%。

1997年，境内中小学开始按《国家体育锻炼标准》教学，当年学生达标率36%。至2000年达标率提高到90%，2014年年末，乡内学校有运动场5个，总面积0.3万平方米。

医疗卫生 民国及以前，境内缺医少药，治疗病患多以草药为主。中华人民共和国成立后，1956年，成立乡联合诊所。1963年后，分别设立大胜、长安两所公社卫生院；大队设立卫生室，配有1名“赤脚医生”。1969年，实施农村合作医疗制度。1984年，公社卫生院改称乡卫生院。1995年撤区并乡后，原大胜卫生院并入长安乡卫生院。2005年10月，动工兴建乡卫生院。2006年，启动新型农村合作医疗，当年参合率81%。2007年9月，新卫生院竣工交付使用。2014年年末，境内有乡卫生院1所，村卫生室和防疫保健室17个，诊所7个，药店3个，病床25张，医务人员51人；新型农村合作医疗参合率91.6%，适龄儿童接受各类疫苗接种普及率98.7%。

长安乡卫生院

社会保障 五保供养 20世纪60年代初起，对孤寡老人和无劳动能力的残疾人实行“五保”，其生活费由生产队统筹。20世纪80年代后，“五保”供养纳入乡统筹。2000年10月，建成乡敬老院。2005年起，“五保”对象享受城乡最低生活保障待遇，供养费由县财政统筹。2013年7月，建成大壁村敬老院分院。

长安乡敬老院

2014年年末，全乡有“五保”对象187人，其中集中供养47人，分散供养140人，共发放供养金60.46万元，年人均3233元。

大病救助　2006年起，实施城乡居民大病医疗救助，救助对象主要为罹患恶性肿瘤、白血病、尿毒症等大病的城乡低保户、五保户。是年，救助对象37人次，救助住院医疗费2.31万元。2014年年末，救助145人次，救助总金额8.1万元。

城乡低保　2007年起，实施城乡居民最低生活保障待遇。当年，全乡有低保对象314户、632人，年人均补助360元，发放低保金22.75万元。此后，对低保对象实行动态管理，补助标准亦逐渐提高。2014年年末，乡内有低保对象522户、1044人，年人均补助1476元，总金额154.1万元。

养老保险　2011年7月，启动城乡居民社会养老保险。当年，全乡登记参保6432人，参保率89.1%；征缴养老基金66.7万元，为2453名到龄居民发放7—12月份养老金80.95万元。2014年年末，登记参保人数7378人，参保率91.6%，征缴养老基金74.6万元，为2688名到龄居民发放养老金217.73万元。

人民生活　民国时期，境内人民绝大多数缺衣少食，居住简陋，耕者无地，劳者缺食。中华人民共和国成立后，人民政府使“耕者有其田，居者有其屋”，组织人民群众兴修水利，增强抵御自然灾害能力，乡内人民生活逐步改善。至1957年，“吃饭”问题基本解决，住房问题亦有所改善。20世纪70年代，居民生活水平整体较低，仅有少数家庭购置自行车、手表、收音机等“高档”消费品。改革开放以后，人民生活水平不断提高。1984年，全乡农村居民年人均纯收入356元，1990年达到621元，2000年提高到2687元。大部分家庭居住条件得到改善，土砖屋换成红砖小楼；少数家庭添置了电视机、摩托车和电话。2001—2014年，乡内居民生活水平显著提高，年人均纯收入由3127元提高到9018元，砖混结构的小楼房比比皆是，电脑、空调、私家小汽车等进入寻常百姓家，人民生活质量普遍提升。

农村居民新居

历任乡镇（公社）党政主要负责人名录

长 安 乡

（1956.6—2015.12）

中共长安乡委员会

第一书记	廖宏奏	1956.6—1957.4
	万友生	1957.4—1958.9

中共光明公社委员会

第一书记	万友生	1958.9—1959.1

中共长安公社委员会

书　记	敖忠林	1961.4—1961.8
	廖代猷	1962.5—
	王佑初	1971.4—1973.1
	赵书恒	1973.1—1977.5
	陈云召	1977.5—1981.4
	欧名魁	1981.4—1982.1
	周茂生	1982.1—1984.4

中共长安乡委员会

书　记	周茂生	1984.4—1987.7
	陈俊国	1987.7—1991.1
	冯晓华	1991.1—1992.2
	胡文学	1992.2—1995.5

中共长安乡工委

书　记	汤春健	1995.5—1995.9

中共长安乡委员会

书　记	汤春健	1995.9—1997.2
	冯晓华	1997.2—1998.1
	唐建华	1998.1—2001.1
	龙建斌	2001.1—2003.1
	廖双九	2003.1—2006.1
	陈　凯	2006.1—2008.12
	冯拓远	2008.12—

长安乡人民政府

乡　长	廖宏斌	1956.6—1958.9

光明人民公社

社　长	沈启仕（兼）	1958.9—1959.1

长安人民公社

社　长	曾宪德	1961.4—1961.8
	王济礼	1961.8—1961.10
	曾宪德	1961.10—1962.4
	廖洪健	1962.5—1963.5
	王大松	1963.9—1965.4
	高孝德	1965.4—

长安公社革委会

主　任	廖代猷	1968.3—1969.4
	王佑初	1969.4—1973.1
	赵书恒	1973.1—1977.5
	陈云召	1977.5—1981.3

长安公社管委会

主　任	凌鹤轩	1981.3—1984.2
	傅爱生	1984.2—1984.4

长安乡人民政府

乡　长	傅爱生	1984.4—1989.1
	冯晓华	1989.1—1991.1
	聂东元	1991.1—1995.5

长安乡行政管委会

主　任	冯晓华	1995.5—1995.10

长安乡人民政府

乡　长	冯晓华	1995.10—1996.4
	王庸意	1996.4—1997.2
	唐建华	1997.2—1998.1
	罗方团	1998.1—2001.1
	廖双九	2001.1—2003.1

	邹铁合	2003.1—2005.7
	冯拓远	2005.7—2008.12
	彭德军	2008.12—2013.9
	颜　卫	2013.9—

长安乡人大主席团

主　席	夏忠永	1987.10—1989.11
	曾广举	1989.11—1995.5
	胡文学	1995.10—2001.1
	冯拓远	2001.1—2005.7
	谢理国	2005.7—2008.12
	凌四清	2008.12—

长安乡政协联工委

主　任	邓柏顺	1995.12—2001.1
	谢理国	2003.1—2006.4
	屈冬桂	2006.4—2011.3
	钟江发	2011.3—

大　胜　乡

（1961.8—1995.5）

中共大胜公社委员会

书　记	沈启仕	1961.8—1965.1
	杨翰贵	1965.1—1966.1
	杨翰柱	1966.1—
	张扬宜	1970.10—1971.10
	胡才福	1971.10—1975.8
	凌　环	1975.8—1979.2
	魏炳生	1979.2—1981.4
	廖俊儒	1981.4—1984.2
	刘活峰	1984.2—1984.4

中共大胜乡委员会

书　记	刘活峰	1984.4—1986.1
	杨淑意	1986.1—1990.4
	黄明福	1990.6—1993.2
	邓柏顺	1993.2—1995.5

大胜人民公社

社　长	贺炳煌	1961.8—1962.5
	廖宏斌	1962.5—1964.3
	王修身	1964.3—1966.1

大胜公社革委会

主　任	阳澄初	1968.9—1969.3
	张扬宜	1969.3—1970.8
	胡才福	1970.8—1975.8
	凌　环	1975.8—1979.12
	魏炳生	1979.12—1981.3

大胜公社管委会

主　任	范千阳	1981.3—1982.7
	凌夏生	1984.2—1984.4

大胜乡人民政府

乡　长	凌夏生	1984.4—1985.3
	杨淑意	1985.3—1986.12
	夏良祝	1986.12—1989.11
	冯春生	1989.11—1991.1
	邓柏顺	1991.1—1993.2
	罗方团	1993.2—1995.5

大胜乡人大主席团

主　席	曾广举	1987.10—1989.11
	夏传文	1989.11—1995.5

表 27 长安乡村级行政区划调整概况表

新村（社区）名	人口数	合并的原村（社区）名
长安村	2365	长安村、悦来村一部
庙山村	1869	庙山村
长龙村	2665	龙凤村、长市村一部
兴安村	2403	祠兴村一部、老庵村
观花村	1661	关塘村、花园村
龙家潭村	2462	龙门村、塘关村、曹家村
湾牌村	2573	大必村、湾塘村
大胜村	1975	冲山村、丰石村、大胜村
长市社区	1357	长市村一部、祠兴村一部、悦来村一部

说明：原有 48 个村 1 个社区，2015 年调整合并为 20 个村 1 个社区。

附录

历任区党政主要负责人名录

中华人民共和国成立后，衡阳县县以下曾经两次设区，作为县的派出机构，下辖所属乡镇(公社)。

一、1952 年 7 月至 1956 年 6 月

城关（第一）区

区委书记	任明瑞	1952.7—1953.4
	赵永敬	1953.4—1954.8
	刘德谓	1954.8—1954.9
	刘华林	1954.9—1956.4
区　长	王　源	1953.4—1956.6

钟武（第二）区

区委书记	孙占魁	1952.10—1953.8
	李明来	1954.3—1954.9
代理书记	李业淮	1955.1—1956.6
区　长	范千乘	1953.4—1953.10
	唐国强	1953.10—1956.6

永康（第三）区

区委书记	易积云	1953.4—1954.9
	许先富	1954.9—1956.4
区　长	刘克俭	1952.7—1953.8
	罗斌然	1953.8—1954.7
	祝振坤	1954.7—1956.6

长乐（第四）区

代理书记	熊元文	1953.4—1954.8
区　长	何友伦	1952.12—1953.4
	王　耀	1953.4—1956.6

台源（第五）区

区委书记	许力平(兼)	1952.7—1953.6
	张光明	1953.6—1954.9
	李明来	1954.9—1955.4
区　长	孙占魁	1952.7—1952.10
	祝振坤	1953.4—1954.7

演陂（第六）区

区委书记	段子明	1952.12—1953.6
	谢湘衡	1953.6—1954.7
	谢剑萍	1954.8—1956.6
区　长	刘洛夫	1952.7—1953.4

金华（第七）区

区委书记	武　勇	1952.7—1954.7
	刘才凡	1954.8—1954.9
	李复生	1954.9—1956.6
区　长	敖忠林	1955.10—1956.6

金兰（第八）区

区委书记	赵永敬	1952.7—1953.4
	廖仁柯	1953.5—1954.7
	万同春	1954.8—1956.6
区　长	唐朝栋	1953.4—1954.9
	欧万章	1954.9—1956.6

洪罗（第九）区

区委书记	郝增宝	1952.7—1953.7
	田进文	1953.7—1954.7
	刘华林	1954.8—1954.9
	刘德谓	1954.9—1956.1
区　　长	邓云初	1953.4—1954.9
	邹云贵	1954.9—1956.6

船山（第十）区

区委书记	（未配）	
区　　长	刘贤惠	1952.7—1955.5
	刘瑞哲	1955.5—1956.6

三湖（第十一）区

区委书记	阎泰静	1952.7—1953.4
	李大伦	1954.9—1956.6
区　　长	黄寿田	1953.4—1956.6

渣江（第十二）区

区委书记	裴佐唐	1952.7—1953.4
	阎泰静	1953.4—1954.7
	马振华	1954.7—1955.7
区　　长	唐隆樨	1952.7—1956.6

金溪（第十三）区

区委书记	张光明	1952.7—1953.1
	罗友云	1953.1—1956.4
代理书记	阳世学	1956.4—1956.6
区　　长	彭桂依	1954.3—1954.7

银溪（第十四）区

区委书记	唐朝栋	1952.7—1953.4
	陈怀武	1953.4—1956.6
区　　长	胡安民	1952.7—1953.2
	杨用义	1953.2—1956.6

集兵（第十五）区

区委书记	熊兆生	1953.5—1954.9
	易积云	1954.9—1956.1
区　　长	杜兴力	1952.7—1953.4

角山坪（第十六）区

区委书记	王根阳	1952.12—1953.4
	肖自旺	1953.4—1955.9
	刘仁贵	1955.9—1956.6
区　　长	肖自旺	1952.6—1953.4
	何友伦	1953.4—1955.6
	刘贤惠	1955.6—1956.6

板桥（第十七）区

区委书记	裴广廉	1952.7—1953.4
	杨静贞（女）	1953.4—1953.10
	刘耀庭	1953.10—1954.9
	刘才凡	1954.9—1956.6
区　　长	李复生	1952.7—1954.7
	彭桂依	1954.7—1956.6

二、1961年8月至1995年5月

西　渡　区

区委书记	张光明	1961.8—1964.5
	李业淮	1964.5—
	欧盛俊	1971.11—1978.11
	彭鹤斌	1978.11—1980.12
	万孝禧	1978.12—1984.2
	廖解生	1984.2—1986.9
	廖炎秋	1986.9—1988.4
	陈元林	1988.6—1990.4
	洪元芳	1990.4—1995.5
区　　长	晏崇意	1961.10—1963.1

	何世贤	1963. 1—1964. 1
	屈祖意	1964. 1—
区革命领导小组组长	欧盛俊	1969. 6—1978. 7
区　长	欧盛俊	1978. 7—1978. 11
	彭鹤斌	1978. 11—1980. 11
	全阳明	1980. 11—1984. 2
	李珍元	1984. 2—1987. 1
	陈元林	1987. 1—1988. 6
	颜铁生	1988. 6—1993. 4
	梁祚华	1993. 4—1995. 5
区人大联络工作委员会主任	李作说	1993. 4—1995. 5

长　乐　区

区委书记	刘南湘	1961. 8—1966. 4
	陈良福	1971. 11—1976. 1
	彭鹤斌	1976. 1—1978. 10
	魏书威	1978. 10—1983. 9
	廖新生	1983. 9—1985. 3
	盛义廉	1985. 3—1987. 12
	刘秋柏	1987. 12—1993. 4
	傅湖北	1993. 4—1995. 5
区　长	万孝禧	1961. 8—
区革命领导小组组长	肖祖贤	1969. 11—1971. 10
	陈良福	1971. 10—1976. 1
	彭鹤斌	1976. 1—1978. 7
区　长	魏书威	1978. 7—1979. 8
	肖云楚	1979. 8—1983. 8
	盛义廉	1983. 10—1985. 3
	凌合元	1985. 5—1985. 9
	尹国栋	1985. 9—1986. 1
	易建勋	1986. 1—1987. 12
	杨汗颂	1987. 12—1990. 4
	傅湖北	1990. 4—1993. 4
	刘昌国	1993. 4—1995. 5
区人大联络工作委员会主任	肖才吉	1993. 4—1993. 7

演　陂　区

区委书记	刘华林	1961. 5—1966. 4
	王庸高	1966. 4—
	王庸高	1971. 11—1974. 11
	刘水秋	1974. 11—1977. 10
	贺昌元	1977. 10—1981. 8
	蒋杨金	1981. 8—1985. 3
	万忠学	1985. 3—1986. 8
	张传龙	1986. 8—1993. 4
	赵伟民	1993. 4—1995. 5
区　长	谷安邦	1961. 8—1963. 1
	王庸高	1963. 1—1966. 4
区革命领导小组组长	王庸高	1968. 2—1974. 11
	刘水秋	1974. 11—1977. 10
	贺昌元	1977. 10—1978. 7
区　长	唐代理	1978. 7—1979. 9
	周良松	1979. 9—1982. 8
	王庸鹏	1982. 8—1984. 2
	周德店	1984. 2—1985. 3
	张传龙	1985. 3—1986. 9
	屈孝解	1986. 9—1988. 11
	龙冬福	1988. 11—1990. 4
	赵国运	1990. 4—1993. 4
	朱尧求	1993. 4—1995. 5
区人大联络工作委员会主任	周文俊	1993. 4—1995. 5

金　兰　区

区委书记	陈振邦	1961. 8—1962. 6
	许先富	1962. 6—1964. 2
	王增益	1964. 2—

	谭运生	1971. 12—1975. 4
	夏明全	1975. 4—1978. 2
	成纯松	1978. 2—1985. 3
	李承芳	1985. 3—1990. 4
	徐辉源	1990. 4—1993. 4
	刘　书	1993. 4—1995. 5
区　长	易裴然	1961. 10—1963. 1
	王增益	1963. 1—1964. 1
	谭运生	1964. 1—
区革命领导小组组长	翁玉才	1968. 9—1971. 1
	谭运生	1971. 10—1975. 4
	夏明全	1975. 4—1978. 2
	成纯松	1978. 5—1978. 7
区　长	成纯松	1978. 7—1978. 11
	陈新自	1978. 11—1981. 8
	唐朝生	1981. 8—1983. 3
	周良松	1983. 6—1985. 3
	陈步贤	1985. 3—1986. 5
	徐辉源	1986. 5—1990. 4
代理区长	刘　书	1990. 4—1992. 7
区　长	刘　书	1992. 7—1993. 4
	李　勇	1993. 4—1995. 5
区人大联络工作委员会主任	周绍森	1993. 4—1995. 5

洪市区

区委书记	傅必贵	1961. 8—1963. 1
	罗友云	1963. 1—1965. 1
	欧盛俊	1965. 1—
	刘贤春	1971. 11—1977. 1
	方云腊	1977. 1—1981. 8
	刘光祥	1981. 8—1984. 2
	廖炎秋	1984. 2—1986. 9（其中带职学习一年半）
	彭应龙	1985. 3—1995. 5
区　长	肖云楚	1961. 10—1965. 2
	邹云贵	1966. 2—
区革命领导小组组长	傅必贵	1968. 9—1970. 7
	刘贤春	1970. 7—1978. 6
区　长	方云腊	1978. 6—1979. 8
	王忠兴	1979. 8—1982. 8
	周良松	1982. 8—（未到职）
	唐朝生	1983. 3—1984. 1
	王庸鹏	1984. 2—1985. 3
	刘绍康	1985. 3—1987. 12
	曾早生	1987. 12—1995. 5
区人大联络工作委员会主任	廖森林	1993. 4—1995. 5

金　溪　区

区委书记	谢湘衡	1961. 8—1963. 1
	刘诗和	1963. 1—
	黄晓初	1971. 1—1975. 4
	罗斌然	1975. 4—1979. 5
	张扬宜	1979. 5—1980. 11
	苏诗富	1980. 11—1983. 12
	范盛喜	1983. 12—1987. 6
	罗义初	1987. 6—1987. 12
	陈福舜	1987. 12—1990. 4
	高孝益	1990. 4—1993. 4
	赵国运	1993. 4—1995. 5
区　长	邹忠诚	1961. 10—1963. 1
	黄晓初	1963. 5—
区革命领导小组组长	黄晓初	1968. 9—1975. 4
	罗斌然	1975. 4—1978. 7
区　长	罗斌然	1978. 7—1979. 5
	李增田	1979. 5—1980. 5
	苏诗富	1980. 5—1980. 11

	范盛喜	1980.12—1984.1
	张传龙	1984.1—1985.3
	魏冬生	1985.3—1987.12
	高孝益	1987.12—1990.4
	阳孝菊	1990.4—1993.4
	李培荣	1993.4—1994.11
	许纯发	1995.2—1995.5
区人大联络工作委员会主任	李培沃	1993.4—1995.5

界 牌 区

区委书记	刘诗和	1961.8—1963.1
	宋伯恒	1963.1—
	刘诗和	1971.11—1973.8
	张扬宜	1973.8—1976.1
	陈良福	1976.1—1977.10
	陈顺成	1977.10—1979.5
	陈谷生	1979.5—1985.3
	范召意	1985.3—1987.12
	周铁生	1987.12—1993.2
	阳益生	1993.2—1995.5
区　　长	伍尚友	1961.8—
区革命领导小组组长	宋伯恒	1968.9—1969.12
	刘诗和	1969.12—1973.8
	张扬宜	1973.8—1976.1
	陈良福	1976.1—1977.10
	陈顺成	1977.10—1978.7
区　　长	陈顺成	1978.7—1979.5
	吴瑞丰	1981.8—1984.1
	范召意	1984.2—1985.3
	刘雅峰	1985.3—1986.4
	周铁生	1986.4—1987.12
	阳益生	1987.12—1993.2
	蒋昭永	1993.2—1995.5
区人大联络工作委员会主任	谭澄宇	1993.4—1995.5

渣 江 区

代理书记	屈忠祥(兼)	1961.8—1961.10
区委书记	夏年生	1962.9—1965.8
代理书记	陈振邦	1965.8—
区委书记	王增益	1971.11—1973.8
	何世贤	1973.8—1981.2
	胡耀嗣	1981.2—1982.2
	王友生	1982.2—1984.2
	唐朝生	1984.2—1985.9
	刘永忠	1985.9—1987.6
	凌合元	1987.6—1990.4
	曾昭俭	1990.4—1993.4
	龙向前	1993.4—1995.5
区　　长	洪善利	1961.5—1964.3
	夏德骅	1964.3—
区革命领导小组组长	王增益	1970.3—1973.8
	何世贤	1973.8—1978.7
区　　长	何世贤	1978.7—1980.11
	胡耀嗣	1980.11—1981.9
	凌受珍	1981.9—1984.2
	罗义初	1984.2—1985.9
	凌合元	1985.9—1987.7
	曾昭俭	1987.7—1990.4
	龙向前	1990.4—1993.4
	曾祥庚	1993.4—1995.5
区人大联络工作委员会主任	李　永	1993.4—1994.4
	陈康提	1994.4—1995.5

集 兵 区

区委书记	罗友云	1961.8—1963.1
	符安祥	1963.1—1966.4
	叶庭和	1961.4—
	叶庭和	1971.11—1977.12

	李裕民	1977.12—1981.8
	肖立生	1981.8—1985.3
	肖长春	1985.3—1995.5
区　　长	何顺香(女)	1961.10—1962.6
	罗哲楚	1962.6—1963.5
	何发勋	1963.5—1964.1
	洪善守	1964.1—
区革命领导小组组长	叶庭和	1968.9—1977.12
	李裕民	1977.12—1978.7
区　　长	李裕民	1978.7—1979.3
	肖立生	1979.3—1981.8
	王芳发	1981.8—1984.2
	冯　梯	1984.2—1986.12
	高友寿	1987.1—1989.11
	李自元	1990.4—1995.5
区人大联络工作委员会主任	叶建华	1993.4—1995.5

板桥（呆鹰岭）区

区委书记	刘本运	1961.8—1966.4
	廖俊美	1971.11—1976.9
	王增益	1976.9—1978.7
	凌寿香	1978.7—1982.9
	李家祝	1982.9—1990.4
	莫景国	1990.4—1993.4
	张玉林	1993.4—1995.5
区　　长	唐代理	1961.10—
区革命领导小组组长	陈良福	1968.9—1971.10
	廖俊美	1971.10—1976.9
	王增益	1976.9—1978.1
	夏明全	1978.5—（未到职）
区　　长	凌寿春	1978.7—1978.8
	李家祝	1978.8—1982.12
	邱德生	1982.12—1985.3
	莫景国	1985.3—1990.4
	张玉林	1990.4—1993.4
	黄腊生	1993.4—1995.1
	谭大鸣	1995.1—1995.5
区人大联络工作委员会主任	谭大鸣	1993.4—1995.1
	肖高柏	1995.1—1995.5

台　源　区

区委书记	刘德谓	1961.8—1963.2
	熊兆生	1963.2—
	李业淮	1971.11—1975.4
	黄晓初	1975.4—1978.11
	凌益林	1979.5—1985.3
	刘夫生	1985.3—1992.10
	肖绍展	1993.2—1995.5
区　　长	杨良理	1961.8—1966.2
	续先菊	1966.2—
区革命领导小组组长	续先菊	1968.9—1970.2
	李业淮	1970.2—1975.4
	黄晓初	1975.4—1978.7
区　　长	黄晓初	1978.7—1978.9
	刘光祥	1978.9—1981.5
	唐维凯	1981.5—1985.3
	周德店	1985.3—1987.7（1985年9月带职读书）
	蔡敦诚	1985.7—1987.7
	刘自生	1987.7—1987.12
	洪元芳	1987.12—1990.4
	肖绍展	1990.4—1993.2
	汤春健	1993.2—1995.5
区人大联络工作委员会主任	周茂生	1993.4—1995.5

后 记

《衡阳县乡镇简志》，是按照湖南省地方志编纂委员会和衡阳市地方志编纂委员会的统一部署，由中共衡阳县委、县人民政府主持编纂的一部简志。本书自2015年4月启动编纂，历经资料采集、初稿撰写、修改打磨、评审验收四个阶段，至2017年年末付梓，历时三个寒暑。全书计55万余字，并配以图片246张，以彰显其图文并茂。

《衡阳县乡镇简志》在编纂过程中，得到各级领导、相关单位和各界人士的高度重视与大力支持。衡阳市志办领导和专家学者对志稿的编纂提出了指导性意见；各乡镇党委、政府从人力财力方面支持修志工作，确保了志书初稿的如期完成；中共衡阳县委组织部、县统计局、县财政局、县民政局、县档案局、县人力资源和社会保障局、县卫生和计划生育局、县教育局、县科技局、县交通局、县城乡规划局、县文广新局、县政协文史委、县文联等单位，以及在县内外工作的一些县籍人士，为修志提供了大量的资料和图片。在此，谨致衷心感谢！

由于编者学识浅陋，加之受篇幅所限，疏漏和取舍失当之处在所难免，敬请方家和读者见谅并赐教。

编者

2017年10月